Michael May

Aktuelle Theoriediskurse Sozialer Arbeit

Michael May

# Aktuelle Theoriediskurse Sozialer Arbeit

Eine Einführung

3. Auflage

**VS VERLAG**

Bibliografische Information der Deutschen Nationalbibliothek
Die Deutsche Nationalbibliothek verzeichnet diese Publikation in der
Deutschen Nationalbibliografie; detaillierte bibliografische Daten sind im Internet über
<http://dnb.d-nb.de> abrufbar.

1. Auflage 2008
2., überarbeitete und erweiterte Auflage 2009
3. Auflage 2010

Alle Rechte vorbehalten
© VS Verlag für Sozialwissenschaften | Springer Fachmedien Wiesbaden GmbH 2010

Lektorat: Stefanie Laux

VS Verlag für Sozialwissenschaften ist eine Marke von Springer Fachmedien.
Springer Fachmedien ist Teil der Fachverlagsgruppe Springer Science+Business Media.
www.vs-verlag.de

Umschlaggestaltung: KünkelLopka Medienentwicklung, Heidelberg
Druck und buchbinderische Verarbeitung: Ten Brink, Meppel
Gedruckt auf säurefreiem und chlorfrei gebleichtem Papier
Printed in the Netherlands

ISBN 978-3-531-17071-8

# Inhalt

# Einleitung

Es scheint vermessen zu sein, ein Lehrbuch über aktuelle Theoriediskurse Sozialer Arbeit vorzulegen, angesichts dessen, dass im Rahmen Sozialer Arbeit allem Anschein nach „im Zusammenhang mit der Theoriefrage so gut wie nichts klar" (Rauschenbach/Züchner 2002a: 141) ist. Nicht einmal über die Benennung des Gegenstandsbereiches, ob nun als soziale Arbeit (klein geschrieben) oder Soziale Arbeit (groß geschrieben) oder doch Sozialpädagogik, gibt es Einigkeit. Dennoch müssen Studierende, besonders in den neuen Masterstudiengängen, sich einen Überblick über die Diskussion verschaffen, um in dieser begründet eine eigene Position beziehen zu können.

Vor dieser Problematik standen auch wir Kolleginnen und Kollegen der Fachhochschulen Fulda, Koblenz, Potsdam und Wiesbaden sowie der Uni Koblenz, als wir gemeinsam im Rahmen eines Bund/Länder-Kommissionsprojektes den berufsbegleitenden Masterstudiengang Soziale Arbeit (MAPS) auf der Basis eines blended-learning Konzeptes zu entwickeln begannen. Ich hatte in diesem Arbeitszusammenhang die Aufgabe übernommen, den Teil über aktuelle Theorien Sozialer Arbeit für die online-Lehre zu schreiben. Grundüberlegung bei der Konstruktion all unserer online Module in MAPS ist es, keine Lehrbriefe oder Lernprogramme ins Netz zu stellen, sondern – wie die Abkürzung MAPS schon andeutet – eher „Lernlandschaften" mit dazu gehörigen „Landkarten" zu produzieren, in denen sich die Studierenden auf der Basis individueller oder gruppenbezogener Lernvereinbarungen selbständig sich bildend bewegen können.

Von daher lag es für mich nahe, auf das von Cornelia Füssenhäuser sowohl in ihrem gemeinsam mit Hans Thiersch für das „Handbuch Sozialarbeit/Sozialpädagogik" verfassten Grundlagenbeitrag „Theorie der Sozialen Arbeit" (2001: 1876 ff.), wie auch in ihrem Buch „Werkgeschichte[n] der Sozialpädagogik" (2005: 15 ff.) entwickelte Konzept einer „*Topographie*" zurückzugreifen. „*Topographie*" meint dabei zunächst einmal ein Verfahren, welches – in Anlehnung an die Forschungsweise der Phänomenologie – „der Erkundung offener und begrenzter Zusammenhänge" (Waldenfels 1997:12) den Vorrang gibt gegenüber „jeder systematischen Verknüpfung" (ebd.). Als „*Topographie*" realisiert sich dieses Vorgehen jedoch erst in der Form der Beschreibung, die „Wege, Grenzlinien, Verbindungen und Kreuzungsstellen aufzeichnet" (ebd.).

In ihrem Buch „Werkgeschichte[n] der Sozialpädagogik" sucht Cornelia Füssenhäuser (2005: 14 f.) ihr Konzept der „*Topographie*" darüber hinaus jedoch auch noch mit Hilfe der Wissenssoziologie Karl Mannheims zu begründen. So geht sie in dieser ihrer Art der „Vermessung geistiger Bewegung" davon aus, dass „der Einzelne immer schon in eine Vielfalt von Denkstilen und Situationsdeutungen eingebunden ist" (ebd.). Mit Mannheims Begriff des „*Denkstils*" zielt

Füssenhäuser in diesem Zusammenhang auf „solche Verschiedenheit des Denkens, hinter denen eine Differenz der dahinter stehenden Weltanschauungen und der Beziehung zu dem erkennenden Gegenstand steht" (ebd.).

Mindestens ebenso wichtig für die Begründung ihrer neben „Grenzlinien" eben auch auf „Verbindungen und Kreuzungsstellen" zielenden Verfahrensweise einer „Topographie theoretisch relevanter Fragen" ist für Füssenhäuser jedoch Mannheims Begriff des „*Denkstandort*s". Mit diesem lassen sich für sie „Knotenpunkte" fokussieren, „an denen sich historisch betrachtet eine besonders wichtige Synthese unterschiedlicher Denkströmungen (d.h. von Denkstilen) bildet, ́von denen aus also am besten, gleichsam wie von einer Bergspitze aus, die zu ihnen führenden Wege erfassbar sind`" (Mannheim 1984 zit. nach Füssenhäuser 2005: 14).

Nun stellt sich allerdings sogleich die Frage, welche „*Denkstile*" und „*Denkstandorte*" sich bezüglich der aktuellen Theoriedebatte Sozialer Arbeit identifizieren lassen, zumal ja gegenwärtige „Denkstile" – wenngleich in unterschiedlichem Maße und unterschiedlicher Weise – sich auch mehr oder weniger explizit beziehen auf solche „Verbindungen und Kreuzungsstellen", wie sie sich an historischen „Knotenpunkten" der Vermittlung von Theorie- und Gegenstandsgeschichte Sozialer Arbeit als spezifische „Denkstandorte" herausgebildet haben.

Dennoch gab es immer wieder Ansätze – in ähnlicher Weise wie dies Tenorth (1994; 1997) für die Allgemeine Erziehungswissenschaft versucht hat –, auch die in der Theoriedebatte der Sozialen Arbeit deutlich werdenden verschiedenen „Denkstile" nach ihren unterschiedlichen wissenschaftstheoretischen Zugängen zu differenzieren (vgl. z.B. Röhrs 1968, Marburger 1979, Thole 2002).

Wie schon Thole in einer Fußnote zu seinem schematisierten Überblick bezüglich der Theorietraditionen Sozialer Arbeit selbstkritisch anmerkt, veränderten jedoch einige AutorInnen „im Verlauf der Jahre ihre theoretischen Bezugspunkte oder entwickelten diese weiter" (ebd.: 32 Anm. 2). Schon allein deshalb, aber auch weil sie spätestens ab den 70er Jahren verstärkt unterschiedliche „Denkstile" zu synthetisieren versuch(t)en, lassen sich die ProtagonistInnen der jüngeren Theoriedebatte Sozialer Arbeit nur selten einer einzigen wissenschaftstheoretischen Position zuordnen. Vielmehr ist die Mehrzahl ihrer theoretischen Arbeiten geprägt „von vielfältigen Rekursen und methodologischen Prämissen" (Füssenhäuser 2005: 9).

Erst recht gilt dies für die Theoriediskussion ab den 80er Jahren, die durch ein Nebeneinander unterschiedlicher Zugänge gekennzeichnet ist (vgl. Füssenhäuser/Thiersch 2001: 1879). Tholes schematisierte Übersicht „neuerer Theorietraditionen", in denen er einen „systemtheoretischen", einen „kritischsubjektiven bzw. bildungstheoretischen", einen „ökosozialen", einen „dienstleistungsorientierten", einen „lebensweltlichen" und einen „reflexiven Ansatz" unterscheidet (vgl. 2002: 33), vermag dies kaum einzufangen. So gesteht er nicht nur zu, „dass eine präzise Zuordnung der einzelnen Ansätze zu Personen schwierig ist, auch weil eindeutige Theorieetiketten nur selten wie ein gut geschnittenes Passepartout zu personifizieren sind" (ebd.: 30). Ebenso bereitwillig räumt er ein, dass „möglicherweise [...] sich noch andere theoretische Ansätze [finden] oder die [...] genannten [...] unter einem anderen Etikett [firmieren]" (ebd.). Unter dem Begriff „*Variation der Theoriebildung*" hat Hans Gängler (vgl. 1995) dies auch als ein eigenes von insgesamt fünf Strukturmustern neuerer sozialpädagogischer Theorieproduktion identifiziert, neben der „*Anschlussfähigkeit an Nachbardisziplinen*", der „*historischen Rekonstruktion*" der „*Theoriebildung durch Konstruktion*" sowie der „*Selbstreferentialität der Theorieproduktion*".

So war diese Theoriebildung im Zusammenhang mit der sich in den 70er Jahren erst herausbildenden Disziplin – bzw. je nach eingenommenem Standpunkt auch **Teil**disziplin der Erziehungswissenschaften (vgl. Kap. 1.3) – zunächst ganz zentral mit ihrem Verhältnis zu den Theoriebildungen der Nachbardisziplinen beschäftigt (= „*Anschlussfähigkeit an Nachbardisziplinen*"). Gerade in der Positionierung und Abgrenzung gegenüber anderen Disziplinen kam es in diesem Zusammenhang jedoch auch zu einer „Wiederaufnahme der vorübergehend verdrängten, nun aber in Bezug auf ihre kritischen Intentionen gelesenen Traditionen" (Füssenhäuser/Thiersch 2001: 1879) (= „*historische Rekonstruktion*").

Neben der Frage der Wissenschaftlichkeit wurde durch die Akademisierung der Ausbildung jedoch zugleich die Frage der Verwissenschaftlichung der Praxis Sozialer Arbeit sehr stark diskutiert. Diese in den 70er Jahren beginnende Professionalisierungsdebatte (vgl. Otto/Utermann 1971) war zwar zunächst sehr stark vom Interesse eines Zugewinns an beruflicher Autonomie geprägt. Mehr und mehr transformierte sich diese Diskussion jedoch in eine Handlungskompetenzdebatte (Müller u.a. 1982 & 1984). Fragen des Könnens traten dabei in den Vordergrund. Und auch eine „kritisch-selbstkritische Auseinandersetzung mit den neueren Tendenzen des Ausbaus einer arbeitsteilig spezialisierten und expertenhaft verfachlichten Praxis" (Füssenhäuser/Thiersch 2001: 1879) war nicht mehr zu umgehen (vgl. Kap.: 3.).

Produktiv gewendet wurde diese Kritik in Konstruktionen einer „neuen Fachlichkeit" (= „*Theoriebildung durch Konstruktion*"). Diese waren nicht nur durch ein Nebeneinander unterschiedlicher Zugänge gekennzeichnet. Der gesamte Fachdiskurs wurde durch einen zunehmenden Theorienpluralismus bestimmt (= „*Variation der Theoriebildung*"). Und – wie dies der mit viel Witz gewählte Aufsatztitel von Hans Gängler (1995) treffend signalisiert – entstand in der „Beobachtung der Beobachter beim Beobachten" ein wachsend reflexiv und selbstreferentielles Strukturmuster sozialpädagogischer Theoriebildung (= „*Selbstreferentialität der Theorieproduktion*").

Diese von Gängler unterschiedenen – nicht jedoch als hierarchisches Stufenmodell verstandenen – Strukturmuster der Theorieproduktion lassen sich in der von Thole schematisierten Übersicht neuerer Theorietraditionen in den einzelnen Ansätzen mit unterschiedlich deutlicher Ausprägung erkennen. So ist jeder einzelne von ihnen äußerst bedacht auf seine Anschlussfähigkeit bezüglich Nachbardisziplinen. Und ebenso beansprucht nicht nur der von Thole als „reflexiv" gekennzeichnete Ansatz, sondern auch alle anderen ein hohes Maß an Selbstreferentialität. Das historisch rekonstruierende Strukturmuster sozialpädagogischer Theoriebildung wird in Tholes schematisierter Übersicht zu den neueren Theorietraditionen nicht nur beim Ökosozialen Ansatz erwähnt. Zu Recht wird bezüglich des „lebensweltlichen Ansatzes" auch auf dessen Grundlegung in unterschiedlichen wissenschaftstheoretischen Traditionen verwiesen. Ähnliches gilt für den „bildungstheoretischen Ansatz", wie Thole (2000²: 31) mit Verweis auf den entsprechenden Beitrag von Heinz Sünker in seinem Handbuch darlegt.

Dass von Thole in seiner schematisierten Übersicht neuerer Theorietraditionen unterschiedlichen Ansätzen zugeordnete „RepräsentantInnen" sich zum Teil auf die gleichen wissenschaftstheoretischen Traditionen beziehen, bzw. sich gleicher Theoreme aus Nachbarschaftsdisziplinen bedienen – wie z.B. Habermas´ Unterscheidung zwischen System und Lebenswelt, Becks Individualisierungstheorem etc. – macht die Aufgabe einer Systematisierung nicht einfacher. Hinzu kommt, dass nicht nur die „insbesondere von Hans Thiersch [...] in die Sozialpädagogik hineingetragene *Alltagswende* der späten 1970er und v.a. der 1980er Jahre [...] auf die zunehmende Zersplitterung der Diskurse und den überhöhten Selbstanspruch der kritisch-emanzipativen Theorie, v.a. aber auf die daraus resultierenden Schwierigkeiten der Vermittlung zwischen Theorie und Praxis" reagierte (Füssenhäuser 2005: 32 f.). Zumindest der ökosoziale und der von Thole als „reflexiv" bezeichnete Ansatz würden Ähnliches für sich beanspruchen.

So verwundert es nicht, dass entsprechende Überlappungen sich nicht nur bezüglich der wissenschaftstheoretischen Bezugspunkte zeigen, sondern sogar zwischen den in Tholes schematisierter Übersicht unterschiedenen neueren Theorietraditionen selbst. Gleiches gilt auch für die in seinem Handbuch unter der Überschrift „Theoretische Positionen und Konzepte" versammelten Beiträge, die nicht ganz den „Theorieetiketten" der schematisierten Übersicht folgen.

Obwohl Füssenhäuser und Thiersch (vgl. 2001: 1881) als Beispiel Klaus Mollenhauers Arbeiten heranziehen, könnte vielleicht noch viel besser anhand Silvia Staub-Bernasconis Ansatz die Problematik von „Theorieetiketten" (Thole 2002: 32) verdeutlicht werden. So kennzeichnet Thole deren Ansatz als „im

Kern gerechtigkeitsorientierte Fassung der Sozialpädagogik" (ebd.: 31). Demgegenüber ordnet Staub-Bernasconi ihren Beitrag einem „systemischen" bzw. „systemistischen" Paradigma zu und sieht sich auch als Vertreterin einer Sozialarbeitswissenschaft. Sie würde sich also niemals der Sozialpädagogik zurechnen bzw. es akzeptieren, dass die auf Soziale Arbeit bezogene wissenschaftliche Disziplin – wie bei Thole – unter den Begriff der Sozialpädagogik subsumiert wird. Und obwohl eines der bekanntesten Bücher Staub-Bernasconis (1995) den Titel *„Systemtheorie, soziale Probleme und soziale Arbeit: lokal, national, international"* trägt, taucht ihr Name in Tholes Grundriss weder in seiner eigenen Auflistung der RepräsentantInnen des systemtheoretischen Ansatzes auf (vgl. ebd.: 33), noch im entsprechenden systemtheoretisch orientierten Handbuchbeitrag Frank Hillebrands. Ebenso wenig wie *den* systemtheoretischen Ansatz (im Singular) gibt es jedoch irgendeinen *anderen*. Denn auch bei den lebensweltlichen, ökosozialen, bildungsorientierten etc. handelt es sich stets um Ansätze (im Plural), deren VertreterInnen zum Teil höchst unterschiedliche wissenschaftstheoretische „Denkstile" pflegen.

Füssenhäuser und Thiersch haben sich vor diesem Hintergrund in ihrem Grundsatzbeitrag „Theorien der Sozialen Arbeit" dazu entschlossen, auf eine an Personen orientierte Darstellung „gegenwärtige[r] Positionen und Diskurse der Sozialen Arbeit" – so die Überschrift des entsprechenden Kapitels (ebd. 2001.: 1885 ff.) – zurückzugreifen. Dabei geht es ihnen vor allem darum, den prozessualen und diskursiven Charakter dieser Theorieproduktion zu verdeutlichen. Und so verstehen sie „die dargestellten Positionen als Exempel, um an ihnen unterschiedliche Möglichkeiten eines Theorieprogramms der Sozialen Arbeit zu profilieren bzw. zu demonstrieren" (ebd.: 1884).

Sicher geht Tholes (2002: 30) kritischer Einwand, eine personenbezogene Darstellung stelle „die jeweiligen TheorieträgerInnen – nicht deren Überlegungen – in den Vordergrund" (ebd.) an den entsprechenden Beiträgen in Füssenhäuser/Thierschs (2001: 1885 ff.) Handbuchartikel ebenso vorbei wie an Füssenhäusers „verdichteten Rekonstruktionen ausgewählter Theoriepositionen" in ihrem Buch „Werkgeschichte[n] der Sozialpädagogik" (2005: 47 ff.). So zielt ja Füssenhäusers Herausarbeitung der „argumentativen Zusammenhänge der einzelnen Autoren" in Form einer „Werkzusammenschau" explizit auf einen „genuinen Werkgehalt".

Tholes zweiter Einwand, dass eine personenbezogene Darstellung dazu neige, „Konzept- und Theorieperspektiven zu personifizieren" (Thole 2002: 30), ist demgegenüber jedoch nicht so einfach von der Hand zu weisen. Daran ändert auch nichts, dass Füssenhäuser darum bemüht ist, ihre „Werkgeschichte[n]" einzubetten „in zeitgeistige wie gesellschaftspolitische Strömungen" (2005: 19). Wenn sie – gestützt auf Mannheim – ihr auch mit Thiersch zusammen verfolgtes

Programm einer „*Topographie* relevanter Fragen" auf eine – „zumindest immanente – ´Kollektivität` von Denkstilen und -standorten" (ebd.: 15) bezogen sieht,
reibt sich dies zumindest mit einer personenbezogenen Darstellung. Besonders
deutlich wird dies am Beispiel der Werkgeschichte von Hans-Uwe Otto, die sich
ja mit wenigen Ausnahmen immer auch in kollektiven Publikationen niederge-
schlagen hat. So scheint mir der „*Topographie*"-Ansatz von Füssenhäuser und
Thiersch sich eher mit einer personenbezogenen Darstellung zu reiben. Von
dieser gelöst vermag er aber meiner Ansicht nach am ehesten nicht nur einen
Überblick über die gesamte aktuelle „Theorielandschaft" in der bundesdeutschen
Sozialen Arbeit geben, sondern zugleich auch den prozessualen und diskursiven
Charakter dieser Theorieproduktion verdeutlichen.

Entsprechende Theorien werden dabei jedoch nicht nur von verschiedenen
„Denkstandorten" aus formuliert. Wie die Geschichte gezeigt hat, ist es auch
möglich, von ganz unterschiedlichen Fragestellungen ausgehend sich einer Theorie Sozialer Arbeit zu nähern. Diese Fragestellungen und Zugangsmöglichkeiten
überlappen sich zum Teil mit dem, was Füssenhäuser und Thiersch „*Kristallisationspunkte* sowohl disziplinärer als auch professionsgebundener Theoriebestimmung" (2001: 1882) genannt haben (vgl. Kap. 1.3). Aufbauend auf Maßstäben und Gültigkeitskriterien, wie sie zuvor schon in anderen metatheoretischen
Beiträgen zu einer Theoriearchitektur Sozialer Arbeit herausgearbeitet wurden
(vgl. Kap. Theorie), die „nach dem Zusammenhang des Ganzen [fragt], der Kon-
turierung des Gegenstandsbereiches der Sozialen Arbeit sowie seiner Beschreibung, Begründung und Aufklärung" (Füssenhäuser 2005: 43), haben sie acht
solcher „*Kristallisationspunkte*" zusammengetragen. Füssenhäuser/Thiersch
beanspruchen diese zugleich auch „hermeneutisch" (2001: 1882) „re-konstruiert"
(ebd.: 1884) zu haben, und zwar aufgrund der von ihnen als exemplarisch aus-
gewählten und anhand entsprechender RepräsentantInnen dargestellten Theorieentwürfe sowie aus deren Diskussion mit- und gegeneinander.

Ein solcher „*Kristallisationspunkt*", der Füssenhäuser/Thiersch zufolge eigentlich in allen Theorien Sozialer Arbeit mit Allgemeinheitsanspruch thematisiert werden müsste, ist z.B. der des „professionellen Handelns". Auch eine allgemeine Theorie Sozialer Arbeit lässt sich jedoch durchaus ausgehend von einem solch singulären Aspekt aus formulieren, wenn sie sich von dieser Aus-
gangsfragestellung her entfaltet – sicher in unterschiedlicher Gewichtung – aber
im Prinzip alle der anderen von Füssenhäuser und Thiersch herausgearbeiteten
Kristallisationspunkte mitberücksichtigt. Ansonsten könnte der entsprechende
Ansatz nicht für sich den Anspruch einer Theorie *der* Sozialen Arbeit erheben.
Allerdings ist es möglich, selbst bei einem anscheinend so klar umgrenzten Zugang, zu ganz unterschiedlichen Theorien der Sozialen Arbeit zu gelangen, eben

weil die entsprechende Eingangsfragestellung von ganz unterschiedlichen „Denkstandorten" aus verfolgt werden kann.

Theorien Sozialer Arbeit werden jedoch nicht nur ausgehend von bestimmten Fragestellungen entfaltet. Es ist auch möglich, dass sie als ein „Spezialgebiet" im Bezugsrahmen einer allgemeineren Theorie, wie z.b. der Systemtheorie oder der psychoanalytischen Metapsychologie, zu formulieren versucht werden. Ebenso wenig wie es *die* Systemtheorie oder *die* Psychoanalyse gibt, existiert jedoch *eine* Systemtheorie Sozialer Arbeit bzw. *eine* psychoanalytisch orientierte Theorie Sozialer Arbeit. Auch innerhalb solch großer theoretischer Gedankengebäude können unterschiedliche „*Denkstandorte*" eingenommen und unterschiedliche „*Denkstile*" gepflegt werden, die dann auch zu unterschiedlichen Theoretisierungen der Sozialen Arbeit führen.

Von daher gibt es – heute mehr denn je – höchst unterschiedliche Ansatzpunkte und Zugänge zu einer Theoretisierung Sozialer Arbeit. Diese sollen im Folgenden als „*Ansätze*" bezeichnet werden. Wie skizziert, sind solche „*Ansätze*" der Theoriebildung nicht synonym mit bestimmten „*Denkstilen*". Sie können auch durchaus von unterschiedlichen „*Denkstandorten*" aus verfolgt werden. Das heißt zugleich auch, dass mit der Bezeichnung solcher „*Ansätze*" nicht ein bestimmtes „Theorieetikett" im Sinne Tholes (s.o.) gemeint ist. Vielmehr soll gerade umgekehrt verdeutlicht werden, wie – obwohl ein anscheinend gleicher Zugang zur Theorie Sozialer Arbeit gewählt und zum Teil auch mit gleich lautenden Begriffen operiert wird – doch jeweils unterschiedliche theoretische Perspektiven zum Tragen kommen. Für die folgende Darstellung war dies ein wichtiges didaktisches Kriterium, ebenso wie das Bestreben zu zeigen, welche „*Denkstile*" und „*Denkströmungen*" jeweils zu solchen „*Denkstandorten*" geführt haben, von denen aus der jeweils spezifische „*Ansatz*" einer Theoretisierung Sozialer Arbeit unternommen wird.

Sicher könnten auch andere Zugänge zu einer Theorie Sozialer Arbeit unterschieden werden, als die in diesem Buch nach einer allgemeinen Einführung in die Debatte beschriebenen

- Alltags-, lebenswelt-, lebenslagen- und lebensbewältigungsorientierten Ansätze;
- professionstheoretischen Ansätze;
- systemtheoretischen und system(ist)ischen Ansätze;
- diskursanalytischen Ansätze sowie
- psychoanalytischen Ansätze.

So ließe sich beispielsweise sicher auch sehr plausibel von bildungstheoretischen oder sozialarbeitswissenschaftlichen Ansätzen sprechen. Entscheidendes Kriterium für die gewählte Art der Sortierung war lediglich, dass alle relevanten zeitgenössischen Theoriepositionen zum Tragen kommen und der entsprechende „*Ansatz*" von unterschiedlichen „*Denkstandorten*" her verfolgt wird.

In der Bundesdeutschen Debatte um eine Theorie Sozialer Arbeit zeigt sich eine bemerkenswerte Beziehungslosigkeit, ja geradezu Ignoranz der verschiedenen Ansätze gegenüber einander. Selbst wenn sich Denkfiguren sehr ähneln und sich lediglich in ihrer Theoriesprache zu unterscheiden scheinen, finden sich so gut wie keine wechselseitigen Verweisungen. Umgekehrt existiert jedoch auch wenig Kritik aneinander. So es solche (kritischen) Bezugnahmen gibt und die gewählten Zugänge sich gleichen, war dies ein wesentliches Kriterium, entsprechende Theoretisierungen Sozialer Arbeit zu einem entsprechenden „*Ansatz*" zusammenzufassen.

Im eingangs erwähnten online-Modul für den MAPS-Studiengang gibt es quer dazu auch die Möglichkeit, ausgehend von den acht von Füssenhäuser und Thiersch unterschiedenen „Kristallisationspunkten" her, sich einen Überblick über die gegenwärtige bundesdeutsche „Theorielandschaft" im Bereich Sozialer Arbeit zu verschaffen. Beide Strukturierungen – die nach „*Ansätzen*" und die nach „*Kristallisationspunkten*" – bilden im online-Modul zusammen eine Matrix, die auch als eine Art „Landkarte" fungiert: Nicht nur bezüglich des Feldes und Arbeitszusammenhangs Sozialer Arbeit – das ist ja schon Anspruch jedes einzelnen Theorieversuchs –, sondern auch zur Orientierung auf der Metaebene der entsprechenden Theoriebildung.

Ein solches didaktisches Konzept ist schwerlich auf ein Buch zu übertragen. Dennoch habe ich so viel als möglich davon in dieses Buch übernommen. So versteht sich das Buch als ein Arbeitsbuch. Die Kapitel zu den einzelnen Ansätzen habe ich mich so zu schreiben bemüht, dass sie zu einer eigenen Auseinandersetzung mit den verschiedenen Denkstilen und -standorten einladen. Meine eigenen Positionen stelle ich dabei genauso zur Disposition, wie jede andere. Im Schlusskapitel zu den Kristallisationspunkten findet sich ein gegliederter eigener vorsichtiger Bilanzierungsversuch der entsprechenden Debatten meinerseits.

# 1 Zum Theorie/Praxis-Verhältnis und Theorieverständnis in der Sozialen Arbeit

## 1.1 Prolog zum Theorie/Praxis-Verhältnis in der Sozialen Arbeit – ein fingierter Dialog

*Stud.*: Neulich mal habe ich einem älteren Bekannten, der schon seit Jahren eine Leitungsposition im Jugendamt inne hat, davon erzählt, dass ich nun noch einmal berufsbegleitend meinen Master in Sozialer Arbeit machen will, um mich dann nach Abschluss auch auf eine Leitungsstelle bewerben zu können. Da hat der nur mit dem Kopf geschüttelt und die Augen verdreht: „So was können sich auch nur weltfremde Leute aus der Hochschule ausdenken! Noch mehr Theorie!" hat er gesagt. Gescheiter wäre es, wenn Leute, die auf eine solche Position scharf seien, bei erfahrenen Leitungsmenschen, wie ihm, in die Lehre gingen. Da würden sie weit mehr für ihren späteren Job lernen.

*Prof.*: Möglicherweise stimmt dies sogar, wenn es um eine konkrete Stelle geht. Zwar qualifizieren anwendungsbezogene Masterstudiengänge formal meist für den höheren Dienst, sind deshalb aber keine Lehre für Leitungskräfte im Sozialbereich. Masterstudiengänge Sozialer Arbeit, gerade wenn sie allgemein angelegt sind, vermögen nur vergleichsweise allgemeine, aber keine spezifischen Berufs- und Leitungskompetenzen vermitteln. Dies könnte vielleicht tatsächlich ein erfahrener Praktiker besser. Was ist aber das möglicherweise hoch spezialisierte Erfahrungswissen, das dieser weitergeben könnte, noch wert, wenn sich das Aufgabengebiet oder die Struktur verändert? Und vielleicht wäre vieles, was für seine Position im Amt stimmig ist, schon für eine vergleichbare Stelle im Amt einer anderen Stadt daneben.

Von daher kann Praxisorientierung im Studium, wie sie auch in anwendungsorientieren Masterstudiengängen Sozialer Arbeit zum Tragen kommt, nicht Orientierung an einem punktuellem Ausschnitt von Praxis bedeuten, wie sie an einem bestimmten Ort, in einem bestimmten Feld und einer bestimmten Institution erfolgt. Das was dort geschieht, kann nicht Maß aller Dinge sein.

*Stud.:*    Ja, aber immer in der Praxis muss ich mit Menschen umgehen, und Leitung ist Leitung! Für beides gibt es doch Methoden, die man erlernen kann.

*Prof.:*    Soziale Arbeit ist keine Sozialtechnologie, selbst wenn einige sie gern dazu machen würden. Menschen, mit denen sie arbeitet, oder MitarbeiterInnen, die zu leiten sind, haben unterschiedliche Interessen und damit auch Probleme, die verstanden sein wollen. Auch haben diese Menschen unterschiedliche Vorerfahrungen, an die ebenfalls anzuknüpfen ist. Und außerdem findet Soziale Arbeit und Leitung in Institutionen statt, die völlig unterschiedliche Rahmenbedingungen haben. Die prägen in entscheidendem Maße, wie Sozialer Arbeit dort konkret sich ausgestaltet.

So ist es z.B. eine komplett unterschiedliche Situation ob jemand dem gleichen Jugendlichen als Streetworker oder Mitarbeiter des ASD gegenübersteht. Und dieser Jugendliche wird sich jeweils auch ganz unterschiedlich geben und öffnen. Vergleichbares könnte ich jetzt auch im Hinblick auf Leitung ausführen. Praxis- und Anwendungsorientierung in Studiengängen Sozialer Arbeit kann deshalb nur bedeuten, dass all das zumindest in exemplarischer Form analysiert wird. Und dazu ist nicht zuletzt auch Theorie erforderlich.

*Stud.:*    Den institutionellen Blick habe ich auch schon zur Genüge kennengelernt. Als ich im Amt mit meiner Arbeit begann, haben die mir tatsächlich ein „Paktieren mit dem Klientel" und „Unprofessionalität" vorgeworfen. Und auch in Helferkonferenzen wird immer wieder deutlich, wie unterschiedlich die Blickwinkel der verschiedenen Institutionen auf den gleichen Menschen sind. Manchmal könnte man glauben, es handelt sich überhaupt nicht um ein und denselben.

*Prof.:*    Das zeigt, dass Professionelle in gewisser Weise eben doch auch TheoretikerInnen sind. So entwickeln sie z.B. in dieser Weise Theorien über ihre Klientel. Allerdings reflektieren sie diese höchst selten. In der Wissenschaft passiert dies immer – zumindest dadurch, dass andere diese Theorien kritisch hinterfragen: Vor welchem gesellschaftlichen Kontext wurde diese Theorie entwickelt? Welche Interessen gehen hinterrücks mit ein? Und welche praktischen Implikationen hat diese Theorie? Das sind Fragen, die dann erörtert werden.

*Stud.:* Die TheoretikerInnen an den Hochschulen haben es aber auch besser als die „TheoretikerInnen" in der Praxis, die immer unter Handlungsdruck stehen. Hochschulleute können sich auf eine Sache konzentrieren. Sie haben Zeit alles von vorwärts und rückwärts zu betrachten und auch noch von der Seite. Und wenn sie damit fertig sind, wird alles noch einmal auf den Kopf gestellt. In der Praxis hingegen müssen in kürzester Zeit allerlei Unwägbarkeiten abgeschätzt und Entscheidungen getroffen werden. Eigentlich erfordert das sehr viel mehr Klugheit. Und vielleicht hat diesbezüglich mein älterer Bekannter doch nicht ganz so Unrecht, dass diese Klugheit in der Praxis viel besser erworben werden kann.

Die mit Sozialer Arbeit wissenschaftlich Beschäftigten mögen scharfsinnige Theorien aufstellen. Die sind aber immer abstrakt. Sie abstrahieren, sehen von vielen ab. Klugheit, wie sie in der Praxis erforderlich ist, muss aber immer das Ganze im Blick haben und ist an das Handeln gebunden.

*Prof.:* Deshalb sollte die Wissenschaft auch nicht behaupten oder versuchen, die konkrete Praxis voranzutreiben. Selbst hoch spezialisierte Theorien können nicht so ohne weiteres und unmittelbar auf Praxis angewandt bzw. umgesetzt werden. Dieses mechanische, sozialtechnologische Verständnis, bei dem es angeblich bloß um Umsetzungsprobleme geht, verfälscht sowohl die Theorie als auch die Praxis.

*Stud.:* Dann stimmt es also doch! Dann könnten es sich die Hochschule doch gleich ganz schenken, zukünftigen Professionellen in der Sozialen Arbeit Theorie zu vermitteln und sich statt dessen auf die Erarbeitung von Methoden konzentrieren, mit deren Hilfe sie z.B. mit schwierigem Klientel besser umgehen oder auch Leitungs- und Planungsaufgaben effektiver bewältigen lernen.

*Prof.:* Methoden wirken aber nicht per se. Die gleiche Methode von unterschiedlichen Personen eingebracht, kann durchaus unterschiedliche Folgen haben. Und so könnte es auch gut sein, dass die klugen Leitungstipps ihres älteren Bekannten bei anderen überhaupt nicht in der Weise zur Geltung kommen. Um zu erklären, warum dies so ist, werden z.B. Theorien gebraucht.

*Stud.:* Allerdings kann keine Theorie mir erklären, wie ich wirke, welche Methoden mir und meiner Art entgegenkommen, wann und wo es sinnvoll ist, sie einzusetzen und wenn nicht. Dazu braucht es doch Praxiserfahrung im Studium.

Prof.:  Dies stimmt, und das haben die allermeisten Studiengänge auch berücksichtigt.
Wenn Praxis Gestaltung der Lebensverhältnisse bedeutet, bei der sich auch die Beteiligten verändern, findet Praxis jedoch nicht nur draußen, sondern auch in der Hochschule statt – und zwar nicht nur in Praxisbegleitung und Supervision, sondern in vielen anderen erfahrungsorientierten Veranstaltungen und auch in der politischen Praxis der Hochschule.
Eigentlich müssten sich deshalb die TheoretikerInnen der Erziehungswissenschaften und Sozialen Arbeit darüber bewusst sein, dass sie in ihren Theorien immer auch ein Stück Selbstthematisierung betreiben.

Stud.:  Müssten dann die Theorien aber nicht doch etwas praxisnaher sein?

Prof.:  Ich sehe die Gefahr, dass Theorie in diesem Fall nur allzu leicht in Gefahr gerät, als bloße Rechtfertigung und Legitimation von Praxis missbraucht zu werden. Es scheint mir auch nicht die unmittelbare Praktikabilität zu sein, die der Theorie fehlt, sondern tatsächlich Klugheit: Ihren ihr eigenen Gebrauchswert scheint sie mir dann am produktivsten entfalten zu können, wenn es ihr gelingt, dem praktischen Bewusstsein verschlossene Zusammenhänge sichtbar zu machen. Sie müsste latente, noch nicht zur Realität herausgearbeitete Tendenzen, zumindest ins Licht begrifflicher Arbeit bringen, damit diese dann auch ihre praktische Wirksamkeit entfalten können. Dies ist ja gerade auch eine Aufgabe von Pädagogik und Sozialer Arbeit als – wenn man so will – Hebammenkunst, entsprechende Potenziale bei Menschen zu Tage zu fördern. Zentrale Aufgabe von Theorie, gerade auch im Bereich Sozialer Arbeit, wäre es also, die vorhandene Realität mit den in ihr enthaltenen objektiven Möglichkeiten zu konfrontieren, d.h. auch die Mittel zu benennen, wie diese zu verwirklichen sind.
Dass Theorie dies heute häufig nicht mehr leistet, sondern Komplexität durch hohe Spezialisierung zu reduzieren versucht; dass sie darin vielleicht scharfsinnig aber nicht mehr klug ist; dass sie sich im Gegenteil häufig sogar auf empirisch überprüfbare Hypothesen beschränkt, ist in meinen Augen der eigentliche Grund, warum Theorie in der Praxis zurecht eine solche Geringschätzung erfährt.

*Stud.:*  Selbst wenn in dieser Weise versucht würde, die Eigenheiten von Theorie und Praxis wechselseitig anzuerkennen und konstruktiv zu nutzen, scheint mir ihr „Versöhnungsvorschlag" aber doch etwas zu idealistisch und naiv zu sein. Was die AdressatInnen Sozialer Arbeit hautnah an Unterdrückung, Benachteiligung, Ausgrenzung und existentiellen Problemen erfahren, ist doch auch für die Gesellschaftstheorie und die Theorie Soziale Arbeit nur eine empirische Bestätigung für ihre Annahmen. Den Theorien geht es dabei doch nur darum, ob sie richtig oder falsch sind, und ich frage mich, ob sie dies mit ihren wissenschaftlichen Verfahren wirklich klären können. Den Betroffenen und auch der Sozialen Arbeit, wie ich sie mir wünsche, müsste es aber um ein Wissen gehen, das hilfreich ist, ein solches Lebensschicksaal zu verändern. Das Dilemma scheint mir zu sein, dass die handfesten Erfahrungen der Betroffenen allemal mehr Substanz haben als jede wissenschaftliche Theorieproduktion. Daran ändert auch all deren Mühen nichts, über den Weg der Abstraktion und der Aussortierungen des Richtigen vom Falschen aus dem Zirkel der Ideologiebildung zu entkommen.

Allerdings ist im Unterschied zu den Bedingungen der Theorieproduktion bei den Betroffenen der Druck der Verhältnisse meist so massiv, dass sich bei ihnen nur Bruchstücke reduzierten Bewusstseins entwickeln können, mit manchmal sogar selbstzerstörerischen Konsequenzen. Durch Theorievermittlung wird dies wohl nicht zu lösen sein, sondern nur in einer neue Erfahrungen ermöglichenden Praxis.

*Prof.:*  Auch dies ist eine Theorie und wollen wir gemeinsam hoffen, dass sie sich in der Praxis bewährt.

## 1.2  Theorie der Professionellen / Theorie der Praxis

„Theorie ist für viele – nicht zuletzt auch für Studierende – so etwas wie der Inbegriff lebensferner Wissenschaft, ist begriffliche Abstraktion in einer formalisierten, fremden Sprache, ist eine Art Geheimcode, mit dem sich WissenschaftlerInnen – offenbar trotz aller sachlichen Differenzen – untereinander verständigen, ist aber auch eines der letzten Machtmittel, mit dem ProfessorInnen ohne Not Studierende traktieren und sich zugleich Respekt zu schaffen suchen, kurz: ist eine allseits beliebte Projektionsfläche für alles Mögliche" (Rauschenbach/Züchner 2002a: 139). Zugleich ist der Theoriebegriff jedoch auch ein wissenschaftlicher Begriff und damit Fachsprache. Selbst Versuche einer allgemein wissenschaftstheoretischen Bestimmung des Theoriebegriffes konnten bisher jedoch noch keine Einigkeit über die Struktur von Theorien und das Spektrum verschiedener Theorietypen erzielen (vgl. Mittelstraß 1996: 266). Einigkeit herrscht allenfalls darüber, dass „Erklärung und Prognose" (ebd.) maßgeblich für die Aufstellung von Theorien sind.

Wie im Prolog schon angedeutet, kommt es in dieser Hinsicht jedoch auch in der Praxis Sozialer Arbeit ständig zu einer „Theorieproduktion". Theorie meint in diesem Zusammenhang, dass Praktiker mit Annahmen operieren, die einen zugleich hypothetischen wie analytischen, mitunter auch einen prognostischen Charakter haben, z.b. wenn sie Aussagen machen über Probleme oder Motive ihrer Zielgruppen, über deren Ursachen, über bestimmte Regelmäßigkeiten in der Praxis oder aber die Wirksamkeit bestimmter pädagogischer Handlungsweisen und Methoden.

Das sog. „Montagssyndrom", von dem viele Professionelle aus den unterschiedlichsten pädagogischen Einrichtungen – vom Kindergarten angefangen, über die Schule bis hin zu ambulanten Betreuungseinrichtungen – sprechen, ist z.b. eine solche sogar vergleichsweise verallgemeinerte Theorie. Dabei wird eine angeblich vermehrte Unruhe der Heranwachsenden mit einem übermäßigen Medienkonsum am Wochenende und einer damit einhergehenden Reizüberflutung in Verbindung gebracht. Aber auch schon solche auf auffällige KlientInnen bezogenen Aussagen, wie „Der bzw. die will ja nur Aufmerksamkeit" in Verbindung mit einer entsprechenden Verhaltensempfehlung bezüglich einer distanzierten, angeblich professionellen Antwort, sind theoretischer Natur. Wenn hier von Theorie die Rede ist, so allerdings in einem rein beschreibenden Sinne.

Solche „Theorien (aus) der Praxis" helfen den Professionellen ihre Wahrnehmungen und Urteile zu strukturieren. Sie geben ihnen Orientierung für ihr Handeln bzw. legitimieren dies gegenüber anderen. Und diese Funktion ist eindeutig stärker ausgeprägt als die des Erkenntnisgewinns. Ganz im Gegenteil sind viele dieser Theorien der Professionellen für diese geradezu unumstößlich. Sie scheinen so evident zu sein, dass ihr „theoretischer" Charakter gar nicht mehr gesehen wird. Michael Winkler (2005) hat die These gewagt, dass ganz allgemein Theorien „formal gesehen [...] für Professionen [...] mit einem dogmatischen Charakter" (ebd.:17) wirken. Dies gilt für ihn selbst dann, wenn PraktikerInnen auf elaboriertere Theoriesysteme – wie z.B. ein „systemisches Denken" – zurückgreifen. Denn „sie entscheiden dann nur, woran sie glauben wollen, aber sie glauben und stellen nicht in Frage" (ebd.).

Michael Winkler kann seine zugegeben provokante These auf Erkenntnisse der Anwendungsforschung stützen. Dort finden sich zahlreiche Belege, „wie unter den Bedingungen komplexer Anforderungssituationen Theorien als praktisches Regelwissen dienen" (ebd.). Von Seiten der Professionellen wird dabei jedoch immer auch aktiv mit Theorie umgegangen. So müssen die abstrakten

Bezüge des theoretischen Referenzsystems ja von diesen auf die konkrete Situation bezogen werden. Und ein solch aktiver Umgang mit Theorie lässt sich dann durchaus zugleich als Erkenntnisleistung interpretieren. Zumindest geht es ja auch um die Wahrheit im gegebenen Fall. Christian Niemeyer (1999: 112ff.) hat deshalb auch vom Praktiker als Forscher gesprochen.

Andere sehen jedoch einen kategorialen Unterschied zwischen Forschung und Theorieproduktion auf der einen Seite und Praxis auf der anderen Seite. Was in der Soziale Arbeit praktisch Tätige sich denken, sei demnach keine Forschung, sondern Voraussetzung und konstitutiver Bestandteil ihrer Professionalität (vgl. Buchholz 1999). Wissenserzeugung und Wissensverwendung erfolgte dabei vor allem situativ auf den jeweiligen Fall bezogen und somit uno actu (vgl. Dewe 2002). Im Unterschied dazu hätten Forschung und Theorie gegenüber dem, was als Praxis bezeichnet wird, eine beobachtende und analytische Funktion. Häufig werde jedoch im Rahmen Sozialer Arbeit selbst dann noch, wie Rauschenbach/Züchner monieren, Theorie bloß als „diffuses Gegenüber zur Praxis" (2002a: 139) gesehen. Unklar bleibe dabei, ob „dann mehr oder weniger alles zu Theorie wird, was in den 'heiligen Hallen' der Wissenschaft verhandelt wird –, oder ob Theorien nicht vielmehr eine ganz bestimmte Sorte von wissenschaftlichen Aussagen kennzeichnen müsste" (ebd.).

In dieser Diskussion geht es jetzt also nicht mehr um Theorie als eine bloß beschreibende Kategorie. Vielmehr wird nun ein normativ gefüllter und damit streng qualifizierter Begriff von Theorie geltend gemacht. Und erst in diesem Zusammenhang ist es in der fachlichen Diskussion Sozialer Arbeit von Interesse, die Konturen von dem, was als Theorie bezeichnet wird, gegenüber Forschung bzw. Wissenschaft auf der einen Seite, sowie konzeptionellen Entwürfen auf der anderen Seite schärfer herauszuarbeiten. Mit Blick auf einen in dieser Weise mehr zu profilierenden Begriff von Theorie, beklagen denn auch Rauschenbach / Züchner, dass in der Sozialen Arbeit häufig die „verschiedenen Dimensionen und Ausprägungen wissenschaftlichen Tuns, die alle etwas miteinander zu tun haben, aber keineswegs alle gleich zu setzten sind, bis zur Unkenntlichkeit unter dem Sammeletikett 'Theorie' vermengt" (ebd. 140) würden. Ungeklärt sei deshalb auch, „was einen Text zur 'Theorie' werden lässt, also sicherstellt, dass nicht nur Theorie 'drauf steht', sondern auch Theorie 'drin ist'(ebd. 141).

Von daher ist in dieser Diskussion auch umstritten, ob alle im Hinblick auf Soziale Arbeit verfolgten Erkenntnisinteressen, wie z.B. „etwas zu erfinden, modellhaft zu entwickeln oder aber etwas herauszufinden bzw. zu (er)klären" (ebd.), gleichermaßen zu so etwas führen, was sich „Theorie" nennen darf. Während z.B. die einen von einer Theorie Sozialer Arbeit eine „radikale Auseinandersetzung mit der Profession und ihrer Praxis" (Winkler 2005: 17) fordern, sehen viele deren Aufgabe darin, diese eher zu ermuntern und zu verbessern.

Unter Letzteren gibt es nicht wenige, welche nicht nur den kritischen Anspruch, sondern mittlerweile Theorie insgesamt als abgehoben und unzulänglich schelten. Kurioser Weise werden jedoch von vielen jener „erklärten Theoriekritiker oft umfassende konzeptionelle Entwürfe kommuniziert [...], ohne sie dem Theorieverdikt auszusetzen" (ebd.: 19).

## 1.3   Theorie der Sozialen Arbeit?

Dies ist jedoch nicht der einzige Grund, weshalb Rauschenbach/Züchner in ihrem Grundlagenbeitrag zur Theorie der Sozialen Arbeit sich des Eindrucks nicht erwehren können, „als wäre im Zusammenhang mit der Theoriefrage nichts klar" (2002a: 141). Selbst ob es eine eigene Theorie Sozialer Arbeit überhaupt gibt bzw. geben kann, ist dabei höchst umstritten. Ihr Gegenstand scheint eingespannt zwischen Themen der Sozialpolitik, der Fürsorge und Hilfe sowie der Erziehung und Bildung.

Zwar hat sich mittlerweile „Soziale Arbeit" als Oberbegriff für Sozialpädagogik und Sozialarbeit sowohl in der Theorie als auch in der Praxis weitgehend eingebürgert. Rechnung getragen wird damit, dass inzwischen „die Gemeinsamkeiten und Schnittmengen zwischen den Referenzrahmen Sozialpädagogik und Sozialarbeit" (ebd.: 143) – sowohl im Hinblick auf die Inhalte, als auch die Methoden und Konzepte – größer scheinen als die historisch bedingten jeweiligen Besonderheiten und Unterschiede. Dennoch ist die fachliche Diskussion nach übereinstimmender Ansicht aller BeobachterInnen noch weit entfernt von einer „einheitliche[n] Linie der Rahmung und des Einbezugs von Fragestellungen und Diskursen, von Grundbegriffen und thematischen Bestandteilen" (ebd.).

Deshalb sind „die Unschärfen des Begriffsfeldes von *Sozialpädagogik*, *Sozialarbeit* und *Sozialer Arbeit*" (Füssenhäuser 2005: 40) keineswegs ein nur rein semantisches Problem. Mit diesen Begriffen werden auch inhaltliche Markierungen gesetzt, „die zum einen auf unterschiedliche Theorietraditionen und wissenschaftsinterne Debatten verweisen" (ebd.). Zum anderen sind die verschiedenen Begriffe jedoch auch „eng verknüpft […] mit der Herausbildung der Arbeitsfelder der Sozialen Arbeit" (ebd.). So unterscheiden einige AutorInnen bis heute zwischen einer primär auf Erziehung bzw. Bildung gerichteten Sozialpädagogik und einer primär an Hilfe und Unterstützung ausgelegten Sozialarbeit. Demzufolge wird dann auch an einer entsprechenden disziplinären Verortung der beiden Begriffe festgehalten.

Der stark erziehungswissenschaftlich ausgerichtete Referenzrahmen der Sozialpädagogik ergibt sich dabei historisch gesehen schon aus den Anfängen ihrer Begriffsbildung bei Friedrich Diesterweg und Kurt Mager (vgl. Kronen 1980).

Weiterentwickelt wurde dieser in „Folge der überwiegend ´männlich` geprägten bürgerlichen Sozialreformen" (Füssenhäuser/Thiersch 2001: 1878) vor allem in einem universitären Kontext – tendenziell bis in die heutige Zeit. Von daher hatte Alice Salomon guten Grund, die eher aus der armenfürsorgerischen Tradition entstammenden „Begriffe wie ´Soziale Arbeit` oder ´Wissenschaft von der Wohlfahrtspflege` zu bevorzugen. Denn nur auf diese Weise ließ sich das Dominanzstreben von männerspezifischen Wissenssystemen abwehren" (Niemeyer 2002: 127). Was sich damals als Bedrohung des hart erkämpften Ausbildungsmonopols von Frauen an Sozialen Frauenschulen äußerte, wird z.t. bis heute in zahlreichen Überheblichkeitsgesten der – wie sie sich selbst nennt – „universitären Sozialpädagogik" gegenüber den in der Tradition der Sozialen Frauenschulen stehenden Fachhochschulstudiengängen wirksam.

Wenn jedoch Lothar Böhnisch „Sozialpädagogik" als „gesellschaftliche Reaktion auf die Bewältigungstatsache" (1999: 41 & 2002: 199) auszulegen versucht und Hans Thiersch (1994: 141) „Soziale Arbeit" als „Hilfe zur Lebensbewältigung" definiert, dann wird darin deutlich, wie synonym mittlerweile die Begriffe von Sozialpädagogik und Sozialer Arbeit selbst im universitären Kontext gebraucht werden. Aus Thierschs Perspektive ist deshalb der Begriff „Soziale Arbeit" auch von einer „erweiterten und integrierenden Erziehungswissenschaft" zu akzeptieren, zumal wenn diese sich „als (sozialwissenschaftliche fundierte) Theorie der modernen Sozial- und Sozialisationsgesellschaft" (ebd.) versteht.

Deutlich wird so auch, „dass mit denselben Begriffen unterschiedliches intendiert sein kann, gleichzeitig aber unterschiedliche Begriffe nicht sicher auf differente Inhalte abheben" (Füssenhäuser 2005: 40). Im Versuch einer Systematisierung der Begriffsdiskussion um Sozialarbeit, Sozialpädagogik und Soziale Arbeit unterscheiden Merten (1998) und Hering/Münchmeier (2000) zwischen einem Identitäts- oder Synonymansatz, einem Differenzansatz und einem Konvergenzansatz. Bei Mühlum (1996: 13) finden sich sogar sechs unterschiedliche Bestimmungen des Verhältnisses von Sozialarbeit (SoA) und Sozialpädagogik (SP):

1.  das Divergenztheorem: SoA und SP sind eindeutig getrennt
2.  das Konvergenztheorem: SoA und SP nähern sich einander an
3.  das Subordinationstheorem: SoA wird der SP untergeordnet
4.  das Substitutionstheorem: SoA und SP sind wechselseitig austauschbar
5.  das Identitätstheorem: SoA und SP stimmen vollständig überein
6.  das Substitutionstheorem: SoA und SP sind Teil des umfassenden Handlungssystems Soziale Arbeit

Selbst diese Ausfächerung scheint jedoch noch nicht auszureichen. So konstatiert Werner Thole zwar, dass „die Begriffe Sozialpädagogik und Sozialarbeit zu Beginn des 21. Jahrhunderts keine verschiedenartigen wissenschaftlichen Fächer, keine deutlich voneinander differenzierten Praxisfelder, keine unterschiedlichen Berufsgruppen und auch keine differenten Ausbildungswege und -inhalte" (2002: 14) mehr codieren. Der Begriff „Soziale Arbeit" spiegele diese Entwicklung wider und stehe auch aus seiner Sicht für die Einheit von Sozialpädagogik und Sozialarbeit. Thole versucht jedoch den Begriff der „Sozialen Arbeit" auf die Profession und ihre Orte und Institutionen zu begrenzen. Aus angeblich „sprachpragmatischen" Gründen verwendet er weiterhin den Begriff der Sozialpädagogik zur „Charakterisierung des wissenschaftlichen Feldes der Disziplin der Sozialen Arbeit" (ebd.).

Möglicherweise würde er deshalb von Mühlum heute auch unter das Subordinationstheorem subsumiert. Wenngleich Mühlum den von ihm identifizierten Theoremen zum Teil einzelne Personen zuordnet, taucht unter dem Subordinationstheorem der Name Thole jedoch noch nicht auf. Überhaupt mutet ein solches Ansinnen der personenbezogenen Zuordnung zu den entsprechenden Kategorisierungen eher müßig an, da eine Vielzahl von TheoretikerInnen in ihrem Begriffsgebrauch eher zu changieren scheint.

Deshalb folgt die Darstellung der Positionen einzelner AutorInnen in diesem Buch deren je eigenem Begriffsgebrauch und versucht diesen in seinen jeweils spezifischen Konnotationen zu rekonstruieren. Im Vordergrund steht dabei die inhaltliche und nicht die semantische Dimension. Ansonsten wird im Buch der verallgemeinernde Begriff der „Sozialen Arbeit" sowohl in Bezug auf die Praxis als auch die Wissenschaft verwendet.

Seit ihren Anfängen bewegt sich Soziale Arbeit (hier verstanden als Überbegriff) zwischen den beiden Polen von Theorie und Praxis bzw. von Disziplin- und Professionswissen. Idealtypisch betrachtet ist Professionswissen interessiert an der Frage der Wirksamkeit. Demgegenüber zielt disziplinäres Wissen auf das Kriterium der Wahrheit und Richtigkeit (vgl. Merten 1997; Dewe/Otto 2001; Dewe 2002). Wie schon der Prolog gezeigt haben sollte, eröffnet diese Unterschiedlichkeit nicht nur entsprechend verschiedene Möglichkeiten. Beide Wissensformen unterliegen zugleich auch bestimmten Grenzen, die ganz zentral aus ihren spezifischen Strukturbedingungen resultieren.

Zu Recht hat Thole (2002: 152) deshalb darauf aufmerksam gemacht, dass der Begriff der „Profession" ja mehr umfasst als bloße Praxis und der Begriff „Disziplin" mehr als nur Theorie. So ist Soziale Arbeit als Profession auf das gesamte fachlich ausbuchstabierte Handlungs- bzw. Praxissystem bezogen, „folglich die Realität der hier beruflich engagierten Personen sowie die von ihnen offerierten Hilfe-, Beratungs- und Bildungsleistungen auf der Basis der von der Gesellschaft an sie adressierten Ansprüche und Wünsche" (ebd.). Demgegenüber konstituiert und reproduziert sich Soziale Arbeit als Disziplin über die Her- und Bereitstellung von Wissen – und zwar nicht nur als „Feld der wissenschaftlichen Theoriebildung und Forschung" (ebd.), sondern auch als „Handlungsfeld, in dem sich diese Forschungs- und Theoriebildungsprozesse realisieren" (ebd.). Im Unterschied zu dem der Profession ist dieses Handlungsfeld der Disziplin von einem unmittelbaren Handlungsdruck entlastet.

Disziplinäre Theorien können deshalb im Vergleich zu professionellen auch stärker ausgearbeitet werden zu einem „System von intersubjektiv überprüfbaren, methodisch gewonnenen, in einem konsistenten Zusammenhang formulierten Aussagen" (Dewe/Otto 2001: 1968). Des Weiteren sind disziplinäre Theorien aufgrund des wissenschaftlichen Freiraumes auch eher in der Lage, „Bedingungen und Strukturen des Gegenstandsbereiches" (Füssenhäuser 2005: 44) zu reflektieren sowie „alternative Möglichkeiten oder auch 'Utopien'" (ebd.) zu entwerfen.

Unabhängig ob disziplinärer oder professionsbezogener Art sollten – Rauschenbach/Züchner (2002a: 157; vgl. auch 2002b: 844) zu folge – Theorien Sozialer Arbeit jedoch zumindest drei „sozialen Tatbeständen [...] ausreichend Rechnung [tragen]":

- der in Bernfelds Definition von Erziehung als „Summe der Reaktionen einer Gesellschaft auf die Entwicklungstatsache" (1973: 41) hervor gehobenen Dimension, auf die auch Böhnischs Fassung des Begriffs von Sozialpädagogik rekurriert;
- sozialen Problemen als zentralem Referenzpunkt für alte und neue soziale Ungleichheiten und die damit zusammenhängenden Fragen sozialer Integration, sowie
- sozialen Risiken der individuellen Lebensführung und alltäglichen Lebensbewältigung.

Mit diesen drei „materialen Referenzpunkten" versuchen Rauschenbach/Züchner Positionen entgegenzusteuern, welche „die Theoriefrage [...] allein auf den Aspekt der Funktionsbestimmung der Sozialen Arbeit und damit latent auf die Ebene von Gesellschaftstheorie" (2002a: 158) zu reduzieren versuchen. War dabei früher primär die marxistische Theorie Bezugspunkt entsprechender Theoriebildung (vgl. z.B. Hollstein/Meinhold 1973), ist es heute eher die Luhmannsche Systemtheorie (vgl. z.B. Bommes/Scherr 2000; Hillebrand 2002; Merten 2000).

Ähnlich, aber zumindest etwas weiter gefasst, sehen andere zumindest der Form nach keine signifikanten Unterschiede zwischen sozialpädagogischer und sozialwissenschaftlicher Theoriebildung (z.B. Lüders 1998). Und wieder andere

wollen sie im Stile einer „Teildisziplin" in eine sozialwissenschaftlich akzentu-
ierte allgemeine erziehungswissenschaftliche Theoriebildung integrieren (vgl.
z.b. Krüger 1995: 303 ff.). Demgegenüber wird an einigen Fachhochschulen
fleißig an einer eigenen eher geschlossenen Sozialarbeitswissenschaft gestrickt
(vgl. z.B. Engelke 1992; Mühlum 1996; Wendt 1990). Deren „theoretische Un-
terbelichtung" wiederum wird im Rahmen einer universitären Sozialpädagogik
eher herablassend denn milde belächelt.

Demgegenüber halten Rauschenbach/Züchner (2002a: 158) daran fest, dass
es im Hinblick auf Soziale Arbeit „theoretische Beiträge auf der Makro-, Meso-
und Mirkoebene gibt und geben muss, [...] etwa als subjektzentrierte Theorien
auf der Ebene des Individuums, als Interaktionstheorien auf der Ebene der Intersubjektivität, als institutionsbezogene Theorien auf der Ebene von Organisationen oder eben als Funktionstheorien auf der Ebene der Gesellschaft" (ebd.). In
der entsprechenden Fachdiskussion wird dabei häufig unterschieden zwischen
solchen theoretischen Beiträgen zu entsprechenden „Teildiskursen" und dem
„Diskurs zu einer 'Theorie der Sozialen Arbeit' im engeren Sinn" (Füssenhäuser
2005: 43), welcher „nach dem Zusammenhang des Ganzen [fragt], der Konturie-
rung des Gegenstandsbereiches der Sozialen Arbeit sowie seiner Beschreibung,
Begründung und Aufklärung" (ebd.).

Für eine solch umfassende „Theorie der Sozialpädagogik/Sozialarbeit
(SP/SA)" hatte Thomas Rauschenbach schon 1984 in seinem zusammen mit
Hans Thiersch für die erste Auflage des Handbuchs Sozialarbeit/Sozialpädago-
gik (Eyferth/Otto/Thiersch 1984) verfassten Grundsatzbeitrag „Sozialpädago-
gik/Sozialarbeit: Theorie und Entwicklung" versucht, Maßstäbe und Gültigkeitskriterien zu entwickeln. Rauschenbach und Thiersch hatten damals fünf zentrale
Dimensionen bzw. Fragen herausgearbeitet, welche für eine solche Theorie „wesentlich und konstitutiv" (ebd.: 1000) seien:

- „die Frage nach den Lebensverhältnissen und -defiziten ihrer Adressaten" (ebd.: 1001), also dem Aspekt der Lebenswelt;
- „die Frage nach der gesellschaftlichen Funktion sozialpädagogischer Institutionen und Interventionsformen" (ebd.: 1002);
- „die Frage nach der Herausbildung ihrer spezifischen Institutionen"
  (ebd.: 1005);
- die mit der „Institutionalisierung von SP/SA [...] – der Entwicklungslo-
  gik der modernen Gesellschaft gemäß – einher(gehende) [...] zunehmende Professionalisierung" (ebd.: 1007) und schließlich
- das „Wissenschaftskonzept" (ebd.: 1009) bzw. der „Wissenschaftscharakter von SP/SA" (ebd.: 1000).

Selbst wenn Rauschenbach/Thiersch mit ihrer Nummerierung keine Rangfolge der Bedeutsamkeit intendiert haben, ist es sicher kein Zufall, dass sie den Aspekt der Lebenswelt an erster Stelle benannten. Von Thiersch wurde damals sehr engagiert gefordert, dass nicht nur die Praxis und Forschung in der Sozialen Arbeit, sondern auch deren Theoriebildung sich auf die Beschreibung und Analyse der subjektiven Sicht ihrer AdressatInnen zu beziehen hat. Dies bedeutet weit mehr als „Risiken der individuellen Lebensführung und der alltäglichen Lebensbewältigung" (Rauschenbach/Züchner 2002a: 157) als einen von drei „materialen Referenzpunkten" der Theoriebildung in der Sozialen Arbeit zu berücksichtigen.

Fatke/Hornstein (1987) haben diesen nicht auf „Risiken" eingeengten Bezug sozialpädagogischer Theoriebildung auf die Lebenswelt ihrer AdressatInnen ebenfalls hervorgehoben. Weiterhin zu berücksichtigen sind für sie in der Theoriebildung die Reflexion pädagogischer Prozesse und die Analyse sozialer Problemlagen. Alle drei Aspekte müssten zudem rückgebunden werden an eine Reflexion der historisch-gesellschaftlichen Bedingungen und Veränderungen. Damit haben sie Rauschbach/Züchners Referenzpunkte (s.o.) nicht bloß vorweggenommen. Mit dem umfassenden Lebensweltbezug und der Rückbindung aller Reflexion an deren gesellschaftlichen Kontext haben sie diese zugleich auch schon überschritten.

Demgegenüber taucht die Perspektive der AdressatInnen in den Kriterien, die von Franz Hamburger (vgl. 1995 & 1997) an eine sozialpädagogische Theoriebildung angelegt werden, nur vermittelt auf. So hat sich für ihn eine entsprechende Theorie zu konkretisieren in Fragen nach dem Begriff, der Funktion, der Geschichte, den Institutionen – auch bezüglich des Zusammenhangs ihrer unterschiedlichen Aufgaben und Leistungen –, der Profession und den Formen des sozialpädagogischen Handelns. Auch seine „Einführung in die Sozialpädagogik" (2003) ist so aufgebaut, dass nach der Klärung des Begriffsverständnisses (ebd.: 14 ff.), Umriss und innere Logik (ebd.: 32 ff.) als konflikthafte von der Funktion „Soziale(r) Arbeit im sozialstaatlichen Dienstleistungssystem" (ebd.: 38 ff.) hergeleitet wird und vor diesem Hintergrund „externe und interne Ordnungen der disziplinären Vielfalt" (ebd.: 47 ff.) unterschieden werden. Allerdings gesteht er in diesem Kapitel über externe und interne Ordnungen zu, dass zumindest bezüglich einer sozialpädagogischen Berufstätigkeit die Differenzierung zwischen Professionswissen und Disziplinwissen nicht ausreiche, könne doch „Sozialpädagogik nicht vollständig bestimmt werden ohne Alltagswissen" (ebd.: 52). Das „systematische Problem einer Sozialpädagogik (ob als Theorie oder Praxis)" (ebd.: 55) sieht er darin, dass sie sich „auf eine Ganzheit von individuellem Leben und zugleich eine Totalität von Gesellschaft und auf das zwischen beiden bestehende Verhältnis" (ebd.) zu beziehen habe. Zwar erfordere dies „eine fachlich gesteuerte Selektivität [...] Doch auch wenn berufspraktische Identitäten und begriffsspezifische Theorien ausgebildet werden" (ebd.) müssten sie diesen „Rahmen latent verfügbar halten" (ebd.).

In seinem Beitrag „Theorie der Sozialpädagogik" für das von Kreft/Milenz (1996) herausgegebene „Wörterbuch Soziale Arbeit" legt Michael Winkler (1996: 525 ff.) auch sehr viel Wert auf die Ausdifferenzierung der strukturellen Bestimmungen des Feldes und seiner Institutionen, welche nur vor dem Hintergrund sozialgeschichtlich gesellschaftstheoretischer Fragen zu analysieren seien. Zugleich betont er jedoch auch die Rückbindung einer solchen Theorie an phänomenologisch konkrete Analysen von Erfahrungen und Handlungen im lebensweltlichen Kontext. Als weitere Dimensionen einer Theorie der Sozialpädagogik benennt er die Bestimmung professionellen Handelns sowie die Klärung ethischer Grundprobleme.

Bezüglich der Frage, ob die Sozialpädagogik von Merkmalen des Gegenstandsfeldes, vom Verhältnis zwischen Theorie und Praxis oder von methodologischen, forschungsstrategischen Festlegungen her bestimmt werden könne, hat Klaus Mollenhauer (1996) die Auffassung vertreten, dass eine Theorie der Sozialpädagogik sich nicht durch Applikation allgemein anerkannter Begriffe der Erziehungswissenschaft auf ihr besonderes Wirklichkeitsfeld der Kinder- und Jugendhilfe erschöpfen könne. Vielmehr müsse die Sozialpädagogik „zwischen dem theoretisch-allgemein Gebilligten und der schwer überschaubaren Vielfalt des praktisch-institutionell Auferlegten ihre Forschungswege suchen" (ebd.: 884).

Eine Theorie der Sozialpädagogik habe somit „aus den empirischen Beständen dieses Sektors unseres Erziehungssystems dessen *besondere Thematik*" (ebd.) herauszuarbeiten. Mollenhauer zufolge seien dies:

- das in den brüchig gewordenen Mustern der Biographie zur Disposition stehende Verhältnis der Generationen;
- die durch Ausweitung des Möglichkeitsraumes sich für das Individuum stellende Aufgabe einer Normalitätsbalance;
- die für immer mehr Kinder und Jugendliche auch in den modernen reichen Gesellschaften zu einer Zumutung werdende Armut und schließlich
- die durch Migration und Interkulturalität über die Folgen der Modernisierung hinaus sich zuspitzende Frage der normativen Orientierung.

„Solche Entwürfe aufnehmend" kommt Thiersch schließlich in seinem jetzt gemeinsam mit Cornelia Füssenhäuser (2001: 1882) verfassten Beitrag „Theorien der Sozialen Arbeit" für die 2. völlig überarbeitete Auflage des „Handbuch[s] Sozialarbeit/Sozialpädagogik" (Otto/Thiersch 2001) zu acht „Kristallisationspunkte[n] sowohl disziplinärer als auch professionsgebundener Theoriebestimmung" (ebd.: 1882 ff.). Diese seien jeweils in ihren historischen Bezügen und auch hinsichtlich sozialer Strukturkategorien, insbesondere die des Geschlechts, zu analysieren.

Angesichts der unterschiedlichen Traditionen und wissenschaftlichen Bezüge habe eine Theorie Sozialer Arbeit

1. den **Wissenschaftscharakter** des Faches und die eigene disziplinäre Verortung zu diskutieren. Dazu gehöre

2. die Frage nach dem **Gegenstand** der Sozialen Arbeit als Wissenschaft und Praxis. Sowohl der spezifische Problemzugang der Theorie als auch deren Abgrenzung gegenüber andern Disziplinen sei dabei zu konturieren.

3. müsse das **Theorie/Praxis-Verhältnis** bzw. die wissenssoziologische Frage nach der Differenzierung und dem Verhältnis zwischen den im Feld der Wissenschaft und dem der Praxis der Sozialen Arbeit vorherrschenden Wissensformen geklärt werden.

4. habe eine Theorie der sozialen Arbeit ihre eigenen **gesellschaftlichen und sozialen Voraussetzungen** zu thematisieren. Dies erfordere nicht nur die Auseinandersetzung mit einer Gesellschaftstheorie, welche die Funktion Sozialer Arbeit, ihrer Institutionen und Interventionsformen zu analysieren erlaube. Neben der bearbeiteten Probleme und Aufgaben bedürfe auch der Zusammenhang gesellschaftlich-politischer Fragen mit disziplin- und professionspolitischen Diskursen einer gesellschaftstheoretischen Begründung und Reflexion.

5. könne eine Theorie Sozialer Arbeit auch nicht auf eine entsprechende Bestimmung der **AdressatInnen** Sozialer Arbeit bzw. eine Analyse von deren Lebenslagen und Lebensweisen verzichten.

6. müsse diese verbunden werden mit einer Reflexion der Angebote, Programme und wohlfahrtsstaatlichen **Institutionen** Sozialer Arbeit. Vor diesem Hintergrund seien

7. die aus der Ambivalenz des doppelten Mandates sich ergebenden strukturellen Widersprüche und Paradoxien **professionellen Handelns** in der Sozialen Arbeit zu analysieren. Und schließlich komme

8. eine selbstreflexive Theorie Sozialer Arbeit auch nicht umhin, sich mit **Werten** und **ethischen Fragen** auseinanderzusetzen, welche ihr immanent sind bzw. von ihr selbst generiert werden.

Wenn eine Theorie Sozialer Arbeit in dieser Weise sowohl zwischen „Subjekt-
und Strukturperspektive", wie zwischen „institutionellen und personellen Aspekten" als auch zwischen „Feld- und Bildungsbezug" (vgl. Rauschenbach/Thole
1998) zu verorten ist, dann muss sie diese unterschiedlichen Dimensionen auch
gleichermaßen in ihren Begreifens- und Begriffsanstrengungen berücksichtigen.
Margret Dörr und Burkhard Müller (vgl. 2005: 248) haben vorgeschlagen, deren
Relation vergleichbar dem gestaltpsychologischen „Figur-Hintergrundverhält-
nis" zu betrachten: „Je nach Fragestellung dominiert ein Aspekt, ohne jedoch
von der anderen Dimension abgekoppelt zu sein" (ebd.). Und so sehen sie eine
Trennung von AdressatInnen- und Professionsforschung auch nur analytisch
legitimierbar. Demnach dürfte sich eine Theorie Sozialer Arbeit jedoch nicht
darauf beschränken, diese als getrennte Entitäten bloß äußerlich zusammenzufü-
gen. Vielmehr müsste sie diese eben bloß analytisch trennbaren Dimensionen als
sich wechselseitig durchdringende begreifen.

Eine so profilierte Theorie Sozialer Arbeit eröffnet damit zugleich einen kritischen Blick auf die Bestimmung der AdressatInnen und die „Hilfe-Prozesse"
im Feld Sozialer Arbeit. In vielen der neueren Theorien und Analysen – besonders systemtheoretischer Provinienz – geht dieser jedoch nur allzu schnell verloren. So trachten diese ihre 'Wissenschaftlichkeit' vor allem dadurch zu untermauern, dass sie sich in zum Teil polemischer Abgrenzung zu „konzeptionell-
gestaltenden" Entwürfen – wie z.B. dem von Thiersch – als empirische bzw.
analytische Beobachtungen 2. Ordnung zu profilieren suchen.

Wer in dieser Weise eine Theorie Sozialer Arbeit anmahnt bzw. sich gegen
diese wendet, hat häufig eine „große Theorie" vor Augen, „welche als ein Gesamtsystem das ganze Feld restlos erläutert, erklärt und begründet, ihm eine
Sprache gibt und zugleich die definitiven Handlungen vorschreibt" (Winkler
2005: 19). Michael Winkler spricht in diesem Zusammenhang von einer „Art
Größenwahn in Sachen Theorie, der von Angehörigen der Profession ebenso wie
jenen der Disziplin sorgsam gepflegt wird" (ebd.). Dabei steht „Theorie [...] für
das System, für ein – in jedem Sinne des Ausdrucks – Fertiges, das immer das
Ganze ganz groß zum Thema macht und alle Partikularität erledigt hat" (ebd.:
20). Dass damit „letztlich immer die Erfahrungen auf der Strecke bleiben, mit
welchen man selbst zu tun hat" (ebd.), begründet für Winkler auch einen entsprechenden Widerstand besonders aus der Praxis gegenüber solch überdimensi-
onierter Theorie. Nicht übersehen wird von Winkler dabei, dass Angehörige der
Profession sich häufig jedoch auch gegen kritische Nachfragen dadurch zu im-
munisieren suchen, dass sie „eben diese als Ausdruck bloßer Theorie zurückwei-
sen" (ebd.: 20).

## 1.4 Theorie und Forschung

Korrespondierend dazu wird in letzter Zeit verstärkt nicht nur in der Praxis und der Politik, sondern auch innerhalb der Disziplin Sozialer Arbeit ein „Begriff der Theorie (inszeniert), der im Kontrast zu den empirischen Daten steht, welche eben sorgfältig erhoben und nicht überstrapaziert werden sollen. Theorie rückt diesen gegenüber in die Nähe von philosophischer Reflexion, die ihrerseits als verdächtig und anachronistisch erscheint" (Winkler 2005: 20). Indessen sieht Winkler eher ein Problem darin, wenn Wissenschaften sich nicht mehr auch als Arbeit an Theorie begreifen. Denn „Forschungsarbeit spricht sich in Theorien aus, die zugleich wiederum Arbeitshypothesen bieten und somit Anlass für Bemühen um Falsifikation geben" (ebd.: 21).

Wenn Forschung somit noch etwas anderes als Datenerhebung zu sein beansprucht, ist sie also gleich doppelt mit Theorie vermittelt: Zum einen nimmt sie ihren Ausgang bei Theorien, wenn sie irgendwelchen Hypothesen nachgeht, um diese zu überprüfen. Zum anderen mündet sie in Theorie, wenn sie in einem begründeten Zusammenhang von Aussagen sich am Ende ihres Gegenstandes und seiner inneren Bedingungen versichert. So gesehen, lässt sich Forschung nicht von Theorie trennen, „weil sie Voraussetzungen für Untersuchungen liefert, gleichsam für diese sehend macht, und zudem diese wieder zusammenführt, in welcher Form der Systematisierung auch immer" (ebd.: 23).

Bezüglich Theorie bedeutet dies, dass sie damit in gleich dreifacher Weise mit Empirie vermittelt ist:

1. bezieht sie sich „unvermeidlich auf eine zu beobachtende, genauer: auf eine beobachtete Wirklichkeit" (ebd.: 21), die sie zu beschreiben und zu analysieren versucht. „Theorie ist mithin der Versuch, die realitätskonstituierenden Sachverhalte zu begreifen und zu verstehen, indem diese in eine letztlich sprachliche Ordnung gebracht werden, die einer kritischen Prüfung statthalten kann" (ebd.).
2. bezieht sie sich – da Beobachtung nicht voraussetzungslos erfolgt – auf vorherige (Theorie)Entwürfe. „Im Gang der Auseinandersetzung mit Wirklichkeit" (ebd.: 22), werden diese „erschließend und prüfend" (ebd.) aufgenommen und weiterentwickelt oder aber revidiert.
3. unterscheidet Theorie „von allen anderen Denkformen, dass sie sich systematisch selbst zum Thema eigener Vergewisserung macht – sie ist immer schon reflexive Theorie, weil sie nach den Voraussetzungen und Bedingungen fragt, unter welchen sie zustande kommt" (Winkler 2005: 23).

Mit dem zuletzt als Punkt 3 ausgeführten, lässt sich denn auch aus der Perspektive Winklers ein Spezifikum von Theorie angeben, dass diese von Forschung abhebt: Von Theorie darf seiner Ansicht nach somit erst dann geredet werden, wenn „sich das Denken im Denken der Sache noch einmal selbst zum Gegenstand erhebt und prüft" (ebd.). Freilich „hängt das Maß der Theoretisierbarkeit davon ab, wie empirische Forschung verfährt" (ebd.: 25): ob z.b. streng statistisch vorgehend – wobei die Wahrscheinlichkeitsrechnung auch auf einer Theorie basiert (!) – oder phänomenologisch oder hermeneutisch. Ja, unterschiedliche Formen von Forschung haben perspektivisch sogar differente Theorien zur Folge. Und dies ist nicht einmal der einzige Grund, weshalb „die von Theorie erschlossene Wirklichkeit in ihrer Fundamentalgegebenheit kulturell unterschiedlich gefasst sein" (ebd.: 21 f.) kann. Winkler zufolge zeichnet sich Theorie jedoch dadurch aus, dass sie es sich zu ihrer eigenen Aufgabe macht, diese Differenz auszuarbeiten.

Diesbezügliche Unterschiede gab es schon in der Antike. So wurde Theorie von Platon auf Ideen bezogen, von den Sophisten mehr auf den kommunikativen Prozess der Reflexion und von Aristoteles schon auf Natur. Wie dies z.B. die wissenschaftsgeschichtlichen Arbeiten von Thomas S. Kuhn (1967) zeigen, konnten aber selbst die Naturwissenschaften der Natur ihre „Geheimnisse" nur dadurch „abringen", dass sie in einer bereits verfügbaren (Theorie-)Sprache Anfragen an sie richteten und sich Sachverhalte so als entsprechende Gesetzmäßigkeiten erst zurechtrückten. Von Einstein soll der Satz stammen: „Das Rauschen in einem physikalischen Experiment kann nur deshalb als Bestätigung der Theorie gelten, weil es diese Theorie gibt. Ansonsten wäre es ein bloßes Rauschen".

Um wie viel mehr gilt dies erst für die Wirklichkeiten, welche durch menschliche Praxis erzeugt werden. „Soziale und kulturelle Wirklichkeit lässt sich nur durch die Sprache der Theorie fassen, weil diese Bestimmungen enthält, welche uns eine solche praktische Wirklichkeit" (Winkler 2005: 22) erst begreifbar werden lässt. Umgekehrt kann die Theorie diese gesellschaftliche Wirklichkeit nicht unmittelbar, sondern nur vermittelt über die verfügbare Semantik entsprechender Diskurse über gesellschaftliche Wirklichkeit (vgl. Ebene 2) abbilden. Von daher kann eine Theorie Sozialer Arbeit auch nicht auf Ideologiekritik verzichten. Denn andernfalls – so Winkler – „erkennt sie kaum, mit welchen Formeln im Feld agiert wird und wie sie sich selbst möglicherweise diesen fügt" (ebd.: 26).

Vermutlich hat Winkler, wenn er in diesem Zusammenhang von „agieren" spricht, nicht den psychoanalytischen Begriff vor Augen. Dieser zielt darauf, dass von Akteuren auf eine unbewältigte Vergangenheit bezogene Interaktions- bzw. Handlungsmuster praktiziert werden, deren Ursprung und Wiederholungscharakter den Akteuren deshalb unbewusst bleibt. Die von Winkler an die Adresse einer Theoriebildung im Bereich Sozialer Arbeit erhobene Forderung der Ideologiekritik wäre jedoch auch darauf zu beziehen. So haben Margret Dörr und Burkhard Müller (vgl. 2005: 247 ff.) gefordert, dass im Hinblick auf die Gegenstandskonstitution einer Theorie Sozialer Arbeit es nicht allein genügt, zu berücksichtigen, dass „ein von der Berufspraxis zu bearbeitender Fall erst dann zum Fall wird, wenn etwas vorgefallen ist" (ebd.: 248). Ebenso müsste der Anteil der „bewussten und unbewussten Interaktionsordnungen" (ebd.: 247) an der „soziale[n] Erzeugung professioneller Praxen" (ebd.: 248) und damit auch an der „Formierung" eines entsprechenden Gegenstandes einer Theorie Sozialer Arbeit mit in den Blick genommen werden.

Winkler hat ja bezüglich einer Theoriebildung in der Sozialen Arbeit die Forderung erhoben, dass darin „sich das Denken im Denken der Sache noch einmal selbst zum Gegenstand erhebt und prüft" (2005: 23). Dörr und Müller zufolge müssten in dieser Weise auch „idiosynkratische Verzerrungen, die in subjektiven Identitäten, in Interaktionsformen und somit auch in kognitiven Modalitäten stecken" (2005: 238) innerhalb des Theoriebildungsprozesses Sozialer Arbeit zum Gegenstand entsprechender (psychoanalytischer) Ideologiekritik werden. Andernfalls werde „der Erkenntnisgewinn eben durch die Verleugnung dieses Tatbestandes bedroht" (ebd.).

Dörr und Müller knüpfen hierbei an Devereux (1967) an. Dieser hatte die These vertreten, dass „wissenschaftliche Methoden und Techniken [...] nur dann effektiv genutzt werden, wenn man versteht, dass sie auf der Ebene des Unbewussten auch als Abwehrstrategie gegen die Angst (funktionieren), die die eigenen Daten erregen [...]. Leugnet man ihre Abwehrfunktion, so werden sie bald in erster Linie für Abwehrzwecke gebraucht und zwar gerade dann, wenn ihre Wissenschaftlichkeit besonders betont wird" (ebd.: 129).

Ähnliches gilt übrigens auch für den Innovationsanspruch von Theorie, wenn dieser sich gegen den von Winkler auf Ebene 2 thematisierten Bezug auf vorherige Theorieentwürfe richtet. So haben Negt/Kluge dargelegt, wie „gerade jene Theorien, die den Bruch und Umbruch gegen die Traditionen thematisieren, in einem hohen Maße von ihnen, wenn auch bewusstlos, abhängig" (1981: 483 Anm. 31) blieben. Demgegenüber ließe sich an vielen Beispielen der Natur-, Geistes- und Sozialwissenschaften zeigen, wie gerade umgekehrt „die besonders genaue Rekonstruktion der Tradition des Erbes, das Buchstäblichnehmen der Geschichte, als der Wunsch, in der Krise Kontinuität herzustellen, [...] zu den Umbrüchen im Denken" (ebd.) führte.

Wenn Winkler auch für die Soziale Arbeit eine Orientierung von Theoriearbeit am Erbe fordert, hat er also bei Weitem wichtigere Gründe als die einer disziplinären Schließung. So hat Christian Niemeyer (2002: 123) zu Recht darauf aufmerksam gemacht, dass die Uneinheitlichkeiten in der Disziplin bezüglich ihrer Selbstbezeichnung als Soziale Arbeit oder Sozialpädagogik sich auch ausdrückt in „der Auseinandersetzung um die Personen, die als exemplarisch genommen werden für die jeweils eine oder andere Bedeutungsumgebung" (ebd.). Er verweist in diesem Zusammenhang auf – auch in ihrer Geschlechtlichkeit – „offenbar nicht unbedacht" (ebd.: 124) gewählte Buchtitel wie „Klassiker der Sozialpädagogik", von ihm selbst 1998 geschrieben, „KlassikerInnen der Sozialen Arbeit" von Thole/Galuske/Gängler (1998) sowie „Wegbereiterinnen der modernen Sozialarbeit" von Eggemann/Hering (1999).

Bei der Auseinandersetzung mit dem Erbe, ohne die keine Disziplin bestehen könnte, muss es dieser gegenüber vor allem darum gehen, „ihre begrifflichen Instrumente zu bearbeiten und sich an diesen zu schulen" (Winkler 2005: 25). Der für Winkler entscheidende Punkt ist in diesem Zusammenhang, dass dieses disziplinäre begriffliche Instrumentarium „im Gang der Auseinandersetzung mit Wirklichkeit ... erschließend und prüfend" (ebd.: 22) aufgenommen und weiterentwickelt oder aber revidiert wird. Im Vordergrund steht für Winkler also, dass mit Hilfe von Textanalysen und -kritik der „KlassikerInnen" von Sozialer Arbeit und Sozialpädagogik sich Perspektiven auf Wirklichkeit eröffnen. „Andere Beschreibungen" könnten somit nicht nur bezüglich ihrer „Vollständigkeit befragt werden" (ebd.: 23). Als „Gegenerinnerung" im Sinne Foucaults (vgl. 1974: 17 ff.) würden durch sie zusätzlich „Optionen sichtbar, die andernfalls in Vergessenheit geraten" (ebd.). Und so verorten Negt/Kluge denn auch den Gebrauchswert von Theoriearbeit im „Verhältnis von Zusammenhang und Kontinuität" (1981: 483).

Dies erklärt zugleich, weshalb Negt/Kluge darauf beharren, dass „Theoriearbeit nicht dann die Praxis am entschiedensten prägt, wenn sie unmittelbar auf Praxis angewandt wird und sich den Anforderungen der Praxis unmittelbar fügt" (ebd. 484). Denn „eine bloße theoretische Verdopplung der Praxis" (ebd.) steht für sie – wie auch schon im Prolog angesprochen – in Gefahr, den Gebrauchswert der Theorie eher aufzuzehren. Freilich beschränkt sich Negt/Kluges formale Bestimmung dieses Gebrauchswertes als „Herstellung von Zusammenhang" nicht allein auf das Verhältnis zum Erbe: So konstatieren sie „ein eigentümliches Bedürfnis" (ebd. 482) der Menschen, sich nicht nur innerhalb der Geschichte, sondern auch „der Natur [...] und der Gesellschaft zu lokalisieren, eine Ortsbestimmung ihres Lebenszusammenhangs vorzunehmen. [...] Theorie hat wesentlich die Aufgabe, eine solche Orientierung zu ermöglichen und zu erleichtern" (ebd.).

Um diese orientierende Funktion von Theorie zu verdeutlichen, hat Michael Winkler (vgl. 1988: 87) auf die schon von Herbart herangezogene Metapher von der Theorie als einer „Landkarte" zurückgegriffen: „Eine Landkarte gibt uns eine

Vorstellung von dem Gebiet, in welchem wir uns bewegen; sie zeigt uns – sofern wir imstande sind, sie richtig zu lesen – Höhenzüge, Hindernisse, Wege und Ortschaften an, befreit uns aber nicht von der Entscheidung darüber, welche Route wir schließlich wählen können – sie gibt uns Hinweise, erinnert an Beachtenswertes, doch vermag sie uns über Sperrungen, Baustellen u.ä., nicht aufzuklären" (ebd.).

Bourdieu (vgl. 1979: 142) hat in diesem Zusammenhang an die Schwierigkeiten erinnert, die es bereitet, entsprechende Wege auf einer Karte oder einem Plan zu suchen, so lange nicht die an den eigenen Körper gebundenen Achsen des Rechts und Links sowie Vorne und Hinten mit den Achsen des virtuellen Feldes der Karte zur Deckung gebracht sind. Begriffe pädagogischer Theorien, die in dieser quasi kartographischen Weise, wie Michael Winkler (1988: 89) hervorhebt, „stets [...] die Funktion [verfolgen], auf Sachverhalte in ihrer pädagogischen Relevanz hinzuführen" (ebd.: 89), forderten somit von ihrem Benutzer immer „eine denkerische Einzelleistung, in welcher die Wirklichkeit unter dem begrifflich verfügbaren Aspekt gleichsam zu einem konkret anschaulichen Bild komponiert und verdichtet, dabei in einer pädagogischen Perspektive angeordnet und ausgeleuchtet" (ebd.) werden müsse.

Wie Michael Winkler (ebd.: 88) bezüglich einer pädagogischen Theoriebildung geradezu paradox formuliert, bestehe „die positive Funktion der Theorie in ihrer deskriptiven Dimension [...] also darin, dass sie [...] eben keine Realität beschreibt: Sie hilft uns als allgemeines und sachlich gebundenes System, die je konkrete Realität aufzusuchen und pädagogisch sinnhaft zu bestimmen. [...] Sie bringt sie in einen geordneten Zusammenhang, blendet auch Informationen aus, die als ʹnichtpädagogischʹ bewertet werden" (ebd.). Bourdieu geht diesbezüglich noch einen Schritt weiter und mahnt, auch „die der Stellung des fremden Beobachters inhärenten Voraussetzungen" (1979: 142) in Frage zu stellen. Und dies schließt für ihn in dem Maße auch die Möglichkeit einer theoretischen Verzerrung mit ein, wie die Stellung des Forschers als Dechiffreur und Interpret ihn zu einer hermeneutischen Repräsentation der gesellschaftlichen Praxisformen neigen ließe. Deshalb fordert er, von einer der Praxis adäquaten Theorie auszugehen, „die die Praxis als Praxis konstituiert" (ebd.: 143).

Herstellung von Zusammenhang bedeutet für Negt/Kluge in diesem Kontext vor allem, zu dem vorzudringen, was den wirklichen – im Sinne von praktisch wirkenden – Verhältnissen zugrund liegt. Dabei sind – auch im Sinne dessen, was zuvor als Ideologiekritik thematisiert wurde – sowohl deren Verschleierung als auch Verdinglichung zu durchbrechen. Denn wie schon Lefèbvre (vgl. 1975: 352) kritisierte, zwingen ontologisierende Theorien in einer formbaren Welt dem „Wirklichen" eine nahezu endgültige Form auf und konstituieren es in dieser Form erst zum „Wirklichen", indem sie es im doppelten Wortsinn „ʹseinʹ lassen"

(ebd.). Und ebenso wird in „einer auf die schlichte Empirie beschränkten Forschung" (Negt/Kluge 1981: 481) häufig übersehen, „was im Untergrund als
Latentes arbeitet, als Tendenz, die zur Realität drängt, aber noch kein eigenes
Ausdrucksvermögen hat. […] Das historisch Wirksame ist aber nicht selten genau in diesen latenten Prozessen enthalten und nicht in dem, was sich äußerlich,
in der Gestalt harter Realität […] anschaubar […] zeigt" (ebd.). Von daher kann
„den Entwicklungstendenzen der Geschichte eine höhere Wirklichkeit zukommen als den Tatsachen der bloßen Empirie" (Lukács 1968: 148).

Negt/Kluge sehen in diesem Kontext es als eine besondere Aufgabe von
Theoriearbeit, diese „latenten, noch nicht zur Realität herausgearbeiteten Tendenzen ins Licht begrifflicher Arbeit zu bringen" (1981: 481). Herstellung von
Zusammenhang muss ihrer Auffassung nach deshalb auch immer ein antizipatorisches Moment mit einbeziehen. Theoriearbeit hat dabei – wie im Prolog ebenfalls schon angedeutet – „die vorhandene Realität mit der in ihr enthaltenen objektiven Möglichkeit zu konfrontieren" (ebd.: 482). So bezieht sich Soziale Arbeit auf solche „objektiven Möglichkeiten" z.B. nicht nur dann, wenn sie von
den menschlichen Potenzialen ihrer AdressatInnen redet. Gleiches gilt auch
wenn in ihrem Kontext sozialpolitisch geltend gemacht wird, dass der Reichtum
unserer Gesellschaft es ermöglicht, einem jedem Mitglied ein Grundeinkommen
zu zahlen, welches diesem ein menschenwürdiges Leben sichert.

Selbst mit diesem antizipatorischen Moment bezieht sich Theoriearbeit jedoch noch auf einen ihr vorgelagerten Gegenstandsbereich, zu dem sie als Theorie einen speziellen Zugang zu eröffnen beansprucht. Und auch wenn bezüglich
der Theoriebildung eine begrifflich-systematische Auseinandersetzung für priori-
tär gehalten wird, muss diese – Winkler zufolge – „letztlich in den realen Lebensverhältnissen geerdet sein" (2005: 24). Um einen solchen Objektbezug
kommen sogar geisteswissenschaftliche Theorien nicht umhin.

Was ist aber nun der Gegenstandsbereich Sozialer Arbeit? Ist es die Praxis
der Sozialen Arbeit und/oder deren Semantik? Und auf welcher Wissensform
basiert dann diese Theorie: „auf einer empirisch fundierten Beweisführung[1], auf
argumentativer Plausibilität oder auf kategorialer Stringenz?" (Rauschen-
bach/Züchner 2002a: 141).

---

[1] Wie schon angedeutet, ist auch die Statistik nichts anderes als eine rationale Argumentationsstrate-
gie, die als Wahrscheinlichkeitsrechnung auf einer mathematischen Theorie basiert. Für kleine Fall-
zahlen stellen Rechenoperationen, wie sie das sozialwissenschaftliche Statistik Programm SPSS zur
Verfügung stellt, z.B. keine rationale Argumentationsstrategie dar. Selbst wenn es in der Wirklichkeit
Zusammenhänge gäbe, hätten diese bei den vom Programm angebotenen Signifikanztests kaum eine
Chance, ein Signifikanzniveau deutlich oberhalb der Zufallsquote zu erreichen.

## 1.5 Theorie Sozialer Arbeit, zum Zweiten

Im Anschluss an Michael Winkler kann von einer Theorie Sozialer Arbeit dann gesprochen werden, „wenn sie aus hinreichender Kenntnis der Tradition einerseits sowie andererseits des Feldes erfolgt, wie es durch die Beteiligten selbst definiert wird" (2005: 18). Eine Theorie Sozialer Arbeit kann folglich seiner Auffassung nach „nicht jenseits dessen argumentativ entworfen werden, was in der – wie auch immer durchgeführten – Vergewisserung über das Feld" (ebd.: 22) Sozialer Arbeit zu beobachten ist und an Wissen entsteht. Sie „kann solches kritisch kommentieren, Desiderata anmahnen, andere Forschungs- und sogar Begründungsperspektiven geltend machen" (ebd.). Was sie jedoch nicht kann, ist gegenüber der historischen Wirklichkeit dessen, was als Feld Sozialer Arbeit bezeichnet wird, zu behaupten, dass dies mit Sozialer Arbeit nichts zu tun habe und Soziale Arbeit darin ihren Gegenstand verfehle.

Dieser Bezug von Theorie auf eine Tradition Sozialer Arbeit und ein Feld, wie es durch die Beteiligten selbst definiert wird, mag etwas banal erscheinen. Andere Disziplinen – unabhängig ob sie aus dem Bereich der Natur-, der Geistes- oder der Sozialwissenschaften stammen – verfahren jedoch in dieser Hinsicht ähnlich unaufgeregt pragmatisch. Allerdings haben in den jüngeren wissenschaftspolitischen Auseinandersetzungen entsprechende Grundsatzfragen um das jeweils Disziplintypische wieder stärker an Gewicht gewonnen. Genauer betrachtet, handelt es sich dabei aber zumeist um Statuskämpfe zwischen den Disziplinen.

Im Übrigen ist der Bezug einer Theorie Sozialer Arbeit auf die Tradition und ein sich historisch ausdifferenzierendes Feld Sozialer Arbeit nun auch wiederum nicht **so** banal – besonders dann nicht, wenn Theorie ihren Gebrauchswert als „Herstellung von Zusammenhang" zu realisieren beansprucht. Dies bedeutet ja nichts Geringeres, als zu versuchen, in historisierender Perspektive Befunde einzelner Forschungsrichtungen – selbst wenn diese methodologisch unterschiedlichen Traditionen entstammen – in Beziehung zu anderen Einsichten und Erkenntnissen zu setzen und diese dann in ihrer Relevanz für die Soziale Arbeit zu erörtern (vgl. Winkler 2005: 24).

Winkler würde jedoch missverstanden, interpretierte man dies als Plädoyer für eine „große Theorie Sozialer Arbeit" mit dem Anspruch auf „Totalerklärung" oder vielleicht sogar eine Art verbindlicher Wesensbestimmung von Sozialer Arbeit, „die das offene Theorieverständnis schließt und Epistemologie in Dogmatik verkehrt" (ebd.: 30). So kann sich Winkler durchaus viele „kleinere Theorien" vorstellen, welche sich auf nur eine Institution oder Praktik beziehen, aber dennoch am Anspruch einer „Herstellung von Zusammenhang" festhalten. Solche Theorien hätten dann – unterschiedliche Forschungsperspektiven integrierend – die Bedingungen und Voraussetzungen entsprechender Institutionen und Praktiken aufzuklären und dabei nicht nur „die verlorenen Erinnerungen" wieder ins Gedächtnis zu rufen, sondern auch „die dunklen und weißen Flecken zu monieren, welche eine empirische Forschung belässt" (ebd.: 29). Selbst ambitionierte Ansätze einer „großen Theorie" Sozialer Arbeit sollten jedoch seiner Meinung nach nicht auf eine „– ohnedies nur vorübergehend vorgetragene – Wahrheit vom Ganzen" (ebd.) zielen. Vielmehr schwebt Winkler eher ein Verständnis von Theoriearbeit als „Reflexionsmodus" vor. In seiner materialen Darstellung sollte dieser dazu beitragen, „Daten, Befunde, aber auch Überlegungen zu integrieren, sie in Dimensionen zu ordnen sowie dann einzubetten in größere Zusammenhänge, um Diskussionen und vielleicht den Diskurs zu strukturieren und in Bewegung zu halten" (ebd.: 28). Schon Klaus Mollenhauer (1996) hatte vor ihm moniert, dass eine Theorie Sozialer Arbeit selbst im günstigsten Fall kaum mehr als ein Gitternetz möglicher Themen entfalten könne.

Die folgenden Kapitel zu den einzelnen „*Ansätzen*" in Verbindung mit dem bilanzierenden Schlusskapitel zu den „*Kristallisationspunkten*" und seinem Register sollen eine solches „Gitternetz" zu entfalten versuchen – nicht nur auf der Ebene der einzelnen Theorieansätze, sondern auch bezüglich der gesamten Debatte.

# 2 Alltags-, lebenswelt-, lebenslagen- und lebensbewältigungsorientierte Ansätze

## 2.1 Grundlagen der Alltagstheorie und Lebensweltorientierung

Der Lebensweltbegriff wurde schon in den 30er Jahren des letzten Jahrhunderts von dem Phänomenologen Edmund Husserl eingeführt als Legitimationsinstanz für eine Wissenschaft, die seiner Ansicht nach keinen Beitrag mehr zur Sinnfrage menschlichen Daseins leiste und dadurch in die Krise geraten sei. Die Degeneration der „neuzeitlichen Wissenschaft" zur bloßen Objektivität ist für Husserl eine Folge ihrer Entfremdung von der „Lebenswelt" als dem „Boden" (1962:150), auf dem sie ruhen müsse. Ausgehend von der Annahme, die Geltung der Lebenswelt sei immer bereits vorausgesetzt, und an ihr müsse letzten Endes auch die Geltung von Wissenschaft ausgewiesen werden, stellte sich Husserl die Aufgabe, die Strukturen der Lebenswelt zu erforschen und von ihnen her die Wissenschaft zu begründen. Da er sich dabei jedoch einer transzendentalen Vernunfterkenntnis bediente, konnte Husserl von der Lebenswelt nur universale, d.h. transkulturelle und ahistorische Strukturen in den Blick bekommen. Obgleich sie die systematische Erforschung von Lebenswelt zum Ziel hatten, ist deshalb seinen Schriften inhaltlich relativ wenig zu entnehmen, was unter Lebenswelt zu verstehen ist.

Diesem Mangel versucht die genuin „phänomenologisch orientierte Soziologie" (Schütz 1974, Schütz/Luckmann 1975) durch empirische Untersuchungen zu begegnen, die Alltagswissen als an historische und gesellschaftliche Träger gebundenes Praxiswissen zu erfassen suchen. In diesen Ansätzen erscheint Alltagswissen als Fähigkeit konkreter gesellschaftlicher Gruppen, aufgrund spezieller Regelkompetenzen sich in Situationen orientieren und verhalten zu können. In den konkreten Studien wurden auf diese Weise Lebenswelten in erster Linie auf die Regeln interner Gruppeninteraktion hin untersucht. Das Konkrete wurde der philosophischen Tradition entsprechend im Singulären gesucht, d.h. im von seinen Voraussetzungen isolierten Individuum und nicht in der historischen Ausprägung von Praxiszusammenhängen und sozialen Institutionen.

Demgegenüber geht schon der „Sozialkonstruktivismus" Berger/Luckmanns (1997) davon aus, dass die analytische Kraft, die dem Begriff der Lebenswelt zukomme, da er die Perspektive des Menschen auf mit Sinn belegte Welt einzunehmen erlaube, sich nur dann adäquat entfalten ließe, wenn auch die objektiven Grundlagen der Lebenswelt und die Intersubjektivität der in ihr vollzogenen Sinngebung herausgearbeitet würden. Beides trete immer schon in einer besonderen historischen und sozialen Gestalt auf. So seien soziale Institutionen und Strukturen zwar über das Handeln ihrer Mitglieder sozial konstruiert. Indem sie diesen jedoch auch als eine bereits konstruierte Realität gegenüberträten und so ihr weiteres Handeln mitbestimmten, käme ihrer Wirklichkeit durchaus auch so etwas wie ein „objektiver" Charakter zu.

Materialistische Alltagstheorien (Bourdieu 1979 & 1982; Heller 1978; Kosik 1967; Lefèbvre 1972 &1977; Negt/Kluge 1978 & 1981) verorten diese historische und soziale Gestalt der Lebenswelt in den jeweiligen allgemeinen Voraussetzungen der inneren und äußeren Natur des Menschen. Alltagsleben wird dabei als eine Sphäre gefasst, die Ausgangs- und Endpunkt aller menschlichen Tätigkeit ist, insofern hier die grundlegenden Handlungs- und Deutungsmuster zum Überleben in einer historisch konkreten Situation angeeignet werden. In ihren konkreten Analysen versuchen sie die Folgen der Durchsetzung kapitalistischer Herrschaft in der systematischen Unterwerfung von innerer und äußerer Natur für jeweilig konkrete Lebenslagen zur Anschauung zu bringen und damit die Begriffe der politischen Ökonomie nach unten hin zu den Erfahrungen der Menschen zu öffnen. Geschichte soll dabei weder als rein objektiver Zusammenhang noch als bloß subjektives Konstrukt zu fassen versucht werden.

Diesbezüglich vertritt z.B. Agnes Heller (1978) die These, dass der einzelne sich selbst und seine Welt als direkte Umgebung im Alltagsleben unmittelbar und das Ganze der Gesellschaft mittelbar reproduziert. Zu belegen versucht sie dies dadurch, dass sie die spezifischen Kategorien der Geschichtlichkeit von „Einzelnem" und „Welt" anhand ihrer Differenzierung im Prozess der gesellschaftlichen Arbeitsteilung darlegt. Mit ihrer materialistischen Definition des Alltagslebens als „Gesamtheit der Tätigkeiten der Individuen zu ihrer Reproduktion" (1978: 24) ist in systematischer Weise der Ort bestimmt, von dem aus Fragen wie die nach Erfahrung, Orientierungsweisen und Organisationsformen sozialer Gruppen im theoretischen Rahmen des historischen Materialismus angegangen werden können.

Agnes Heller hat ihren Begriff von Alltagsleben jedoch nicht auf der Grundlage empirischer sondern ontologischer Fragestellungen entwickelt. Wie Hans Joas in der Einleitung zur deutschen Ausgabe ihres Buches kritisch vermerkt, könne sie deshalb auch nur allzu abstrakt fassen, wie Menschen in einem spezifischen historischen Kontext das Material ihrer sozialen und materiellen Existenzbedingungen handhaben und umsetzen. Und so lasse auch ihr Begriff von Lebenswelt weitgehend unbestimmt, was denn die Beziehung ausmacht zwischen verschiedenen sozialen Gruppen und den Dingen, die deren spezifische Lebensweise ausdrücken. Diese Kritik weiterführend hat Brigitte Rauschebach (1983: 37) nachdrücklich darauf aufmerksam gemacht, dass Alltag „nicht nur die Gesamtheit der Tätigkeiten zur Reproduktion" (ebd.) meint, sondern auch „die

Art und Weise ihres Zusammenhangs" (ebd.). Darauf verweisen besonders die Arbeiten von Bourdieu und Lefèbvre.

So geht Bourdieu in seiner Theorie des Habitus davon aus, dass die Kohärenz der Strukturen kultureller Willkür die Möglichkeit ungewöhnlicher Abkürzungen bereitstelle. Diese die Kohärenz der Struktur ausmachende Systematik ihrer Elemente bestehe allerdings umgekehrt nur, „weil sie in der ursprünglichen synthetischen Einheit des Habitus" (1982: 282f.) vorliege, dem „einheitsstiftenden Erzeugungsprinzip aller Formen von Praxis" (ebd.). Indem die Primärerziehung dem Körper unabhängig von den besonderen Inhalten jene Strukturen einpräge, die charakteristisch seien für die Logik des Aufschubs direkt sinnlicher Genüsse bzw. deren Ablenkung und Befriedigung über Umwege, mache sie den Körper zu einem „habituierten Körper" (1979: 199). Im Habitus manifestiere sich so ein System dauerhafter und versetzbarer Dispositionen, das „alle vergangenen Erfahrungen" (1979: 169) integriere. Jede Körpertechnik sei dazu „prädisponiert, das gesamte System, dessen Teil sie bildet, zu evozieren" (ebd.: 200). In den von einer Gruppe bevorzugten kulturellen Objekten schlügen sich deshalb dieselben Ausdrucksintentionen nieder wie in deren Habitus. Diese Gegenstände, Artefakte, Institutionen und systematischen Praktiken seien von daher in ihrer Struktur und ihrem Gehalt „homolog" der dauerhaften Art und Weise einer sozialen Gruppe, „sich zu geben, zu sprechen, zu gehen, und darin auch: zu fühlen und zu denken" (ebd.: 195).

Demgegenüber geht Lefèbvre in seinen Arbeiten davon aus, dass das wirkliche Leben der modernen Welt in getrennte, funktional organisierte und als solche strukturierte Sektoren der Arbeit, des Privatlebens und der Freizeit aufgespalten sei. Die Mehrzahl der Gesellschaftsmitglieder könne diese nicht mehr zu einer einheitlichen Lebenswelt zusammenbringen. So untersucht Lefèbvre in der Tradition der Kritik der politischen Ökonomie die mit der Durchsetzung kapitalistischer Herrschaft einher gehende Veränderung des einheitlichen Lebenszusammenhangs vergangener Gesellschaften hin zur Systematisierung eines Alltags, welche die Alltäglichkeit „trotz oder vielmehr wegen ihrer Aufspaltung" (1975: 121) als eine Ebene konstituiere.

Die Durchsetzung kapitalistischer Herrschaft in der systematischen Unterwerfung von äußerer und innerer Natur wird von ihm somit kategorial gefasst in der Entwicklung eines

- *Alltagslebens*, in dem Natur, Interpretation von Natur, Umgang mit Natur und gesellschaftlich organisiertes menschliches Leben noch als ein Zusammenhang und eine Einheit erfahren worden seien (vgl. 1972: 58 f.), hin zu einer

- *Alltäglichkeit*, in der die getrennten Aspekte des menschlichen Lebens nur mehr zusammengefasst würden über das ihnen gemeinsame Merkmal ihrer Systematisierung vor allem durch die Zirkulations- und Kommunikationsnetze und deren technische Erfordernisse.

In einem Alltagsleben, das mit einer gemachten Erfahrung in Angriff genommen und in dieser Erfahrung bereichert worden sei, wäre menschliche Verwirklichung noch möglich gewesen. Demgegenüber reflektiere sich in der auf die Dimension des Anordnens der zerteilten Elemente reduzierten Alltäglichkeit nichts anderes als die Vorherrschaft der Zwänge über die Sinne.

Mit kritischem Bezug auf diese Ebene der Alltäglichkeit versucht Lefèbvre jene zur Wirklichkeit drängenden Tendenzen herauszuarbeiten, die die Fragmentierung des Ganzen der modernen Welt zu einer anderen und neuen Gesamtheit zu rekonstruieren erlauben (vgl. 1972: 59 & 1975: 339). Seine Arbeiten richten sich aus an einem praktischen Entwurf, der die fundamentalen Themen der Philosophie in den Mittelpunkt einer durch Bemühungen um das Alltägliche, durch seine Kritik und seine Transformation erneuerte Kultur richtet, die keine Institution sondern Lebensstil sein soll.

Eine Gruppe zum empirischen Bezugspunkt seiner Alltagskritik zu machen, heißt für Lefèbvre (vgl. 1977 Bd. II: 128 ff.), die Problematik dieser Gruppe in einem gegebenen Augenblick und einer gegebenen Situation zu bestimmen, weil die mit Widersprüchen in der Wirklichkeit hervortretenden Probleme – indem sie auf Lösungen verweisen und Antworten fordern – als Probleme auch Möglichkeiten eröffnen. Lebensweltanalyse im Lefèbvre'schen Sinn setzt damit einen Verständigungsprozess über die Interessenlage einer Gruppe voraus, der ausgehend von den Vorschlägen über das, was (als Lösung der Probleme) möglich ist, zurückkehrt zur konkreten Situation der Gruppe mit dem Ziel, die Kraftlinien und Tendenzen dieser Wirklichkeit bis zu jenem äußersten Möglichen zu verlängern.

## 2.2  Bedeutung der Alltagstheorie und -kritik für die Soziale Arbeit: Vermittlungsversuche zwischen kritischer Alltags- und Bildungstheorie

Obwohl Lefèbvre dieses sein – wie er es nennt – Konzept der „strategischen Hypothese" (ebd.: 129) in kritischer Auseinandersetzung mit einer „Soziologie des Alltagslebens" (ebd.: 127) entwickelt hat, ist es doch zugleich auch schon ein pädagogisches. „Strategische Hypothesen" vermitteln nicht nur (vergleichbar der klassischen Forschungshypothese) zwischen theoretischen Begriffen und wirklichen Lebensverhältnissen. Sie versuchen zugleich zwischen den mit Widersprüchen in der Wirklichkeit hervortretenden Problemen und deren Lösung zu vermitteln. Indem diese Problemsituationen dabei als solche zur Sprache kämen, die eine Lösung auf der Ebene des Handelns verlangten, es aber nicht nur eine Strategie gebe, gehe es um die Dimension der Möglichkeit. Zu thematisieren sei dabei, welche Möglichkeiten bisher wie erprobt wurden, aber auch welche bisher aufgrund beschränkter Perspektiven überhaupt nicht gesehen, geschweige denn zu verwirklichen versucht wurden.

Lefèbvres Konzept der „strategischen Hypothese" ist nicht nur für die Jugendarbeit (vgl. May 1998), sondern auch für die Soziale Arbeit fruchtbar zu machen versucht worden (vgl. May 2005: Kap. 6.4). Zugleich ist dabei an jene von Lefèbvre (ebd.: 67 ff.) unterschiedenen drei Schichten angeknüpft worden, mit denen dieser die Bewusstwerdung der eigenen Stellung in der Gesellschaft zu systematisieren versuchte, entsprechend der Prozesse von Eingemeindung in die hegemoniale Arbeits- und Lebensweise bzw. der Intensität antihegemonialer Zugehörigkeitsentscheidungen:

- Die *erste Schicht*, die Lefèbvre unterscheidet, ist der oberflächliche Rahmen jener Anpassung an die durch die Alltäglichkeit systematisierten partikularisierten Bereiche, in die das Individuum durch seine praktisches Leben involviert sei. Für Lefèbvre ist dies zugleich die periphere Schicht, auf der sich die linearen Zeiten und signalgesteuerten Gesten der Technik, wie sie für die Ebene der Alltäglichkeit charakteristisch sind, in dem Maße festsetzten, als sich von Seiten des Individuums kein wie auch immer geartetes Interesse auf sie richte.
- Demgegenüber führe auf der *zweiten Schicht* – so Lefèbvre – ein unklares Unbehagen gegenüber der Alltäglichkeit und der sie verschleiernden Modernität zu heftigen Reaktionen. Probleme und Fragen träten im Alltagsleben hervor und provozierten Antworten, die sich an Taktik und Strategie jener gesellschaftlichen Gruppen orientierten, „deren Modelle, Normen, Werte, Haltungen- und Verhaltenshierarchien das Individuum am ehesten für sich gelten" (ebd.: 68) ließe.
- Die *dritte Schicht* ist für Lefèbvre die eigentliche Sphäre der „Nichtanpassung". Diese beziehe sich auf einen „affektiven Kern". Auch gewinne in dieser Sphäre das individuell Mögliche an Konturen.

In dieser Hinsicht zeigen sich nicht nur Parallelen zur Negt/Klugeschen (1992) Unterscheidung von Ebenen der Herausbildung politischen Ausdrucksvermögens (vgl. May 2005: 324), sondern auch Bezüge zwischen Lefèbvres Konzept der „strategischen Hypothese" und der von Makarenko (1965: 644) entfalteten „Methodik" von Pädagogik. Deren Voranschreiten von nahen, über mittlere, hin zu

weiten Perspektiven ist in diesem Zusammenhang auch als praktische Wendung
der drei von Lefèbvre und Negt/Kluge unterschiedenen Schichten bzw. Ebenen
zu rekonstruieren versucht worden (vgl. May 2005:234 f.). Demzufolge wäre in
der Sozialen Arbeit

- auszugehen von „nahen Perspektiven" – ansetzend an konkreten situationsbezogenen Interessen und Bedürfnissen, in denen ein bloßer Mangel
  politisch ein Ausdrucksvermögen als „Anspruch" entwickelt.
- „Mittlere Perspektiven" zielten auf gesellschaftliche Interessensidentitä-
  ten, indem eine Übersetzung solch politischer Ansprüche in die anderer
  angestrebt werde. Es könne dabei nicht nur gemeinsames Selbstbe-
  wusstsein, sondern auch ein „erweitertes politisches Ausdrucksvermögen" entstehen.
- Vermittels eines situationsübergreifenden Geltungsanspruchs, durch den
  ein interessegeleitetes, verallgemeinertes politisches Bewusstsein Be-
  stimmtheit und überindividuelle Dauer erhalte, führten entsprechende
  „weite Perspektiven" schließlich zur „Teilnahme an der planmäßigen
  Entwicklung der Zukunft".

Im Verfolgen dieser „weiten Perspektive" könne auch jenes Problembewusstsein
entstehen, das – wie Lefèbvre dies für die von ihm unterschiedene dritte Schicht
als charakteristisch sieht – „die Geschichte des Individuums in der Geschichte
der Gesellschaft zutage" (1977 Bd. II: 69) treten ließe. Dabei müsse sich jedoch
„immer erst erweisen, welche Organisationsform dem Produktionsprozess von
Erfahrung der Problembetroffenen angemessen" (May 2005: 236) sei. Eindeutig
hingewiesen wird dabei auf die Notwendigkeit, „eine wesentliche Erweiterung
gegenüber Makarenko vorzunehmen" (ebd.), der noch als Pädagoge glaubte
diese für seine Schützlinge notwendige Organisationsform schon zu kennen.
    Anschließend an das Lefèbvresche Konzept einer „sozio-analytischen Inter-
ventionsstrategie" (1972: 225 f.) gelte es vielmehr den Lebenszusammenhang
der Problembetroffenen aufzusprengen – Lefèbvre spricht von „Dissoziation" –
und in einer Aufhebung der arbeitsteiligen und damit auch geschlechtsspezifi-
schen Spezialisierung der Sinne neu zu organisieren (vgl. May 2005: 237 ff.).
Der „eigentliche 'Ausgang' der Aufklärung" (ebd.: 239) von Problemsituationen
erfolge somit erst in und durch eine selbstregulierte „Assoziation", wie Lefèbvre
dies nennt. Diese Assoziation beziehe sich aber nicht nur auf das gesellschaftliche Verhältnis, sondern auch auf eine entsprechende „Verwirklichung der in den
gesellschaftlichen Repräsentationen bloß äußerlichen Erfahrungen von Integration und Realisation der sehr verschiedenen Eigenschaften und Vermögen" (ebd. –
zu Lefèbvres Begriff der Repräsentation vgl. May 2004: 187 ff. & 2005: 154 ff.).

Auch Heinz Sünker, der Konzepte Sozialer Arbeit als „Antwort auf die Frage nach möglichen Verhältnisbestimmungen von Individuum und Gesellschaft" (2002: 227) eingebettet sieht in die „Dialektik von institutionalisierter Bildung und menschlicher Befreiung" (ebd.), bezieht sich direkt auf Lefèbvre. Dessen Arbeiten wiesen nicht nur „die Vermittlungsnotwendigkeit wie die Vermittlungsmöglichkeit von Alltagstheorie und Bildungstheorie" (ebd.: 237) auf. Sünkers Ansicht nach führten sie darüber hinaus auch „zu einer Präzisierung von Problemstellungen wie zu einer Perspektivenerweiterung sowohl in Bezug auf die 'Vergesellschaftungsfrage' als auch auf die 'Bildungsfrage'" (ebd.: 236).

Lefèbvres „die sokratische Mäeutik als Fokus benutzende" (ebd.: 237) Perspektive sei, „der Alltäglichkeit zu helfen, eine ihre anwesende-abwesende Fülle zu erzeugen" (Lefèbvre 1972: 31). Sünker sieht hier große Parallelen zu Heydorns „Neufassung des Bildungsbegriffs". Demzufolge sei Bildung „mit ihrem Ausgang [...] Selbsthilfe, der Mensch soll sich am Menschen gewinnen. [...] Sie ist Selbsttun als gegenseitige Hilfe, damit ständige Initiierung von Befreiung. Sie ist Selbstversuch, [...] Zukunft im Gegenwärtigen. Mit ihr ergreift der Mensch von sich Besitz" (Heydorn 1972: 148). Der Anspruch Sozialer Arbeit, „Hilfe zur Selbsthilfe" zu leisten, wird von Sünker (vgl. 2002: 229f.) also im Anschluss an einem von Timm Kunstreich und mir (vgl. 1999: 37) unterbreiteten Vorschlag auf dieses emphatische, auf „Selbstbildung" zielende Verständnis Heydorns bezogen. Dies impliziere der Geschichte zu folgen, indem der mögliche „Schritt auf den Menschen hin" in einer Weise vorzubereiten sei, „in der dieser Mensch schon enthalten sein muß" (Heydorn 1972: 148). Vor diesem Hintergrund hatte Sünker (1989: 147) schon zuvor Soziale Arbeit mit dem Begriff der Mäeutik zu fassen versucht als „Geburtshilfe für die Zukunft einer Gesellschaft" durch eben solche Unterstützung bei diesem „hervorbringenden Tun".

Ihrer in das „widersprüchliche() oder spannungsvolle() Verhältnis von Individuum und Gesellschaft [...] eingelassenen Aufgabe der Gestaltung gesellschaftlicher Beziehungen wie der Sicherung der Möglichkeit der Konstitution von Subjekthaftigkeit" (Sünker 2002: 229) könne Soziale Arbeit deshalb – Sünker zufolge – nur unter zwei Bedingungen gerecht werden: Zum einen müsse sie sich auf „Poiesis als erkennendes Handeln und als schöpferisches Erkennen" (ebd.: 239) stützen. Durch Bezug auf eine „– auch ästhetisch zu fundierende – Bedeutung von 'Spontaneität' als 'neu, wieder gewonnene Spontaneität' oder – so die Heydorn'sche Lesart als 'rational vermittelte Spontaneität'– " (ebd.) sei dieses „kreative Vermögen" mäeutisch zu fördern. Möglich werde dies jedoch nur unter der weiteren, ganz wesentlichen Bedingung „einer gesellschaftlichen Situation, in der die Alltäglichkeit nicht mehr gelebt" (ebd.) werden könne.

Trotz dieses sehr starken Bezugs Sünkers auf Lefèbvre und andere materialistische Ansätze von Alltagstheorie und Praxisphilosophie wird sein Ansatz

häufig eher als ein „kritisch-subjektiver" bzw. „bildungstheoretischer" (vgl.
Thole 2002: 33) etikettiert. Ähnliches gilt auch für den von Timm Kunstreich
und mir (vgl. 1999) unterbreiteten Vorschlag, Soziale Arbeit als „Bildung des
Sozialen und Bildung am Sozialen" zu bestimmen. In der Debatte um eine Theorie Sozialer Arbeit wird das alltags- und lebensweltorientierte Paradigma demgegenüber eher mit den Arbeiten von und um Hans Thiersch assoziiert.

## 2.3 Thierschs Konzept alltags- und/oder lebensweltorientierter Sozialer Arbeit

Thiersch/Grundwald/Köngeter (2002: 167 f.) verorten den Ausgangspunkt des
theoretischen Konzeptes der Alltags- und/oder Lebensweltorientierung in der
Sozialen Arbeit in einer Verbindung

- „des interaktionistischen Paradigmas", wie es vor allem in den oben
  skizzierten Arbeiten von Schütz, Luckmann und Berger entfaltet wurde,
- mit der „hermeneutisch-pragmatischen Traditionslinie der Erziehungswissenschaft, wie sie insbesondere von Dilthey (1954), Nohl (1949,
  1988) und Weniger (1952) begründet und durch Roth (1967) und Mollenhauer (1964) zur sozialwissenschaftlichen und kritischen Pädagogik
  weiterentwickelt wurde" (ebd.: 167).

Das theoretische Konzept der Lebensweltorientierung in der Soziale Arbeit beansprucht diese Traditionen jedoch „im Kontext der kritischen Alltagstheorie"
(ebd.:168) zu reformulieren „und auf heutige sozialpädagogische Fragestellungen" (ebd.) zu beziehen.
     Hat Lefèbvre das Alltagsleben beschrieben als „Ort der Begegnung und des
Zusammenpralls von Repetition und Kreation" (1977 Bd. III: 70), „löst die lebensweltorientierte Soziale Arbeit die Doppelstellung von Respekt vor den
Handlungsroutinen und Bewältigungsstrategien der Menschen und der zumindest
teilweisen Destruktion dieses Alltags nicht auf, sondern sucht in mäeutischer
Manier nach neuen Optionen für einen gelingenderen Alltag" (Thiersch/Grun-
wald/Köngeter 2002: 168).
     Ohne dies explizit zu nennen, zeigen sich hier deutliche Parallelen zu Le-
fèbvres „sozioanalytischer Interventionsstrategie", wie sie von mir (s.o.) aufgegriffen und für die Soziale Arbeit fruchtbar zu machen versucht wurde. Demgegenüber beziehen sich Thiersch/Grunwald/Köngeter (vgl. 2002: 168 & 170) in
ihrer normativ-kritischen Perspektive auf den Doppelsinn von „Konkretheit" und
„Pseudokonkretheit" als einem „Dämmerlicht von Wahrheit und Täuschung"

sowie von „Wesen" und „Praxis", wie er von Kosik (1967: 9) herausgearbeitet wurde und auch von Bourdieu (1993) als Spannung zwischen „Doxa" und „Praxis" aufgegriffen wurde. Und dies ist für sie auch nur einer von fünf unterschiedlichen Zugängen zu einer Rekonstruktion von Lebenswelt.

„Als Grundlage einer lebensweltorientierten Sozialen Arbeit" unterscheiden Thiersch/Grunwald/Köngeter (2002: 169):

- einen beschreibend phänomenologisch-ethnomethodologischen Zugang, welcher die „pragmatische Großzügigkeit und Geschicklichkeit des Sich-Arrangierens im Überleben – jenseits von Stringenz, Prinzipien oder in sich konsistenten Begründungen" (ebd.) – auch für „Formen des defizitären, unzulänglichen und abweichenden Verhaltens" akzentuiere. Diese müssten darin „zunächst respektiert werden, auch wenn die Ergebnisse für den Einzelnen und seine Umgebung" (ebd.) sich als „unglücklich" (ebd.) darstellten.
- eine Rekonstruktion der konkreten lebensweltlichen Verhältnisse „in die nach Funktionen und Inhalten unterschiedenen Lebensfelder" (ebd.: 170) – auch in Verbindung mit den so sich stellenden Problemen „der Anpassung und Vermittlung" (ebd.) zwischen diesen.
- besagtem „normativ-kritischem" Zugang, dessen „Pointe im Widerspiel von Respekt und Destruktion, in der Abwehr von Genügsamkeit von Verhältnissen [...] und in der Sensibilität für die Erfahrungen von protestativer Energie, von unterdrückten Hoffnungen, von Trauer und Schmerz" (ebd.) liege.
- die historische und soziale Analyse der erfahrenen Wirklichkeit als „Schnittstelle von Objektivem und Subjektivem, von Strukturen und Handlungsmustern" (ebd.). Die Analyse formaler Strukturen sei dabei, wie Thiersch (1993: 11) fordert, mit der Analyse der gesellschaftlich-historischen Kontexte zu verbinden, in denen Alltag gelebt wird. Erforderlich sei darüber hinaus
- eine Sensibilität „vor allem für die Muster, für die neuen Chancen, aber auch für die Belastungen und Überforderungen in den Gestaltungsaufgaben von Erfahrungsräumen und Lebensentwürfen" (Thiersch/Grunwald/Köngeter 2002: 171).

Vor diesem Hintergrund richte lebensweltorientierte Soziale Arbeit „ihre Unterstützung – in Bezug auf Zeit, Raum, soziale Bezüge und pragmatische Erledigung – an den hilfsbedürftigen Menschen so aus, dass diese sich dennoch als Subjekte ihrer Verhältnisse erfahren können" (ebd.: 172). Sie ziele somit auf „Hilfe zur Selbsthilfe, auf Empowerment, auf Identitätsarbeit" (ebd.), ohne dabei aber den gesellschaftlichen Kontext aus den Augen zu verlieren, der „Kooperationen und Koalitionen mit anderen Politikbereichen" (ebd.) erfordere. Lebensweltorientierte Soziale Arbeit müsse deshalb auch „bestimmt werden in Bezug auf ihre gesellschaftliche Funktion, auf die Institutionen Sozialer Arbeit und hinsichtlich der professionellen Handlungskompetenzen" (Füssenhäuser/ Thiersch 2001: 1893).

Die Gestaltungsaufgaben Sozialer Arbeit sieht Thiersch (vgl. 1992 & BMJFFG 1990) über Struktur- und Handlungsmaximen geprägt, welche den Prinzipien der Prävention, der Alltagsnähe, der Integration, der Partizipation und der Dezentralisierung/Regionalisierung bzw. Vernetzung folgen. Diese müssten für die unterschiedlichen Handlungsfelder Sozialer Arbeit spezifisch weiter ausdifferenziert werden (vgl. Thiersch 1993: 17). Für die „Ausgestaltung der Institutionen bzw. Settings (z.B. Beratung, Jugendhilfe)" (Füssenhäuser/Thiersch 2001: 1893) habe dies zur Konsequenz, dass sie „ebenso als pädagogische Lebenswelten" (ebd.) zu inszenieren seien, „wie sie sich in die Lebenswelt der AdressatInnen, ihren sozialen Lebensraum hinein öffnen sollen" (ebd.). Zudem müssten diese primär strukturellen Maximen verknüpft werden „mit einer Diskussion der Aufgaben und Grenzen des professionellen Handelns, das in der Offenheit der Aufgaben und in der Spannung zwischen Respekt und Provokation ('pädagogischer Takt') nur als reflexive Kompetenz verstanden werden" (ebd.: 1894) könne.

Vor diesem Hintergrund haben Thiersch/Grunwald/Köngeter (2002:174 ff.) die Lebensweltorientierung Sozialer Arbeit noch einmal zu konkretisieren versucht bezüglich

- der nur „im Modus des Aushandelns" (ebd.) zu lösenden Aufgaben einer Diagnostik „ – im allgemeinen Sinn genommen als Erkenntnis des Problems und der Interventionsmöglichkeiten – " (ebd.);
- eines „je nach Lage und Notwendigkeit unterschiedenen Umgang(s) mit den Prinzipien von Flexibilisierung und Integration" (ebd.: 175) in der „institutionellen Gestaltung sozialpädagogischer Hilfen" (ebd.: 174), sowie
- einer Demokratisierung ihrer „institutionellen und professionellen Ressourcen" (ebd.: 176), die „kritisch und selbstkritisch gegen die Eigenmacht von Institutionen und die Macht der Experten" (ebd.) zu nutzen seien, „um lebensweltliche Ressourcen zugleich zu respektieren und in ihren Möglichkeiten zu befreien" (ebd.).

Wenn in der Theoriediskussion Sozialer Arbeit von „Lebenswelt" die Rede ist, muss es jedoch nicht immer jener sein, der schon von Husserl als kritischer Gegenbegriff im Hinblick auf eine zu bloßer Objektivität degenerierten Wissenschaft eingeführt wurde, um dann in den kritisch-materialistischen Alltagstheorien „vom Kopf auf die Füße gestellt" zu werden, ehe er in Thierschs „Konzept der Alltags- und/oder Lebensweltorientierung" ebenfalls als „Gegenbewegung" aufgegriffen wurde, um nun gegenüber dem Objektivismus der gesellschaftskritischen Theorien Sozialer Arbeit in den 60er und 70er Jahren „auf den notwendigen Bezug zu menschlichen Erfahrungen und Praxis" (Füssenhäuser/Thiersch 2001: 1892) zu insistieren. Häufig bezieht sich die Theoriediskussion Sozialer Arbeit vielmehr auf den Lebensweltbegriff, wie ihn Jürgen Habermas (1981) in seiner „Theorie des kommunikativen Handelns" als kategorialen Gegenbegriff zum Systembegriff entfaltet hat.

## 2.4 Habermas´ Begriff der Lebenswelt in seiner Bedeutung für die Theorie Sozialer Arbeit

Habermas (vgl. 1981) unterscheidet in seiner Theorie zwischen

- *verständigungsorientiertem kommunikativem* Handeln, das nur als *soziales* Handeln möglich ist, und einem
- *erfolgsorientiertem* Handeln, das entweder (als *instrumentelles)* technischen Regeln oder (als *soziales)* strategischen Interessen gegenüber einem „Gegenspieler" folgt.

Vor dem Hintergrund dieser analytischen Unterscheidung verweisen System und Lebenswelt für Habermas auf zwei grundverschiedene Modi der Integration in Gesellschaft:

- Aus der Perspektive der „Mechanismen [...], die die *Handlungsorientierungen* der Beteiligten aufeinander abstimmen" (ebd. Bd. II: 179), erfolge „die Integration eines Handlungssystems [...] durch einen normativ gesicherten oder kommunikativ erzielten Konsens" (ebd.). Somit müsse Gesellschaft aus der „Teilnehmerperspektive handelnder Subjekte als *Lebenswelt einer sozialen Gruppe* konzipiert" (ebd.) werden.
- Demgegenüber könne im Hinblick auf diejenigen „Mechanismen [...], die nicht-intendierte *Handlungsfolgen* stabilisieren [...], die Gesellschaft aus der Beobachterperspektive eines Unbeteiligten nur als ein *System von Handlungen* begriffen werden" (ebd.), denen, „je nach ihrem Beitrag zur Erhaltung des Systembestandes, ein funktionaler Stellenwert" (ebd.) zukäme.

Empirisch betrachtet gäbe es selbstverständlich Rückwirkungen der einen Sphäre auf die jeweils andere. So sieht Habermas „Imperative der verselbständigten Subsysteme […] von außen in die Lebenswelt – wie Kolonialherren in eine Stammesgesellschaft – ein(dringen)" (ebd.: 522) und eine „Assimilation" erzwingen. Entsprechend konstatiert er für den Prozess der Modernisierung eine zunehmende „Mediatisierung der Lebenswelt durch Systemimperative" (ebd.: 452), die jedoch zugleich einhergehe mit einer Abkopplung der in dieser Weise rationalisierten Lebenswelt von den Systemen Ökonomie und Staatsmacht. In dem Maße, „wie kritische Ungleichgewichte in der materiellen Reproduktion (also die der systemtheoretischen Analyse zugänglichen Steuerungskrisen) nur noch um den Preis von Störungen der symbolischen Reproduktion der Lebenswelt (d.h. von ´subjektiv` erfahrenen identitätsbedrohenden Krisen oder Pathologien) vermieden werden" (ebd.) könnten, nehme dies die „sozialpathologischen Formen einer inneren Kolonialisierung an" (ebd.).

Im Hinblick auf eine Theorie Sozialer Arbeit sind die Habermasschen Unterscheidungen dahingehend aufgenommen worden, dass „Soziale Arbeit als pädagogische Intervention […] auf die symbolische Reproduktion der Lebenswelt" (Hamburger 2003: 151) bezogen sei. Ihre Eigenständigkeit verdanke sie dem Umstand, „dass Recht und Geld als sozialpolitische Leistungen lebensweltliche Zusammenhänge nicht sichern" (ebd.) könnten. Allerdings vermöge sie sich nicht allein auf eine verständigungsorientierte Handlungsrationalität zu beschränken. Vielmehr müsse sie zwischen kommunikativen und strategischen Mustern oszillieren und ihrer „intermediäre(n) Stellung" (Rauschbach/ Treptow 1999: 100) gemäß zwischen diesen vermitteln. Gängler/Rauschenbach (1999) zufolge könne diese Vermittlung sowohl in der Form manipulativer, wie auch unterstützend-mäeutischer Praktiken erfolgen. Wie Hamburger (2003: 151 f.) hervorhebt, stehe Soziale Arbeit dabei in der doppelten Ambivalenz, zum einen systemische Zwänge erläutern zu müssen, ohne dass diese von ihr gemildert werden könnten. Zum anderen müsse sie sich „auf die Verständigung über lebensweltliche Ressourcen (beziehen), ohne sie hervorbringen oder erweitern zu können" (ebd.). Selbstreflexivität sei unter diesen Umständen eine „notwendige Bedingung für die Möglichkeit, den kolonialisierenden Zugriff zu vermeiden" (ebd.: 152), allerdings – wie aus der Perspektive der Vermittlung kritischer Alltagstheorie mit einer bildungstheoretischen Fassung Sozialer Arbeit zu ergänzen wäre – keineswegs eine hinreichende.

## 2.5 Lothar Böhnischs sozialpädagogisches Konzept von Lebenslage und Lebensbewältigung

Auch Böhnisch bezieht sich auf Habermas, wenn er in der tendenziellen Entkoppelung von System- und Sozialintegration die Krisenhaftigkeit moderner Gesellschaften auf den Punkt gebracht sieht. Diese erwachse „aus der Struktur der modernen Arbeitsteilung" (2001: 31), welche einer ökonomisch-technischen Rationalität folge, „die sozial nicht einholbar sei bzw. die sozial desintegrativ wirken" (ebd.) könne. Zugleich bezieht sich Böhnisch jedoch auch auf Becks Figur der „Risikogesellschaft" (1986). Was dort als „Sozialisationsmodus" thematisiert werde, sieht er allerdings schon vorweggenommen durch jenes von Emile Durkheim in dessen Frühwerk „über soziale Arbeitsteilung" (1893/1988) herausgearbeitete Vergesellschaftungsmuster. Demnach führe die Arbeitsteilung nicht nur zu fortschreitender Individualisierung bei gleichzeitiger verstärkter Aufeinanderangewiesenheit, sondern auch zu sozialer Desintegration.

So ist es für Böhnisch auch „kein Zufall, dass mit dem Ausklang des 20. Jahrhunderts E. Durkheims Anomietheorie (1973) im sozialwissenschaftlichen Diskurs" (2002: 201) erneut aufgegriffen werde. Unter den Bedingungen einer reflexiven Moderne steht für Böhnisch dabei allerdings nicht mehr das Anpassungsproblem – wie noch bei Merton (1975) – im Vordergrund, sondern besagte tendenzielle Entkoppelung von System- und Sozialintegration. Diese – wie Böhnisch sie nennt – „moderne Form der Anomie" (2001: 35) verhindere zunehmend „die soziale Gestaltung von Menschen her" (ebd.).

Mit Wolfgang Schröer zusammen sieht er die Figur der „Risikogesellschaft" jedoch auch schon in der Argumentation von Carl Mennicke (1926) vorgezeichnet, wonach „die modernen Gesellschaften den Einzelnen einerseits freisetzen und andererseits nicht vermitteln, wozu sie frei sind" (Schröer 1999: 400). Und mit Mennicke sehen Schröer und Böhnisch „die moderne professionelle Sozialarbeit auch erst mit der Entwicklung der Sozialpolitik" (Böhnisch 2002: 200) entstehen als „historisch unterschiedlich gewordene aber gleichermaßen gesellschaftlich institutionalisierte Reaktionen auf typische psychosoziale Bewältigungsprobleme in der Folge gesellschaftlich bedingter Desintegration" (ebd. & 1999: 262). In Analogie zu Siegfried Bernfelds Definition von Erziehung als „die Summe der Reaktionen auf die Entwicklungstatsache" (1925: 49) hat Böhnisch deshalb vorgeschlagen, Sozialpädagogik/Sozialarbeit „als gesellschaftliche Reaktion auf die Bewältigungstatsache" (1999 a: 41 & 2002: 199) zu fassen.

Zu dieser institutionellen Reaktion sei die moderne Industriegesellschaft nicht nur aufgrund ihrer strukturellen Notwendigkeit gezwungen worden, die ökonomisch-technische Arbeitsteilung sozial reproduzieren zu müssen. Hauptgrund sei die dem Wesen moderner Arbeitsteilung immanente Spannung von Integration und Desintegration, welche zu einer „latenten sozialstrukturellen Dauerkrise" (2002: 199) führe. Da diese „aufgrund ihrer strukturellen Bedingtheit gesellschaftlich nicht aufhebbar" (ebd.) sei und sich in Form psychosozialer Folgeprobleme am Einzelnen auswirke, müsse sie „in ihren Folgen für den und am Einzelnen behandelt, also pädagogisch transformiert werden" (ebd.).

Der „sozialpädagogisch-sozialarbeiterische Interventionsmodus" (ebd.: 199) zur Regelung dieser dem Wesen moderner Arbeitsteilung immanenten Spannung sei jedoch keineswegs das einzige „strukturlogische Mittel. [...] Das andere Mittel der Wahl wäre die ordnungsstaatliche Repression" (ebd.). Bis heute sei diese „historisch rückbindbare Spannung zwischen dem Repressiven und dem Pädagogischen" (ebd.) in der für Soziale Arbeit typischen „Ambivalenz von Hilfe und Kontrolle enthalten" (ebd.). Die historische Erfahrung lehre, dass der Sozialstaat bei einer fiskalischen Krise „fast nur noch ordnungspolitisch" (ebd.: 210) agiere. Allerdings sei die Krise, in welche der Sozialstaat „in der jetzigen Phase des technologisch sich verselbständigenden digitalen Kapitalismus" (ebd.: 211) geraten sei, „von ihrer Struktur und Logik her nicht mehr mit den vorangegangenen vergleichbar" (ebd.). Denn diese grassiere nicht nur *trotz*, sondern *wegen* des gegenwärtigen „ökonomisch-technologischen Modernisierungsschubes" (ebd.).

Von daher zeigen sich für Böhnisch in den Problemen und Lebensrisiken, mit denen Soziale Arbeit konfrontiert ist, heute weniger denn je „pädagogische oder fürsorgerische Sonderprobleme, sondern lebensalter- und sozialstrukturtypische Bewältigungskonstellationen in der industriellen Risikogesellschaft" (ebd.: 200), was seiner Meinung nach ein weiterer Grund ist, dass Soziale Arbeit nicht als „Ablegerin der Pädagogik oder Fürsorge" (ebd.) betrachtet werden könne. Davon ausgehend, dass „sozialstrukturelle Probleme sozialer Desorganisation [...] sich in biographischen Integrations- und Integritätsproblemen und darauf bezogenen kritischen Lebensereignissen" (2003: 202) vermittelten, sei Soziale Arbeit zwar als biographische Unterstützungsleistung einerseits pädagogische ausgerichtet, zugleich aber auch immer soziale Gestaltungsaufgabe. Und so entwickelt Böhnisch (vgl. 2001a) auf der Basis dieses dialektischen Verständnisses von Sozialer Arbeit auch seine Überlegungen zu einer Sozialpädagogik der Lebensalter und der darauf bezogenen unterschiedlichen Entwicklungs- und Bewältigungsaufgaben.

Böhnisch (vgl. 1999: 262) bestimmt die Aufgabe Sozialer Arbeit in diesem Zusammenhang als Unterstützung von Menschen in kritischen Problemkonstellationen zur Wiedererlangung ihrer psychosozialen Handlungsfähigkeit sowie sozialen Orientierung auf der einen Seite und zum Aufbau neuer sozialer Bezüge auf der anderen Seite. Soziale Arbeit sei damit auch mehr als die lebensweltliche

Seite der Sozialpolitik. Sie habe ihre genuin eigenständige Aufgabe. Und diese Eigenständigkeit zeige sich für ihn genau darin, dass sie sowohl Chancen zur Aneignung und Gestaltung von Lebensräumen durch Milieubildung zu eröffnen beanspruche, als auch die eigenständige Lebensgestaltung ihrer AdressatInnen zu unterstützen versuche.

Letzteres hat Böhnisch mit dem Konzept der „Lebensbewältigung" zu fassen versucht, das „als subjektive Dimension der Lebenslage" darauf zielt, „Zugänge und Möglichkeiten, die in der Lebenslage liegen" (Böhnisch/Funk 1989: 59) aufzuschließen. Demnach bezieht sich der Begriff der „Lebenslage" im Kontext Sozialer Arbeit für Böhnisch nicht mehr allein auf deren jeweilige Zielgruppen. Lebenslagen strukturieren seiner Ansicht nach gleichzeitig auch soziale und professionelle Handlungsmuster vor allem derjenigen, die mit diesen sozialen Gruppen und Individuen umgehen. So markiert für Böhnisch „der sozialpolitische Begriff der Lebenslage" (2002: 210) nicht nur den „zentrale[n] gemeinsame[n] Bezugspunkt von Sozialpolitik und Bildungspolitik" (ebd.), sondern auch den „kategoriale[n] Kern sozialpolitischer Reflexivität der Pädagogik" (ebd.). In der Praxis Sozialer Arbeit komme den Lebenslagen damit quasi eine doppelte Bedeutung zu: zum einen eröffneten sie den Bezug auf Individuen bzw. ihre soziale Gruppen, zum anderen strukturierten sie Professionalität. Nicht zuletzt damit wirkten sie auch wieder auf Gesellschaft und Sozialpolitik zurück.

## 2.6 Historische Bezüge von Lothar Böhnischs sozialpädagogischem Lebenslagenkonzept

Schon in den ersten Versuchen einer Begriffsbildung von Lebenslage, die auf Otto Neurath und seine dem Wiener Kreis zuzuordnenden soziologischen und „gesellschaftstechnischen" (Neurath 1931: 17) Arbeiten in den 20er und 30er Jahren zurückgehen, fungierte das Konzept der Lebenslage nicht allein als ein Instrument zur katasterartigen Schaffung der Planungsgrundlagen einer zentral organisierten und nach Wirtschaftsplan gelenkten Naturalwirtschaft (vgl. Amann 1983: 138). Neben den strukturellen Dimensionen hat Neurath auch die subjektive Seite der „Lebensstimmung" als Korrektiv gegenüber möglichen objektivistischen Tendenzen in seine Analysen mit einbezogen und Lebenslage entsprechend sozialpolitisch bestimmt „als die Möglichkeit von Angehörigen einer Schicht einer Klasse, eines Milieus für eine bestimmte Lebensgestaltung in Abhängigkeit und Zusammenhang mit den planmäßig beeinflußten Bereichen" (Chassé 1999: 148). Aus Böhnischs Sicht habe somit bereits der sozialpolitische Begriff von Lebenslage daran festgehalten, dass „nicht nur die ökonomische, sondern auch die sozialstaatliche Relation" (2002: 210) ausschlaggebend für diese Gestaltungsmöglichkeit sei.

Wenn im 8. Jugendbericht (BMFJG 1990: 24) eine „kontinuierliche Analyse von Lebenslagen der Kinder und Jugendlichen" gefordert wurde, als „interdisziplinäre Forschung, die relevante Teile des gesellschaftlichen Strukturwandels" mit in den Blick zu nehmen habe, so ist damit aber weder ein „Lebenslagenkataster" im Sinne Neuraths gemeint. Und ebenso wenig geht es dabei um die Bildung von „Lebenslagentypen", wie sie Weisser (vgl. 1978: 275 ff.) in den 50er Jahren als Grundlage vorschwebten, um soziale Ungleichheit durch eine aktiv gestaltende Form von Sozialpolitik zu kompensieren und „die unter den jeweils gegebenen historischen Umständen anzustrebende Verteilung der Lebenslagen" (ebd. 385) durch geeignete Maßnahmen zu beeinflussen. Auch Amanns (vgl. 1983: 152 ff.) Ansatz, solche „*Lebenslagentypen*" als eine „*einheitliche Bezugsgröße*" von Sozialpolitik wie auch als „*zentrales Erkenntnisobjekt*" sozialwissenschaftlicher Forschung auf der Grundlage von „*Typologien* der äußeren Bedingungen der Lebenslage", „Aggregatdaten" und den „Interpretations- und Verarbeitungsmustern dieser äußeren Bedingungen" zu identifizieren, geht an der sozialpädagogischen Fassung des Konzeptes vorbei.

So hat Böhnisch (vgl. 1982: 93 ff.) darauf aufmerksam gemacht, dass im Rahmen einer „Sozialindikatorenforschung" eine Aufschlüsselung von Lebenslagen nicht möglich sei, weil einzelnen Dimensionen in ihrem Einfluss zeitlich durchaus variieren könnten und auch eine Aufsummierung von „Einzelspielräumen" nicht sinnvoll sei, insbesondere aufgrund der ihr eigenen „Systemfixierung". Vielmehr sei das sozialpädagogische Konzept der Lebenslage ein „historisch verstehendes" (ebd.: 112) Konzept. Für die Sozialpädagogik ergebe sich daraus ein „Bezugsrahmen für […] historische Vergewisserung" (ebd.: 113) sowie die Deutung der Klienten. Und wenn Sozialpolitik „sowohl unter dem Vorzeichen der sozialen Reproduktion, der ökonomischen Entwicklung als auch der sozialen Integration und Befriedigung" (ebd.: 67) auf die Lebensbereiche Einfluss zu nehmen versuche, so ergebe sich aus der Perspektive des Konzeptes der historischen Lebenslage die Notwendigkeit einer „anderen politischen Rationalität" (ebd.: 113): Es gehe dann nicht mehr um Systembalance, sondern um Involvierung in „gesellschaftliche Konfliktzonen" (ebd.).

So wendet sich Böhnisch auch dagegen, Lebenslagen – wie dies Weisser tut – als „Spielraum" zu definieren, „den die äußeren Umstände dem Menschen für die Erfüllung der Grundanliegen bieten, die ihn bei der Gestaltung seines Lebens leiten oder bei möglichst freier und tiefer Selbstbesinnung und zu konsequentem Verhalten hinreichender Willensstärke leiten würden" (1978: 275). Vielmehr plädiert er (vgl. 1982: 80 f.) dafür, Lebenslagen aufgrund der primären Notwendigkeit „alltäglicher Lebensbewältigung" als „soziale Balancen" der Subjekte aufzufassen: als „Ausdruck dafür, wie sich Menschen individuell und gesellschaftlich gleichermaßen reproduzieren müssen, wie sie ihre Interessen gleichzeitig subjektiv entfalten können und objektiv vordefiniert erfahren" (ebd.: 86)

In dieser Weise interessiere sich das sozialpädagogische Lebenslagenkonzept dann – wie Chassé (vgl.: 1999: 153) herausarbeitet – „für die handlungstheoretisch gesehenen aktiven Gestaltungsleistungen der Subjekte" (ebd.) im Rahmen sozial abgestufter „Zugänge bzw. Zugangsmöglichkeiten zu materiellen, immateriellen und sozialen Ressourcen" (ebd. 150). Dabei kämen die Subjekte immer zugleich auch als „Bezugspunkt sozialstaatlicher Leistungen und sozialstaatlicher Dienste" (ebd.: 153) mit in den Blick. Diese würden „ihrerseits im Wechselspiel zu Unterstützungsleistungen der sozialen Netzwerke und innerhalb der Milieus verortet" (ebd.). Auch „Sinnkonstitution und Sinnvermittlung" würden in diesem Zusammenhang „als Unterstützungsformen" (ebd.) angesehen, womit dann aus der Perspektive dieses Konzeptes zugleich der systematische Ort von Bildung benannt sei. Denn Bildung beziehe sich angesichts des Strukturwandels der Arbeitsgesellschaft immer mehr auf die nur mehr über soziale Schlüsselkompetenzen zu bewältigende „Prozess- und Wechselhaftigkeit von biographischen Übergängen und Umbruchserfahrungen" (Böhnisch 2002: 204).

Den Versuch der Pädagogik, „im letzten Drittel des 20. Jahrhunderts den Bildungsbegriff in die Dimension von Identität und Mündigkeit einzufädeln" (ebd.: 207), wertet Böhnisch in diesem Zusammenhang „als eigenen disziplinären Balanceversuch [...]: Die Autonomie der Pädagogik zu halten und gleichzeitig Anschluss an die Gesellschaft zu finden" (ebd.). Böhnisch sieht allerdings das „in der Dialektik von personaler Integrität (als biographische Handlungsfähigkeit) und sozialer Integration" (ebd.: 206) sich gleichermaßen als „Vergesellschaftungsform und lebensweltliche Beziehung" (ebd.) entwickelnde „pädagogische Prinzip der industriekapitalistischen Moderne" (ebd.) in dieser Hinsicht brüchig werden. So müsse „die globalisierte und rationalisierte Arbeitsgesellschaft nicht mehr massenhaft auf menschliche Arbeitskraft und damit Integrationsbereitschaft zurückgreifen" (ebd.). Gleichzeitig schaffe und inszeniere sie im Modell des ´abstract worker` „eine eigene Kultur abstrakter Integrität" (ebd.). In diese würden allerdings auch diejenigen, welche „in den qualifizierten Arbeitsmarktsegmenten agieren" (ebd.: 209), nur höchst einseitig – nämlich bezogen auf die „Sachlogik der digitalen Modernisierung" (ebd.) – eingebunden. Sie gerieten dadurch „in Gefahr, die Orientierung an der Integrität des anderen (vgl. Honneth 1992) zu verlieren und in einer sozial entbetteten Lebensführung (nach dem Sozialtyp des ´Share-holders`) aufzugehen" (ebd.).

Bezüglich der Lebenslagen der Individuen wirke diese Krise sich dahingehend aus, dass „die eigengestaltbaren Spielräume [...] enger" (ebd.) würden, „der Druck zur utilitaristischen Lebens- und konkurrenten Sozialorientierung" (ebd.) steige, während „die sozialstaatliche Akzeptanz gegenüber der Notwendigkeit von Sozialinvestitionen für ökonomisch verwertbare, potenziell ´unproduktive` Risiko- und Bewältigungskonstellationen" (ebd.) sinke. „Angesichts dieser Ökonomisierung und Instrumentalisierung der Lebenslagen – unter Einschränkung des nichtökonomisch geprägten menschlichen Eigensinns –" (Böhnisch 2002: 211) legten Heranwachsende – dem „Tenor entsprechender Untersuchungen" (ebd.) gemäß – „eine geringere Bildungsmotivation, dafür aber ein Mehr an strategischen Durchkommens- und Überlebensenergien, eben Bewältigungsverhalten" (ebd.) an den Tag. „Bewältigungsdruck" durchziehe in dieser Weise „die Lebenslage aller Menschen, seien sie nun auf der Gewinner- oder Verliererseite des digitalen Kapitalismus" (Böhnisch 2002: 209). Deshalb sei „das Bewältigungsparadigma signifikant für die Kennzeichnung der Lebenslagen heute" (ebd.). Böhnisch zufolge seien diese jedoch „– je nach segmentierter Lebenslage – auf die Dimension des Gestaltungsspielraums hin" (ebd.) auszudifferenzieren nach:

- regressiven Belastungslagen (soziale Belastung überwiegt);
- einfachen Belastungslagen (Reproduktion der Lebensverhältnisse ohne sozialintegrativen Surplus) und
- erweiterten Belastungslagen (mit sozialintegrativem Surplus und damit Ressourcen sozialer Gestaltung).

## 2.7 Böhnischs bewältigungstheoretische Fassung Sozialer Arbeit

Böhnisch hat in diesem Zusammenhang auch versucht, Mennickes Bestimmung des Wesens und der Funktion von Sozialpädagogik vor dem Hintergrund der Habermasschen Unterscheidung „(systemisch) im Rückbezug auf die Desintegration moderner Arbeitsteilung und (lebensweltlich) in der Bewältigungsperspektive (´Bewältigungslast`)" (2002: 199) zu rekonstruieren. Dabei geht er davon aus, dass sich das Systemische zwar verselbständige, aber dennoch auf den Menschen in einer Weise zurückwirke, die dieser nicht kognitiv begreifen aber psychisch und/oder somatisch spüren könne. Das gesellschaftliche sei somit nicht nur – wie von Habermas konstatiert – „unübersichtlich" geworden, sondern darüber hinaus auch bezüglich seiner Wirkungen auf das Selbst irrational. Bspw. würden „Freiheit und Bedrohung […] gleichermaßen gespürt" (ebd.: 209), was „durch rationale Verfahren" (ebd.) nicht mehr einfach auszubalancieren sei und als „typisch() emotionale Konstellation […] in ihrer Ambivalenz Stress" (ebd.) erzeuge.

Von daher knüpft Böhnisch mit seinem sozialpädagogischen Bewältigungskonzept auch an die Logik des aus der Stressforschung stammenden Coping-Konzeptes an. Dieses geht davon aus, „dass die Bewältigung von Stresszuständen bei Problembelastungen und kritischen Lebensereignissen so strukturiert ist, dass der Mensch aus somatisch aktivierten Antrieben heraus nach der Wiedererlangung eines homöostatischen (Gleichgewichts-)Zustandes um jeden Preis strebt" (ebd.: 203). Um die physiologisch/psychologische Begrenztheit des Stresskonzeptes zu überwinden, hat Böhnisch (vgl. 2001a) einen Bezugsrahmen entwickelt, der anhand vier Grunddimensionen die Komplexität der Bewältigungsproblematik im Zusammenwirken auch mit psychosozialen und sozialstrukturellen Einflussfaktoren für eine sozialpädagogische Analyse aufzuschließen versucht:

1. die tiefenpsychologisch eingelagerte Erfahrung des Selbstwertverlustes
2. die Erfahrung sozialer Orientierungslosigkeit
3. fehlender sozialer Rückhalt sowie
4. die handlungsorientierte Suche nach Formen sozialer Integration.

Demzufolge wird Lebensbewältigung von Böhnisch zu fassen versucht als ein „Streben nach subjektiver Handlungsfähigkeit in kritischen Lebenssituationen, in denen das psychosoziale Gleichgewicht – Selbstwertgefühle und soziale Anerkennung – gefährdet ist" (2002: 202 f.). Über das traditionelle Fallverstehen hinaus, versucht Böhnisch damit prekäre Bewältigungsformen – bis hin zum abweichenden Verhalten – auch für eine „sozial rekonstruktive Systematisierung" (ebd.: 202) aufzuschließen. So geht er davon aus, dass aufgrund einer misslungenen „Balance zwischen psychischem Selbst und sozialer Umwelt [...] das ´verwehrte Selbst` soziale Aufmerksamkeit auch in antisozialen bis hin zu sozial- oder selbstdestruktiven Handlungen" (ebd.: 203) suche. Ein solches „abweichendes Verhalten" (2001: 179) ist für Böhnisch somit „immer auch Bewältigungsverhalten in kritischen Lebenssituationen und -konstellationen" (ebd.).

Böhnisch diagnostiziert eine „schwelende Spannung zwischen technologisch-ökonomisch getriebener sozialer Entbettung" (2002: 202) und einer „sich in Formen der Suche nach Handlungsfähigkeit" (ebd.) äußernden „Biographisierung der Verwundbarkeit" (ebd.) als gesellschaftlichen Hintergrund, dass in dieser Weise „sich das in der Bewältigungsperspektive enthaltene *Streben nach Handlungsfähigkeit* oft auch ohne Rücksicht auf die Einhaltung der Norm realisiert" (ebd.: 179). Zwar trete „aus der Sicht und dem Erleben der Subjekte die Frage nach der Handlungsfähigkeit des Menschen in solchen ambivalenten Konstellationen in den Vordergrund" (ebd.). Aus einer „gesellschaftlichen Perspektive der Bewältigung" müsse hingegen „das sozialstrukturelle Problem der

Freisetzung – im Sinne der sozialen Entbettung und des sozialen Ausgesetztseins" (ebd.) – als gesellschaftlicher Hintergrund immer mit beachtet werden.
So geht Böhnisch davon aus, dass das „Paradigma Freisetzung und Bewältigung
[…] die komplexe Vermittlung zwischen lebensweltlichen Prozessen und gesellschaftlichen Strukturen im Wirkungs- und Folgekreis sozialer Probleme und individueller Lebensschwierigkeiten nicht nur aufschließen" (ebd.: 199) könne.
Es versetze „die Sozialpädagogik auch in die Lage, die Prozesshaftigkeit sozialer
Übergänge – hier vom sozialintegrativ begrenzten zum digitalen, sozial entbetteten Kapitalismus (vgl. dazu Böhnisch/Schröer 2001) – bezogen auf das Verhältnis von Subjekt und Gesellschaft zu begreifen" (ebd.). Deutlich wird für ihn
hierin auch, „dass die Pädagogik, auch wenn sie es ungern zugeben will, auf den
bewältigungstheoretischen Fundus der Sozialen Arbeit angewiesen" (ebd.: 207)
sei. In diesem wichen „pädagogische Interventionsvorstellungen […] pädagogischen Kommunikationen […], in der das Selbst sich aufschließen" (ebd.: 208)
könne. Durch die „entsprechende Resonanz pädagogischer Arrangements" (ebd.)
könne es ihm gelingen zu „soziale[r] Handlungsfähigkeit" (ebd.) zu finden, aus
der heraus es schließlich „seine biographischen Entwicklungs- und Bildungsperspektiven auch an sich selbst zu gestalten in der Lage" (ebd.) sei.

## 2.8  Zur Kritik der an Habermas' Lebenswelt-Konzept orientierten Ansätze

Franz Hamburger sieht es in diesem Zusammenhang „von der tatsächlichen Gestaltung der Interaktion" (ebd.: 151) abhängen, die „Autonomie im System" (ebd.)
habe und „nicht determiniert" (ebd.) werde, ob Soziale Arbeit „durch kommunikative Verständigung aus der Hilfsbedürftigkeit" (ebd.) herausführe. Demgegenüber ist aus der Perspektive von Praxisphilosophie und Alltagskritik (vgl. May
2000: 247 & 2005:180) nachdrücklich darauf aufmerksam gemacht worden, dass
Auswege aus einer innerhalb Sozialer Arbeit zu bearbeitenden Problemsituation
letztendlich von der Veränderbarkeit des „Stoffes" der Problemsituationen selbst
abhänge. So betont – wie oben ausgeführt – ganz ähnlich auch Sünker, dass
Soziale Arbeit ihre „Aufgabe der Gestaltung gesellschaftlicher Beziehungen wie
der Sicherung der Möglichkeit der Konstitution von Subjekthaftigkeit" (2002:
229) nur dann erfolgreich anzugehen vermöge, wenn in „einer gesellschaftlichen
Situation […] die Alltäglichkeit nicht mehr gelebt" (ebd.: 239) werden könne.
    Aus der von Heinz Sünker, wie auch von Timm Kunstreich und mir geteilten Perspektive einer Praxisphilosophie ließe sich Soziale Arbeit auch nicht auf
einen Idealtypus von „kommunikativen Handeln", „idealer Sprechsituation"
bzw. „herrschaftsfreiem Diskurs", sondern nur auf „Poiesis als erkennendes
Handeln und als schöpferisches Erkennen" (Sünker 2002: 239) stützen. So haben

Negt/Kluge (vgl. 1981: 997) hervorgehoben, dass die von Habermas in idealtypischer Weise unterschiedenen Prozesse zwischen einem rein technischen Regeln folgenden instrumentellen Handeln und einem kommunikativem Handeln, das nur als verständigungsorientiertes möglich sei, in der Praxis nicht funktionieren könnten: „Dem herrschaftsfreien Kommunikationszusammenhang fehlen Stachel und zunächst eine Wurzel der Kommunikation; der fremdbestimmten Arbeit fehlt die ihr angehörende eigensinnige Unterseite, die gerade auf die Fremdbestimmung antwortet und historisch die Kristallisationen der Selbstregulierung trägt" (ebd.).

Ganz ähnlich hat die Aneignungstheorie darauf aufmerksam gemacht, dass es sich bei Interaktionen um „keine bloß soziale" (Holzkamp 1973: 142) Beziehungen handele, vielmehr selbst die interpersonale Wahrnehmung immer zugleich „ein allgemein gesellschaftliches Verhältnis" (ebd.) impliziere. Wie Negt/Kluge von einem „Stachel" und einer „Wurzel der Kommunikation" (1981: 997) sprechen, geht Holzkamp davon aus, dass selbst das frühkindliche Spiel von Erwachsenen und Kind in „dyadischer Asymmetrie" (ebd.: 195) den sachlichen Notwendigkeiten der in Produkten „vergegenständlichten allgemeinen Zwecksetzungen unterworfen und durch diese Notwendigkeit in ihren ´Beiträgen` miteinander koordiniert" (ebd.) sei.

Ich habe jedoch auf die leicht „objektivistische Schieflage" dieses Theorieansatzes aufmerksam gemacht (vgl. May 2004 a: 58 ff.), welche zwangsläufig die Bedeutung dessen unterschätze, wie Erwachsene die Aneignungsbemühungen ihrer Schützlinge dadurch unterstützten, dass sie deren Lebensäußerungen meist in einer anderen Sinnesmodalität aufnähmen und beantworteten (vgl. ausführlicher May 2004: 120 ff.). Dies gilt ähnlich selbstverständlich auch für die professionelle sozialpädagogische Begleitung von Aneignungsprozessen ihrer AdressatInnen. Zu verweisen ist in diesem Zusammenhang nicht nur auf Negt/ Kluges Ausführungen zu dem, wie „die geschichtliche Prägung [...] in das Unmittelbarkeitsprinzip der Beziehungsarbeit direkt" (1981: 921) eingehe. Stützen lässt sich diese Kritik auch auf Bourdieus These, dass selbst „die fundamentalsten Prinzipien der Konstruktion und Bewertung der Sozialwelt, jene, die am direktesten die Arbeitsteilung zwischen den sozialen Klassen, Altersgruppen und Geschlechtern wie die Arbeitsteilung von Herrschaft wiedergeben, [...] im Einordnen der Körper und der unterschiedlichen Beziehungen zum Einsatz" (1982: 727) gebracht werden.

## 2.9 Zur Kritik des Lebenslagen orientierten Ansätze

Wenn Chassé (1999: 152) in seiner „Einführung in das Lebenslagen-Konzept"
auch 1999 noch die Form einer entsprechenden „sozialwissenschaftlichen Fundierung" dieses Konzeptes als offen ansah, dann ist durch die Arbeiten Pierre
Bourdieus (1979; 1982; 1993) mit Sicherheit eine Möglichkeit vorgezeichnet,
diese Leerstelle zu schließen. Mit seiner Vermittlung von Kapitaltheorie, Feld-
theorie und Habitustheorie scheint dieser auch der sozialpädagogischen Lebenslagenforschung ein zwar anspruchsvolles, aber brauchbares analytisches Instrumentarium zur Verfügung zu stellen. Dieses versucht die Beziehungen zwischen
Existenzbedingungen und Praxis bzw. Sinn der Praxis weder mechanisch (wie
im Objektivismus) zu fassen, noch die „tätige Seite" (Marx) der Erkenntnis dem
Idealismus zu überlassen. Vielmehr geht Bourdieu davon aus, dass „zwischen
sozialer Lage und Praxisformen oder Vorstellungen sich die strukturierende
Tätigkeit von Akteuren schiebt" (1982: 729). Diese trügen als Produkt der Anwendung identischer bzw. wechselseitig austauschbarerer Schemata eines bestimmten Habitus für eine Gruppe von aus ähnlichen Soziallagen hervorgegan-
genen Akteuren systematischen Charakter, und seien damit zugleich auch systematisch unterschieden von den konstitutiven Praxisformen eines anderen Lebensstils.
    Während sich z.B. allein schon innerhalb der pädagogischen Jugendfor-
schung Jürgen Zinnecker (vgl. 1986: 96 ff. & 1988: 14 ff.), Albert Scherr (vgl.
1997: 98 ff.) und Andreas von Prondczynsky (1989: 60 ff.) explizit auf Bourdieus Theorie beziehen, ist die britische Tradition der Analyse von Reproduktionskodes (vgl. Cohen 1985 & 1989; May 2003: 120 ff.) im Kontext der sozialpädagogischen Lebenslagenforschung bisher so gut wie überhaupt nicht aufgegriffen worden. Dies ist insofern erstaunlich als ja nicht nur Böhnischs Konzept,
sondern schon dessen sozialpolitische Vorläufer – wie Chassé überzeugend herausgearbeitet hat – ganz zentral auf der Annahme basieren, dass „die historisch
epochal herrschenden Formen der Reproduktion [...] die Lebenslage bestimmen"
(1999: 150).
    Die Analyse der Reproduktionskodes differenziert in dieser Hinsicht zwi-
schen vier verschiedenen Kodes, die sich als gegensätzliche Pole von „inheritan-
ce" (kulturelles und materielles „Erbe") und „career" (Werdegang/Karriere),
„vocation" (Berufung) und „apprenticeship" (Lehre) spannungsreich gegenüber-
stehen. Im Rahmen der Kodetheorie meint „Erbschaft" jene kulturelle Vermittlung bzw. Aneignung, wie sie im Leitspruch deutlich wird: „Was Du ererbt von
Deinen Vätern, erwirb es, um es zu besitzen". Demgegenüber habe sich mit
zunehmender pädagogischer Professionalisierung sowie „der Einführung von
neuen Leistungsmessungen entlang einer Skala altersspezifischer Kompetenzen"

(Cohen 1985: 82) der Kode des „Werdegangs" ungemein ausgeweitet. Heute könnten diesbezüglich starke Verbindungen zum Kodegitter der „Berufung" beobachtet werden, welches geprägt sei vom „Paradigma des Lebenslaufs als Entfaltung des idealen, inneren Selbst und dessen Suche nach der wahren Bestimmung" (ebd.).

Cohen zufolge vermöge „eine bestimmte Klassenkultur [...] an verschiedenen Orten und in verschiedenen Zeitabschnitten" (1985: 81) über ein jeweils spezifisches „Profil" und eine entsprechende „Verteilung der Kodes" sehr wohl unterschiedliche Lebensweisen hervorzubringen – z.B. durch „Formen eines Kompromisses oder einer Angleichung mit anderen Kodes" (ebd.: 82). Cohen sieht darin einen Ausdruck von „sowohl [...] lokalen Kräfteverhältnisse[n] als auch [...] historischen Konstellationen" (ebd. 81). Dass „ein und dasselbe Gitter alle Zusammenhänge der Reproduktion" (ebd.) umfasse, sei – Cohens Erkenntnissen zufolge – eher selten. Hier unterscheidet er sich von Bourdieu, der eher von entsprechenden Homologien (vgl. 1979: 279) ausging. Demgegenüber hat Andreas von Prondczynsky im kritischen Anschluss an Bourdieu darauf aufmerksam gemacht, dass sogar eine Lebensweise sehr wohl unterschiedliche Lebensstile „durch eine vielfältige Brechung, nicht zuletzt aufgrund der Flexibilisierung habitueller Strukturen" (1989: 64), hervorbringen könne.

Auch Böhnischs (vgl. 1982: 112) „historisch verstehendes" sozialpädagogisches Konzept der Lebenslage vermöge – wie Schaarschuch (1990: 142 f.) kritisiert – nur höchst unzureichend „Subjektivität [...] als produktives Vermögen, das die Reproduktion trägt" (ebd.), zu begreifen. Zwar ließe sich „die Perspektive des Subjekts zu einem wesentlichen Teil nur über Kommunikation und den Einsatz hermeneutischer Verfahren rekonstruieren" (ebd.: 144). Zu einer Analyse entsprechender Reproduktionsweisen reiche dies allerdings „*allein* nicht hin" (ebd.). So materialisiere sich „die Art und Weise der Verarbeitung von Reproduktionsbedingungen und -anforderungen [...] u.a. auch in Strukturen, institutionellen Verfahrensweisen, politischen Verhältnissen, kulturellen Gepflogenheiten, ´moralischen Ökonomien` usw." (ebd.), was bei Bourdieu durchaus Berücksichtigung findet. Deshalb müssten „auch nichtsprachliche Mittel der Beobachtung, der Institutionenanalyse, der theoretischen Analyse etc. systematisch" (ebd.) mit einbezogen werden.

Der Vorteil von Cohens Modell gegenüber Bourdieu kann vor allem darin gesehen werden, dass es auch widersprüchliche Überlagerungen von Reproduktionskodes zu fokussieren vermag (vgl. May 2004: 274 f.). Chassé hat am Lebenslagenkonzept kritisiert, dass es zwar in seiner Fokussierung von „Lebensbewältigungen erschließen[den] oder verengen[den] Optionen und Spielräumen" (1999: 153 f.) durchaus auf „zukunftsbezogene Dynamiken" (ebd.) orientiert sei. Im Grunde genommen bliebe es jedoch sehr stark einer synchronen Perspektive verhaftet. Die diachrone Perspektive, wie sie Konzepten von Sozialisation, Lebenszeit und Biographie eigen ist, sei bestenfalls „als Sequentialität von Lebenslagen rekonstruierbar" (ebd.). Dies ließe jedoch mögliche „Kontingenzen in den Übergängen der Lebensführung [...] unterbelichtet" (ebd.: 154). Demgegenüber verweist Phil Cohen in der Erläuterung seines Modells explizit darauf, dass Kodes nicht nur eine unterschiedlich starke „normative Kraft [...], von stark (+) bis schwach (0)" (1985: 81) entfalten könnten. Meist liefere „ein Kode das synchronische Positionsgitter und ein anderer die diachronischen Modifikatoren" (ebd.).

Schon Cohen hat auf die Möglichkeit verwiesen, dass innerhalb der Reproduktionskodes „Widersprüche, Trennungen und Brüche als ihr genaues Gegenteil erfahren werden – als Aufrechterhaltung eindeutiger Orientierungsmuster und stabiler Identitäten" (1985: 78). Im Anschluss an die Marxsche Theorie und entsprechende Überlegungen Andreas von Prondczynsky (1980: 95 ff.) habe ich vorgeschlagen (vgl. May 2003: 124 f. & 2004: 278 f.), dies dahingehend zu interpretieren, dass in kapitalistischen Gesellschaftsformationen Reproduktionsbedingungen über die Doppelcharaktere von Arbeits- und Verwertungsprozess, Gebrauchs- und Tauschwert, abstrakter und konkreter Arbeit von ihrer objektiven Seite her widersprüchlich gesetzt seien. Es seien gerade die daraus sich für die Handelnden ergebenden Dilemmata, welche über die Reproduktionskodes zu „lösen" versucht würden.

Dieser Interpretation zufolge seien solche Dilemmata in unterschiedlichen Lebenslagen objektiv gesehen verschieden akzentuiert. Deshalb sei es unter systematischen Gesichtspunkten auch vorteilhaft, zur Bestimmung der objektiven Bedingungen der Lebenslage jene vier von Marx (vgl. 1977: 70 ff.) in seiner Theorie der Entfremdung als grundlegend ausgewiesenen Ebenen heranzuziehen. Marx unterscheidet dabei das Verhältnis der Subjekte zu:

1. ihren Produkten,
2. ihrer Tätigkeit,
3. sich selber und
4. anderen Subjekten.

Demgegenüber erscheint mir ein entsprechender Rückgriff auf die von Bourdieu mehr heuristisch ausdifferenzierten unterschiedlichen Sorten von Kapital in ihrem jeweiligen Volumen und ihrer jeweiligen Kombination allein aufgrund der damit unweigerlich verbundenen Verwässerung des Kapitalbegriffes problematisch.

## 2.10 Zur Kritik an Böhnischs Neufassung des Anomieparadigmas

Auch die Krisenhaftigkeit moderner Gesellschaften wird in einem gesellschafts-analytischen Denken in Marxscher Tradition vor allem zurückgeführt auf die über die Doppelcharaktere von Arbeits- und Verwertungsprozess, Gebrauchs- und Tauschwert, abstrakter und konkreter Arbeit von ihrer objektiven Seite her widersprüchlich gesetzten Reproduktionsbedingungen. Die Behauptung ist, dass damit die Krisenhaftigkeit des Kapitalismus aus sich selbst heraus und damit viel eher begriffen werden kann als in der These einer tendenziellen Entkoppelung von System- und Sozialintegration, wie sie von Böhnisch in seiner Neufassung des Anomieparadigmas (vgl. 2001: 35) im Anschluss an Habermas' Unterscheidung von System und Lebenswelt (vgl. Kap. 2.4) formuliert wurde.

Kunstreich kritisiert darüber hinaus an Böhnischs Reformulierung des A-nomieparadigmas, dass dieser dabei trotz seiner Kritik an dualistischen Konzep-ten (2001: 105) unter der Hand selbst in eine dualistische Argumentation verfal-le, die implizit in seinen immer wieder geforderten Balancen bzw. Balanceakten deutlich werde. Schaarschuch würdigt in diesem Zusammenhang allerdings, dass Böhnisch mit seinem Konzept der Lebensbewältigung immerhin davon ausgehe, dass „den Adressaten keine normativen Zielbestimmungen, wie sie im ´sozial-integrativen Sozialisationskonzept` mit seiner normativen Orientierung am Kon-zept der Integration durch Lohnarbeit enthalten" (1990:180) seien, mehr zuge-mutet werden könnten. Auch könne das Konzept, wie es Böhnisch gemeinsam mit Schefold (vgl. 1985) auszuarbeiten begonnen hätte, „insofern Sympathien wecken, als es realistisch die Möglichkeiten sozialer Arbeit hinsichtlich der Be-arbeitung sozialer Probleme" (Schaarschuch 1990: 180) beurteile. Schaarschuch sieht hier nur die Gefahr eines Umschlags „in eine ´neue Bescheidenheit` der Sozialarbeit/Sozialpädagogik, die gesellschaftspolitischen und sozialpolitischen Ballast abzuwerfen" (ebd.) bestrebt sei, wenn Böhnisch/Schefold ihr Konzept der Lebensbewältigung mit Formeln kennzeichneten wie „Szenen als Lebenszu-sammenhänge in Richtung Durchschnittsgesellschaft offen zu halten" (1985: 74); „Stützung von Lebenswelten" (ebd.: 75) und „pragmatisch Hilfen zur Wie-dereingliederung" (ebd.).

Demgegenüber kritisiert Kunstreich, dass Böhnischs Reformulierung des Anomiekonzeptes eine naturalisierende Verdinglichung des „Konstruktes Ab-weichenden Verhaltens" nicht zu überwinden vermöge. Besonders deutlich wer-de dies in seinem durchgängigen Bezug auf den Begriff und das Konzept der „antisozialen Tendenz" nach Winnicott. Böhnischs Versuch, „den Anteil der Person und den der Verhältnisse durchaus auseinander zu halten" (2001: 105) führe ihn zu einem reflexiven multifaktoriellen Ansatz, der letztlich das Gleiche leiste wie sein „nichtreflexiver" Vorgänger: Bei jeder Vorstellung von Abweichung sei die Norm schon gerettet. Und zwar die herrschende Norm. Darüber könnten auch nicht die verschiedenen „Balanceakte" hinwegtäuschen, die nicht zuletzt in Durkheims Gesellschaftskonzept selbst begründet seien: „A-nomie" sei immer nur vorstellbar vor dem Hintergrund einer angenommen „Nomie", also einer prä-stabilen gesellschaftlichen Harmonie.

## 2.11 Zur Diskussion um das Norm- und Wissenschaftsverständnis der lebenswelt- und alltagsorientierten Ansätze

Hingegen orientieren sich diejenigen Ansätze, die eine Vermittlung von kritischer Alltagstheorie mit einem bildungstheoretischen Verständnis Sozialer Arbeit anstreben, weniger an normativen Prinzipien, als vielmehr einer Kategorie „objektiver Möglichkeit" bzw. „emanzipativer Tatsachen" (Ritsert 1977: 166). Darauf bezieht sich Soziale Arbeit z.B. nicht nur dann, wenn in ihrem Kontext sozialpolitisch geltend gemacht wird, dass der Reichtum unserer Gesellschaft es ermögliche, einem jedem Mitglied ein Grundeinkommen zu zahlen, welches diesem ein menschenwürdiges Leben zu sichern vermöge, sondern auch dann, wenn sie von den menschlichen Potenzialen ihrer AdressatInnen redet.

Entsprechend gehen diese Versuche einer kritischen Reformulierung eines bildungstheoretischen Verständnisses Sozialer Arbeit davon aus, dass die historisch häufig nur zerstreut hergestellten, bzw. mehr oder weniger gewaltsam aufgetrennten und nur als entfremdete wieder zusammengefügten Lebenseigenschaften und Arbeitsvermögen ihrer AdressatInnen niemals in ihrer Vollständigkeit realisiert worden sind. Mit ihrer Kategorie der „objektiven Möglichkeiten" versuchen sie diesbezüglich also etwas zu fokussieren, das ausgelassen werde, wenn entsprechende Eigenschaften und Vermögen nur unter dem Aspekt ihrer tatsächlichen Funktion in der Geschichte gesehen würden. Zugleich möchten sie das, was ausgelassen wird, verkümmert ist oder unmittelbarer Unterdrückung unterliegt (vgl. May 2004: 144 ff.), katalytisch – oder wie Heinz Sünker (1989: 147 & 2002: 237) sagen würde: mäeutisch – ihrer Verwirklichung entgegenbringen. Damit kommt dann aber sehr wohl ein Maßstab bzw. eine Normvorstellung für praktisches (sozialpädagogisches) Handeln mit ins Spiel. Dessen/deren „allgemeinste Merkmale" hat Ritsert (1975: 159ff. & 1977: 112 ff.) mit seinem in kritischer Auseinandersetzung mit Hegels „Phänomenologie des Geistes" gewonnen Begriff „reiner Anerkennung" auszuarbeiten versucht. Ritsert zufolge negiert „´reine Anerkennung` […] alle Versuche, andere Menschen [bzw. deren Arbeitsvermögen d.V.] zum Mittel für besondere Interessen machen zu wollen" (1977: 114). Im Unterschied zur Habermasschen aus der Struktur einer idealen Sprechsituation abgeleiteten Diskursethik und seiner idealtypischen Unterscheidung zwischen einem solchen rein verständigungsorientiertem Handeln und Arbeit, als demgegenüber rein instrumentellem Handeln, ist jedoch „die 'Bewegung der Anerkennung` am Entwicklungsstand von Produktions- und Machtbeziehungen [...] festgemacht" (ebd.) – und dies schon bei Hegel in dessen Analyse des Herr und Knecht-Verhältnisses.

Wenn Franz Hamburger darauf hinweist, dass Thiersch nicht nur „in sozialwissenschaftlich-distanzierter Beobachterperspektive die Struktur von Alltäglichkeit in modernen kapitalistischen Gesellschaften" (2003:136) untersuche, sondern zugleich „die Bedingungen für die Möglichkeit eines gelingenderen Alltags in der Lebenspraxis der Menschen sowie der beruflichen Praxis von Sozialpädagogen" (ebd.) auslote, dann gilt dies in gewisser Weise für alle Ansätze Sozialer Arbeit, die sich auf die verschiedenen Varianten kritischer Alltagstheorie stützen. Hamburger würdigt Thiersch dahingehend, dass er „die Risiken dieser Integration heterogener Perspektiven auf sich (nehme), weil er seine Überlegungen mitten im Spannungsverhältnis von Theorie und Praxis" (ebd.) positioniere. Wenn er in diesem Zusammenhang hervorhebt, „dass Alltagsorientierung kein eindimensionales pragmatisches Programm darstellt, sondern eine Handlungsorientierung vorschlägt und zugleich kritisiert, Perspektiven favorisiert und zugleich begrenzt, bestimmte Muster begründet und revidiert" (ebd.), dann kann dies auch leicht polemisch dahingehend gewendet werde, dass dieser Ansatz sich in einem geradezu beliebigen Changieren erschöpfe.

Selbst wenn Thiersch darauf hingewiesen hat, dass „Lebensweltorientierung neben der Gesellschaftstheorie, der Theorie von Biographie und sozialen Problemen, der Theorie von Institutionen nur ein Aspekt einer sozialpädagogischen Theorie" (1993: 12) sei, ist der Beitrag seines „bloß konzeptionellen Entwurfes" für eine Theorie der Sozialen Arbeit in Zweifel gezogen worden. Besonders kritisch hinterfragt wurde in diesem Zusammenhang, was denn die Kriterien für einen „gelingenderen Alltag" seien oder woran sich bemesse, dass Ergebnisse „des Sich-Arrangierens im Überleben [...] für den Einzelnen und seine Umgebung unglücklich" (Thiersch/Grunwald/Köngeter 2002: 169) seien.

Hier bleiben sowohl „reine Anerkennung", wie auch Habermas´ Versuch, ausgehend von den in allen menschlichen Verständigungsversuchen implizit vorausgesetzten, unhintergehbaren Geltungsansprüchen universalistische ethische Prinzipien herauszudestillieren, als „kritische Norm [...] nicht einfach Forderung gegenüber Gesinnungen" (Ritsert 1977: 115). So hat Ritsert „die 'Bewegung der Anerkennung` am Entwicklungsstand von Produktions- und Machtbeziehungen [...] festgemacht" (ebd.). Und Habermas zufolge orientierten sich Menschen immer, wenn sie sich verständigen wollen, an diesen aus der Struktur einer idealen Sprechsituation sich herleitenden Prinzipien. Lempert (vgl. 1982: 115) hat daran kritisiert, dass die Universalität dieser Normen zwar insofern

einleuchtend sei, als sich nach den Grundsätzen der Diskursethik jede Norm auf
ihre Gültigkeit prüfen ließe. Die Anwendung in konkreten sozialen Konflikten
folgte jedoch individuellen Bewertungen und damit subjektiven Wertpräferenzen, wobei das moralische Bewusstsein empirisch erwiesenermaßen sogar nach
Themen, Bereichen und Situationen variiere.

Wenn Franz Hamburger Thiersch dahingehend würdigt, dass „er seine Ü-
berlegungen mitten im Spannungsverhältnis von Theorie und Praxis" (2003:136)
positioniere, legt er nicht den Theoriebegriff der Alltagskritik oder einer kritischen Praxisphilosophie zugrunde, sondern den einer „sozialwissenschaftlich-
distanzierte[n] Beobachterperspektive" (ebd.). Im Unterschied zu Letzterem
sehen Negt/Kluge als Vertreter ersteren Theorieverständnisses es als eine besondere Aufgabe von Theoriearbeit an, „latente, noch nicht zur Realität herausgearbeitete Tendenzen ins Licht begrifflicher Arbeit zu bringen" (1981: 481). Nicht
nur Pädagogik, sondern auch Theoriearbeit müsse ein antizipatorisches Moment
mit einbeziehen, indem sie „die vorhandene Realität mit der in ihr enthaltenen
objektiven Möglichkeit" (ebd.: 482) konfrontiere (vgl. Kap. 1.4). Und auch Dieter Lenzen (vgl.: 1996) hat gefordert, dass eine „Reflexive Erziehungswissenschaft" sich neben einer historisch ausgerichteten Aufklärung pädagogischer
Mythen, auf die Beschreibung eines zukünftigen Zustands zielendes poetisches
Wissen und auf ein Risikowissen als eine Art „Erziehungsfolgenabschätzung"
stützen sollte (vgl. Kap. 5.5).

Konsequenterweise werden dann von Seiten der Alltagskritik und Praxisphilosophie auch die Wahrheitsansprüche jener wissenschaftlichen Systeme in
Frage gestellt, die den herrschenden Zustand nur begrifflich verdoppeln. In einer
„approximativen und damit formbaren Welt" – so Lefèbvres (1975: 352) Vorwurf – zwängen diese dem „Wirklichen" eine nahezu endgültige Form auf. Sie
konstituierten es in dieser Form erst zum „Wirklichen", indem sie es im doppelten Sinn des Wortes „sein" ließen.

Mit Blick auf die praxisphilosophisch ausgerichteten Ansätze einer Alltagskritik stellt Albert Scherr (2001: 66) sowohl in Frage, dass „die Haltung der
kritischen Kritik theoretische Klärungen ersetzen" könne, wie auch, dass „Ge-
sellschaftskritik gegenwärtig zentral oder gar ausschließlich mit den Mitteln der
Hegelschen Dialektik und der Marxschen Theorie" (ebd.) zu betreiben sei. Ganz
im Gegenteil ist für ihn eine offene Dialektik, die mit „Vielfalt, Ausfallerschei-
nungen, Vergehen, Vergessen, Vernichtung, Rückschlägen und Rückbildungen"
(Ritsert 1997: 187) rechnet, „nur in dezidiert kritischer Auseinandersetzung mit
Hegel und Marx zu entwickeln, nicht als geradlinige Fortführung des historischen Materialismus" (ebd.: 72). Eine solche Dialektik sei „bislang nur als Programmatik, nicht als ausgearbeitete Theorie verfügbar" (ebd.).

# 3 Professionalisierungstheoretische Ansätze

## 3.1 Strukturtheorie der Professionalisierung

Burkhard Müller (2002: 726 ff.) hat dargelegt, dass – wissenssoziologisch gesehen – Berufe zum einen ein Mandat, zum anderen eine Lizenz bräuchten. Mandat bedeute, dass jeweils „ein gesellschaftlich anerkanntes Wissen" (ebd.: 726) darüber vorausgesetzt werde, *wozu* und *in welchem Bereich* ein Beruf gut und nützlich sei. Die Lizenz hingegen beziehe sich auf gesellschaftliches Wissen darüber, *was* die Angehörigen eines Berufes tun dürften und sollten sowie deren rechtliche *Voraussetzungen* (z.B. Berufsordnungen, Ausbildungsgesetze, staatliche Anerkennungsverfahren).

Unter dieser Perspektive seien klassische Professionen als „zunächst insofern besondere Arten von Berufen" (ebd.: 727) zu betrachten, „als die Anforderungen an Mandat und Lizenz hier besonders hoch" (ebd.) seien, weil die Berufstätigkeit

- „besondere zentrale Bereiche menschlichen Lebens" (ebd.) betreffe
- „den persönlichen Privat- oder gar Intimbereich von anderen Menschen" (ebd.) berühre und deshalb
- „für diejenigen Personen, denen diese Berufe nützen sollen, besondere Risiken und Verletzungsgefahren" (ebd.) einschließe.

Dies träfe vor allem auf drei Lebensbereiche zu, in denen sich dann auch seit der frühen Neuzeit die drei klassischen Professionen ausgebildet haben:

- „Für alles, was mit dem menschlichen Körper, seiner Gesundheit und ihrer Gefährdung zusammenhängt, haben Ärzte Mandat und Lizenz;
- alles, was mit den Rechten von Menschen und ihrer Verletzbarkeit zusammenhängt, liegt im Zuständigkeitsbereich von Richtern, allgemein Juristen, Rechtsanwältinnen etc.; und
- alles, was mit der menschlichen Seele und ihren Gefährdungen zusammenhängt, ist oder war Angelegenheit der geistlichen Profession" (ebd.).

Oevermann (vgl. z.B. 1996) hat die Auffassung vertreten, dass die Angehörigen von Professionen strukturell gesehen die Nachfolger von Schamanen, Magiern, Heilern, Hexen und Propheten seien. Wie diese beriefen sich die Professionellen in der „stellvertretenden Krisenbewältigung" (vgl. Oevermann 2002) auf die

Macht des Geistes. Wie wohl prinzipiell jeder zu dieser Macht Zugang habe, beanspruchten sie einen demgegenüber eigens ausgewiesenen, besonderen Bezug. Dabei griffen jene sog. klassischen Professionen, an denen der Begriff überhaupt gebildet wurde, in der stellvertretenden Bearbeitung praktischer Probleme auf wissenschaftliches Wissen zurück. Oevermann schlägt deshalb vor, den Begriff der Profession ausschließlich für jene Berufe zu reservieren, die sich auf die Macht des Geistes in der Form der Logik des besseren Argumentes beriefen.

Darüber hinaus sei jedoch noch ein weiteres Bestimmungsmerkmal von Relevanz: Als Professionelle könnten sich nämlich nur diejenigen bezeichnen, welche ein Repertoire an voneinander abgrenzbaren und praktisch folgenreichen Interventionsmaßnahmen vorzuweisen hätten. Um als Profession anerkannt zu sein, müsse also Soziale Arbeit über spezielle Bearbeitungsformen verfügen, die nicht nur in ihren Interventionen Wirkung zeigten. Sie müssten – indem sie beanspruchen, auf ebenso unterscheidbare Probleme zu antworten – sich darüber hinaus auch von denen anderer Professionen unterscheiden. Wenn aber Probleme unterschieden würden, dann seien auch „Diagnosen" als entsprechende Problemdeutung für Professionen geradezu konstitutiv. In dieser Weise konzentriere sich eine Strukturtheorie der Professionalisierung auf eine „stellvertretende Deutung" (1983 & 2002) von Problemlagen aus der heraus Problembearbeitungsmöglichkeiten entwickelt werden.

Die „Stellvertretende Deutung" beinhaltet eine spezifische Perspektive auf ein Problem, zu der Betroffene selbst nicht fähig seien, die sich für sie allerdings als „richtig" erweise. Der davon ausgehende spezifische Modus professioneller Problembearbeitung sei gekennzeichnet durch eine Kombination von universalisierter Regelanwendung auf der Grundlage wissenschaftlichen Wissens und der einfühlsamen Erkundung der Besonderheiten des Einzelfalles. Letzteres ließe sich nicht standardisieren, weshalb professionelles Handeln auch nur begrenzt routinisierbar und über administrative Vorgaben steuerbar wäre.

Den auf Parsons (vgl. Kap. 4.1 & 4.10) zurückgehenden Kriterienkatalog für eine „richtige Profession" aufgreifend und weiterführend kommt das strukturbezogene Professionsmodell von Oevermann (1996: 70 ff.) somit zu drei zentralen Komponenten professionalisierter Tätigkeiten: *Expertenwissen, Gemeinwohlorientierung und Autonomie.*

Oevermann zufolge resultiere diese für Professionen kennzeichnende Autonomie im Beruf nicht nur aus der prinzipiellen Nicht-Standardisierbarkeit der „stellvertretenden Deutung", sondern auch der besonderen Funktion der Professionen. Ihr Gegenstand seien zwar existentielle Probleme ihrer NutzerInnen, die diese aus eigener Kraft oder privater Hilfe nicht lösen könnten. Ihr Ziel sei dabei jedoch die Sicherung der Autonomie der Lebenspraxis. Zugleich seien die von ihnen zu bewältigenden Aufgaben aber auch für die Gesellschaft insgesamt von Bedeutung und trügen somit zur gesellschaftlichen Stabilität bei. Burkhard Müller hat verdeutlicht, dass die Autonomie der Professionellen gegenüber „staatlichen und anderen Instanzen, die andere Interessen verfolgen als die Klienten, als auch von diesen selbst" (2002: 727), vor allem dazu diene, dass „beide […] sich nicht professioneller Kompetenzen zu Lasten anderer – oder zum eigenen Schaden – bedienen können" (ebd.). Gleichzeitig müsse auch „das Eigeninteresse der Professionellen so kontrolliert sein, dass es ebenfalls als Grund des Missbrauchs unwahrscheinlich wird" (ebd.). Vor diesem Hintergrund könnte „die besondere Ausgestaltung ihrer gesellschaftlichen Lizenzen […] als Mittel zur Sicherung jener Ziele" (ebd.) verstanden werden. Müller zählt als solche Mittel auf:

- „lange und anspruchsvolle Ausbildungen […], besondere Prüfungs- und Zulassungsverfahren (Approbation) und ein besonderes, systematisiertes, wissenschaftlich fundiertes Wissen,
- eine spezielle 'staatlich anerkannte' Kontrolle über den Berufszugang und, insbesondere bei Ärzten und Juristinnen, auch ein staatlich gesichertes Monopol der Zuständigkeit auf ihren Bereich, in dem andere Berufe nicht in gleicher Weise tätig sein dürfen" (ebd.: 728),
- die Kontrolle der „inhaltlichen Standards der Profession […] nicht durch den Staat oder andere Instanzen, sondern durch eine institutionalisierte wissenschaftliche Fachkultur und berufsständische Normen und Organisationsformen" (ebd.),
- die „Unabhängigkeit von Weisungen in fachlichen Dingen, das Zeugnisverweigerungsrecht, sowie die materielle Privilegierung, die finanzielle Unabhängigkeit sicherstellen soll, und […]
- professionelle ethische Codes wie beispielsweise der hippokratische Eid der Ärztinnen, Standesorganisationen, die Selbstkontrolle üben, sowie durch die gesetzliche Beschränkung der Möglichkeit geschäftliche Eigeninteressen zu verfolgen (z.B. das Werbeverbot für Juristen und Ärzte" (ebd.).

### 3.2 Sozialpädagogisches Können, Soziale Arbeit als Profession oder Semiprofession: Die grundlegend unterschiedlichen Perspektiven verschiedener Professionalisierungstheorien

Burkhard Müller hat hervorgehoben, dass die von ihm und anderen herausgearbeiteten Merkmale von Professionalität auch „für viele andere Berufe zur angestrebten Messlatte" (2002: 728) geworden seien. Dies seien zum einen solche, die sich selbst primär über eine „bestimmte Art von Spezialkompetenz – Expertenschaft – für das Herstellen spezifischer Güter und Dienstleistungen" (ebd.) definierten, aber auch solche, für die dieses Expertenmodell nicht so recht passe. Zu Letzteren zählt Burkhard Müller auch die Soziale Arbeit, die darin „den Bildungsberufen, den Pflegeberufen, aber auch den Managementberufen" (ebd.) ähnele.

Burkhard Müller (vgl. ebd.: 729) verweist auf das Kuriosum, dass „technischen Experten" (ebd.) – obwohl ihnen „das zentrale Merkmal, personenbezogene Dienstleistung unter Berührung vitaler Lebensinteressen von Menschen zu erbringen" (ebd.), fehle – „im Allgemeinen weniger Schwierigkeiten als Lehrerinnen, Sozialarbeiter und Krankenschwestern" (ebd.) hätten, „wenn es um die Anerkennung ihrer Professionalisierungsansprüche" (ebd.) gehe. Dies läge zum einen daran, dass häufig „Professionalität und technisches Spezialistentum explizit oder implizit gleichgesetzt" (ebd.) werde, obwohl „Expertenschaft für das klassische Professionalitätsmodell immer nur ein Merkmal unter anderen" (ebd.: 728 Anm. 2) gewesen sei. Zum anderen stützten technische Experten nach Müllers Auffassung „ihre professionelle Unabhängigkeit, ihr Ansehen und ihre gute Bezahlung nicht so sehr auf eine offizielle Lizenz oder ein Behandlungsmonopol, sondern einfach darauf, dass ihr Expertenwissen ein ʹknappes Gutʹ" (ebd.: 729) sei.

Auf der anderen Seite spricht Oevermann der Sozialen Arbeit den Status einer Profession ab, obwohl Alice Salomon (1926) – wie Marry Richmond (1917) vor ihr und viele nach ihr – die Notwendigkeit, diesen sich neu entwickelnden Beruf neben den des Arztes, Richters und Pfarrers zu stellen, mit der Entwicklung einer eigenen, den „ganzen Menschen" (Salomon 1926: 6) betreffenden Methodik der Diagnostik und Intervention zu begründen suchte. Salomon zufolge könne deshalb nicht technische Standardisierbarkeit und Routinisierung Ziel und Qualitätskriterium der Methodik Sozialer Arbeit sein. Vielmehr müsse sie an der Befähigung, „Verschiedenes für verschiedenartige Menschen zu tun" (ebd.: 60), festgemacht werden.

Gerade darin sieht Oevermann jedoch den Grund, dass Soziale Arbeit – an berufsstrukturellen Kriterien gemessen – bestenfalls als eine „Semiprofession" gelten könne. So würde nicht nur ihre Autonomie in vielen Arbeitsfeldern durch

Weisungen anderer Professionen, wie z.B. der Medizin oder der Juristerei, eingeschränkt. Wie ihre diffuse Allzuständigkeit zeige, verfüge sie darüber hinaus auch über kein klar abgegrenztes Tätigkeitsfeld und entsprechend auch über keine abgegrenzte, eigenständige, wissenschaftliche Kompetenzdomäne. Ganz ähnlich – allerdings aus systemtheoretischer Perspektive – hat Rainer Stichweh (1996: 63) argumentiert, dass Soziale Arbeit, gerade weil sie in unterschiedlichen gesellschaftlichen Funktionssystemen (z.B. Gesundheits-, Rechts- und Erziehungssystem) operiere (vgl. Kap.: 4.5 & 4.8), sie darin gegenüber den jeweiligen Leitprofessionen dieser Teilsysteme nur in nachgeordneter Funktion tätig sein könne.

Bereits vor solchen Argumentationen ist jedoch schon in den 80er Jahren z.B. von Regine Gildemeister (1983) und Thomas Olk (1986) argumentiert worden, dass sich Soziale Arbeit nur begrenzt am Modell der klassischen Professionen orientieren könne, weil sie ihre gesellschaftliche Anerkennung und Entwicklung dem Ausbau entsprechender sozialstaatlicher Institutionen verdanke und nicht umgekehrt die Institutionen Produkt der Ausdifferenzierung von Professionen unter einer Leitdisziplin seien. Deshalb könne sich Soziale Arbeit immer nur im Kontext und mit ihrer organisatorischen Struktur professionalisieren, wie dies schon Gertrud Bäumer (vgl. 1962) vorschwebte. Versuche sie es gegen sie, laufe sie auf und werde zur „halbierten Professionalität" (vgl. Olk 1986: 218 ff.). Olk hat jedoch zugleich verdeutlicht, dass die von Bäumer propagierte Qualitätspolitik 'von oben' nur Erfolg haben könne, wenn sie von Seiten des Personals durch eine entsprechende Qualitätspolitik 'von unten' ergänzt würde, die sich auf Kompetenzen in der „Bewältigung von Ungewissheit" zu beziehen habe.

Schon in diesem Argument Olks wird deutlich, dass er eine Begründung des Professionalitätsanspruchs Sozialer Arbeit jenseits nicht nur der klassischen Professionalitätsmerkmale, sondern auch des Expertenmodells anstrebt. Darüber hinausgehend hat Burkhard Müller (vgl. 1991 & 2002) betont, dass Soziale Arbeit sich „in der koproduktiven Erschließung von zunächst blockierten Handlungschancen zu bewähren" (2002: 735) habe. Schon allein deshalb ließe sie sich „auf keine verlässlichen Sozialtechniken der 'Menschenbehandlung' stützen" (ebd.). Müller hat jedoch auch eine normative Begründung des Professionalitätsanspruchs Sozialer Arbeit jenseits sowohl der klassischen Professionalitätsmerkmale als auch des Expertenmodells versucht.

Burkhard Müller (vgl. 1991: 29 ff.) zufolge würden weder in den klassischen Professionen noch in den neuen Expertenkulturen Fragen nach Gerechtigkeit und Herrschaft, nach Arten der Lebensführung und sozialen Teilhabemöglichkeiten in der Regel zu professionellen Fachfragen. Sie tauchten dort lediglich als ethische Fragen der individuellen Moral einzelner Akteure auf. Wolle Soziale Arbeit nicht ihr ureigenstes Feld preisgeben, sei ihr diese 'Lösung' ebenso verwehrt, wie sie sich in solchen Fragen umgekehrt auch nicht auf verlässliche Sozialtechniken der ´Menschenbehandlung` stützen könne und dürfe. Um nicht „ihre spezifischen Möglichkeiten und [...] die Grundlagen ihrer eigenen professionellen Ethik" (2002: 736) zu riskieren, müsse sie drei Bedingungen erfüllen, die aus Burkhard Müllers Sicht „mit einer Expertenrolle nicht leicht zu vereinbaren" (ebd.) seien. So müsse sich Soziale Arbeit

1. „auf die Alltagsprobleme von Klienten einlassen" (ebd.) und könne diese nicht einfach aus der eigenen Arbeit ausklammern,
2. habe sie sich zu ihrer Abhängigkeit „vom Wollen der Klientinnen und Klienten" (ebd.) zu bekennen, die sie „nicht einfach behandeln" könne, sondern mit denen sie „verhandeln" (ebd.) müsse, und schließlich
3. sei von Sozialer Arbeit die Abhängigkeit ihres Erfolges „von andern Instanzen (z.B. Schule, Arbeitsmarkt, ökonomische Lage, etc.)" (ebd.) zu akzeptieren, hätten diese doch „für die Lebenschancen von Klienten größere Bedeutung als soziale Arbeit selbst" (ebd.)

Burkhard Müller (vgl.: 1993) hat die Fähigkeit, diese drei Bedingungen zu erfüllen, als „Sozialpädagogisches Können" beschrieben, das sich immer in drei ineinander verschränkten Dimensionen zu bewähren habe:

1. als Arbeit am „*Fall von*" insofern sozialpädagogische Professionalität die Sache, um die es geht, nicht einfach voraussetzen könne, sondern als etwas Offenes, Klärungsbedürftiges zu verstehen habe, für das sie nicht nur vielseitigen Sachverstand brauche, sondern auch die Fähigkeit, sich des Sachverstandes anderer zu bedienen;
2. als Arbeit am „*Fall mit*" insofern sie sich bei dieser Klärung nicht allein an professionellen Wissen orientieren könne, sondern darüber – unter Zuhilfenahme von Kompetenzen der „Beziehungsarbeit", der Moderation und Mediation – mit oft in sich widersprüchlichen Klientensystemen verhandeln müsse, ohne sich in diese verstricken zu lassen; und
3. als Arbeit am „*Fall für*" insofern ihre Klienten zugleich auch Fall für andere Instanzen seien – einschließlich der bürokratischen Struktur der Sozialen Arbeit selbst –, die mehr Einfluss auf deren Schicksal haben könnten, als die sozialpädagogischen Helfer selbst. Dafür brauche sie Kompetenzen der Netzwerkarbeit, wie auch Fähigkeiten „eines nicht unterwürfigen aber realistischen Umgangs mit Macht und Abhängigkeitsverhältnissen" (2002: 736).

Nicht allein an der Dimension der Arbeit am „*Fall für*" – aber dort besonders – werde deutlich, dass sozialpädagogisches Können „die Bewältigung spannungsvoller Balanceakte" (ebd.: 737) verlange. Und so führt Müllers Beschreibung einer dergestalt „offenen Professionalität", die beansprucht, „ohne monopolisierbare Expertendomäne" (ebd.: 738) auszukommen und „doch zu selbstreflexiver und selbstkritischer ʹBewältigung von Ungewissheitʹ fähig" (ebd.) zu sein, ihn unweigerlich zurück zu der von Olk (vgl. 1986: 218 ff.) angesprochenen Problematik der „halbierten Professionalität". Gestützt auf Thomas Klatetzki (1993) argumentiert Müller (2002: 738 f.), dass bei allem „Mut zu professioneller Autonomie [...] die Professionalität Sozialer Arbeit [...] in konsequenter Weise nur als Qualität eines ʹorganisationskulturellen Systemsʹ (vgl. Klatetzki 1993) gedacht" (ebd.) werden könne.

Während also in der Strukturtheorie der Professionalisierung ähnlich wie in der Systemtheorie (vgl. Kap.: 4.7) Profession und Organisation in einem Spannungsverhältnis gesehen werden, betrachtete schon Gertrud Bäumer diese nicht als Gegensatz. Thomas Olk (vgl. 1986: 218) hat diese Position in seinem Begriff der „halbierten Professionalität" aufgehoben und weitergeführt. Burkhard Müllers Konzept einer „offenen Professionalität" (vgl. 2002) lässt sich in diesem Zusammenhang als dialektische Synthese der zwei Begründungslinien von Professionalitätsansprüchen Sozialer Arbeit lesen, wie sie eher klassisch von Alice Salomon (1926) und stärker institutionell von Gertrud Bäumer (1962) vorformuliert wurden.

Ebenso wie in Müllers Überlegungen zu einem sozialpädagogischen Können werden auch in anderen handlungs- und wirkungsorientierten Ansätzen Profession und Organisation nicht als prinzipiell im Widerspruch stehend betrachtet. So sieht beispielsweise Schütze (vgl. 1984: 354 & 361f.) Soziale Arbeit nicht wie Oevermann als einen relativ ohnmächtigen, verwaltungsabhängigen Beruf, sondern als eine Profession, die einen wichtigen gesellschaftlichen Auftrag ausführe und dabei mit Hilfe „mächtiger Verfahren" entscheidend in das Leben ihrer AdressatInnen eingreife. Auch beklagt Schütze nicht einfach nur die Gefahr von Organisationen, die Autonomie von Professionellen dadurch zu gefährden, dass sie sich in deren Problembearbeitung einmischten. Er sieht demgegenüber zugleich „Hilfestellungen in Gestalt von Organisationsvorkehrungen beim Wachsen der Komplexität der professionellen Handlungsprobleme immer notwendiger" (1984: 319) werden. Und diese Fokussierung immanenter Paradoxien beruflichen Handelns – nicht nur im Bereich Sozialer Arbeit, sondern in allen Professionen (ebd.: 311 f. & 329) – ist für den handlungs- bzw. wirkungsorientierten Ansatz geradezu prototypisch.

### 3.3 Timm Kunstreichs Untersuchung von Professionalisierungsstrategien in der Sozialen Arbeit

Als einer der ersten hat Timm Kunstreich (1975) eine solche Analyse der Paradoxien beruflichen Handelns in der Sozialen Arbeit vorgelegt – allerdings aus kritisch-materialistischer Perspektive. So spricht er auch nicht von immanenten Paradoxien, sondern vom einem in der Organisation Sozialer Arbeit „institutionalisierten Konflikt". Kunstreichs methodologischer Grundorientierung zufolge wird dieser von ihm aus der Kerngestalt der kapitalistischen Gesellschaftsformation herzuleiten versucht. So fragt er in seiner von ihm als „exemplarisch" gekennzeichneten Untersuchung „nach den Beziehungen zwischen der Kerngestalt und bestimmten Erscheinungen (hier: Formen der Sozialarbeit)" (ebd.: 187), indem er die in Marx´ Kritik der politischen Ökonomie entfalteten „Kernvorstellungen [von dieser Kerngestalt d.A.] in Beziehung setzt zu typischen Merkmalen der bestimmten Erscheinung" (ebd.). Ihren Ausgangspunkt nimmt Kunstreichs Untersuchung demzufolge an „nicht normative[n] Momente[n] des Untersuchungsgegenstandes als bestimmte[n] Aspekte[n] des Wesens, der Kerngestalt unserer Gesellschaft" (ebd.). In Kunstreichs Falle ist dies „die Stellung der Sozialarbeiter und der Betroffenen im gesellschaftlichen Produktionsprozeß" (ebd.).

Entsprechend bestimmt Kunstreich „das gesellschaftliche Verhältnis" (ebd.: 37) zwischen Professionellen in der Sozialen Arbeit und ihren AdressatInnen als „strukturellen Konflikt" (ebd.). Dieser rühre daher, dass die eigentlichen „Ursachen für die Schwierigkeiten der Betroffenen in deren sozialer Lage als nicht oder wenig qualifizierte Lohnarbeiter" (ebd.: 135) lägen. Die den „als vermittelnde Lohnarbeiter" in der Sozialen Arbeit Tätigen „zur Verfügung stehenden Maßnahmen" (ebd.) definierten „diese Ursachen aber als Schwierigkeiten individueller Reproduktion" (ebd.). Darstelle sich dieser objektive Konflikt für die Hauptamtlichen als vielfältige und zum Teil konfligierende Verhaltenserwartungen, „die aus der sozialen Lage der Betroffenen resultieren, […] durch die institutionellen Bedingungen (zentriert um die Maßnahmen) gesetzt sind, und Verhaltenserwartungen […] an sich selbst" (ebd.: 135 f.).

Konsequenterweise versucht Kunstreich so auch jene „Tendenzen und Entwicklungen im Bereich der vermittelnden Lohnarbeit (hier: der Sozialarbeit) und die entsprechenden Änderungen in den Organisationsformen" (1975: 168), welche als „Professionalisierung" beschrieben werden, als „Reaktion auf Systemprobleme der kapitalistischen Produktionsweise (und damit der Staatsapparaturen)" (ebd.: 175) zu analysieren. Sein diesbezüglicher Ausgangspunkt ist der die „bürokratische Form der Produktivkraft Organisation" (ebd.: 170) kennzeichnende Widerspruch zwischen ihren beiden Funktionen der Effektivierung von Kontrolle und der Steigerung der Arbeitseffektivität. Professionalisierung bezeichne in diesem Zusammenhang einen Prozess, in dem der Konflikt zwischen der gesellschaftlich immer notwendigeren „Steigerung der Arbeitseffektivität" (ebd.: 175) und „der Form traditioneller Kontrolle [...] durch Auslagerung von Kontrollfunktionen (mehr horizontale Kooperation/Verwissenschaftlichung/ Berufsverbände) und durch Verinnerlichung von spezifischem Handlungswissen" (ebd.) als „neue Formen der Kontrolle" (ebd.) zu ´lösen` versucht werde.

Vor dem Hintergrund, dass dabei die Beziehung zwischen den sich Professionalisierenden und ihren AdressatInnen von Seiten ersterer als zentrales Element ihres professionellen Selbstverständnisses durchaus unterschiedlich interpretiert werden könne – und darin sich zugleich auch entsprechende Umgangsweisen mit dem das professionelle Beziehungsverhältnis kennzeichnenden strukturelle Konflikt offenbaren –, unterscheidet Kunstreich empirisch drei Formen von Professionalisierungsstrategien:

1. eine „**personalisierende Professionalität**", welche „die Verhaltenserwartungen aus der Lage der Betroffenen [...] als Schwierigkeiten der individuellen Lebensführung bzw. als in der Persönlichkeit des Einzelnen liegende Defizite" (1975: 144) interpretiere, „denen mit den Hilfen, die durch die Gesetze gegeben werden, im allgemeinen entsprochen werden" (ebd.) könne. Von daher ergäben sich auch keine Spannungen bezüglich der Erwartungen an sich selbst. Subjektiv erlebte Konflikte bezögen sich auf „spezifische Organisationszwänge" (ebd.), wie z.B. Überlastung, die „ebenfalls personalisierend" (ebd.) zu bewältigen versucht würden.

2. eine „**klinische Professionalität**", die sich von der personalisierenden Professionalität vor allem durch „die Interpretation des eigenen Status in der Institution und die dadurch resultierenden Interessen" (ebd.: 151) unterscheide. Werde in der personalisierenden Variante „die ´Verwaltung` als Notwendigkeit und Arbeitsteilung interpretiert und Konflikte mit ihr je nach individueller Einstellung bewältigt" (ebd.), so sähen diejenigen, die den „Status des ´klinischen Experten`" (ebd.) erstrebten, einen grundlegenden Konflikt zwischen den „Funktionen von ´Verwaltung` und ´Behandlung` und trachteten danach, über die Expertenfunktion ihren eigenen Status zu verändern bzw. zu verbessern.

3. eine „**solidarische Professionalität**", in welcher „der strukturelle Konflikt und dessen objektive Bedingungen auch <u>subjektiv</u> als Konflikt empfunden" (ebd.: 158) würde. So bezöge sich deren „eigene Hilfemotivation [...] zum einen [...] auf gesellschaftliche Bedingungen und Ursachen bzw. auf politische Organisationen, die an der grundlegenden Änderung dieser Bedingungen interessiert sind [...], zum anderen [...]

auf das Elend der Betroffenen, denen gegenüber man sich solidarisch verhalten möchte" (ebd.: 159). Umgekehrt müssten aufgrund der eigenen individuellen Reproduktionserfordernisse „berufliche Zwänge (Gesetze, Vorschriften, Organisationsform) soweit ´in Kauf´ genommen werden" (ebd.), als sie sich nicht als „solidarische Unterstützung" (ebd.) uminterpretieren ließen. Dieser Konflikt könne entweder subjektiv durch eine Trennung zwischen politischer und beruflicher Motivation abgemildert, oder aber kollektiv „durch Solidarität unter den Sozialarbeitern und mit anderen Lohnarbeitern" (ebd.: 160) aufgefangen und zu verändern versucht werden.

Diese empirisch ermittelte Strategie einer solidarischen Professionalität hat Timm Kunstreich später (vgl. 1998: 410 ff.) vor dem Hintergrund der Einführung des „Neuen Steuerungsmodells" durch die Kommunale Gemeinschaftsstelle für Verwaltungsvereinfachung (KGSt 1993) im Rahmen eines „Arbeitsprinzips Partizipation" konzeptionell auszuformulieren versucht. Zugleich hat er dabei seine Typologie – allerdings nicht mehr im Rahmen einer weiteren empirischen Untersuchung – um zwei neue Professionalisierungsformen (vgl. ebd.: 404) ergänzt:

1. eine „**alternative bzw. reflexive Professionalität**", wie sie Olk (1986: 253) zu charakterisieren versucht hat als
   - reflexive Kontrolle und Selbstthematisierung der professionellen Problembearbeitungsprozesse,
   - der Feld- statt Fallbezogenheit und
   - der gemeinsamen Kontrolle von Überschneidungen der Organisationen Sozialer Arbeit und der Lebenswelt der AdressatInnen durch Professionelle und Betroffene.
2. eine „**managerielle Professionalität**", als neues hegemoniales Deutungsmuster, welches im „Neuen Steuerungsmodell wichtige Forderungen der reflexiven […] Professionalität […] – wie Eigenständigkeit, Selbstverantwortlichkeit, Arbeiten im Team, Enthierarchisierung –" (Kunstreich 1998: 404) aufgreife und in der Lage sei, „´stellvertretend deutend`, Anforderungen der AdressatInnen adäquat zu verarbeiten und die dafür notwendigen Berechtigungsprüfungen kompetent umzusetzen" (ebd.).

### 3.4 Zur reflexiv angelegten Professionalisierungsdiskussion in der Sozialen Arbeit

Im Unterschied zu funktionalistischen und – in kritischer Perspektive – machttheoretischen Professionalisierungsmodellen (vgl. z.b. Rüschmeyer 1980) wird professionelles Handeln im handlungs- und wirkungsorientierten Ansatz nicht an äußeren eher standesbezogenen Merkmalen festgemacht: z.b. dass Professionen als Experten für eine bestimmte Problemlösung ein bestimmtes Segment sozialer Dienstleistung monopolisieren, um dann als Professionsangehörige selbst den Zugang (= Ausbildung) und den Ausschluss aus der Profession zu kontrollieren. Vielmehr wird die im Konzept kognitiv-bürokratischer Rationalität der Professionen vertretene Vorstellung von einer „funktionalen Autorität" (vgl. Dewe/Otto 1996: 87) – dem machttheoretischen Ansatz durchaus vergleichbar – explizit kritisiert (vgl. auch Schütze 1984: 330 ff.). Empirischer Bezugspunkt dieser Kritik ist ein in vielen Bereichen zu konstatierender „Verlust der Glaubwürdigkeit und Überzeugungskraft des Experten" (vgl. z.B. Hitzler/Honer/Maeder 1994).

Auch rücken in dieser eher „reflexiv angelegten Professionalisierungsdiskussion […] nicht mehr die sozialen Schwierigkeiten der Verberuflichung, sondern die Strukturprobleme sozialpädagogischen Handelns ins Zentrum der Aufmerksamkeit" (Dewe/Otto 2002: 186 f.). Während im berufsstrukturellen Modell 'Professionalität` nur den Berufen zugeschrieben wird, „die alle Merkmale und damit den Status einer Profession aufweisen, sind aus handlungstheoretischer Sicht die tatsächlichen Arbeitsvollzüge" (Heiner 2004: 24), also das professionelle Handeln selbst entscheidend.

„Das zentrale Thema ist nun die Qualität der Zuständigkeit und keineswegs die vermeintliche oder tatsächliche Exklusivität der Zuständigkeit, wie es die essentialistische Denkart wollte" (Dewe/Otto 2002: 187). Gegenüber solchen zuletzt benannten Versuchen einer eher „substantialistischen Gegenstandsbestimmung" Sozialer Arbeit habe schon der „genuin erziehungswissenschaftliche Rekonstruktionsansatz zum Verhältnis von Sozialarbeit/Sozialpädagogik als Disziplin und Profession […] gezeigt, dass sich die kognitive Identität der Sozialpädagogik nicht mittels eines vielleicht der Disziplin 'zufallenden Gegenstandsbereiches` (Thiersch 1985) bestimmen lässt, 'sondern ausschließlich über eine spezifische Fragestellung, also über die theoretische Konstitution des Gegenstandes. Dabei wäre sie von anderen Sozialwissenschaften nur dem Inhalt nach unterscheidbar, nicht der Form nach` (Lüders 1988: S. 6)" (Dewe/Otto 2002: 183 f.; vgl. auch Kap.: 1.3). Allerdings kritisieren Dewe/Otto am genuin erziehungswissenschaftlichen Rekonstruktionsansatz seine weitgehende Igno-

ranz „gegenüber sozialpolitisch/wohlfahrtsstaatlich inspirierten Funktionsbe-
schreibungen der Sozialarbeit/Sozialpädagogik" (ebd.: 183; vgl. auch Kap.: 2.5).
Der neue „reflexiv angelegte" Theorieansatz beansprucht in diesem Zusammenhang jedoch nicht nur „die legitimations- und standespolitische Debatte
– Sozialarbeit/Sozialpädagogik als 'Aufstiegsprojekt' – hinter sich" (Dewe/Otto
2002: 187) zu lassen. Es geht ihm zugleich auch darum, „die im Kern technokratische, vornehmlich effizienz- und leistungsorientierte Debatte um 'Qualität'
bzw. 'Qualitätssicherung'" (ebd.), wie sie vor allem von Alisch/Rössner (1980 &
1992) im Kontext einer 'empirisch orientierten Sozialarbeitswissenschaft' vorangetrieben wurde, kritisch zu überwinden (vgl. Dewe/Galiläer 2000). Entsprechend misst das handlungsorientierte und kompetenzbezogene Modell Professionalisierung auch eher an der Reflexivität und Qualität der Bearbeitung entsprechender, nicht aufzulösender Paradoxien in sozialen Dienstleistungsberufen (vgl.
Riemann 2000).
    Fritz Schütze (vgl. 1992: 146 ff.) zufolge habe Soziale Arbeit diese allge-
meinen Anforderungen an die Bearbeitung von Paradoxien in einer spezifischen
Form zu erfüllen. Im Unterschied zu Kunstreich (1975) leitet Schütze solche
Paradoxien jedoch nicht aus den Widersprüchlichkeiten der Kerngestalt kapitalistischer Gesellschaftsformationen und ihrer ideologischen Staatsapparate her,
sondern mehr aus der Immanenz der für sie typischen Handlungsvollzüge. So
dürften in der Sozialen Arbeit die wissenschaftlich entwickelten diagnostischen
Typologien wegen ihrer sozialen Normativität – um die die Betroffenen häufig
wissen – nur besonders vorsichtig auf den Einzelfall bezogen werden. Empfän-
den die Betroffenen dieses Wissen als bedrohlich, gefährde sowohl die Mitteil-
lung wie auch das Verschweigen dieses Wissens das notwendige Vertrauensver-
hältnis. Einerseits solle die biographische Gesamtheit des Falles berücksichtigt
werden. Zugleich sei jedoch die Beschränkung auf eine spezifische Problemlage
erforderlich – nicht zuletzt aus Gründen des Respekts vor der Autonomie der
Betroffenen. Letztere stehe nicht selten in Spannung zu den beruflichen Standards Sozialer Arbeit. Zudem sei eine Fallbehandlung nur möglich auf der Basis
von Annahmen über die weitere Problementwicklung, obwohl deren prognosti-
scher Wert empirisch gesehen sich als eher gering erwiesen habe. Die professionelle Intervention müsse deshalb so lange herausgezögert werden, dass sie nicht
deren Handlungsfähigkeit beeinträchtige, wie überhaupt eine Balance gefunden
werden müsse zwischen Anleitung und Vormachen einerseits und der Versu-
chung, das pädagogische Gegenüber zu entmündigen, andererseits.
    Füssenhäuser/Thiersch ordnen die Arbeiten von Fritz Schütze zwar der
Sparte einer „*theoretischen Diskussion* der unterschiedlichen Sachfragen einer
sozialwissenschaftlich verstandenen Sozialen Arbeit" (2001: 1876) zu, nicht
jedoch der „*'Theorie' im engeren Sinn*" (ebd.: 1877), welche „auf die Frage nach

dem Zusammenhang des Ganzen, seiner Beschreibung, Begründung und Aufklä-rung" (ebd.) ziele (vgl. Kap.: 1.4). Und dies, obwohl sie „Überschneidungen" zu den „Theorieüberlegungen von B. Dewe und H.-U. Otto" (ebd.) zugestehen. Deren „reflexive Sozialpädagogik" versucht eine „systematische Reinterpretation der Professionalisierungstheorie im Kontext wissenstheoretischer Überlegungen" (Dewe/Otto 2002: 179). Die Analyse „der objektiven Bedingungen und Folgen des Handelns von professionell Tätigen" (ebd.) in den Mittelpunkt stellend, zielt das zentrale Interesse einer „so geartete(n) Theorie Sozialer Arbeit" (ebd.) auf die „Vermittlung differenter Wissensstrukturen mit den Strukturmerkmalen pro-fessioneller Interaktionsprozesse" (ebd.).
Daraus ergeben sich für Dewe und Otto (vgl. 1996: 59) unterschiedliche The-men:

1.  die Betrachtung und Analyse der Interaktion zwischen Professionellen und AdressatInnen der Sozialen Arbeit hinsichtlich ihrer immanenten und differenten Deutungsmuster;
2.  die Betrachtung und Analyse der Verarbeitung der Interventionen und Deutungsangebote durch die AdressatInnen selbst und
3.  Überlegungen zu auftretenden Veränderungen der Handlungsorientie-rungen von Professionellen und AdressatInnen.

Professionalisiertes Handeln habe somit auch der Aufklärung über und der Re-flexion von sozialen Problemen und Entwicklungen zu dienen (vgl. 1984: 806 f.). Eine ´klassische` Professionalisierung ist für sie vor diesem Hintergrund weder denkbar noch sinnvoll.
Auch grenzen sich Dewe/Otto ab von Versuchen, „vor dem Hintergrund äl-terer pädagogischer Theorieströmungen [...] auf normative Weise Erziehungssi-tuationen mit Hilfe idealer Konstrukte wie etwa dem des ´pädagogischen Tak-tes`, des ´pädagogischen Bezugs` oder des ´pädagogischen Ethos` zu qualifizie-ren" (2002: 192). Diese trachteten danach, „das in Rede stehende Problem statt durch empirische Analyse sozialpädagogischen Handelns mit bloßer pädagogi-scher Semantik" (ebd.) zu lösen.
Demgegenüber begreifen Dewe/Otto Professionstheorie als Ansatz, „die empirische Wirklichkeit einer kontextspezifischen professionellen Praxis der Wissensverwendung zu beobachten" (ebd.). Dabei gehen sie davon aus, dass sich im professionellen Handeln wissenschaftliches und praktisches Handlungswissen begegnen. Professionalität wird so im Rahmen „reflexiver Sozialpädagogik" zu einem Bezugspunkt, „an dem die Kontrastierung und Relationierung beider Wis-senstypen stattfindet" (ebd.: 193). Zwar bestehen Dewe/Otto gegenüber profes-sionstheoretischen Ansätzen, die diese „Wissensbestandteile lediglich erkennt-

nislogisch zusammenzubringen" (ebd.:192) versuchen, auf eine empirische Analyse praktischer Wissensverwendung. Sie grenzen sich jedoch zugleich auch von Ansätzen ab, die danach trachten, „auf dem Wege der Klassifizierung typischer Handlungsverrichtungen" (ebd.) und „durch akribische Systematisierung des Berufsfeldes Elemente des Professionswissens als Handlungsanforderungen" (ebd.) zusammenzutragen. Solche Ansätze lieferten „das Problem der inhaltlichen Bestimmung von Professionswissen einem uferlosen Empirismus aus, dem bei der Produktion von Taxonomien und Merkmalskatalogen schon einmal Beurteilungs- und Relevanzmaßstäbe abhanden kommen" (ebd.) könnten.

### 3.5  Maja Heiners empirisches Handlungsmodell von Professionalität in der Sozialen Arbeit

Zweifellos dieser Kritik enthoben ist der Ansatz von Maja Heiner (2004). Dieser beansprucht auf der Grundlage der Interpretation von 20 Interviews mit Fachkräften der Sozialen Arbeit zum einen ein Modell beruflichen Handelns zu entwickeln, „das die grundlegenden Kriterien professionellen Handelns benennt" (ebd.: 155). Ähnlich wie dies Kunstreich mit seiner „exemplarischen Untersuchung" schon in den 70er Jahren versucht hat, trachtet Maja Heiner in diesem Zusammenhang aber darüber hinaus auch die „gegebene Spannbreite der Handlungsoptionen in der Sozialen Arbeit" (ebd.) zu umreißen. Weder Kunstreichs noch Heiners Untersuchung erschöpfen sich dabei in einem „uferlosen Empirismus". Beide verfügen – wenngleich über unterschiedliche – „Beurteilungs- und Relevanzmaßstäbe". Im Falle von Maja Heiners Studie gründen sich diese auf zwei theoretische Ausgangspunkte, die auch von Dewe und Otto geteilt werden: Zum einen ist dies ein „handlungstheoretisch ausgerichtetes Professionsverständnis, bei dem sich der Nachweis der Professionalität nicht auf den *Status* des Berufs konzentriert, sondern auf die *Expertise*, d.h. auf das spezifische Wissen und Können zur Bewältigung der beruflichen Aufgaben" (ebd.: 42 vgl. auch 155). Ihr zweiter theoretischer Ausgangspunkt sind „die Berufsrolle und die Aufgaben der Sozialen Arbeit" (ebd.: 155).

In ihrer Studie geht Maja Heiner davon aus, dass Soziale Arbeit als Beruf den *Auftrag* habe, „zwischen Individuum und Gesellschaft, System und Lebenswelt zu vermitteln" (2004: 155; vgl. auch Kap.: 2.4). „Im Berufsvollzug" (ebd.: 42) führe dies „zu einem Spannungsgefüge zwischen Hilfe und Kontrolle, das prägend für diesen Beruf" (ebd.) sei. Mit Franz Hamburger (1997: 250) sieht sie im *„Auftrag der Vermittlung* zwischen KlientIn und Umwelt" (Heiner 2004: 155) sowie in der „Idee der ´Versöhnung` von Individuum und Gesellschaft […] die revolutionäre Idee der Sozialen Arbeit" (ebd.). Dies geschehe „mit dem *Ziel* der

Förderung der Autonomie der Lebenspraxis und der Herstellung von Normalität" (ebd.). Diesem Vermittlungsauftrag gemäß umfasse „das *Handlungsfeld* der Sozialen Arbeit [...] zwei Typen von Aufgaben: (1.) die Unterstützung und Befähigung von Personen (Optimierung der Lebensweise) und (2.) die Veränderungen ihrer Existenzbedingungen (Optimierung der Lebensbedingungen)" (ebd.: 42).

Als grundsätzlicher, wenn auch nicht empirisch immer gleichermaßen, *doppelter* Problembearbeitungsansatz sei dieser ein weiteres Spezifikum Sozialer Arbeit. Dabei könne die Veränderung der Lebensbedingungen sowohl fallbezogen, als auch „fallunabhängig und fallübergreifend" (ebd.: 157) erfolgen, so dass sich „dieser doppelte Fokus der Aufgabenstellung [...] zu einem *trifokalen Handlungsmodell*" (ebd.) erweitere. Maja Heiner liest dies zugleich auch als „Versuch, den *sozialpolitisch nachrangigen Einsatz* dieses Berufes zu kompensieren" (ebd.; vgl. auch Kap.: 2.5 ff.).

Ausgehend von diesem *Auftrag* und der daraus sich ergebenden intermediären Funktion sozialer Arbeit (vgl. Kap.: 2.4) sieht sie den „*Handlungstypus* der Sozialen Arbeit" (2004: 156) durch eine „*Verschränkung von strategischem und verständigungsorientiertem* Handeln gekennzeichnet" (ebd.). Das damit verbundene „breite *Spektrum der Interventionsformen*" (ebd.: 158) charakterisiert sie als „ressourcenorientiert, mehrdimensional, mehrperspektivisch, vernetzend, alltagsorientiert, umfeldbezogen und partizipativ" (ebd.: 42).

Maja Heiner betrachtet dies nicht nur als „eine Konsequenz der skizzierten Aufgabenkomplexität dieses Berufes" (ebd.: 158), sondern zugleich auch als eine „bewusst gewählte Form der Problembearbeitung komplexer Problemlagen" (ebd.). Diese sei „teilweise ergänzend, teilweise abgrenzend oder alternativ" (ebd.) auch als ´ganzheitlich`, ´´sozialökologisch`, ´lebensweltorientiert`, ´systemisch` oder ´mehrperspektivisch´" (ebd.) bezeichnet worden. Was im Einzelfall damit „gemeint sein kann, welche Aktivitäten der Fachkräfte dazu beitragen und welches Verhalten dabei als ´professionell` anzusehen ist" (ebd.: 43), das versucht Maja Heiner ebenso aus ihrem Interviewmaterial heraus zu konkretisieren, wie die Frage, „in welcher Weise die Soziale Arbeit dabei zwischen Individuum und Gesellschaft vermittelt" (ebd.). Nur so scheint es ihr auch möglich zu sein, „das Spezifische der sozialpädagogischen Expertise und Kompetenz im Vergleich zu anderen Berufen konkret zu fassen" (ebd.). Sie sieht ihre Studie somit „zugleich evaluativ und explikativ angelegt: untersucht werden soll sowohl *ob* als auch *wie* diese Rahmenmodell im Einzelfall ausgefüllt wird und was dabei professionelles Handeln konstituiert" (ebd.: 46).

Aus ihrem Interviewmaterial – ergänzt um Ergebnisse anderer Untersuchungen – hat sie sechs Anforderungskomplexe herausdestilliert, die „jede Fachkraft der Sozialen Arbeit [...] zu bewältigen" (ebd.: 162) habe, „wenn auch bei unterschiedlichen KlientInnen und zu unterschiedlichen Zeiten mit unterschiedlichen Schwerpunktsetzungen" (ebd.). Zu jedem dieser sechs Komplexe werden von ihr zunächst die „Ausgangsbedingungen benannt, aus denen sich die beruflichen Anforderungen ergeben" (ebd.). Darauf bezogen beschreibt sie „die Bewältigungsmuster zwischen den Polen, die die maximale Spannbreite professionellen Handelns markieren" (ebd.).

| Rahmenmodell zur Analyse und Planung professionellen Handelns in der Sozialen Arbeit | |
| --- | --- |
| **Berufliche Anforderung in der Sozialen Arbeit** | **Erforderliche Handlungskompetenz: angemessene Positionierung zwischen folgenden Polen möglicher Interventionen** |
| **Reflektierte Parteilichkeit und hilfreiche Kontrolle als Vermittlung zwischen Individuum und Gesellschaft** | • Orientierung an gesellschaftlichen Anforderungen oder individuellen Bedürfnissen<br>• Hilfe oder Kontrolle<br>• Selbstbestimmung oder Fremdbestimmung<br>• Inklusion oder Exklusion |
| **Entwicklung realisierbarer und herausfordernder Ziele angesichts ungewisser Erfolgsaussichten in unterstrukturierten Tätigkeitsfeldern** | • Offenheit oder Strukturierung<br>• Überforderung oder Unterforderung<br>• Fernziele oder Nahziele<br>• Leistungs- oder Wirkungsziele<br>• Prozess- oder Ergebnisqualität |
| **Aufgabenorientierte, partizipative Beziehungsgestaltung und begrenzte Hilfe in alltagsnahen Situationen** | • Zielorientierung oder Personenorientierung<br>• Symmetrie oder Asymmetrie der Beziehung<br>• Flexibilität oder Konsequenz<br>• Verantwortungsübernahme oder Verantwortungsübergabe<br>• Einflussnahme oder Zurückhaltung<br>• Nähe oder Distanz |
| **Multiprofessionelle Kooperation und Vermittlung von Dienstleistungen bei unklarem und/oder umstrittenem beruflichem Profil** | • Eigenverantwortliche Fachlichkeit oder abhängige Zuarbeit<br>• Spezialisierung oder allumfassende Zuständigkeit<br>• Aufgabenerledigung oder Aufgabendelegation<br>• Konsenssuche oder Konfrontation<br>• Profilierung oder Zurückhaltung |
| **Weiterentwicklung der institutionellen und infrastrukturellen Rahmenbedingungen eines wohlfahrtsstaatlich nachrangig tätigen Berufes** | • Gemeinwohlinteresse oder Berufsinteresse<br>• Organisationsinteresse oder KlientInneninteresse<br>• Klientenbezogene oder systembezogene Abeit<br>• Innovation oder Konsolidierung |
| **Nutzung ganzheitlicher und mehrperspektivischer Deutungsmuster als Fundament entwicklungsoffener Problemlösungsansätze auf empirischer Basis** | • Generalisierende oder spezifizierende Aussagen<br>• Lineare oder zirkuläre Erklärungsmuster<br>• KlientInnenbezogene oder interventionsbezogene Reflexion<br>• Bedingungsbezogene oder personenbezogene Ursachenattribution<br>• Defizitbezogenes oder ressourcenorientiertes KlientInnenbild<br>• Erfahrungsbasierte Intuition oder systematische empirische Fundierung |

(Grafik aus: Heiner 2004: 161)

Damit beansprucht Maja Heiner zwar empirisch herausgearbeitet zu haben, „was zentrale Faktoren sind, um die berufsspezifische Expertise einer ganzheitlichen Problembearbeitung im Spannungsfeld von Hilfe und Kontrolle zu realisieren" (ebd.: 168). Und obgleich dieses Modell es ermögliche, „einzelne fachliche Aktivitäten fall- und situationsunabhängig auf dem Kontinuum zwischen diesen Polen zu verorten (etwa zwischen Flexibilität und Strukturierung, oder Nähe und Distanz, KlientInneninteresse oder Organisationsinteresse)" (ebd.: 167), erlaube es jedoch noch kein Urteil über deren professionelle Angemessenheit. Mit seiner Hilfe ließe sich jedoch „verdeutlichen, warum und wann es in bestimmten Fällen (nicht) gelingt, professionell zu handeln" (ebd.). Zeige beispielsweise das Tätigkeitsprofil einer Fachkraft oder einer Organisation eine „*durchgängige* Schlagseite" (ebd.), so sei dies „ein Hinweis auf Einseitigkeiten, die wahrscheinlich nicht allein aus dem speziellen Tätigkeitsfeld" (ebd.) resultierten und deshalb zumindest einer Begründung bedürften.

Nach Maja Heiners Untersuchungsergebnissen sei „begrenzte Expertise [...] keine Konsequenz mangelnder beruflicher und institutioneller Autonomie oder gesellschaftlicher Zwänge – also ein strukturelles Problem –, sondern primär das Ergebnis begrenzter Handlungskompetenz" (2004: 154). Einher gehe diese „zugleich mit einer eingeschränkten Reflexionskompetenz und einer fehlenden Bereitschaft zur empirisch fundierten Zielplanung und Ergebniskontrolle" (ebd.). So betrachtet Maja Heiner hohe Reflexivität als Kennzeichen aller „Professionen und [...] zugleich [...] Voraussetzung jeder wissenschaftlich fundierten Expertise" (ebd.: 43). Allerdings scheint es ihr „angesichts der gravierenden methodischen Probleme, Art und Umfang der Rezeption wissenschaftlicher Erkenntnisse zu erfassen, [...] sinnvoller, sich auf theoretisch begründete Grundprinzipien professionellen Handelns (und die damit verknüpften wissenschaftlichen Erkenntnisse) zu konzentrieren" (ebd.: 26). Von besonderer Bedeutung ist für sie in diesem Zusammenhang „der durch die wissenschaftliche Ausbildung erworbene Habitus des systematischen Zweifelns am eigenen Kenntnisstand, an den eigenen Prämissen, Bewertungen und Schlussfolgerungen" (ebd.).

Vor diesem Hintergrund definiert sie in ihrer Untersuchung „Reflexivität als Bereitschaft und Fähigkeit zur systematischen, methodisch kontrollierten und selbstkritischen Analyse des eigenen Tuns und der dazu gehörigen Rahmenbedingungen (der Institution, des Hilfesystems etc.)" (ebd.: 44). Empirisch erfasst sie dies jedoch eher als ein Mangel kritischer (Selbst-)Reflexivität im Hinblick „nicht nur auf das zielbezogene Problemlösungsverhalten [...], sondern [...] auch die nicht-strategischen Aspekte der Kommunikation und der Beziehung zwischen Fachkraft und KlientIn" (ebd.: 45).

**3.6 Die Kontroverse um die Vermittlung differenter Wissensstrukturen mit den Strukturmerkmalen professionellen Handelns in der Sozialen Arbeit: Dewe/Ottos Modell reflexiver Professionalität**

Maja Heiner (vgl. 2004: 26 & 43 ff. & 154) beansprucht mit ihrer Untersuchung zugleich auch – wenngleich keine repräsentativen, so zumindest doch bedeutsame – Hinweise geben zu können, inwieweit der von Dewe und Otto proklamierte „´reflexive Handlungstypus` (Dewe/Otto 2002) im Berufsfeld anzutreffen ist" (ebd.: 26). Mit Dewe und Otto ist sie sich darin einig, dass sich „die spezifische Expertise Sozialer Arbeit ( ) dabei weniger (wie in der Theorie oft gefordert) in einem abgrenzbaren, eigenständigen, wissenschaftlich fundierten Wissensbereich (z.b. bezogen auf die Lage der Klientel und das Hilfesystem)" (ebd.) manifestiere. Sie bezieht diese Expertise jedoch noch auf eine „spezifische Perspektive aus der die Wissensbestände anderer Disziplinen (z.b. der Soziologie, der Politologie, der Pädagogik und der Psychologie) zusammengestellt, interpretiert und genutzt werden" (ebd.: 154).

Demgegenüber vertreten Dewe/Otto (vgl. 1984: 795 & 2001: 1402 & 2002: 179) in diesem Zusammenhang die radikale These, dass nicht das wissenschaftliche Wissen im Zentrum professionellen Handelns stehe, sondern „die Fähigkeit der diskursiven Auslegung und Deutung von lebensweltlichen Schwierigkeiten und Einzelfällen mit dem Ziel der Perspektiveneröffnung bzw. einer Entscheidungsbegründung unter Ungewissheitsbedingungen" (ebd.). Dewe/Otto (vgl. 1996: 17 & 106) gehen also davon aus, dass der Konstruktion von Theorie und der professionellen Praxis in der Sozialen Arbeit je eigene Relevanzstrukturen zu Grunde liegen. Soziale Arbeit als *„professionalisierte Reflexionswissenschaft"* beinhalte beide. Allerdings gehe es dabei nicht um die „Aufhebung von Wissen und Können, also zwischen dem von Praxisbezug, von Handlungs- und Entscheidungszwang entlasteten Theoretisieren und Forschen einerseits und dem stets situationsbezogenen, fallorientierten und unter hohem Handlungs- und Entscheidungsdruck stehenden professionellen Tun andererseits" (2002: 182).

Dewe/Otto sehen ihren Ansatz einer „professionalisierten Reflexionswissenschaft" diesbezüglich in einem „scharfen Gegensatz zu Vermittlungstheoremen" (ebd.: 193), wie sie in unterschiedlicher Nuancierung von Ulrich Oevermann (2000) und Rainer Stichweh (1991) vertreten werden und auch von Maja Heiner (z.B. 2004: 44) aufgegriffen werden. Zwar gingen diese ebenfalls davon aus, dass „wissenschaftliches Wissen in Gestalt von Erklärungs-, Deutungs- und Problemlösungswissen, berufliches Erfahrungs-, Methoden- und Regelwissen und auf Kommunikation bezogenes Alltagswissen" (Dewe/Otto 2002: 193) relativ unabhängig nebeneinander existierten, allerdings zwängen sie diese „Wissenskomponenten unter einem Einheitspostulat" (ebd.) zusammen, wenn sie aus deren „additiver Zusammenfügung oder ´Vermittlung` gleichsam automatisch den Kern dessen" (ebd.) entstehen sähen, „was man als Professionswissen bezeichnen könnte" (ebd.).

Aus der Sicht von Dewe und Otto könne es jedoch weder darum gehen, mit Oevermann den Strukturort einer Vermittlung von Theorie und Praxis zu bestimmen. Noch befände sich der Professionelle „in einer intermediären Position, die eine ´Dreistelligkeit der Beziehung zwischen Sache, Klient und Professionellen`" (ebd.) impliziere, wie dies Stichweh nahe lege. Vielmehr nehme der im institutionellen Kontext Handelnde an der professionellen Organisation einer bereits organisierten Praxis teil, indem er diese reflexiv im Überdenken problematisch gewordener Lösungsstrategien in Routinen überführe (vgl. Dewe 1990). Professionswissen müsse somit „kategorial als Bestandteil des praktischen Handlungswissens im Sinne einer spezifischen Kompetenz bzw. als Können" (Dewe/Otto 2002: 193) bestimmt werden. Für dieses gelte „ausschließlich [...], dass man es hat oder nicht hat" (ebd.). Und da es „nicht der Wahrheitsdifferenz, sondern dem Angemessenheitskriterium" (ebd.) unterliege, könne Professionswissen im wissenschaftlichen Sinne auch nicht falsch sein. Vielmehr habe es sich in einer Praxis zu bewähren, die einerseits sachgerechte Entscheidungen verlange, diese aber andererseits nur durch Reflexion ermöglichen könne.

Mit dem praktischen Handlungswissen teile das professionelle Wissen also den permanenten Entscheidungsdruck. Wie das systematische Wissenschaftswissen unterliege es jedoch auch einem gesteigerten Begründungszwang (vgl. ebd.). Wie schon angesprochen geht es Dewe und Otto jedoch nicht darum, „verschiedene Wissensbestandteile lediglich erkenntnislogisch zusammenzubringen" (ebd.: 192). Ganz im Gegenteil beanspruchen sie die „Eigenrationalität und Begrenztheit" (ebd.: 180) solcher Wissensbestände explizit anzuerkennen, was sie aus ihrer Sicht zugleich „vor der Überbetonung der professionellen wie auch der disziplinären Seite" (ebd.) bewahre.

In diesem Zusammenhang verweist für Dewe/Otto „die permanente, in legitimatorischer Absicht geführte Rede von der Praxisrelevanz wissenschaftlicher Theorien [...] auch darauf [...], dass die Sozialarbeit/Sozialpädagogik im Spannungsfeld von Hochschule und Praxisbereichen die angemessenen Diskursformen und Forschungsstrategien für die Produktion und Vermittlung von ´starken` Theorien und ´wirksamen` Wissen noch nicht gefunden" (ebd.: 184) habe (vgl. Kap.: 1.). Vielmehr sei sie vor allem damit beschäftigt gewesen, externe Wissensbestände zu adaptieren, indem sie „die wissenschaftlichen Erkenntnisse der Referenzwissenschaften auf ihre (vermutete) potenzielle Technologie hin befragt und in der Folge der Praxis zugeführt" (ebd.: 185) habe. Zudem sei sie mit dem permanenten „Wandel eines [...] überwiegend von den Konstellationen der Außenwelt gesteuerten Begriffs ihres Gegenstandes konfrontiert" (ebd.) worden, der nach Auffassung von Dewe/Otto „die Fähigkeit jeder Disziplin, ihre Erkenntnismodelle zu spezifizieren" (ebd.), überfordert hätte.

Dewe (1991) betont, dass im Gegensatz zu schematischen Konzepten einer Verwendung sozialwissenschaftlichen (Ausbildungs-)Wissens in der Berufspraxis sich sowohl die „Wissenserzeugung" wie die „Wissensverwendung" in der Sozialen Arbeit situativ und unter Ungewissheitsbedingungen, auf den jeweiligen Fall bezogen, gleichsam uno actu vollziehe. Reflexive Professionalität fände somit „ihren Ausdruck sowohl in analytischen als auch in prozesssteuernden Kapazitäten des Handelnden, dessen Autonomie stets situativ in der Bearbeitung des 'Falles` konstituiert bzw. realisiert" (Dewe/Otto 2002: 187) werde.

Im Gegensatz zu Konzeptionen, die den Fallbegriff im Sinne des klassischen casework oder einer klinischen Einzelfallorientierung verstehen, wird dieser im Kontext einer reflexiven Sozialpädagogik allerdings „im Sinne einer rekonstruktiven sozialwissenschaftlichen Kategorie benutzt" (Dewe/Otto 2002: 188). Fall wird also „nicht auf den Einzelfall als solchen bezogen, sondern orientiert sich [...] an den sozialen Kontexten und Konstellationen, unter denen Individuen leben" (ebd.: 189). „Weit über die personalen Interaktionsbeziehungen mit einzelnen AdressatInnen hinaus" erstreckt sich dieser also auch „auf soziale Milieus, 'kleine Lebenswelten` (Luckmann 1970), Institutionen etc." (ebd.).

Korrespondierend zu einem sozialwissenschaftlich geweiteten Fallbegriff sei es auch erforderlich, das sehr stark auf einen direkten Personenbezug orientierte Selbstkonzept der Profession um „strategisch-funktionale Kompetenzen professionellen Handelns" (Otto 1991: 188) zu erweitern. Diese hätten unter Bedingungen zunehmender Unsicherheit in der Lebensführung und des unvermeidlichen Umgangs mit gesellschaftlichen Risiken sowohl Zweit- und Drittfolgen als auch unbeabsichtigte Nebenfolgen des Einsatzes professioneller Dienstleistungsangebote reflexiv zu antizipieren. Vor diesem Hintergrund schlagen Dewe/Otto (2002: 187) einen neuen, „die Potenzialität der professionellen Handlungsqualitäten [...] in den Mittelpunkt" (ebd.) rückenden „Bezugspunkt" (ebd.) für einen „moderne[n] Professionsbegriff" (ebd.) vor: Demzufolge materialisiere sich Professionalität „gewissermaßen in einer spezifischen Qualität sozialpädagogischer Handlungspraxis, die eine Erhöhung von Handlungsoptionen, Chancenvervielfältigung und die Steigerung von Partizipations- und Zugangsmöglichkeiten auf Seiten der KlientInnen zur Folge" (ebd.) habe.

Immer aber beziehe sich die in dieser Weise antizipierende Handlungspraxis auf bereits Vorge*fall*enes. „Unabhängig davon, ob es sich um mikrologische, dialogisch strukturierte Interaktionskontexte, lebensweltliche Krisen, sozialbiographische Verläufe oder kommunale Strukturprobleme" (ebd.: 189) handele, eröffne sich erst durch diese Gegebenheit ein Fall der „professionellen Rekonstruktion und Kontextualisierung im gesellschaftlichem Zusammenhang" (ebd.).

Erforderlich sei somit „eine situative Öffnung der Sozialarbeit/Sozialpädagogik, nicht um den Alltag ihrer AdressatInnen zu reproduzieren, sondern vielmehr um die Blockierungszusammenhänge in der Lebensführung als solche zu erkennen und Handlungsalternativen aufzuzeigen" (ebd.: 188).

„Die Notempfindungen und Hilfestellungen der KlientInnen" (Dewe/Otto 2002: 188) seien somit für diese plausibel als ein solcher Blockierungszusammenhang menschlicher Möglichkeiten zu interpretieren, um dann auf dieser Basis in Kommunikation mit ihnen „situativ und emotional ertragbare Begründungen für praktische Bewältigungsstrategien zu entwickeln" (ebd.). Nicht wissenschaftsbasierte Kompetenz als solche sei in dieser Weise konstitutiv für professionalisiertes Handeln. Charakteristisch für diese sei vielmehr „die jeweils situativ aufzubringende reflexive Fähigkeit, einen lebenspraktischen Problemfall kommunikativ auszulegen, indem soziale Verursachungen rekonstruiert werden, um den KlientInnen aufgeklärte Begründungen für selbst zu verantwortende lebenspraktische Entscheidungen anzubieten und subjektive Handlungsmöglichkeiten zu steigern" (ebd.).

Dewe/Otto zufolge könne der Kern einer Professionalität in der Sozialen Arbeit in dieser Weise auch als „demokratische Rationalität, im Gegensatz zur bloß ökonomisch/wirtschaftlichen oder rein fachlich-wissenschaftlichen" (2002: 190) rekonstruiert werden. Praktisch impliziere dies professionelle Sozialberufler in allen dienstleistungsrelevanten gesellschaftlichen Handlungsfeldern, welche als „reflexive Modernisierer" (Hitzler 1998) sich nicht mehr als Spezialisten zu verstehen hätten, die bestimmte begrenzte Problemlösungen besser als andere zu beherrschen beanspruchen. Vielmehr müssten diese sich als jemand begreifen, der konsultiert wird, ohne unmittelbare Verwendungs- bzw. Nützlichkeitsgarantien angeben zu können. Die relative Autonomie einer solchen mehr an „politisch definierbare[n] Interaktionskonstellationen" (Dewe/Otto 2002: 191) ausgerichteten Professionalität sehen Flösser/Otto (vgl. 1996: 187) und Dewe/Otto gekoppelt an deren „immer wieder stattfindende Rückbindung [...] an die Rechte und Interessen der KlientInnen der Dienstleistungsangebote und an die gesellschaftlichen Prozesse, auf die sich ihre Interventionen beziehen" (2002: 191).

### 3.7 Von der kommunalen Sozialarbeitspolitik zur Dienstleistungsorientierung

Vor diesem Hintergrund haben Müller, Olk und Otto Anfang der 80er Jahre für „Strategien einer gebrauchswertorientierten Sozialarbeitspolitik in der Kommune" (1983: 134) plädiert. Sie positionierten sich dabei bewusst gegen den „´Mainstream` des theoretischen (und berufspolitischen) Diskurses über Sozialarbeit" (ebd.), der ihrer Ansicht nach zu diesem Zeitpunkt – sei es in seiner therapeutisch ausgerichteten Varianten oder sei es in der Alltagsorientierung – eher interaktionistisch ausgerichtet war. Damals, als „dem etablierten politischen Parteien- und Institutionensystem mit den ʼneuen sozialen Bewegungenʼ [...] eine ʼFundamentaloppositionʼ entstanden" (ebd.: 141) war, begriffen sie eine solche kommunale Sozialarbeitspolitik noch als „professionelle Seite der Medaille des Kampfes für bessere Lebensbedingungen und für Selbstbestimmung der Adressaten" (ebd.: 133). Heftig kritisierten sie in diesem Zusammenhang die zu dieser Zeit noch neuen „soziologische(n) Arbeiten, die einen Wandel der sozialpolitischen Interventionen von der Einkommensstrategie zur Dienstleistungsstrategie" (ebd.: 134) zu konstatieren begannen. Auch in der dadurch eröffneten Perspektive „Sozialarbeit als Produktion personenbezogener Dienstleistungen" (ebd.) sahen sie „die unmittelbare Interaktion zwischen Dienstleistungsarbeitern und Dienstleistungskonsumenten in den Vordergrund der Betrachtung" (ebd.) gerückt.

In den 90er Jahren hat Hans-Uwe Otto – besonders in seinen Arbeiten gemeinsam mit Gaby Flösser (z.B. 1992: 15) – den Begriff der kommunalen Sozialarbeitspolitik auf das Gesamtsystem der personenbezogenen Dienstleistungen bezogen. Im Schlusskapitel des 9. Jugendberichts der Bundesregierung (BMFSJ 1994) „Gesamt-deutsche Perspektiven: Jugendhilfe als Dienstleistung" haben sie dazu ein theoretisch recht anspruchsvolles „Orientierungsmodell" entwickelt, welches sich durchaus auf die gesamte Soziale Arbeit verallgemeinern lässt. Vermittels einer „Erhöhung des reflexiven Potentials" beansprucht dieses Modell (vgl. ebd.: 583) bisher im gesellschafts-, sozial- und professionalitätspolitischen Kontext „durchweg unverbundene Fragestellungen" in Bezug auf Organisationsentwicklung, Kompetenzentwicklung und die Entwicklung von Produktionsweisen moderner Jugendhilfe zu bündeln und zu präzisieren.

Das Modell Sozialer Dienstleistungen des 9. Jugendberichtes geht davon aus, dass bezüglich der strukturellen Veränderungserfordernissen der Jugendhilfe – wie auch der Sozialen Arbeit insgesamt – es nicht mehr genüge, neue Handlungsfelder konventionell auszudifferenzieren. Ebenso könnten innerorganisatorische Defizite nicht mehr durch technokratische Umsteuerungsvarianten behoben werden. Denn diese erwiesen sich so lange strukturkonservativ, wie der Kern der Leistungserstellung weiterhin dem sozialbürokratischen Modell verhaftet bliebe, d.h. ausgeprägte Arbeitsteilung und enge Regelbindung, hierarchische Kontrolle und die Zentralisierung von Entscheidungskompetenzen nur oberflächlich tangiert würden (vgl. ebd.: 582). Statt dessen müsse das Flexibilisieren von Organisationsformen, das Produzieren von Leistungen und das Qualifizieren professionellen Handelns bereichsspezifisch in theoretischen Entwürfen und in praxisorientierten Modellen weiterentwickelt und zueinander in Beziehung gesetzt werden.

Dabei geht das von den AutorInnen des Jugendberichts entwickelte heuristische Modell (vgl. ebd.: 584) von einer prinzipiell gleichgewichtigen Bedeutung sowohl organisatorischer, professioneller als auch adressatenbezogener Komponenten für die institutionalisierten Formen der Dienstleistungsorientierung aus. Dazu müssten

- im Rahmen der Organisationsentwicklung durch Flexibilisierung und Entbürokratisierung neue Rationalitätsformen zum Tragen kommen,
- im Bereich der Kompetenzentwicklung solle eine wachsende Reflexivität des Verhältnisses von Problem und Handlung angestrebt und
- in der Angebotsentwicklung Qualifikation und Organisation unter dem Aspekt der Bedürfnisgerechtigkeit als Produktion sozialer Dienstleistungen zusammengeschlossen werden.

Als Basis effektiven organisatorischen Handelns weist das Orientierungsmodell des 9. Jugendberichts die unter dem Begriff Responsivität gefasste wechselseitige Annäherung von adressatenspezifischen Vorstellungen und professionellem Handeln und ihr Zusammenwirken im Problembearbeitungsprozess aus. Um in dieser Weise Einstellungen, Haltungen und Orientierungen der jungen Menschen sowie deren individuelle Problemlösungskompetenzen und Ressourcen bzw. deren Bedarf an sozialer Unterstützung mit der Angebotsseite der Jugendhilfe zu verknüpfen, sei der bisherige organisatorische und professionelle Standard in der Jugendhilfe zu evaluieren und mit den Kriterien sozialer Dienstleistung zu verbinden.

Andreas Schaarschuch sieht in diesem Zusammenhang sehr wohl die Gefahr, dass „die Rhetorik von Dienstleistung einschließlich des Vokabulars von Kundenorientierung, Dezentralisierung, Konsumentensouveränität etc., insbesondere, wenn sie ´von oben` zur Rationalisierung des Sozialstaates im Gewand der Modernisierung daherkommt, dazu verwandt [wird], den wohlfahrtsstaatlichen Modus der Dienstleistungsproduktion sowie die Professionellen systematisch unter Druck zu setzen" (1996: 93). Selbst wenn „ein theoretisch gehaltvoller Begriff Sozialer Arbeit als Dienstleistung es durchaus schwer haben (mag), sich gegen die Verwechslung mit den ökonomistischen Strategien der Modernisierung der Administration zu behaupten" (ebd.), sieht er darin jedoch keinen Grund, „die im Begriff der Dienstleistung enthaltene produktive Denkfigur als irrelevant zu erklären" (ebd.).

„Grundargument" (ebd.: 89) dieser Denkfigur ist die schon im Rahmen funktionalistischer Ansätze (vgl. Offe 1987: 174 ff.) entwickelte und auch von den handlungstheoretisch/wirkungsorientierten Professionalisierungsmodellen aufgegriffene These, wonach soziale Dienstleistung im Wesentlichen „Vermittlungsarbeit" sei, die die „Besonderheit des Falles" mit der „Generalität der Bezugsnorm" balanciert. Schaarschuch (vgl. auch 1999) analysiert nun dieses Vermittlungsverhältnis über die Differenzierung dreier, miteinander verbundener Stufen. Sein Ausgangspunkt ist dabei „das *Erbringungsverhältnis* von Klient und Professionellem" (1996: 89). Dieses sei „stets im Rahmen konkreter *Erbringungskontexte* situiert" (ebd.). Den „grundlegenden Bezugsrahmen" (ebd.) sieht Schaarschuch allerdings gebildet durch „die *gesellschaftlichen Bedingungen* der Möglichkeit Sozialer Arbeit als Dienstleistung" (ebd.).

Schaarschuch versucht in diesem Kontext eine „*relationale Definition von Dienstleistung*" (1996: 90). Herkömmliche Bestimmungen (vgl. z.B. Herder-Dornreich/Kötz 1972: 12 ff. & Gartner/Riessmann 1984: 219) umkehrend geht er davon aus, dass „das Erbringungsverhältnis [...] aus dem *Subjekt als Produzent* auf der einen Seite, und dem *Professionellen als Ko-Produzent* auf der anderen Seite" (ebd.) bestehe. Allerdings sieht er das Erbringungsverhältnis sozialer Dienstleistungen durch das Zusammenwirken eines produzierenden „Konsumenten" und eines professionellen Ko-Produzenten noch nicht hinreichend bestimmt. In einer „heuristischen, dichotomisierenden Gegenüberstellung" (ebd.: 91) trachtet er den Begriff des Konsumenten deshalb unter Bezug auf von ihm ebenso idealtypisch herausgearbeitete „kontextuelle Bedingungskonstellationen" auszudifferenzieren „in den des '*Kunden*' für den *Erbringungskontext des Marktes*, und in den des '*Nutzers*' für den *sozialstaatlichen Erbringungskontext*" (ebd.).

Da für die Soziale Arbeit auf absehbare Zeit immer noch der sozialstaatliche Erbringungskontext entscheidend sei, bezieht sich Schaarschuch in spezifischer Weise auf den von T.H. Marshall (1992) als Zusammenspiel von „civil-", „political-" und „social-citizenship" analysierten Status des Staatsbürgers in modernen westlichen Gesellschaften. Demnach ist für ihn die Legitimation Sozialer Arbeit als Dienstleistung durch „(soziale) Bürgerrechte nur dann möglich [...], wenn die dem zivilen und politischen Bürgerstatus systematisch widersprechenden, real vorfindlichen Formen der Institutionalisierung Sozialer Arbeit transformiert werden" (Schaarschuch 1996: 92). Und so stellt für ihn „die Anerkennung ziviler Schutzrechte gegenüber hoheitlichem Zwang wie professioneller Intervention sowie die grundlegende Demokratisierung der Institutionen zur Realisierung der politischen Rechte der Nutzer [...] eine *notwendige* Bedingung der Möglichkeit Sozialer Arbeit als Dienstleistung und ihrer Legitimation im Rahmen universalistischer Prinzipien" (ebd.: 92 f.) dar.

In der Zusammenführung der drei von ihm so analysierten Ebenen des Erbringungsverhältnisses, des Erbringungskontextes sowie der gesellschaftlichen Rahmenbedingungen kommt Schaarschuch schließlich zu folgender Definition:

*„Dienstleistung als von der Perspektive der nachfragenden Subjekte als produktiven Konsumenten ausgehender und gesteuerter professioneller Handlungsmodus ist eingebettet in den sozialstaatlichen Erbringungskontext mit seiner spezifischen Form und Rationalität. Ihren zentralen Bezugspunkt und ihre legitimierende Begründung besteht in ihrer Ausrichtung auf die Herstellung und Sicherung des Bürgerstatus' ihrer Nutzer"* (ebd.: 93).

In dieser Definition sieht er „avancierte theoretische Ansätze, die sich zum Ziel gesetzt haben, Subjekt- und Professionstheorie zu vermitteln, [...] aufgehoben" (ebd.: 94). Dabei hebt er hervor, dass diese Ansätze – „die professionelles Handeln [...] entsprechend der Handlungsstruktur der 'Mäeutik' konzipieren – sich [...] nicht am Subjekt 'orientieren`, sondern der 'Logik` der Subjektwerdung zu- und nachordnen" (ebd.; vgl. dazu auch Kap.: 2.2). Demgegenüber scheint jedoch sein relationaler Begriff sozialer Dienstleistung der Gefahr einer Verdinglichung des Subjektbegriffs zu unterliegen.

### 3.8 „Jenseits von Status und Expertise": Ansätze zu einer Pädagogik des Sozialen

Negt/Kluge (1981: 79 ff.) gehen davon aus, dass nicht „die Person und die gesellschaftlichen Repräsentanzen, die sich die historischen Personen im Verlauf der Zeit zurecht gemacht haben, das Subjekt" (Negt/Kluge 1981: 79) seien. Beide müssten als „historische Konstrukte" betrachtet werden, „historisch und empirisch real, aber zugleich unwirklich. [...] Die wirklichen Beziehungen" (ebd.) hingegen tauchten „durch Ich und gesellschaftliches Ganzes" (ebd.) hindurch, welches als Produktionsprozess „nur eine Vorstellung" (ebd.) sei.

Negt/Kluge (vgl. 1981: 87) beziehen sich dabei auf den Marxschen Begriff der „Subjektivität gegenständlicher Wesenskräfte" (vgl. MEW Bd. 40: 577). Sie interpretieren diesen dahingehend, dass Marx die Dialektik der Subjekt/Objekt-Beziehung nicht auf dem ohnmächtigen Gegensatz von denkendem Individuum und gesellschaftlichem Ganzen aufzubauen versucht habe, sondern auf den Subjekteigenschaften der organisierten gesellschaftlichen Erfahrung. In diese würde alle Auseinandersetzung mit äußerer und innerer Natur hineingezogen. Genau auf diese – wie Negt/Kluge (1981: 79) sie im Anschluss an Marx genannt haben – „wirkliche Beziehung zwischen den äußeren und inneren Gestalten der Subjektivität gegenständlicher Wesenskräfte [...], also ihr *wirkliches Verhältnis* insgesamt", ist versucht worden auch einen im Marxschen Sinne (vgl. MEW Bd. 40: 577) „naturalistischen" Begriff des Sozialen zu begründen (vgl. May 2005: 87 ff. & 2005a: 37 ff.). Demzufolge würden diese „wirklichen", im Sinne von wirkenden Beziehungen nicht von irgendeinem höheren Subjekt reguliert, sondern regulierten sich selbst. Sie bildeten dabei aus den einzelnen im Menschen praktisch arbeitenden Eigenschaften ein inneres Gemeinwesen, also eine Gesellschaft unterhalb der Person, die mit der Gesellschaft außerhalb der Person verkehre.

Dieses „innere Gemeinwesen" integriere „nicht nur die 5 Sinne, sondern auch die sogenannten geistigen Sinne, die praktischen Sinne (Wille, Liebe etc.)", wie Marx (MEW Bd. 40: 542) sie bezeichnet hat. Dabei hätten individuelles inneres Gemeinwesen und die Beziehungsgesellschaft konkreter Sozialitäten permanent zu tun mit der Außengesellschaft und Menschheitsgeschichte. Letztlich habe jene diese wirklichen Eigenschaften, Vermögen und Wesenskräfte erst hervorgebracht. In der Redaktion der Zeitschrift WIDERSPRÜCHE wird deshalb diesbezüglich auch von einer „Pädagogik des Sozialen" geredet (vgl. Kunstreich 1994: 90 ff & 1997: 17). Als in dieser Weise „soziale" bzw. „sozial erzeugte" stünden solche gesellschaftlichen Eigenschaften und (Arbeits-)Vermögen in gewisser Weise jede für sich und deshalb auch sich nur äußerlich in getrennten Menschen gegenüber.

Vor diesem Hintergrund haben Timm Kunstreich und ich (vgl. 1999) vorgeschlagen, Soziale Arbeit als „Bildung am Sozialen und Bildung des Sozialen" zu fassen. Die „Arbeit", auf die sich unser Begriff bezieht, ist somit jedoch nicht eine im üblichen Sinne, und erst recht nicht schon in einem professionellen Verständnis. „Arbeit" wird hier (vgl. ebd.: 42) im Anschluss an die physikalische Definition vielmehr zunächst als Prozess (in der Physik = „Weg") verschiedenster Wechselwirkungen (in der Physik = „Kraft") verstanden. Allerdings werden diese sich selbst regulierenden Wechselwirkungen im Unterschied zur klassischen Physik und zur Theorie der Autopoiesis (vgl. Kap.: 4.3) nicht mechanistisch, sondern dialektisch zu fassen versucht (vgl. May 2004: 26). Das „materialistische Werkzeug" (vgl. Negt/Kluge 1981: 241) der Dialektik, auf das hierbei zurückgegriffen wird, beansprucht als Methode den realen Bewegungsverhältnissen der Formgestalt des zusammenhängenden materiellen gesellschaftlichen Prozesses „abgelesen" (ebd.: 240) zu sein. Diese Bewegungsverhältnisse des Sozialen regulierten sich aber nach je eigenen Gesetzen selbst (vgl. May 2004: 9 ff & 2005: 69 ff.).

Durch und in diesem zusammenhängenden materiellen gesellschaftlichen Prozess gewinne somit auch „das Soziale" jeweils historisch konkret seine Gestalt als Gemeinwesen (= Bildung des Sozialen). Und an ihm bilden sich dann auch die Einzelnen als „wirkliche individuelle Gemeinwesen" – wie Marx (vgl. MEW Bd. 40:539) sie nennt (= Bildung am Sozialen). Bildung des Sozialen und Bildung am Sozialen seien in dieser Weise unlösbar miteinander vermittelt. Nur ein dialektischer Begriff von Selbstregulierung als eines „Zusammenhangs von lebendiger Arbeit" (Negt/Kluge 1981: 69) vermöge die realen Bewegungsverhältnisse, in der der Elementcharakter solcher sozialer Organisierungen sich konkret verändert, in ihrer Eigengesetzlichkeit, ja Eigensinnigkeit, zu fassen. Diese ließen sich weder subjektivistisch auf soziale Willensakte, noch objektivistisch auf gesellschaftliche Strukturen reduzieren (vgl. Mays 2004: 12 ff. & 2005: Kap. 3.).

Vor diesem Hintergrund habe ich (vgl. May 2005a: 40 & 2006: 40) vorgeschlagen, „das Soziale" als Produkt eines Arbeitsprozesses zu betrachten, in dem entsprechende Beziehungsarbeitsvermögen dadurch zur Realisierung kommen, dass sie sich entsprechender „Produktionsmittel" des Sozialen bedienen, wie z.b. Rituale, Normen, Gesprächs- und Moderationstechniken, Methoden, Institutionen etc., die historisch aus ihrer lebendigen Arbeit bereits hervorgegangen sind. Demzufolge wirken also im Produktionsprozess des Sozialen lebendiges Beziehungsarbeitsvermögen und die aus ihm bereits hervorgegangene „tote" Arbeit entsprechender „Produktionsmittel" in einem je eigenen Verhältnis als soziale Produktivkräfte zusammen. Meiner Auffassung nach gilt dies für die ́privaten ̀ Beziehungsverhältnisse ebenso wie für die ́professionellen ̀.

Gramscis Überlegungen zur Funktion der Intellektuellen in der Gesellschaft aufnehmend haben Kunstreich (vgl. 1994: 87) und die Redaktion der Zeitschrift WIDERSPRÜCHE (vgl.: 2005: 4) jene Ansätze problematisiert, welche den Unterschied zwischen professioneller und nicht-professioneller Sozialer Arbeit an „der Spezifik der Tätigkeiten" (Gramsci 1967: 408) Sozialer Arbeit festzumachen versuchten. Zu bestimmen sei professionelle Sozialer Arbeit jedoch nur „im ganzen System der Beziehungen, in dem sie, und damit die Gruppen, die sie repräsentieren, als Teil des Gesamtkomplexes der gesellschaftlichen Beziehungen ihren Platz finden" (ebd.). Gramsci paraphrasierend kommen Kunstreich (ebd.) und die WIDERSPRÜCHE-Redaktion zu dem Ergebnis, dass innerhalb einer Pädagogik des Sozialen „alle Menschen SozialarbeiterInnen und SozialpädagogInnen" (ebd.) seien. Aber nicht alle hätten „die Funktion von Professionellen" (ebd.).

Dieser von Gramsci angesprochene „Gesamtkomplex der gesellschaftlichen Beziehungen" wurde auch mit Hilfe des Begriffs der Produktionsverhältnisse des Sozialen zu fassen versucht (vgl. May 2004a: 89 & 2005a: 40 & 2006: 41). Grundgedanke dabei ist, dass historisch bereits konstituierte Aspekte des Sozialen, wie z.b. bestimmte Organisationsformen Sozialer Arbeit, nicht nur als (Produktions-)Mittel relevant werden könnten, sondern eben auch als Bedingung im Sinne spezifischer Produktionsverhältnisse des Sozialen.

Und gerade hierin sieht die WIDERSPRÜCHE-Redaktion den zentralen Unterschied zwischen einer professionellen und einer nicht-professionellen Sozialen Arbeit. So bedeute es „einen gravierenden Unterschied für das, was sich an Sozialem entfalten kann,

- ob eine Frau ihre eigenen Kinder betreut;
- ob sie nachbarschaftlich verbunden oder ehrenamtlich die Kinder anderer betreut;
- ob sie dies auf der Grundlage von Hartz IV im Rahmen eines 1-Euro-Jobs
- oder einer Festeinstellung als Sozialassistentin, Erzieherin, Sozial- oder Diplompädagogin tut; und
- ob sie dann bei einer staatlichen Behörde oder bei einem Verein beschäftigt ist, der von den Eltern der Kinder selbst getragen wird" (May 2005a: 40 & 2006: 41).

Solche höchst unterschiedliche Bedingungen, unter denen Menschen jeweils ihre sozialen (Beziehungs-)Verhältnisse produzieren, werden jedoch meiner Ansicht nach (vgl. May 2004a: 89 & 2005a: 41 & 2006: 42f.) wiederum in entscheidendem Maße durch gesellschaftliche Produktionsverhältnisse vorbestimmt. Ich habe in diesem Zusammenhang zu zeigen versucht, wie diese vor allem in der Art und Weise, in der sie die Verfügbarkeit auch solcher Produktionsmittel regeln, wie z.B. Sozialkompetenzen und soziale Organisationsstrukturen, entscheidenden Einfluss darauf nehmen, was sich in ihrem Rahmen sozial entfalten kann. Vor diesem Hintergrund habe ich dafür plädiert, das Verhältnis zwischen der Herausbildung entsprechender Beziehungsarbeitsvermögen und dem, wie das Soziale unter jeweils spezifischen Produktionsverhältnissen gesellschaftlich produziert wird, nicht allein als ein dialektisches, sondern zugleich auch als ein hierarchisches zu betrachten.

Dennoch kann das, was sich im Zusammenwirken lebendiger Beziehungsarbeitsvermögen mit entsprechenden sozialen Produktionsmitteln jeweils situativ an Sozialem entfaltet, meiner Ansicht nach nicht einfach als eine bloße Funktion entsprechender Produktionsverhältnisse betrachtet werden. Vielmehr können solche sozialen Produktionsprozesse im Einzelfall sogar in Gegensatz zu jenen Verhältnissen treten. Dies heißt jedoch nicht, dass eine unproblematische Art der Aktualisierung der Beziehungsarbeitsvermögen in entsprechend seinen Prinzipien strukturierten Praxisformen des Sozialen unterstellt werden kann, wie dies meiner Ansicht nach in Bourdieus Habitus-Konzept (vgl. Kap 2.1) zumindest implizit anklingt.

So sehe ich zwar die Ausbildung kollektiver, gesellschaftlicher Fähigkeiten in der Entwicklung der Produktivkräfte selbst einer kapitalistischen Gesellschaft angelegt. Da der gesellschaftliche Zusammenhang sich hier aber über die Realisierung von Privatarbeiten unter Bedingungen des Privateigentums an Produktionsmitteln konstituiert, werden sie dadurch im Herrschaftsinteresse – so meine These – auf privatistischem Niveau gehalten. Mit der Ausgrenzung in die Privatheit der Familie bzw. die speziellen Organisations- und Institutionalisierungsformen professioneller Sozialer Arbeit werden jedoch meiner Auffassung nach die dort als Produktionsmittel zur Reproduktion der Gattung im allgemeinen und der Ware Arbeitskraft im besonderen zur Geltung kommenden (Beziehungs-) Arbeitsvermögen letztlich von ihren Verwirklichungsbedingungen getrennt. Denn als befriedigendes Vermögen und vollständiger Prozess kann sich – so meine auf Negt/Kluge gestützte These – der historisch vor allem in der weiblichen Arbeitskraft akkumulierte Beziehungsreichtum nur selbstreguliert verwirklichen, wenn er das Ganze der Gesellschaft in einer neuen Form von Öffentlichkeit ergreift (vgl. May 2004a: 90 f.).

Ich habe am Beispiel des Bedeutungsgewinns immaterieller Arbeit im Rahmen der Produktivkraftentwicklung zu zeigen versucht (vgl. May 2006), dass obgleich die kapitalistische Produktion mit ihren Verwertungszwängen auf diese Weise einer systematischen Entfaltung jener lebendigen Vermögen zuwider läuft, sie doch auf deren Wirken im Arbeitsprozess angewiesen ist. Dabei habe ich nicht nur zugestanden, dass diese Vermögen in den instrumentellen Qualifikationen – auch denen der professionellen Sozialen Arbeit – weitgehend durch den schematischen Blick der Mittel-Zweck-Perspektive verdeckt werden. Die Mehrzahl der in der Arbeitskraft als tote Arbeit habituierten Produktionsinstrumente können sogar – vom Verwertungsprozess ergriffen – durchaus eine Abstrahierung erfahren (vgl. May 2004: 144 ff.). Dennoch sehe ich die lebendige Arbeit vor allem aus solchen nicht akkumulierbaren Eigenschaften wie Spontaneität und Sensibilität sowie kooperativen und mimetischen Vermögen zusammengesetzt, die deshalb meiner Ansicht nach nicht im kapitalistischen Produktionsprozess selbst, sondern nur aus der Unmittelbarkeit von Beziehungsverhältnissen produziert werden können.

Professionelle Soziale Arbeit muss daher meiner Ansicht nach (vgl. May 2005a: 43 & 2006: 44f.) mit einem ständig in ihr arbeitenden Widerspruch umgehen: zwischen einerseits nicht nur lebendig sein zu wollen, sondern es im Grunde auch zu müssen, und der Unmöglichkeit andererseits, auf tote Arbeit verzichten zu können. Zu Letzterer gehören als Produktionsmittel ja spezifische Methoden ebenso, wie der kompetente Umgang mit gesetzlichen und administrativen Grundlagen. Im Unterschied zu den technizistischen Visionen einer „evidence based practice" kann und muss Soziale Arbeit sich aus meiner Sicht jedoch darauf beschränken, jene „eigentätigen Kräfte" zu stärken, „die die Gravitation zwischen toter Arbeit und lebendigen Arbeiten immer dann ausmachen, wenn der Zusammenhang lebendiger Arbeit zu sich selbst findet, den Ausschlag gibt" (Negt/Kluge 1981: 69). Denn auch die Produktivkräfte des Sozialen entwickeln sich meiner Ansicht nach nicht in erster Linie durch angeblich effektivere bzw. effizientere Produktionsmittel, wie z.b. entsprechende Methoden und Programme. Der entscheidende „(Wirk-)Faktor" scheint mir vielmehr zu sein, inwieweit in den unterschiedlichen Produktionsweisen des Sozialen, die dessen verschiedenen Produktionsverhältnissen Rechnung tragen, Selbstregulierungen gelingen.

Da professionelle Soziale Arbeit jedoch zugleich auch in den Widerspruch zwischen Produktivkräften und Produktionsverhältnissen eingespannt ist, kann sie sich dabei nicht allein auf die Entwicklung der Produktivkräfte des Sozialen konzentrieren. Vielmehr muss sie – damit der Zusammenhang lebendiger Arbeit zu sich selbst finden kann – meiner Ansicht nach (vgl. May 2005a: 43 & 2006: 44f.) auch auf eine entsprechende Veränderung der Produktionsverhältnisse hinzuwirken versuchen – zumindest im Bereich des Sozialen.

Zu einer solchen Veränderung der Produktionsverhältnisse des Sozialen wurden von der Redaktion der Zeitschrift WIDERSPRÜCHE, wie auch von ihren einzelnen Mitgliedern, eine ganze Reihe von Vorschlägen unterbreitet. Diese reichen

- von Konzepten des „user-involvements" (vgl. Oelerich/Schaarschuch 2005)
- sowie Strategien „antihegemonialer Responsivität" und „transversaler Aktivierung" (vgl. Kunstreich 1998: 404 ff. & May 2005: 223 ff.);
- über die Einrichtung kommunaler Ressourcenfonds (vgl. Heft 66/1997: Kap. III);
- bis hin zum umfassenden Entwurf einer „Sozialpolitik als Infrastruktur", wie er innerhalb von www.links-netz.de entwickelt und im Heft 97/2005 der WIDERSPRÜCHE ausführlich diskutiert wurde.

### 3.9 Zur Kontroverse um sozialpädagogisches Können und dessen Einbettung in eine (Professionalisierungs-)Theorie Sozialer Arbeit

In einer Diskussion im Rahmen eines Themenheftes der WIDERSPRÜCHE zur „Neo-Diagnostik – Modernisierung klinischer Professionalität?" (Kunstreich/Müller/Heiner/Meinhold 2003) hat Timm Kunstreich Burkhard Müller zugestanden, dass er „mit der Absicht, das klinische Deutungsmuster zu überwinden und außer Kraft zu setzen, [...] die grundlegenden Begriffe von Anamnese (Nicht-nicht-wissen), Diagnose (Durchblick), Intervention (Dazwischentreten) und Evaluation (gemeinsame Bewertung) stringent sozialpädagogisch und damit neu" (ebd.: 9) reinterpretiert habe. Dieser Vorschlag sei „in der Literatur zwar aufgenommen" (ebd.) worden, habe „aber in der Praxis so gut wie keine Bedeutung" (ebd.), würde hier doch „weiterhin nach traditioneller Manier diagnostiziert und ausgegrenzt" (ebd.).

Gegen den Begriff der Diagnose spreche Kunstreich zufolge auch, dass es „in der Diagnose ... – in Anschluss an oder in Verschränkung mit der Anamnese – um eine Rekonstruktion des Vergangenen" (ebd.: 17) gehe. Eine „derartige Rekonstruktion" (ebd.) sei zwar „für das Verstehen notwendig, [...] für eine Verständigung als Praxis prospektiver Dialoge [...] allerdings nicht ausreichend" (ebd.: 18). Zudem „sollte nicht die 'zweisame' Interaktion des einzelnen Professionellen mit dem einzelnen Klienten im Mittelpunkt stehen, sondern die soziale Situation, in der immer vielfältige Akteure eine mehr oder minder starke, d.h. direkte oder indirekte Rolle spielen. Auf diese Weise könnte auch der" (ebd.: 13) – nach Auffassung Kunstreichs – „nicht haltbare Unterschied zwischen Einzel-, Gruppen- und Gemeinwesenarbeit aufgehoben werden" (ebd.).

Demgegenüber glaubt Kunstreich, mit den „Handlungskomponenten (nicht: -schritten) – Problemsetzung, Verständigung, Assistenz und Handlungs- bzw. Zentralorientierung – Grundoperationen einer generativen Methodik" (ebd.: 18) entwickeln zu können, „deren Inhalt eben prospektive Dialoge und nicht retrospektive Monologe" (ebd.) seien, als die ihm „die in der Praxis dominierenden Konzepte von Diagnose erscheinen" (ebd.). Kunstreich (ebd.) und Müller (ebd.: 21) sind sich jedoch darin einig, „dass eine 'generative Methodik' sozialpädagogischen Handelns sich nicht so sehr in einer Reihenfolge von Handlungsschritten, sondern in auch zeitlich miteinander verschränkten Handlungskomponenten artikulieren sollte" (ebd.).

In diesem Sinne hat Burkhard Müller die von ihm bereit in seinem Buch „Sozialpädagogisches Können" (1993) uminterpretierten klassischen Handlungskomponenten noch einmal reformuliert:

- *„Anamnese* als systematische Bemühung um Horizonterweiterung – Wahrnehmung von Bedingungszusammenhängen auch jenseits dessen, was ich handelnd beeinflussen kann und Wahrnehmung von Lebenswelten jenseits dessen, was ich mir verstehend erschließen kann.

- *Diagnose* als Dreiecksbewegung zwischen meiner Wahrnehmung der Lebenslage und Selbstdeutungen des Klienten, meiner Wahrnehmung der Reaktion darauf, einschließlich der eigenen schon gegebenen Antworten und 'stellvertretenden Deutungen' und schließlich der beurtei-

lenden Einordnung in fachsystematische Zusammenhänge" (Kunst-
reich/Müller/Heiner/Meinhold 2003: 21 kursiv und Aufzählungszeichen
durch Verfasser). Dabei scheint es Müller sinnvoller zu sein, das was
Kunstreich im Anschluss an Kurt „Hekele mit ´Zentralorientierung`
meint, eher mit Körner als Formulierung einer ´exzentrischen Position`
zu bezeichnen. Nämlich die Formulierung eines Begründungszusam-
menhangs, der mir nicht die Antwort darauf gibt, was ich als nächstes
tun soll, wohl aber ein Referenzsystem für die Beurteilung meiner
Schritte zur Verfügung stellt, also so etwas wie eine systematische
Selbstreflexion (die oft erst im Nachhinein möglich ist) praktisch um-
setzbar macht" (ebd.: 20). Entscheidend für Müllers Begriffswahl ist,
„die Reflexion auf Handlungsmöglichkeiten als einen Außenstandpunkt
sowohl gegenüber den eigenen Handlungen und ihren möglichen Wirkungen als auch gegenüber dem Handeln des Klienten zu betrachten"
(ebd.; vgl. auch Kap. 6.1 & 6.6).

▪ „Sodann *Intervention* als Prozess der Assistenz im Sinn des zum
Gebrauch zur Verfügung-Stellens, Daneben-Stellens, und zwar nicht
nur von materiellen Gütern und andererseits als Prozess der Verständigung oder auch des Verhandelns und Aushandelns von vertretbaren
Kompromissen.

▪ Da all dies nur als selbstreflexive Praxis vorstellbar ist, wäre *Evaluation*
darin immer eingeschlossen. Als besondere Aufgabe hätte sie aber insbesondere die Reflexion der Rahmenbedingungen und deren Verbesse-
rung im Auge zu haben" (ebd.: 21).

Im Unterschied zu diesen sehr stark auch konzeptionell orientierten Entwürfen
einer alternativen Handlungskompetenz im Bereich Sozialer Arbeit kritisiert
Maja Heiner an Oevermann, dass dieser sein berufsstrukturelles Professionalitätsmodell zwar „mit dem Konzept der stellvertretenden Deutung und des Ar-
beitsbündnisses […] um eine handlungstheoretische Perspektive erweitert (habe), ohne jedoch über die Analyse der Handlungslogik hinausgehend auch mögliche Umsetzungsformen dieses Problemlösungsmodells zu konkretisieren"
(2004: 18 f.). Maja Heiners eigenes Modell von Professionsstandards hingegen
wird von Hans Thiersch dahingehend gewürdigt, dass es über die „konzeptuellen
und strukturellen Ergebnisse" (2004: 10) ihrer auf diesem Modell basierenden
empirischen Untersuchung hinaus aufweise, „dass und wie gelingende Soziale
Arbeit gestaltet werden kann, und dass sie gestaltet wird" (ebd.).

Allerdings scheint es Thiersch notwendig, dass Maja Heiners im Kontext
der Professionalisierungsdiskussion entwickelter Ansatz der Professionsstandards „in einer umfassender konzipierten Theorie der Sozialen Arbeit" (2004:

10) fundiert und weitergeführt wird. Diese habe auch „den Zusammenhang von Gesellschaftsverhältnissen, gesellschaftlichen Rahmenbedingungen für die Soziale Arbeit und heutiger Profilierung von Lebensschwierigkeiten und Aufgaben" (ebd.) zu thematisieren. So gebe Maja Heiner zwar „vielfältige Hinweise [...] auf die Begrenztheit institutioneller Möglichkeiten und Ressourcen wie auf die sozialpolitischen Verhältnisse. Die Frage nach den institutionellen Rahmenbedingungen und Ressourcen" (ebd.: 11) führe sie aber „nicht zu den Mustern in den Institutionen – z.B. den unausgesprochenen Verständnissen des Geschlechterverhältnisses, gegebenen hintergründigen Strukturen" (ebd.). Ebenso wenig werde „die Darstellung der allgemein gesellschaftlich gegebenen Widersprüche [...] für die Konkretisierung in der Handlungstheorie fruchtbar gemacht" (ebd.). Vielmehr nehme Maja Heiner diese „in der jeweiligen Zusammenfassung [...] erstaunlich rasch in eine letztlich positive Bewältigungsstrategie zurück" (ebd.).

Heiner selbst moniert, dass bei manchen, die den „Begriff des 'Paradoxes' [...] als kennzeichnend für die beruflichen Anforderungen der Sozialen Arbeit [...] verwenden, [...] nicht ganz klar" (2004: 30) wäre, „ob damit noch (der lexikalischen Vorgabe entsprechend) unüberwindbare Gegensätze oder nur unaufhebbare 'Schwierigkeiten' (so Schütze schon 1992: 136) gemeint" (ebd.) seien. Heiner verweist darauf, dass einige TheoretikerInnen im Vergleich zu ihren früheren Veröffentlichungen (z.B. Dewe u.a. 1986: 237f, 241, 262f) heute (vgl. Dewe u.a. 1995: 134) eher „von einer aufwändigen, aber möglichen 'Vermittlung' zwischen gesellschaftlichen Anforderungen und pädagogischen Vorstellungen bei der Förderung der Autonomie der Klientel" (Heiner 2004: 30) ausgingen. Der Sozialen Arbeit werde „nun eine positive intermediäre Funktion zugeschrieben, die der Vermittlung zwischen den Ansprüchen der Gesellschaft und den Bedürfnissen und Fähigkeiten der Individuen" (ebd.) diene. An die Stelle einer dichotomisierenden Sichtweise träten „mit Begriffen wie 'Ambivalenz' (Böhnisch 1996, Rauschenbach 1996, Hamburger 1997, Kleve 1999), 'Spannungsgefüge' (Merchel 1999) oder 'Crux' (Thole/Cloos 2000b: 289) nun Konzepte, die auf die Ausgleichspotentiale" (ebd.: 31) abzielten.

Heiner verweist in diesem Zusammenhang auf die diesbezügliche Bedeutung der sozialpädagogischen Rezeption der Habermasschen Theorie des kommunikativen Handelns. Wie in seiner Gesellschaftsanalyse deren beide Grundbegriffe „*System*" und „*Lebenswelt*" sowohl in einem Verhältnis der „*Kolonialisierung*" (der Lebenswelt durch das System) als auch in einem der „*Mediatisierung*" stehen können, vermöge die Soziale Arbeit nicht nur repressiv und kolonialisierend, sondern auch vermittelnd und kreativ intermediär in die Lebenswelt zu intervenieren (vgl. Kap.: 2.4 ff.). Obwohl auch ihr Modell der Professionsstandards zweifellos vermittlungstheoretisch ausgerichtet ist, verweist Heiner auf die Gefahr einer „Bagatellisierung" (ebd.: 33) der mit den kapitalistischen Produktionsbedingungen verbundenen Widersprüche und Spannungen. Sie bezieht sich dabei auf die von Heinz Sünker als „die gegenwärtig weitreichendste Analyse zur Einschätzung der Restrukturierung des Kapitalismus" (2004: 228) bezeichnete Untersuchung Manuel Castels (2000: 364 & 376). Diese konstatiert eine Spaltung der Sozialpolitik der postfordistischen Arbeitsgesellschaft in eine sich z.b. in Form von Schul- oder Gesundheitspolitik an die Gesamtbevölkerung wendende *Integrationspolitik* auf der einen Seite und eine sich an spezielle Problemgruppen wendende *Eingliederungspolitik* auf der anderen Seite.

### 3.10 Zur Kritik der Dienstleistungsorientierung Sozialer Arbeit

Damit ist aber zugleich der These einer „Normalisierung" bzw. „Generalisierung" Sozialer Arbeit nachdrücklich widersprochen, wie sie auch der Dienstleistungsorientierung zugrunde liegt (vgl. z.B. BMFSJ 1994: 582). Ich habe diesbezüglich kritisiert, dass die sich selbst „an der gesellschaftlichen Oberfläche in Form der sogenannten 'Zweidrittel-Gesellschaft'[…] zeigenden Herrschaftsstrukturen" (May 1994: 75) durch Becks (vgl. 1996) modernisierungstheoretische These einer Generalisierung der Risikostruktur verschleiert werden, derzufolge Problemlagen als biographische Wechselfälle in einer sich individualisierenden Gesellschaft prinzipiell jeden treffen könnten.

Gerade weil nach Ansicht der AutorInnen des 9. Jugendberichtes (vgl. BMFSJ 1994: 581) Erwartungshaltungen und Unterstützungsansprüche von Jugendlichen aus Familien der Durchschnittsbevölkerung der Jugendhilfe in den neuen Bundesländern ein positives und d.h. auch nicht stigmatisiertes Image attestierten, müsse eine strukturelle und funktionale Erweiterung der Jugendhilfe zu anderen Formen ihrer Institutionalisierung führen. Dabei seien Elemente der Bildung und Erziehung mit Hilfen zur Lebensbewältigung auf eine neue Weise zu verbinden, wofür der Dienstleistungsansatz eine innovative Grundlage biete.

Wie ich kritisiert habe, geht es „dabei aber gerade nicht um eine dergestalt 'neue Verbindung von Elementen der Bildung mit Hilfen zur Lebensbewältigung' (vgl. ebd.: 582), daß das Problembewußtsein der AdressatInnen im Hinblick auf die gesellschaftlichen Konstitutionsbedingungen ihrer Probleme zu weiten versucht würde, um in dem damit verbunden Verweis auf gesellschaftliche Interessenlagen und ihr Verhältnis zu einander den Blick auch auf die Notwendigkeit einer Demokratisierung sozialer Verkehrsformen zu lenken" (May 1994: 76). Vielmehr würden „nun im sozialwissenschaftlich populären Jargon der Modernisierungstheorie Pluralisierung von Lebensstilen, Relativierung traditioneller Werte- und Deutungsmuster oder die Temporalisierung von Lebensverläufen als Indikatoren gesehen, die insgesamt auf die zunehmend problematischer werdende Identitätsfindung von Jugendlichen hinwiesen" (ebd.: 75).

Demgegenüber hatte Hans-Uwe Otto, als einer der federführenden Autoren des 9. Jugendberichtes noch 1983 zusammen mit Siegfried Müller und Thomas Olk nachdrücklich davor gewarnt, dass „jeder Versuch, Risiken bei der Sozialisation von Kindern und Jugendlichen zu vermeiden, indem die beteiligten Personen und Personengruppen zum Gegenstand von Beratung, Therapie und Betreuung gemacht werden, [...] unweigerlich in einen Zirkel von Kontrollexpansion, Entdeckung ʹneuerʹ Risikogruppen und Problemfälle sowie erneute Ausweitung des Netzes sozialer Kontrolle" (Müller/Olk/Otto 1983: 144) führe. Der auch im Jugendbericht (vgl. 1994: 586) konstatierte Trend, dass Problemdeutungen und Selbstverständnis der AdressatInnen von Jugendhilfe sich potenziell immer weiter von den Normalitätskonstruktionen der Sozialgesetze und entsprechenden professionsspezifischen und angebotsorientierten Normdeutungen entfernten, war damals noch als gewachsene Ansprüche an Partizipation und ʹneue politische Kulturʹ (vgl. Müller/Olk/Otto 1983: 144) gedeutet worden. Der Jugendbericht hingegen hat dies „bloß noch als Notwendigkeit eines Perspektivenwechsels der Jugendhilfe von einer Fachbehörde hin zu einer modernen Dienstleistungsorganisation aufgenommen" (May 1994: 74).

So wird meiner Kritik zufolge das, „was in den 80er Jahren von den ʹNeuen sozialen Bewegungenʹ auf der Ebene radikaldemokratischer Interessenregulierung thematisiert" (ebd.: 76) wurde, in dieser Weise nunmehr einer „Angebotsentwicklung" sozialer Dienstleistungen überantwortet. Nicht nur, dass die im Orientierungsmodell des Jugendberichtes eingeklagte Responsivität damit „auf ein bloße Steigerung der organisationellen Rationalität interaktiver Bearbeitung der von jeglichen gesellschaftlichen Verursachungszusammenhängen entkleideten Probleme" (ebd.) zurückfalle. Die Dienstleistungsorientierung, wenn sie „mit einer bunten Palette den angeblich so individuell einzigartigen Bedürfnissen und Problemen der Jugendlichen gerecht zu werden" (ebd.: 76) versuche, verdoppele in dieser Institutionalisierungsform darüber hinaus sogar noch einmal den „im Begriff der Individualisierung so geschönte[n] Prozeß der Vereinzelung im Kapitalismus" (ebd.).

Zudem stellt die Angebotsorientierung – wie ich andernorts (vgl. May 2005: 219) kritisiert habe – „keine prinzipiell neue Antwort auf die Frage dar, wie die AdressatInnen professioneller sozialer Arbeit ihre Selbstbestimmung darüber zurückgewinnen können, was dort als Problem gelten und wie dies in einem Zusammenwirken mit Professionellen zu bearbeiten sein soll" (ebd.). Zwar könnten diesem Selbstverständnis von Dienstleistungsorientierung zufolge die jetzt als „KundInnen" begriffenen AdressatInnen Sozialer Arbeit deren „Hilfsangebote zu den Konditionen, wie sie von institutioneller Seite vorgegeben werden,

[...] annehmen oder verweigern" (ebd.: 218). Auch eröffnet die Dienstleistungsorientierung ihnen möglicherweise sogar die Gelegenheit, zwischen unterschiedlichen Hilfsangeboten zu wählen. Keinesfalls löse sie damit aber schon die Abhängigkeit der Problembetroffenen von diesen. Im Gegenteil sei zu befürchten, dass „die Angebotsorientierung einer Aneignung gesellschaftlicher Produkte in Form von Erwartungshaltungen" (ebd.: 219) Vorschub leiste.

Ich habe darzulegen versucht, dass den nun als KundInnen begriffenen AdressatInnen Sozialer Arbeit „ihrerseits jedoch bereits zuvor gesellschaftliche Lebens- und Arbeitsbedingungen privatkapitalistisch in hohem Maße enteignet" (ebd.) wurden. Die Angebotsorientierung – so meine Argumentation – nehme ihnen nun noch die von Schaarschuch mit sozialer Dienstleistungsproduktion assoziierten Möglichkeit, „sich selbst als die Subjekte zu erfahren, welche [...] eigenständig Problembewusstsein und entsprechende Ansätze einer Problembearbeitung entwickeln und dabei von pädagogischer Seite Unterstützung erfahren. Nur dies aber bedeutete [...] Hilfe zur Selbsthilfe" (ebd.).

### 3.11 Zur Kontroverse um eine zukünftige Profilierung Sozialer Arbeit

Zwar stellt die prinzipiell gleichgewichtige Bedeutung sowohl organisatorischer, professioneller als auch adressatenbezogener Komponenten, die das Orientierungsmodell des Jugendberichtes als Grundlage institutionalisierter Formen der Dienstleistungsorientierung unterstellt, auch aus meiner Perspektive eine notwendige Bedingung zur Veränderung der Machtverhältnisse dar, die als Grenze der Aufklärung in pädagogischen Verhältnissen wirksam werden. Solange jedoch die Sache, um die es in der Produktion personenbezogener sozialer Dienstleistung geht, wie eine im Besitz der DienstleisterInnen befindliche Ware angeboten wird, und dementsprechend „KundInnen" versuchen, sich diese konsumierend anzueignen, kann diese Grenze meiner Ansicht nach nicht überwunden werden. „Aufklärung" wird – so meine These – „erst dann möglich, wenn pädagogisch Tätige ihre AdressatInnen darin unterstützen, sich selbst am Gegenstand des Stoffes dieser ´sozialen Dienstleistung´ zu bilden, um in der gemeinschaftlichen Arbeit zugleich den freiheitlichen Umgang mit sich und anderen zu lernen" (2005: 220).

Für mich impliziert dies, „an *der* Stelle den gesellschaftlichen Konflikt aufzunehmen, wo ein subjektiv produktiver Umgang von ´Dienstleistenden´ und sog. ´KundInnen´ auf die Möglichkeit einer weiteren Zurückdrängung statt auf eine noch forciertere Durchökonomisierung der staatlichen Dienstleistungsproduktion nach Warenkategorien verweist" (ebd.: 221). Dem weiteren Einbruch einer tauschwertförmigen Produktionsstruktur in der Bereich Sozialer Arbeit gilt

es meiner Ansicht nach auf diese Weise eine politische Alternativstrategie entgegenzusetzen, deren aktuelle Ausgestaltung in der Zeitschrift WIDERSPRÜCHE
unter dem Titel „Politik des Sozialen" immer wieder neu diskutiert wird.

Michael Winkler fordert in diesem Zusammenhang sogar eine „Transformation von Recht und Gesetz in sozialpädagogische Kategorienzusammenhänge"
(1988: 225). Nur so scheint ihm auch eine „prinzipielle Lösung des Dilemmas"
(ebd.) möglich, den Konflikt „zwischen den in den Gestalten des Rechts und der
Verwaltung auftretenden Ansprüchen des politischen Systems und der sachlich
notwendigen, auf Personen in ihrer Individualität gerichteten ′pädagogischen′
Intention, [...] entweder – etwa in der Formel vom ′doppelten Mandat′ – als unvermeidlich" (ebd. : 224) festzuschreiben oder „durch den Verweis auf eine
intensive fachliche ′Ethik′ gleichsam ideologisch" (ebd.) zu relativieren.

Recht müsse deshalb „als Bildungsbegriff thematisiert, konkret: als ein Mittel verstanden werden, die Entwicklungsprozesse von Subjekten zu ermöglichen
und zu unterstützen" (ebd.: 225). Winkler sieht Johann Heinrich Pestalozzis
Schrift über „Gesetzgebung und Kindermord" systematisch betrachtet in dieser
Weise „auf eine rechtliche und materielle Sicherstellung der Adressaten sozialer
Arbeit, vor allem aber auf die Etablierung von Institutionen (zielen d.V.), innerhalb derer sie – betreut – mit ihren kritischen Lebenssituationen umgehen können" (ebd.: 226).

Winkler zufolge biete sich „diese Systematik [...], wenn auch modifiziert
und akzentuiert, angesichts der durch die Fiskalkrise des Staates wachsenden
Finanzierungsprobleme für den sozialen Sektor erneut" (ebd.) als „Eigendefinition" (ebd.: 238) an: „Nicht nur, dass eine faktische Autonomisierung jene Dysfunktionalität und Ineffektivität beseitigen könnte, welche aus den staatlich vorgegebenen Regelstrukturen entstanden" (ebd.: 238 f.) seien. Eine „pädagogische
Redefinition" (ebd.: 239) des sozialen Sektors ließe sich seiner Ansicht nach vor
allem aus zwei Gründen nicht umgehen: Zum einen befänden sich „die Individu-
en gesellschaftlich in einer Lage, in der sie ihr Überleben nur durch Lernprozesse
sichern" (ebd.: 239) könnten. Zum andern könne sich auch die soziale Arbeit
nicht mehr „an traditionellen Normalitätsvorstellungen [...] orientieren" (ebd.),
ja, ihr sei „nicht einmal mehr eine Selbstbestimmung über den Gedanken der
Reintegration möglich" (ebd.). Sie müsse vielmehr „Bildungsprozesse unterstützen, ohne darüber befinden zu können, wohin diese gehen" (ebd.) und sähe sich
somit erneut „auf die klassischen, subjektbestimmten Vorstellungen von Pädagogik als Unterstützung von Bildungsprozessen verwiesen" (ebd.).

Zwar sei es aus der Perspektive von Albert Scherr „keineswegs obsolet"
(2001: 70), in dieser Hinsicht beispielsweise „Bildungsprozesse ′transversaler
Sozialitäten′ [...] zu organisieren" (ebd.), wie dies von der WIDERSPRÜCHE-
Redaktion proklamiert wird. Für ihn bedeutet es jedoch „einen erheblichen Un-

terschied" (ebd.), ob es in dieser Weise darum gehe, „mühsam einige Freiräume mit Distanz zu Markt und Staat zu schaffen und zu erhalten [...] oder aber ernsthaft über Möglichkeiten einer nachkapitalistischen Gesellschaft" (ebd.) nachzudenken. „Ein anzustrebendes alternatives Gesellschaftsmodell jenseits der Strukturen funktionaler Differenzierung, jenseits der kapitalistisch-marktwirtschaftlichen Geldökonomie, jenseits des staatlichen Gewaltmonopols, jenseits der parlamentarisch-repräsentativen Demokratie" (ebd.) sieht er gegenwärtig jedenfalls „weder theoretisch entworfen noch politisch-praktisch im Entstehen" (ebd.). Demgegenüber stelle es „vielmehr schon eine ziemlich große Aufgabe dar, die (wie immer auch in sich problematischen) Errungenschaften des bundesdeutschen Sozialstaates gegen neoliberale Infragestellungen zu verteidigen sowie eine repressive Wendung der Sozialpolitik und die weitere Ökonomisierung der sozialen Frage abzuwehren" (ebd.).

# 4 Systemtheoretische und system(ist)ische Ansätze

## 4.1 Systemtheoretische Grundlagen

Es gibt keine ausgearbeitete Systemtheorie Sozialer Arbeit. Es finden sich jedoch „eine Reihe von Versuchen, die soziologische Systemtheorie, die sich bei der Untersuchung und Beschreibung vieler anderer sozialer Phänomene bewährt hat, auch auf Problemstellungen der Sozialarbeit anzuwenden" (Baecker 2001: 1870). Ähnlich wie schon zuvor in den Erziehungswissenschaften (vgl. Oelkers/Tenorth 1987: 41), besteht deshalb auch in Rahmen des Diskurses um eine Theorie Sozialer Arbeit keine einheitliche Auffassung darüber, ob es sich bei diesen Ansätzen um ein neues, relativ eigenständiges Paradigma handelt oder eher um systemtheoretisch-soziologisch ausgerichtete Analysen von Problemen von Erziehung und Sozialer Arbeit sowie deren gesellschaftlicher Funktion.

Gemeinsam ist diesen Ansätzen der Bezug auf einen sehr allgemeinen Begriff von System. Demnach lässt sich ein System beschreiben als ein Gebilde, bei dem eine Menge von Elementen oder bestimmte Merkmale von diesen durch Beziehungen, „Relationen", in einer spezifischen „Struktur" miteinander verkoppelt sind (vgl. AG Soziologie 1978: 105 f.). Um ein besonderes System beschreiben zu können, muss es gegenüber seiner Umwelt abgegrenzt werden können. Dies ist jedoch nicht nur ein Problem der begrifflichen, sondern auch der wirklichen Feststellung bzw. Stabilisierung der Grenze eines Systems gegenüber seiner Umwelt, denn „Systembildung besteht im Vorgang der Festlegung/Feststellung eine ´Innen-Außen-Differenz`" (ebd.: 106). „Als System lässt sich danach alles bezeichnen, worauf man die Unterscheidung von innen und außen anwenden kann; denn in dem Maße, wie eine Ordnung sich ausprägt und verdichtet, müssen unterscheidende Grenzen gezogen werden, und andererseits setzt die Erhaltung der Grenzen eine darauf abzielende innere Ordnung voraus" (Luhmann 1972: 83). Auch „soziale Systeme" könnten in dieser Weise „wie alle Systeme begriffen werden als strukturierte Beziehungsgefüge" (Luhmann 1969: 392).

Der klassische Strukturfunktionalismus des amerikanischen Soziologen Talcott Parsons (1976) war ganz auf den „Bestand" solcher sozialen Systeme konzentriert. „Bestand wurde als ein durch funktionale Leistungen bewirkter Zustand angesehen, der durch laufende Wiederholung der Leistung oder durch andere Formen der Dauerwirksamkeit gesichert" (Luhmann 1970: 33) werden könne. Parsons ging dabei von der inneren Ordnung des Systems aus, und Funktionen dienten aus seiner Sicht der Erhaltung dieser Strukturen. Für ihn war somit das Ganze durch einen feststehenden Zweck definiert, zu dem die Teile als Mittel zum Zweck nur systemerhaltende Leistungen produzieren.

Luhmann hingegen drehte dieses Verhältnis um. Seine Theorie geht von den Funktionen aus und ordnet den Strukturen nachrangig die Aufgabe zu, die Funktionen konstant zu halten. Funktionen werden von ihm in diesem Zusammenhang auch nicht als „zu bewirkende Wirkung", sondern im Wesentlichen als Anpassungsleistungen an die jeweilige Umwelt gesehen. Und da er die Besonderheit sozialer Systeme darin sieht, dass „sie aus sozialen Handlungen gebildet werden, [...] denen ein Sinnbezug auf das Handeln anderer Menschen immanent ist" (Luhmann: 1969: 392), versucht er die Funktionen sozialer Systeme auch als „regulatives Sinnschema" zu fassen. „Ein soziales System reduziert mithin die äußere Komplexität seiner Umwelt auf bestimmte, oder doch bestimmbare, ausgewählte Handlungsmöglichkeiten und kann dadurch zwischenmenschliches Handeln sinnhaft orientieren. Das ist seine Funktion." (ebd.)

## 4.2  Zum evolutionären Selbstverständnis der Luhmannschen Systemtheorie

Luhmann zufolge trifft dies auf alle Arten sozialer Systeme zu. Er selbst (vgl. 1975: 9 ff.) differenziert in dieser Hinsicht zwischen Interaktions-, Organisations- und Gesellschaftssystemen. Auch die Gesellschaft als System hat Luhmann zufolge ihre Funktion in der Konstitution von Sinn bzw. der Regulierung von Sinngrenzen und garantiert dadurch eine geordnete Umwelt aller übrigen Sozialsysteme. Seiner Theorie nach wird erst aufgrund variierbar (*Überschuss an Möglichkeiten*) gewordener Verhaltensmuster und darauf bezogener Leistungseffektivierung eine Ausdifferenzierung eines Gesellschaftssystems von seiner Umwelt ermöglicht. Organisationsartige Selektionsprozesse (*Auswahl brauchbarer Möglichkeiten*) könnten diese Evolution nicht nur beschleunigen. Sie könnten sie zugleich auch stabilisieren (*Bewahrung der gewählten Möglichkeit*), indem die Erwartungen in sozialer Hinsicht reflexiv werden. Dabei geht Luhmann davon aus, dass der Möglichkeitsraum einer Selektion durch bereits erfolgte oder antizipierte andere Selektionen konstituiert und reduziert werde, was er als *Kontingenz* bezeichnet. Eine sachlich und zeitlich ausgeweitete Selektivität lasse sich vor diesem Hintergrund sozial nur dadurch abstimmen, dass jeder erwarten könne, was andere von ihm erwarten. Diese „Erwartungserwartung" hat Luhmann später als „doppelte Kontingenz" bezeichnet.

Die epochale Leistung von Hochkulturen sieht Luhmann darin, dass es ihnen gelungen sei, die Kontingenz des Handelns durch kollektiv bindende Entscheidungen zu kontrollieren und darüber auch die Handlungsfähigkeit der Gesellschaft als eines sozialen Systems zu gewährleisten. Für diese „Umlenkung" disparater interaktioneller Handlungen seien Organisationen von besonderer Bedeutung gewesen. Denn sie bewirkten nicht nur eine Steigerung der Handlungseffizienz, die dann durch vermehrte Zentralisation noch weiter erhöht worden sei. Darüber hinaus habe auch erst ihr „Dazwischentreten" in Verbindung mit einer ausgeprägten Schichtendifferenzierung es ermöglicht, dass sich ein Gesellschaftssystem unabhängig von den „Restriktionen des Systemtyps Interaktion" (vgl. Luhmann „Bielefelder Manuskripte" 1974: 58 zit. nach Kiss 1977: 345) habe entwickeln können.

Zugleich sieht Luhmann darin auch eine Erweiterung des Bereichs möglicher Kommunikationen, die nicht mehr auf Anwesenheit, d.h. auf die Bildung von Interaktionssystemen, angewiesen sind: „Wenn das Gesellschaftssystem expandiert und komplexer wird und wenn zugleich für jeden Konfliktfall, *wann immer* er auftritt, *um was immer* es geht und *wer immer* beteiligt ist, kollektive Handlungsbereitschaft als Potential verfügbar sein muß, kann dies nicht mehr durch Einzelpersonen gewährleistet werden, sondern nur noch durch ein nach Regeln aktivierbares Netz von Handlungsmöglichkeiten, durch ein im Hinblick auf die Funktion besonders organisiertes Sozialsystem, etwa durch eine Reichsbürokratie mit lokal verzweigtem Unterbau oder durch das Ämtergefüge einer Stadtgesellschaft" (vgl. Luhmann „Bielefelder Manuskripte" 1974: 204 f. zit. nach Kiss 1977: 344). Luhmann liest dies auch (vgl. Kiss ebd.: 345) als politisch-rechtlich konstituierte „Selbstthematisierung" des Gesellschaftssystems, welche dann nicht nur zu dessen territorialer Grenzbestimmung geführt habe. Der gesellschaftsstrukturelle Primat der Politik in solchen Prozessen der Selbstthematisierung mache zugleich auch Politik zum Identitätsmerkmal des Gesellschaftssystems (vgl. ebd.).

Zwar habe die nur über die Schaffung und Zentralisation von Organisationen zu gewährleistende höhere Handlungseffizienz zunächst nur vom politischen Teilsystem geleistet werden können. Die politische Zentralisation habe aber die Ausdifferenzierung eines Teil-Systems Wirtschaft im Rahmen der industriellen Produktionsweise vorbereitet und ermöglicht. Dieses sei dann seinerseits – so Luhmann – zum „zentrale[n] Antriebsfaktor gesellschaftlichen Wandels" (1973: 35) avanciert (Primat der Ökonomie). Dabei wirke der gesellschaftliche Wandel, nach Luhmanns Ansicht (vgl. ebd.: 32), nun auch nicht mehr direkt auf Organisationen ein, sondern nur mehr als Veränderung von deren Umwelt.

Die für Luhmann wichtigste evolutionäre Errungenschaft der Moderne ist jedoch, dass jenes sich immer stärker ausdifferenzierende Teil-System Wirtschaft die Kalküle ökonomischer Rationalität aus traditionellen Vorgaben der Religion und der handwerklichen Ständeordnung freigesetzt und als an der Weitergabe von Zahlungen orientierte Geldwirtschaft etabliert habe. Zugleich seien damit auch die funktionalen Differenzierungsprozesse des Gesellschaftssystems enorm beschleunigt worden. Und so stellt aus Luhmanns Sicht die evolutionäre Überwindung einer segmentären Differenzierung „auf der Basis von Verwandtschaft oder Wohngemeinschaft" (1973: 24) hin zu einem „hohen Maß funktionaler Differenzierung vor allem von Politik, Wirtschaft, wissenschaftlicher Forschung und familiärem Intimbereich" (ebd.), die wichtigste Voraussetzung des gesellschaftlichen Systemaufbaus in der Moderne dar.

Im Unterschied zu Parsons sieht Luhmann somit die funktionale Differenzierung moderner Gesellschaften „als ein evolutionäres Produkt und nicht als eine logische Folge der Analyse des Handlungsbegriffs" (Luhmann 1993: 585). Sie ist deshalb in seiner Theorie – wie skizziert – auch die Bedingung der Möglichkeit einer Ebenendifferenzierung nach Interaktions-, Organisations- und Gesellschaftssystemen. Und in gleicher Weise beansprucht Luhmann diesem evolutionären Prozess zu folgen, wenn er in seinen Arbeiten ab den 80er Jahren damit beginnt, Systeme nicht mehr primär durch die System-Umwelt-Differenz, sondern durch eine sog. Selbstreferenz zu charakterisieren. Generell „kennzeichnend für funktionalistische Untersuchungen ist [...] die Betrachtung des Beitrags eines Systemteils (oder bestimmter Vorgänge im System) für die Aufrechterhaltung des Gesamtzustandes des Systems ('Überleben`) oder eines besonderen, ausgezeichneten Zustandes" (AG Soziologie 1978: 102 f.). Von dort ausgehend lag es für Luhmann nahe, an die Arbeiten der beiden chilenischen Biologen Maturana/Varela (1987) anzuknüpfen.

### 4.3  Zur Theorie autopoietischer Systeme – die Maturana/Luhmann-Kontroverse

Maturana hat mit dem von ihm entwickelten Konzept der Autopoiese (von gr. autos = selbst und poiein = machen), als Ansatz zu einer rein mechanistischen Erklärung des Phänomens Leben, darzulegen versucht, dass auch ein biologisches Phänomen Ergebnis der Interaktionen seiner notwendigen Bestandteile und nicht Ausdruck bestimmter Eigenschaften dieser Elemente ist. Er geht dabei davon aus, dass Zellen, die als Einheiten 1. Ordnung sich durch eine entsprechende Verkopplung ihrer Bestandteile im Prozess einer Autopoiese bilden, sich durch reziproke Koppelung 2. Ordnung zu Organismen entwickeln. Seinen in dieser Weise auf Leben bezogenen Begriff der Autopoiese sieht er somit auf Zellen als Lebewesen 1. Ordnung und biologische Organismen als Lebewesen 2. Ordnung begrenzt.

Soziale Phänomene entstehen Maturanas Auffassung nach durch eine Ko-Ontogenese als Kopplung 3. Ordnung. Denn „die Mitglieder jedweder menschlichen Gesellschaft [...] (selektierten) durch ihr Verhalten [...] sowohl bei ihren alten als auch bei ihren neuen Mitgliedern beständig die gleichen Verhaltensweisen" (1987: 295). So hat Maturana in seiner „Biologie der Sozialität" (ebd.: 287 ff.) zu zeigen versucht, dass „das individuelle Wesen des Menschen notwendigerweise sozial und das soziale Wesen des Menschen notwendiger Weise individuell" (ebd.: 288) sei.

Luhmann hingegen hat versucht, den Begriff der Autopoiese im Rahmen seiner allgemeinen Theorie von Systemen auch auf kognitive, psychische, soziale, wirtschaftliche, rechtliche u.a. Systeme anzuwenden. Dagegen gibt es viele Argumente, die schon die Ausweitung dieses Begriffes auf kognitive und psychische Systeme problematisieren (vgl. z.B. Roth 1987: 61). Dies zu erörtern, würde hier jedoch zu weit führen. Zumindest angedeutet werden sollen aber die Gegenargumente, auch soziale Systeme als autopoietische zu fassen.

So geht Hejl (1987: 303 ff.) in seiner „konstruktivistischen Sozialtheorie" im Anschluss an Maturanas Argumentation zwar auch davon aus, dass Menschen „aus biologischen Gründen" (1987: 315) sozial leben. Maturana selbst hat jedoch immer wieder betont, dass Soziale Systeme „als Netzwerk der menschlichen Koordination von Handlungen und nicht als Netzwerk der Produktion von Menschen konstituiert" (1982: 11) würden, also nichts mit der Autopoiesis des Lebens zu tun hätten. Entsprechend begreift auch Hejl Soziale Systeme als „partielle 'Parallelisierung` der selbstreferentiellen Subsysteme (der kognitiven Subsysteme) der interagierenden Systeme" (ebd.: 317). Für ihn sind soziale Systeme deshalb weder selbstorganisierend, noch selbst-, sondern synreferentiell.

Luhmann hat diese Einwände dadurch zu umgehen versucht, dass er unterscheidet zwischen:

1. einer Autopoiesis des Lebens, die sich auf die Gesamtheit aller biologischen Vorgänge beziehe,
2. einer Autopoiesis des Bewusstseins, die sich auf die Gesamtheit aller intrapsychischen kognitiven Vorgänge beziehe und
3. einer Autopoiesis der Kommunikation, die sich auf die Gesamtheit aller Kommunikationen in der Gesellschaft beziehe.

„Kommunikationen lassen sich nur durch Kommunikationen reproduzieren; bewusste Gedanken nur durch bewusste Gedanken; und das Leben lebt sein Leben, ohne dass ihm Bewusstsein oder Kommunikation hinzugefügt werden könnte. Die im geschlossenen Netzwerk reproduzierten Elementareinheiten sind anschlussfähig nur an Elementareinheiten des gleichen Netzwerks" (Luhmann 1988: 48). Gegenüber den anderen erzeugten sie nur „Rauschen".

Entsprechend betrachtet Luhmann im Unterschied zu Maturana und Hejl auch nicht selbstreferentielle kognitive bzw. psychische Systeme als Komponenten sozialer Systeme, sondern Kommunikation. Und so hat er die unterschiedlichen Arten von Systemen danach zu beschreiben versucht, welche grundverschiedenen basalen Operationen die Autopoiese in diesen vollziehe. Dabei geht er davon aus, dass „durch den bloßen Vollzug der entsprechenden Operationen sich völlig verschiedene Systeme [bildeten d.A.], die sich von jeweils ihrer Umwelt unterscheiden" (1987: 10) ließen.

Einig sind sich Luhmann und Maturana allerdings darin, dass das Verhältnis eines Systems zu seiner Umwelt bzw. zu anderen Systemen sich nicht als kausale Bewirkung von Ereignissen durch externe Ursachen fassen ließe. Vielmehr würden Ereignisse der Umwelt auf der Grundlage eines systemeigenen Codes beobachtet. Eine Reaktion des Systems auf diese folge deshalb primär dessen Eigengesetzlichkeit. Luhmanns Theorie zufolge bildeten sich in dieser Weise im Rahmen der evolutionären Differenzierung von Gesellschaft bestimmte Teilsysteme auch als operativ geschlossene Funktionssysteme aus. Diese operierten mit einer exklusiven Leitunterscheidung in Form einer „binären Codierung". So etabliere sich beispielsweise die Wissenschaft in Abgrenzung zur Religion als ein Funktionssystem, das mit der Leitunterscheidung wahr/falsch operiere und zwar exklusiv und nur mit dieser.

Diese operative Geschlossenheit und Selbstreferentialität gelte auch für so zentrale Funktionssysteme, wie z.B. das Wirtschaftssystem, das Haben/Nichthaben definiere, oder das Rechtssystem, das exklusiv über Recht/Unrecht entscheide. Operative Geschlossenheit bedeute in diesem Zusammenhang aber nicht Autarkie, sondern im Gegenteil wechselseitige Abhängigkeit: So gäbe es z.B. ohne rechtliche Absicherung von Zahlungsverpflichtungen und Eigentumsrechten keine selbstreferentielle Geldökonomie und ohne Gewaltenteilung keine operative Schließung des Rechtssystems. Luhmann thematisiert dies mit seinem allerdings relativ wenig ausgearbeiteten Konzept der „*Interpenetration*", vergleichbar dem, was Maturana „*strukturelle Koppelung*" nennt. Auch existierten aus seiner Sicht weiterhin „Teilsysteme der Gesellschaft, die zwar eine eigene Identität und eigene Systemgrenzen" (Luhmann 1984a: 311) ausbildeten, jedoch „in ihren elementaren Operationen keine Exklusivität und keine rekursive Geschlossenheit" (ebd.) erlangten.

## 4.4  Grundüberlegungen einer systemtheoretischen Erziehungswissenschaft

Seit den späten 70er Jahren hat sich Luhmann – häufig in gemeinsam mit Karl-Eberhard Schorr verfassten Publikationen – auch mit der Ausdifferenzierung einer besonderen Funktionsperspektive Erziehung und einer entsprechenden Erziehungsreflexion als akademischer Disziplin im Hochschulsystem beschäftigt. Dabei gehen sie von der Annahme aus, dass als „Korrelat evolutionärer Veränderungen des Gesellschaftssystems" (Luhmann/Schorr 1988: 87) sich ein Konzept „zu lernenden Lernenkönnens" (ebd.) ausbilde und in die sich funktional ausdifferenzierende Gesellschaft einpasse. Denn „höhere Komplexität, die selektives Verhalten erzwingt, erfordert höhere Umstellungsfähigkeit auf der Ebene sozialer wie auf der Ebene psychischer Systeme" (ebd.). Bezüglich Letzterem werde Lernfähigkeit zu einer Kontingenzformel, welche im Zusammenhang gesellschaftlicher Systemdifferenzierung die Etablierung eines autonomen Teilsystems Erziehung ermögliche.

Luhmann/Schorr (vgl. 1988: 368 ff.) unterscheiden aus der Perspektive funktionaler Differenzierung auch streng zwischen „Pädagogik" als einem Teil des Erziehungssystems, das sich selbst reflektiere und legitimiere, und einer Erziehungswissenschaft, die das Erziehungssystem und seine Erziehungs- bzw. Selbstreflexion von außen beobachte. Deshalb könne Letztere auch auf Defizite pädagogischen Handelns bzw. Grenzen pädagogischer Ambition aufmerksam machen. Vor dem Hintergrund von Luhmanns Annahme, dass das menschliche Bewusstsein ein autopoietisches System sei, „das weder Bewusstsein von außen erhalten noch Bewusstsein nach außen geben" (1987: 355) könne, werden diese nicht nur in einem „Technologiedefitzit" (Luhmann/Schorr 1982: 14), sondern noch grundlegender auch in einem „Verstehensdefizit" (Luhmann/Schorr 1986) der Erziehung verortet.

Von daher sehen Luhmann/Schorr durch Erziehung, als Versuch planmäßiger, kontrollierbarer Verknüpfung sozialer und psychischer Systeme, ein autopoietisches System eigener Art in Gang kommen, das die kommunikativen Operationen, aus denen es bestehe, sich selbst verdanke. Das gesellschafts- und erziehungstheoretische Defizit der Pädagogik bestehe nicht allein darin, dass sie das Unmögliche wolle. Darüber hinaus versperre sie sich auch noch reflexiv gegenüber einer Analyse der Folgen ihrer paradoxen Aufgabe, etwas zielbezogen anzustreben, was die Wirklichkeit nicht zielkontrolliert erlaube. Luhmann (vgl. 1987) bezieht sich in diesem Zusammenhang auf den Versuch, den Prozess der Sozialisation erzieherisch zu überformen, der selbst erziehe. Dass es in der gesellschaftlichen Umwelt „auch so etwas wie Sozialisation, ja selbst intentionale Sozialisation" (Luhmann 1984a: 311) geben könne, verdeutlicht für ihn mit Blick auf das Verhältnis von Familie und Schule sowie das Verhältnis beider zu dieser ihrer gesellschaftlichen Umwelt, dass sich in einer Gesellschaft auch Teilsysteme ausbilden könnten, die „in ihren elementaren Operationen keine Exklusivität und keine rekursive Geschlossenheit" (ebd.) erreichten.

## 4.5  Zur Theorie funktionaler Teilsysteme

Wenn Luhmann von Teilsystemen spricht, so also immer aus seiner funktional-
(abstrakt)en Beobachtungsperspektive heraus. Funktionale Teilsysteme kommen
in seiner Theorie deshalb vor allem als Kommunikationssysteme in den Blick,
für die eine je spezifische Perspektive der Beobachtung ihrer Umwelt kennzeichnend sei. Sie ließen sich deshalb auch nicht räumlich abgrenzen und seien keinesfalls mit konkreten Organisationen gleich zu setzen. Vielmehr erfüllten die
meisten Organisationen durchaus unterschiedliche gesellschaftliche Funktionen
(vgl. z.B. Scherr 2000: 66). So ließen sich Hochschulen mit ihren Programmen
nicht allein dem Wissenschaftssystem zuordnen, werde in ihnen doch auch ge-
lehrt. Außerdem gäbe es in ihnen zumeist noch eine Rechtsabteilung. Und nicht
nur die anwendungsorientierte Forschung, sondern auch die Lehre müsse sich
zunehmend an Imperativen des Wirtschaftssystems orientieren. Umgekehrt könne somit das gleiche Ereignis, wie z.B. ein Antrag auf Drittmittelforschung,
gemäß seiner Relevanz für ein entsprechendes funktionales Teilsystem unter
völlig unterschiedlichen Perspektiven (wissenschaftliche Solidität; rechtlich
Unbedenklichkeit; ökonomisch) betrachtet werden.

Luhmann theoretisiert solche funktionalen Teilsysteme somit als Ausdiffe-
renzierungen innerhalb der Gesamtheit der füreinander erreichbaren Kommunikationen. Wechselseitig stellten diese jeweils Umwelten dar, weshalb für ihn die
moderne Gesellschaft nicht anderes sei „als die Gesamtheit ihrer internen Sys-
tem/Umwelt-Verhältnisse" (Luhmann 1989: 158). Weiterhin erfolge die funktionale Ausdifferenzierung von Teilsystemen auch gegenüber der nicht-sozialen
Umwelt der Gesellschaft, und sogar gegenüber den physischen und psychischen
Systemen der menschlichen Einzelwesen. Denn Letztere würden in funktional
ausdifferenzierten Gesellschaften von den entsprechenden Teilsystemen nur in
deren jeweils systemeigenen spezifischen Modus kommunikativ in Anspruch
genommen.

## 4.6  Inklusion/Exklusion

Da die *Inklusion* des Einzelnen in solche Teilsysteme sich demnach immer unter
funktionssystemspezifischen Gesichtspunkten (als Lernende, ArbeitnehmerIn,
WissenschaftlerIn, PatientIn etc.) vollziehe, könne sie die Einzelperson auch
niemals als Ganze erreichen. Korrespondierend dazu gehörten Menschen als
physische und psychische Systeme umgekehrt auch „nicht mehr einem und nur
einem gesellschaftlichen Teilsystem an" (Luhmann 1989: 158). Die Gesellschaft
biete dem Einzelnen folglich „keinen Ort mehr, wo er als ´gesellschaftliches

Wesen` existieren" (ebd.) könne. Vielmehr müsse er sich „als System eigener Art in der Umwelt der Gesellschaft" (ebd.) reproduzieren. Die Gesellschaft stelle ihm diesbezüglich allerdings die „dazu notwendige Umwelt" (ebd.) zur Verfügung. So biete beispielsweise die Familie als auf die Ermöglichung von Intimkommunikation spezialisiertes Teilsystem einen zentralen Ort für unspezifische Kommunikation. In dieser könnten die Einzelnen ihre Wahrnehmungen und Erlebnisse umfassender zur Sprache bringen, als in den gesellschaftlichen Funktionssystemen und den allermeisten Organisationen.

Dennoch könne gesellschaftstheoretisch betrachtet „das Individuum nicht mehr durch *Inklusion*, sondern nur noch durch *Exklusion* definiert werden" (ebd. Hervorhebung durch Verfasser). Und diese „*Exklusionsindividualität*" sieht Luhmann als strukturelle Voraussetzung und Folge des „*Inklusionsuniversalismus*" der Funktionssysteme. Denn für ihn schließe die Struktur funktionaler Differenzierung gesellschaftliche Exklusion aus, sei doch die Ermöglichung umfassender sozialer Teilhabe an Erwerbsarbeit, Rechtssprechung, Politik oder Erziehung etc. für alle StaatsbürgerInnen ein Politik verpflichtendes sozialstaatliches Grundprinzip moderner Gesellschaften.

Gleichwohl könnten die sich funktional ausdifferenzierenden gesellschaftlichen Teilsysteme Ausmaß und Form der Teilnahme von Einzelnen an ihrer Kommunikation nach teilsystemeigenen Erfordernissen festlegen. Sie seien damit auch in der Lage, Teilnahme nach quantitativen und qualitativen Kriterien zu limitieren. Als Mittel solcher Begrenzung fungierten Organisationen. Diese verfügten als soziale Systeme mit Exklusionsbefugnis über die Möglichkeit, Mitgliedschaften an spezifische Bedingungen zu binden. Jene Möglichkeit des Ausschlusses aus Teilsystemen qua Ausschluss aus Organisationen stelle umgekehrt aber eine basale Bedingung der Bildung selbstreferentieller Funktionssysteme dar. Wie schon skizziert erfolge ein solcher Ausschluss „unter Bedingungen demokratisch, rechts- und sozialstaatliche verfasster Gesellschaften [...] prinzipiell – und zumindest bislang auch empirisch in der überwiegenden Mehrzahl der Fälle – immer nur als zeitlich limitierte und teilsystemspezifische Exklusion" (Scherr 2000: 74). Diese sei „zwar auch im Sinne negativer Nebenwirkungen folgenreich" (ebd.), führe aber nicht dazu, „dass Einzelne umfassend rechtlos" (ebd.) würden.

## 4.7 Gesellschaftlicher Wandel des Helfens

Auch den gesellschaftlichen Wandel der Formen des Helfens versucht Luhmann innerhalb dieses Bezugsrahmens in seiner entsprechenden Funktionalität bzw. Dysfunktionalität zu analysieren: Da in archaischen Gesellschaften „eine bewusste Institutionalisierung der Reziprozität als solcher [...], etwa nach Art eines Vertrages" (1973: 26) weithin fehlte, diente Luhmann zufolge die am Ausmaß vorhandenen Überschusses orientierte „Dehnbarkeit der Dankbarkeit" (ebd.: 25) unmittelbar „der Konstitution des Zusammenhangs gesellschaftlichen Lebens" (ebd.: 32). In hochkultivierten Gesellschaften hingegen beruhe das Helfen „auf der moralisch generalisierten, schichtenmäßig geordneten Erwartungsstruktur" (ebd.) hinsichtlich einer „Ausbeutung der Mildtätigen" (ebd.: 27), ohne jedoch in seiner konkreten Ausführung mehr „die Gesellschaft selbst zu tragen" (ebd.: 32).

Für diesen Typus von Gesellschaft charakteristisch sieht Luhmann auch die „zur Hilfe bei ungewöhnlichen Lagen, vor allem Lebensrisiken, angesichts von Angst, Tod, nichteindämmbaren Streit" (1973: 29) sich herausbildenden klassischen Professionen. Luhmann zufolge beschafften diese „Sicherheit und Problemlösungen durch spezialisierte Techniken des Umgangs mit solchen Problemen [...]; ferner durch eine auf Helfen ausgerichtete besondere Berufsmoral und durch hohes Sozialprestige, das aus den Notlagen des Lebens heraushebt und situationsmäßige Überlegenheit, Dispositionsfreiheit und Unangreifbarkeit sichert" (ebd.). Aus Luhmanns Sicht werde „diese für die klassischen Professionen eigentümliche Kombination von Problembezug, Freiheiten und Bindungen [...] heute nur noch als Attrappe fortgeführt" (ebd.), was für die sog. „neuen Professionen" (vgl. ebd.: 41) erst recht gelte.

Entsprechend sieht er eine „Professionalisierung" Sozialer Arbeit auch „nicht, wie im Falle der klassischen Professionen, auf Probleme des Gesellschaftssystems" (ebd.: 33) bezogen, sondern auf „Prestige- und Gehaltsansprüche einerseits" (ebd.) sowie „Entscheidungsprämissen der organisierten Arbeit andererseits" (ebd.). Letzteres ziele auf eine Substitution „angeblich nicht ausreichend durch Entscheidungsprogramme" (ebd.) steuerbarer Entscheidungsprämissen durch personale. Allerdings seien die „organisatorischen Bedingungen" für diese „persönliche" möglichst „unbürokratische" Hilfe der Professionellen nicht „genau geklärt" (ebd.).

Luhmann sieht das Charakteristikum moderner Gesellschaftssysteme hingegen darin, dass sie „eine Umwelt [konstituieren], in der sich organisierte Sozialsysteme bilden können, die sich aufs Helfen spezialisieren" (1973: 32). Dies setze – wie Luhmann betont – „nicht nur Kommunikationswege voraus, sondern darüber hinaus *Personal* und *Programme*" (ebd.). Nicht nur die Programme von Organisationen, sondern auch ihr Personal, welches jeweils klar ausgeschriebene Stellen auszufüllen habe, betrachtet Luhmann als „Strukturen eines Entscheidungsprozesses, durch die dieser im Sinne spezifischer Funktionen gesteuert und angepasst" (ebd.) werde. Dabei könne „die Steuerung je nach Umständen mehr über Personal oder mehr über Programme laufen und sich auch von der einen auf die andere Struktur verlagern" (ebd.: 32 f.).

In modernen Gesellschaften stellt sich für Luhmann „die organisierte Arbeit an der Beseitigung von Problemfällen" (ebd.: 36) als überlegen gegenüber „andersartigen Hilfsmotivationen" (ebd.) dar und zwar nicht nur aufgrund ihrer größeren „Effektivität", sondern auch wegen ihrer „diffuse[n] Streuung der Belastungen" (ebd.). Zugleich sieht er jedoch auch die Gefahr, dass „Nächstenliebe [...] die Form einer Verweisung an[nimmt]" (ebd.), aus der „Vermutung" heraus, dass jedem Hilfsprogramm eine zuständige Stelle entspricht, und dass jemand Hilfe eigentlich nur noch braucht, um diese Stelle zu finden" (ebd.). Nicht jede Art von Notlage sei jedoch „organisatorisch zu steuern" (ebd.). Auf der einen Seite sieht er hier „auf dem Terrain der Organisation" die Möglichkeit, „ihre eigene Einseitigkeit durch Regulierung und Anpassung der Problemdefinitionen [...] nach Maßgabe organisatorischer Strukturen und Prozesse, die auf anderen Ebenen eigens dafür geschaffen" (ebd.) würden, abzufangen. Dass „das Fehlen eines Programms zunächst ein Grund und eine Begründung sein [wird], nicht zu helfen" (ebd.), ließe sich seiner Meinung nach jedoch zumindest kompensieren durch „Organisationen (vielleicht Kirchen oder nach Schelskys Vorschlag das Rote Kreuz), die sich gerade darauf spezialisieren, bei Fehlen eines Programms zu helfen" (ebd.).

Unzweifelhaft hat sich deshalb für Luhmann „die Organisation als dominante Form des helfenden Bedarfsausgleichs durchgesetzt" (1973: 36). Dass daneben jedoch „archaisch-symbiotische Verhältnisse ebenso wie moralisch generalisierte Formen des Helfens" (ebd.) in einer gewissen „Zufälligkeit des Beisammenseins dieser verschiedenen Arten des Helfens" (ebd.) überlebten, wertet Luhmann als ein „Ausfallen der gesamtgesellschaftlichen Strukturierung" (ebd.). Allerdings würden heute in der Form von Hilfe auch keine „Probleme von gesamtgesellschaftlichem Rang (mehr) gelöst, sondern Probleme in Teilsystemen der Gesellschaft" (ebd.). Hervorgehoben von ihm werden in diesem Zusammenhang „Funktionsmängel des spezialisierten Teilsystems Wirtschaft" (ebd.: 37). Deshalb bleibe Hilfe, in welcher Form auch immer, „fixiert an Strukturen und Prozesse, die heute nicht mehr auf gesamtgesellschaftlicher Ebene, sondern im Teilsystem Wirtschaft institutionalisiert" (ebd.) seien.

## 4.8 Die Bezugsproblematik Sozialer Arbeit in systemtheoretischer Sicht: Zur Kontroverse ob Soziale Arbeit Teil eines eigenen autonomen Funktionssystems sozialer Hilfe ist

Vor diesem Hintergrund besteht in der systemtheoretischen Debatte um Soziale Arbeit (Luhmann 1973: 37; Baecker 1994: 98; Bommes/Scherr 1996: 114; Merten 1997: 97 ff. & 2000: 186 ff.; Scherr 2000: 70 f.; Hillebrandt 2002: 223; Hohm 2003: 82 f.) weitgehend Einigkeit darüber, dass Hilfe in funktional ausdifferenzierten modernen Gesellschaften primär auf die humanen Folgeprobleme der modernen Inklusionsverhältnisse bezogen sei. So wird die spezifische Bezugsproblematik Sozialer Arbeit in funktional ausdifferenzierten Gesellschaften in großer Übereinstimmung der verschiedenen systemtheoretischen Ansätze „als teilsystemspezifische Exklusionsgefährdung mit direkten sowie möglichen indirekten negativen Folgeeffekten" (Scherr 2000: 74 f.) zu fassen versucht, „als deren Auswirkung eine Hilfsbedürftigkeit beobachtet wird" (ebd.).

Nur Merten (1997) geht von einer „Integrationsfunktion" aus, obwohl Luhmann diesen Begriff nicht zu letzt durch seinen Begriff der „Exklusionsindividualität" systematisch zu dekonstruieren versucht hat. Er unterscheidet zwischen „System-" und „Sozialintegration". Letzterer gehe es um die „geordneten und konflikthaften Beziehungen zwischen den Handelnden" (ebd.: 89), die sich symbolisch codierter Formen bedienten. Wenn Mertens in diesem Zusammenhang die Konsensualität als Bedingung der Möglichkeit von Sozialintegration hervorhebt, dann zeigt sich darin die Nähe seiner Unterscheidung von System- und Sozialintegration zur Dualität der Begriffe von System und Lebenswelt, wie sie Habermas (1981) seiner Theorie des kommunikativen Handelns zugrunde legt (vgl. Kapitel: 2.4).

Auch unter denjenigen, die sich darin einig sind, dass die Leistungen Sozialer Arbeit „als Hilfe zur Exklusionsvermeidung, Reinklusionsvermittlung und Exklusionsverwaltung beschrieben werden" (Scherr 2000: 75) könnten, gibt es allerdings durchaus noch Differenzen darüber, worin denn diese Hilfe bestehe und ob sie ein eigenes autonomes Teilsystem der modernen Gesellschaft konstituiere. So versuchen Bommes/Scherr (2000: 83 ff.) Soziale Arbeit als „Zweitsicherung" (Scherr 2000: 75) zu bestimmen in Form einer Ergänzung derjenigen Hilfen, die auf der Grundlage rechtlich definierter Ansprüche in Form einer Vergabe festgelegter Leistungen der sozialen Sicherungssysteme erbracht werden, wie z.B. Arbeitslosen- und Sozialhilfe. Dass Soziale Arbeit eine Hilfsbedürftigkeit beobachte, der durch sozialstaatliche Leistungsverwaltung nicht hinreichend Rechnung getragen werde, darin sehen sie die einzige Gemeinsamkeit ihrer ansonsten sehr heterogenen Arbeitsfelder.

Da nicht die Soziale Arbeit selbst, sondern Politik und Recht darüber entschieden, wer hilfsbedürftig sei, stelle Soziale Arbeit in den Augen von Bommes/Scherr kein eigenes Funktionssystem dar, das exklusiv und eigenständig die gesellschaftliche Gewährleistung von Hilfe verwalte. Vielmehr sei sie politischen und rechtlichen Entscheidungen nachgeordnet. Die Deklaration einer „Autonomie der Sozialen Arbeit" (Merten 1997) beschreibe möglicherweise „einen für sie als Disziplin und Beruf angestrebten Zustand, aber nicht ihre Realität" (Scherr 1998: 106). Vielmehr gebe es im Gegenteil empirisch „zahlreiche Hinweise auf Prozesse ihrer Funktionalisierung für Leistungen anderer Teilsysteme, insbesondere der Politik innerer Sicherheit und der Sozialpolitik" (ebd.). Da sich die anhaltende quantitative und qualitative Expansion eines entsprechenden Berufsfeldes Soziale Arbeit darüber hinaus im Kern auch noch als Einbindung ihrer Berufsrollenträger in heterogene Organisationen vollziehe, sei Soziale Arbeit auf der Ebene Organisation und Interaktion auszudifferenzieren.

Demgegenüber hatte Luhmann – wie schon skizziert – eine solche Form der „Zweitsicherung", die „bei Fehlen eines Programms" (1973: 36) mit ihrer vergleichsweise unspezifischen Hilfe eintritt, speziellen Organisationen, wie den Kirchen oder dem Roten Kreuz, zugeordnet. Entsprechend wird bei ihm Hilfe in modernen Gesellschaften auch weitaus umfassender als „Kompensation für Funktionsmängel des spezialisierten Teilsystems Wirtschaft" (ebd.: 37) konzipiert. Organisationen sozialer Hilfe arbeiteten demnach seiner Ansicht nach „an der Beseitigung von Problemfällen, die sich aus der Verwirklichung der vorherrschenden Strukturen und Verteilungsmuster immer neu ergeben" (ebd.: 35). Und eine solche Hilfe könne auch als Geldzuweisung erfolgen.

Im Zusammenhang damit, dass „Probleme von gesamtgesellschaftlichem Rang" heute nicht mehr „in der Form von Hilfe" gelöst werden könnten, hatte Luhmann (1973: 35) darauf verwiesen, dass „Daseinsvorsorge" in modernen Gesellschaften „von der Wirtschaft und ihrem Geldmechanismus besorgt" würden. Demgegenüber obliege den „Organisationen sozialer Hilfe […] eher eine 'Daseinsnachsorge'" (ebd.). Von Baecker wird diese den Organisationen sozialer Hilfe obliegende Daseinsnachsorge nun als eine Funktion gelesen, die – „komplementär zur Daseinsvorsorge der Wirtschaft" (2001: 1874) – zwar in der Gesellschaft, aber „nur in der sozialen Hilfe und nirgendwo sonst erfüllt" (ebd.) werde. In dieser Hinsicht besonders bedeutsam hält Hillebrandt die Etablierung professioneller Hilfe „als rechtlich verfasstes Leistungsangebot mit fachlicher Kompetenz, auf das ein Anspruch besteht, sobald individuelle Bedürftigkeit nachgewiesen werden kann" (2002: 219). Für ihn hat sich damit auch die Hilfesemantik „eindeutig spezialisiert und so weit verdichtet, dass sie nur noch dem Bereich sozialer Hilfe zurechenbar" (ebd.) sei.

Hillebrandt ist der Meinung, dass das Hilfesystem auch nur deshalb eine „universelle Kompetenz" (ebd.: 224) beanspruchen könne „für die Funktion, humane Folgeprobleme funktionaler Differenzierung zu entschärfen" (ebd.). Zu erfüllen trachte es diese, indem es „über stellvertretende allgemeine Inklusion" (ebd.) Daseinsnachsorge betreibe und darüber versuche, „Inklusionsfähigkeit" (ebd.) zu erzeugen bzw. wieder herzustellen. Dazu müsse das System sozialer Hilfe aber – wie Baecker (vgl. 2001: 1874), Hohm (2003: 93) und Hillebrandt (2002: 223) hervorheben – „die stellvertretende Inklusion, die es zur Daseinsnachsorge bewerkstelligt, in eine Inklusion überführen" (Hillebrandt 2002: 223). Bewältigt werden könne dies „gerade nicht von ihm" (ebd.) selbst, sondern nur „von den anderen Funktionssystemen der Gesellschaft" (ebd.). Deshalb müsse es zumindest um jeden Preis vermeiden, „lediglich den Ausschluss von den Inklusionsmöglichkeiten zu verwalten und dadurch dauerhaft zu festigen" (ebd.). Für Hillebrandt ist dies der „wichtigste Grund dafür, dass es seine Funktion für die Gesellschaft inzwischen nicht mehr nur über materielle Transferleistungen wie Arbeitslosengeld und Sozialhilfe, sondern auch über die Formung des Lebenslaufs der Exklusionsindividuen mit Hilfe sozialarbeiterischer und therapeutischer Methoden" (ebd.) zu erfüllen trachte.

In der systemtheoretischen Debatte wird in dieser Weise also sehr grundlegend darüber diskutiert, ob Soziale Arbeit

- nur – wie *Bommes/Scherr* (2000: 83) vorschlagen – als eine Hilfsform zu beschreiben ist, die auf Probleme reagiert, denen durch sozialstaatliche Leistungsverwaltung nicht hinreichend Rechnung getragen werden könne,
- oder aber ob sie – was z.B. *Hillebrandt* hervorhebt – „als rechtlich verfasstes Leistungsangebot mit fachlicher Kompetenz, auf das ein Anspruch besteht, sobald individuelle Bedürftigkeit nachgewiesen werden kann" (2002: 219), eben jene materiellen Transferleistungen mit umfasst.

Parallel dazu wird auch die Frage unterschiedlich beantwortet, ob es sich bei Sozialer Arbeit bzw. Hilfe

- um ein operativ geschlossenes Funktionssystem der Gesellschaft handele, oder ob sie
- auf der Ebene von Interaktion und Organisation auszudifferenzieren sei (Bommes/Scherr 2000: 83).

## 4.9 Zum Selbst- und Wissenschaftsverständnis systemtheoretischer Analysen Sozialer Arbeit

Einigkeit besteht unter den Kontrahenten hingegen darüber, dass auch bezüglich Sozialer Arbeit eine ähnliche Unterscheidung zu treffen ist, wie sie im Hinblick auf Erziehung von Luhmann/Schorr eingeführt wurde betreffs

- einer dem Wissenschaftssystem zuzurechnenden Erziehungswissenschaft auf der einen Seite und
- Pädagogik als einem Teil des Erziehungssystems, das sich selbst reflektiert und legitimiert, auf der anderen Seite.

Demnach habe eine Systemtheorie Soziale Arbeit sich

- stets selbst als ein System zu begreifen, das „Teil des sozialen Systems Wissenschaft ist. Dieses System reguliert die Art und Weise ihrer eigenen Beobachtungen" (Baecker 2001: 1871) indem es z.B. dazu zwingt, „zwischen Theorien und Methoden zu unterscheiden und empirische Kontrollmöglichkeiten der eigenen Aussagen anzugeben" (ebd.).
- Sie müsse „ihrem Gegenstand zurechnen können, dass es ein eigenes beobachtungsfähiges System oder Teil eines solchen Systems ist" (ebd.). In dieser Hinsicht sei es nicht so entscheidend, ob es sich bei der im Rahmen Sozialer Arbeit erbrachten Hilfe um ein eigenes operativ geschlossenes Funktionssystem der Gesellschaft handele. Weit bedeutsamer wäre, dass die Soziale Arbeit „einen Unterschied" (ebd.: 1870) mache: Dieser könne darin bestehen, dass es ihr gelinge, „sich von anderen sozialen Phänomenen zu unterscheiden und sich mit Hilfe dieses Unterschiedes zu reproduzieren" (ebd.). Oder sie mache „innerhalb eines Systems einen Unterschied, der es ihr ermöglicht, sich von seiner Umwelt zu unterscheiden und über diesen Unterschied zu reproduzieren" (ebd.). Drittens sei es möglich, Soziale Arbeit „als ein System zu beobachten und zu beschreiben, das sich von seiner Umwelt unterscheidet und mit Hilfe dieses Unterschieds einen Beitrag zur Unterscheidung und Reproduktion eines übergeordneten Systems" (ebd.) leiste.
- Es reproduziere sich darüber hinaus auch die Beziehung der Beobachtung zwischen einer Systemtheorie Sozialer Arbeit und ihrem Gegenstand. Als Beobachtungsverhältnis sei diese Teil eines eigenen übergreifenden Systems von Gesellschaft, „die ihren eigenen Modus der Beobachtung hat, von dem die soziologische Systemtheorie nur einen Ausschnitt wahrnehmen und realisieren" (ebd.: 1871) könne.

## 4.10 Zur Spezifik der Hilfskommunikation auf der Ebene von Interaktionssystemen

Systemtheoretisch gesehen ist es also mit Blick auf die Frage nach dem Gegenstand einer Theorie Sozialer Arbeit von entscheidender Bedeutung, dass die Soziale Arbeit „einen Unterschied" (Baecker 2001: 1870) mache. Bezüglich einer solchen „Systemreferenz" (ebd.: 1874), die Probleme Sozialer Arbeit zu beobachten erlaube, habe – wie Baecker (vgl. ebd.: 1872) meint – schon Talcott Parsons im Rahmen seiner Theorie der Sozialen Kontrolle einen wichtigen Hinweis gegeben: Demnach reagiere Hilfe

- auf eine Abweichung; reduziere
- die Angst, die die Abweichung beim Beobachter hervorrufe, und erübrige es damit
- aggressiv oder defensiv auf die Abweichung zu reagieren.

Diese paradoxe Form sozialer Kontrolle, in der Sanktionsbereitschaft durch ein gewisses Maß an Permissivität ersetzt werde, könne – Baecker zufolge – nur durch eine Form der Kommunikation zwischen Abweichendem und Helfendem bewältigt werden, in der der Helfende den Erwartungen des Abweichenden „nicht mit reziproken eigenen Erwartungen [begegnet], sondern mit anderen, das heißt mit von der Erwartung des Abweichenden abweichenden Erwartungen" (2001: 1872). Die Systemtheorie spricht in diesem Zusammenhang von Reziprozitätsverweigerung. Dabei signalisiere der Helfende, „indem er hilft, dass er die Erwartungen des Abweichenden, sich weiterhin abweichend verhalten zu können, nicht teilt" (ebd.). Diese Art der kommunikativen Bewältigung der paradoxen Form sozialer Kontrolle sei für Baecker „gesellschaftlich einzigartig [...] und damit geeignet [...], den Unterschied zu bezeichnen, den die Sozialarbeit in der Gesellschaft macht und den in dieser Form nur sie macht" (ebd.). Zudem werde – wie Hohm (vgl. 2003: 85) betont – die Annahme von Hilfe wahrscheinlicher, indem die Hilfekommunikation in dieser Weise „Sanktionsbereitschaft durch Permissivität und Reziprozität durch Reziprozitätsverweigerung" (ebd.) substituiere.

## 4.11 Zur Problematik organisierter Hilfe

In dem Moment, in dem eigene Organisationen entstünden, die sich dieser Aufgabe widmeten, ergebe sich jedoch noch ein weiteres Problem dadurch, „dass es eines ist, zu helfen, und ein anderes, über Hilfe zu entscheiden" (Baecker 2001:

1873). Im Rahmen organisierter Hilfe moderner Gesellschaften müsse Luhmann zufolge sogar „über Hilfe [...] *zweimal* entschieden werden [...]: einmal über das Programm und dann über den Einzelfall in der Ausführung des Programms" (1973: 33). Da Organisationen darauf programmiert seien, „nur auf die Problemfälle zu reagieren, auf die sie reagieren können" (Baecker 2001: 1873), verstärkten sie paradoxerweise die Abweichungen, die sie beheben sollten.

Deshalb könne eine „situative Anpassung der Organisationen an die gesellschaftlichen Lagen von Abweichungen und Abweichungsregulierungen" (Baecker 2001: 1873), wie Baecker darlegt, nicht über die Struktur ihrer Programme, sondern nur „auf der Ebene der 'Persönlichkeit'" (ebd.) entsprechender Stelleninhaber erfolgen: „Diese Persönlichkeit kommt der Persönlichkeit der Problemfälle einerseits entgegen und findet damit Anknüpfungspunkte für helfendes Handeln, andererseits bleibt die Persönlichkeit abstrakt, verweigert die Reziprozität und sucht nach den Ansatzpunkten, mit deren Hilfe die Hilfsbedürftigkeit eines Klienten mit den Hilfsbereitschaften der Organisation [...] in Übereinstimmung gebracht werden kann" (ebd.).

## 4.12 Hilfe auf gesellschaftlicher Ebene: Hilfe als operational geschlossenes eigenes Funktionssystem

Dies betrifft die Entscheidung bezüglich des Einzelfalles in der Ausführung eines Programms. Die davor liegende Entscheidung über entsprechende Programme könne – systemtheoretisch betrachtet – im Rahmen einer Organisationstheorie Sozialer Arbeit jedoch nicht hinreichend beschrieben werden. Sie führe bereits hin zu gesellschaftstheoretischen Fragen (vgl. Baecker 2001: 1872). Diesbezüglich hatte ja – wie schon erwähnt – Luhmann betont, dass heute in der Form von Hilfe keine „Probleme von gesamtgesellschaftlichem Rang" (1973: 37) mehr gelöst würden, sondern bestenfalls „Probleme in Teilsystemen der Gesellschaft" (ebd.). Zudem war er der Auffassung, dass es überhaupt nicht die Aufgabe von Hilfe sei, „sich eine Änderung der Strukturen zu überlegen, die konkrete Formen der Hilfsbedürftigkeit erzeugen" (ebd.: 35).

In dieser von Luhmann analysierten *Differenz* zwischen sozialer Hilfe einerseits und Gesellschaft andererseits, glaubt Baecker nun „die entscheidende Systemreferenz" (2001: 1874) erkennen zu können, welche es erlaube, „die Probleme der Sozialarbeit zu beobachten" und aus ihrer „allzu engen Bindung an Organisationen und an Personen zu befreien" (ebd.). Helfen könne so analog zu anderen Funktionssystemen der modernen Gesellschaft – wie Wirtschaft, Politik, Recht, Wissenschaft, Religion oder eben auch Erziehung – zugleich als ein vermittels binärer Codierung operational geschlossenes eigenes Funktionssystem der sozialen Hilfe beschrieben werden.

In ähnlicher Weise sieht auch Hohm (2003: 83) durch den Hilfecode „eine Engführung an Hilfekommunikation [generiert], indem er diese von der gesellschaftlichen Kommunikation und der funktionssystemspezifischen Kommunikation der primären Teilsysteme durch die Einheit einer Differenz unterscheide, die Hilfe als Beobachtung zweiter Ordnung reflexiv werden" (ebd.) ließe. Die für jede Kommunikation konstitutive Dreistelligkeit der Selektion von Information, Mitteilung und Verstehen (vgl. Luhmann 1984: 193 ff.) werde in der Hilfekommunikation in einer bestimmten Form „respezifiziert" (Hohm 2003: 85): Sie informiere über einen Hilfebedarf bzw. ein Defizit (vgl. Baecker 1994: 99), teile zweitens mit, dass er kompensiert werden soll und gebe drittens zu verstehen, dass die Kompensation des Bedarfes kontingent sei. Diese Kontingenz der Hilfekommunikation verweise „auf das Fehlen einer einfachen Kausalität, die den Hilfebedarf in sein Gegenteil transformieren könnte" (Hohm 2003: 85). Für Soziale Arbeit sei deshalb das gleiche „Technologiedefizit" (ebd.: 85 & 92 f.) konstitutiv, wie für Erziehung. Kontingent werde die vom Hilfesystem geleistete Hilfe somit durch „die Reflexivität des Hilfecodes" (ebd.: 83). Denn dieser eröffne ihm „die Möglichkeit, die Hilfekommunikation daraufhin zu beobachten, ob sie systemintern anschlußfähig" (ebd.) sei oder nicht. Darüber hinaus ermögliche er „sowohl die autonome Suche nach funktionalen Äquivalenten für bis dato notwendig gehaltene strukturelle Formen der Hilfe als auch die autonome Einsicht in die gegenwärtige Unmöglichkeit bestimmter Formen der Hilfe" (ebd.).

## 4.13 Zur Kontroverse um den binären Code des Hilfesystems

Unter denjenigen, die in dieser Weise davon ausgehen, dass es sich bei der in modernen Gesellschaften geleisteten Hilfe um ein vermittels binärer Codierung operational geschlossenes eigenes Funktionssystem handele, gibt es aber nun wiederum verschiedenen Auffassungen über die genaue Bezeichnung seiner Leitdifferenz: Aus seiner Beobachtung der Evolution der Hilfesemantik glaubt Frank Hillebrandt ein inhaltliches Programm ableiten zu können, „auf welches […] sich die Hilfepraxis in der Moderne" (2001: 219) fokussiere. Demnach mache sich „soziale Hilfe über den binären Code bedürftig/nicht bedürftig selbst wahrscheinlich" (ebd.). Alle Programme eines in dieser Weise auch gegenüber dem Gesundheits- und Bildungs- bzw. Erziehungssystem sich ausdifferenzierenden Hilfesystems entstünden „im Kontingenzbereich dieses binären Codes" (ebd.). Gemeinsames Bezugsproblem aller drei Systeme sei „die Exklusionsindi-

vidualität, also die menschliche Umwelt des Gesellschaftssystems" (ebd.: 223).
Deutlich später als die beiden anderen Systeme – weshalb Hohm (2003: 82) auch
von einem „sekundären" Funktionssystem spricht – sei das Hilfesystem jedoch
erst „um die letzte Jahrhundertwende" (Hillebrandt 2001: 223) in einer historischen Situation entstanden, „in der die humanen Folgeprobleme funktionaler
Differenzierung in der Gesellschaft" (ebd.) nicht mehr hätten ignoriert werden
können. Die damalige „semantische Konzentration auf die soziale Frage" (ebd.)
wertet Hillebrandt als Indiz dafür, dass zu deren „Entschärfung" sich menschen-
zentrierte Strukturen im Hilfesystem hätten bilden können. Ihr spezifisches Ziel
sei es, „über eine Intervention in den Lebenslauf der Exklusionsindividuen dort
Daseinsnachsorge" (ebd.) zu betreiben, wo die Daseinsvorsorge des Wirtschaftssystems nicht mehr greife.

„Diese Spezialisierung" (ebd.: 219) sei – Hillebrandt zufolge – „eindeutig
auf die Bedürftigkeit des Menschen fokussiert, indem sie den Menschen als
hilfs- und schutzbedürftig" (ebd.) konstruiere. Und er erachtet dies „für die gesellschaftstheoretische Bestimmung sozialer Hilfe nicht weniger wichtig […] als
die Verselbständigung der Hilfesemantik" (ebd.). In diesem Kontext würden nun
„alle theoretischen Bemühungen in der Sozialdimension" (ebd.) darauf bezogen,
„wer als bedürftig angesehen" (ebd.) werden könne und wer in der Lage sei,
diese Bedürftigkeit zu transformieren. „In der Sachdimension" (ebd.) fokussiere
die Hilfesemantik das zur Beseitigung der Bedürftigkeit Notwendige, was auch
die Methoden beinhalte, welche dazu angewandt werden müssten. Schließlich
frage die Hilfesemantik „in der Zeitdimension […] danach, wann Bedürftigkeit
transformiert" (ebd.) werden müsse und „wie lange" (ebd.) diese Hilfe andauern
solle. Da somit „alle Operationen des Hilfesystems […] nur durch die Zuordnung der Codewerte bedürftig und nicht bedürftig möglich" (ebd.: 220) wären,
könne nach Hillebrandts Auffassung „der Bereich sozialer Hilfe als operativ
geschlossenes System angesehen werden" (ebd.). Zwar sei soziale Hilfe, um sich
selbstreferentiell reproduzieren zu können, auch „auf Leistungen aus seiner Umwelt angewiesen" (ebd.: 224). Sie greife jedoch auf diese „nur über strukturelle
Koppelungsprozesse im Kontingenzbereich ihres strikt zweiwertigen Codes zu"
(ebd.).

Aufgrund seiner „wissenssoziologischen Beobachtung der Hilfesemantik"
(ebd.: 219) optiert Hillebrand also für bedürftig/nicht-bedürftig als Leitdifferenz
des Hilfecodes. Ganz ähnlich gelagert ist die von Fuchs (1997: 427) vorgeschla-
gene Differenz Fall/Nicht-Fall. Auch hier wird der durch das helfende System
beobachtete Fremdbezug desjenigen Systems fokussiert, dem Hilfebedarf oder
kein Hilfebedarf zugeschrieben wird. Demgegenüber sehen Baecker (vgl. auch
1994: 100) und Merten (1997: 97 ff & 2000: 186 ff.) ein operational geschlossenes eigenes Funktionssystem der sozialen Hilfe „durch die Möglichkeiten defi-

niert, zu helfen oder nicht zu helfen" (Baecker 2001: 1874). In dieser Variante kommt also primär der Selbstbezug des helfenden Systems in den Blick. Entsprechend betonen die Autoren, dass das Hilfesystem „die Entscheidung zwischen diesen beiden Möglichkeiten nur selber treffen" (ebd.) könne und sich genau darüber auch selbst reproduziere, indem es diese Entscheidung trifft und hilft oder nicht hilft.

Dabei erfülle dieses System die Funktion der sozialen Hilfe auch durch „den negativen Codewert (Nicht-Helfen)" (ebd.). Denn mit Hilfe des negativen Codewerts (Nicht-Helfen) beobachte „das Funktionssystem der sozialen Hilfe seine eigene gesellschaftliche Umwelt auf Fälle hin, in denen noch nicht geholfen wird, um die eigenen Programme dort anzuschließen und zu helfen" (ebd.). Es könne jedoch darüber hinaus „auch die eigenen Operationen der Hilfe unter dem Gesichtspunkt der Nicht-Hilfe beobachten und auf diese Weise erstens Stoppregeln formulieren, nach denen eine Hilfe dann erfolgreich war, wenn nicht mehr geholfen werden muss, und zweitens auch den Fall noch abdecken, in dem Nicht-Hilfe als beste Form der Hilfe aufgefasst wird" (ebd.).

Für Hohm (2003: 83 f.) sind nun im Hinblick auf die Hilfekommunikation als spezifischer Kommunikationsform des Funktionssystems sozialer Hilfe sowohl die Unterscheidung bedürftig/nicht-bedürftig bzw. Fall/Nicht-Fall, als auch die Unterscheidung Helfen/Nicht-Helfen relevant. Auch er präferiert jedoch den Selbstbezug des Hilfesystems. Allerdings schlägt er zur Bezeichnung dessen Hilfecodes im Unterschied zu Baecker und Merten nicht die Leitdifferenz Hilfe/Nicht-Hilfe vor, sondern „Hilfefähigkeit/Hilfeunfähigkeit". Denn seiner Ansicht nach erlaube der „Reflexionswert Hilfeunfähigkeit […] eine präzisere Bestimmung der codespezifischen Engführung der Hilfekommunikation als die Reflexionswerte ´Nichthelfen` oder ´nicht-bedürftig`" (ebd.: 83). So schlösse dieser „keinen der Codewerte der primären Funktionssysteme in der gesellschaftsinternen Umwelt des Funktionssystems sozialer Hilfe aus" (ebd.). Während der Positivwert „Hilfefähigkeit" signalisiere, dass systemintern diejenige Kommunikation anschlussfähig sei, die Hilfefähigkeit ermögliche, fungiere der Negativwert Hilfeunfähigkeit als Reflexionswert. Durch ihn beobachte „das Funktionssystem sozialer Hilfe seine Hilfekommunikation darauf hin, wann sie (Zeitdimension), gegenüber wem (Sozialdimension) […] und bei welchen Bedarfen (Sachdimension)" (ebd.: 84) in Hilfeunfähigkeit übergehe, „weil seine Hilfefähigkeit noch nicht möglich, nicht mehr möglich, unmöglich oder überflüssig geworden" (ebd.) sei.

## 4.14 Analytische Bedeutung der systemtheoretischen Unterscheidung zwischen helfenden Interaktionssystemen, Hilfsorganisationen und einem Funktionssystem sozialer Hilfe

Eine ganze Reihe systemtheoretischer Analysen unterscheiden demnach sehr klar zwischen der Referenz auf Organisationen und der Referenz auf das Funktionssystem sozialer Hilfe: Beispielsweise betont Hohm, dass „der Hilfecode – wie jeder Code eines Funktionssystems -" (2003: 84) nicht die Kriterien dafür mitliefere, „ob Hilfefähigkeit oder Hilfeunfähigkeit im Falle der Hilfekommunikation gegeben" (ebd.) sei. Und entsprechend geht auch Baecker (vgl. 2001: 1874) davon aus, dass sich das Funktionssystem sozialer Hilfe reproduziere sobald Anlässe für Hilfe oder Nicht-Hilfe gefunden und kommunikativ bearbeitet werden, wobei es gegenüber beiden Möglichkeiten indifferent sei. Dass der Hilfecode als in dieser Weise „zugleich universalistischer und spezifisch invarianter formaler Code inhaltsleer und entscheidungsoffen" (Hohm 2003: 84) sei, bedeutet für Hohm (vgl. ebd.) darüber hinaus, dass er sich desgleichen auch von Achtungsbedingungen der Gesamtgesellschaft entkoppele, die dem Moralcode gut/schlecht bzw. gut/böse folgten. Und gleiches gelte auch für „die mit der Beobachtung der Gesellschaft als normativer Einheit verknüpfte Differenz von Konformität/Abweichung" (ebd. vgl. auch Baecker 1994: 94 ff.)

Trotz der Entscheidungsoffenheit des Hilfecodes sei das Hilfesystem jedoch – wie Hohm betont (vgl. 2003: 86 f.) – auf Entscheidungskriterien angewiesen, die es ihm erlauben die Hilfekommunikation daraufhin zu beobachten, ob sie erfolgreich war oder nicht. Hohm ist sich mit Baecker darin einig, dass der Hilfecode es den „Entscheidungen bzw. Entscheidern der sich an ihm orientierenden Organisationen und Interaktionen" (Hohm 2003: 84 f.) überließe, welche Programme Hilfefähigkeit ermöglichten und welche nicht. Sie bestimmten also auch die konkreten „Formen der Hilfe und Nichthilfe" (Baecker ebd.). Zugleich würden durch solche Hilfeprogramme auch „Kriterien für richtiges/falsches Helfen bzw. für erfolgreiches/erfolgloses Helfen" (Hohm 2003: 86) grob festgelegt. Diese seien dann in einem zweiten Schritt „mittels weiterer Entscheidungen im Kontext organisierter Interaktionssysteme" (ebd.) noch einmal sequentiell klein zu arbeiten.

Auf diese Weise transformierten „die Organisationen und Interaktionssysteme des Funktionssystems sozialer Hilfe [...] durch ihre programmierten Entscheidungen die Hilfe in eine zugleich formal organisierte und professionell erbrachte, erwartbare Form" (Hohm 2003: 86). Diese unterscheide sich sowohl von nichtprofessionellen, mehr informellen Formen der Hilfe, wie auch von formal organisierten und professionell erbrachten Formen rechtlicher, ärztlicher und seelsorgerischer Hilfe. Hierin sind sich diejenigen, die von einem eigenen

(„sekundären") Funktionssystem sozialer Hilfe ausgehen, sogar mit denjenigen einig, die eine solche Autonomie Sozialer Arbeit anzweifeln, wie z.b. Bommes/Scherr (vgl. 2000: 83).

Ebenso besteht weitgehend Konsens dahingehend, dass die formal organisierte und professionell erbrachte Hilfe Sozialer Arbeit auf zwei weiteren strukturellen Voraussetzungen fuße (vgl. dazu Hohm 2003: 85 ff.): Zum einen der Steigerung seiner Eigenkomplexität durch die systeminterne Wiederholung der System/Umwelt Unterscheidung in Form einer Binnendifferenzierung. Diese vollziehe sich:

- auf *segmentärer* Ebene bezüglich der nahräumigen Erreichbarkeit;
- *funktional* im Hinblick auf den unterschiedlichen Hilfebedarf besonderer Lebenslagen (Heranwachsende, Alte, Familien, Obdachlosigkeit, Sucht etc.).
- Zudem lasse sich die Unterscheidung der im Kernbereich Sozialer Arbeit geleisteten Hilfe im Vergleich zu anderen Hilfeformen auch als *Zentrum-Peripherie-Differenz* lesen.
- Und schließlich weise Soziale Arbeit in den funktionsspezifischen Erwerbskarrieren ihrer Professionellen eine *stratifizierte Differenzierung* auf.

Bezüglich der gesellschaftsinternen Umwelt sei Soziale Arbeit darüber hinaus jedoch auch auf strukturelle Kopplungen mit den anderen („primären") Funktionssystemen angewiesen, wie z.B. dem des Rechts, der Politik, der Medizin, der Wirtschaft und der Erziehung. Diejenigen, welche von einer autopoietischen Autonomie eines Funktionssystems sozialer Hilfe ausgehen, verorten diese darin, dass es „im Zuge der Evolution der modernen Gesellschaft seine strukturellen Kopplungen wechseln" (Hohm 2003: 88) könne. Zudem vermöge es auch zu bestimmen, „in welchem Ausmaß und von welchen der gesellschaftsinternen Umweltsysteme es sich jeweils abhängig" (ebd.) mache. Baecker verweist in diesem Zusammenhang darauf, dass solche strukturellen Kopplungen zwar einerseits „gesellschaftlich konditioniert" (2001: 1875) seien. Als „Entscheidungen der jeweiligen Funktionssysteme" wiesen diese jedoch zugleich „Freiheitsgrade" (ebd.) auf, die der Sozialen Arbeit „einen größeren Spielraum" (ebd.) einräume „als die Organisationsprogramme zuweilen glauben" (ebd.) ließen.

Diejenigen, die von einem eigenen Funktionssystem sozialer Hilfe ausgehen, argumentieren darüber hinaus, dass erst diese, über die Unterscheidung zwischen helfenden Interaktionssystemen und Hilfsorganisationen hinausgehende, übergreifende Ebenendifferenzierung, „die Möglichkeit der Beobachtung ihrer Kontingenz" (Hohm 2003: 92) erlaube. Denn die „Varietät und Austauschbarkeit der organisations- und interaktionsspezifischen Hilfeleistungen" (ebd.) werde nur dadurch kommunizierbar, dass „durch den Reflexionswert des Hilfecodes funktional äquivalente strukturelle Lösungen für das Problem der Daseinsnachsorge" (ebd.) in den Blick gerieten.

Baecker betont, dass jede Organisation sich in diesem Zusammenhang „anders entscheiden und [...] dabei von anderen Organisationen sowohl lernen als auch nicht lernen" (2001: 1875) könne. Zugleich ließe dies die Organisationen in Konkurrenz zueinander treten, was nicht nur das Helfen selbst beträfe, „sondern auch die Möglichkeit des Wechsels von der Hilfe zur Nichthilfe und damit von der stellvertretenden Inklusion entweder zur Exklusion oder zur tatsächlichen Inklusion" (ebd.). Und hierin sehen Baecker und Hohm ein weiteres Argument für die Hypothese eines Funktionssystems sozialer Hilfe, sei doch der Wechsel zur Nichthilfe keineswegs identisch mit der „Beendigung des Funktionssystems sozialer Hilfe als autopoietischem Teilsystem" (Hohm 2003: 92).

Zwischen der Referenz auf Organisationen und der Referenz auf das Funktionssystem unterscheiden zu können, sei darüber hinaus durchaus auch praktisch bedeutsam. Baecker (vgl. 2001: 1875) hebt in diesem Zusammenhang hervor, dass der „Code des Funktionssystems" den in den Organisationen Tätigen eine Distanz zu deren Programmen erlaube. Zugleich dürfte er ihnen jedoch auch helfen bei der Entscheidung über den Einzelfall in der Ausführung dieses Programms. Und beides trägt – was Baecker jedoch nicht eigens ausführt – sicher auch dazu bei, die Paradoxie zu entschärfen, dass Organisationen die Abweichungen zugleich verstärken, die sie eigentlich beheben sollen, indem sie darauf programmiert sind, nur auf Problemfälle zu reagieren, auf die sie reagieren können. Von Verfechtern einer stärkeren Einführung von Marktprinzipien werden diesbezüglich zudem die konkurrenzbedingten Möglichkeiten einer wechselseitigen Kompensation geltend gemacht.

Letzteres betrifft aus systemtheoretischer Sicht jedoch eine *strukturelle Kopplung* des Funktionssystems der sozialen Hilfe mit einem anderen, nämlich dem wirtschaftlichen Funktionssystem. Hohm hat in diesem Zusammenhang darauf aufmerksam gemacht, dass die „semantische Ersetzung der Hilfebedürftigen durch die Bezeichnung Kunden" (2003: 91) nicht darüber hinweg täuschen dürfe, dass „die in dieser Form Adressierten nach wie vor primär in die Hilfekommunikation und nicht die Wirtschaftskommunikation inkludiert" (ebd.) seien, auch wenn sie durch die Konkurrenz der Anbieter sozialer Hilfen „ihren Hilfebedarf in bestimmten Grenzen wählen" (ebd.) könnten. Allerdings sieht er, wie auch Baecker (vgl. 1994: 106), die Gefahr, dass durch die Einführung von Gewinnprinzipien das Funktionssystem sozialer Hilfe nicht nur „partiell entdifferenziert" (Hohm ebd.) werde. Auch drohe auf diese Weise „der Wirtschaftscode den Hilfecode zu substituieren" (ebd.).

## 4.15 Zur Differenz zwischen Ansätzen zu einer Systemtheorie Sozialer Arbeit und system(ist)ischen Konzepten Sozialer Arbeit

Solche Analysen entspringen ebenso wie die Unterscheidung zwischen der Referenz auf helfende Interaktionssysteme, der Referenz auf Hilfsorganisationen und der Referenz auf ein autonomes Funktionssystem sozialer Hilfe einer distanzierten Beziehung der Beobachtung zwischen einer Systemtheorie Sozialer Arbeit und ihrem Gegenstand. Dieses Beobachtungsverhältnis wird primär durch das Wissenschaftssystem reguliert. So trachtet die Systemtheorie Sozialer Arbeit ihre 'Wissenschaftlichkeit` vor allem dadurch zu untermauern, dass sie sich als empirische bzw. analytische Beobachtung 2. Ordnung zu profilieren sucht. Ähnlich wie der systemtheoretischen Erziehungswissenschaft wurde deshalb auch der Systemtheorie Sozialer Arbeit vorgeworfen, sich in einer Soziologie des jeweiligen Gegenstandsbereiches zu erschöpfen, die sich auf deren technologische, strukturelle und Verstehens-Defizite konzentriere.

Nicht nur, dass Luhmann/Schorrs diesbezügliche Argumentation im Hinblick auf Erziehung und Pädagogik auf die Sozialer Arbeit übertragen wurde (vgl. wie skizziert z.B. Hohm 2003: 85 & 92 f.). Über das damit verknüpfte Problem der „Erfolgsmedien" hinaus, wurde die „Wahrscheinlichkeit ihrer Unwahrscheinlichkeit" (ebd.: 85) auch im Hinblick auf die hier nur knapp angedeuteten Paradoxien der Hilfekommunikation und deren Akzeptanz weiter ausgelotet (vgl. ausführlicher Baecker 1994: 100 ff. & Hohm 2003: 85 f.). Und ganz ähnlich hat Hillebrandt die in anderen theoretischen Bezügen als „Klientifizierung" und „Disziplinierung" ihrer AdressatInnen oder als „Kolonialisierung von deren Lebenswelt" thematisierten Verwerfungen als „System-" und „Folgeprobleme der Ausdifferenzierung eines Funktionssystems sozialer Hilfe" (2002: 225) zu analysieren versucht.

Demgegenüber gibt es jedoch nicht nur Bemühungen, wie die zuletzt referierten Baeckers, die so gewonnenen Erkenntnisse auch für die Praxis fruchtbar zu machen. Trotz des Einwands von Luhmann/Schorr (vgl. 1988: 368 ff.), dass es eine „systemtheoretische Pädagogik" nicht geben könne, finden sich sogar darüber hinausgehend Entwürfe einer, wenn nicht systemtheoretischen, so doch zumindest „systemischen bzw. systemistischen Paradigmas Sozialer Arbeit" (vgl. z.B. Staub-Bernasconi 2002: 246).

Diese eher konzeptionellen Entwürfe stützen sich jedoch auch auf eine andere Art von Systemtheorie. So unterscheidet Obrecht (vgl. z.B. 2000) im Rahmen seines „ontologischen, emergentistischen Systemismus" unterschiedliche Wirklichkeitsbereiche. Diese seien aus im Rahmen der Evolution sich selbstorganisierend herausbildenden Systemen gleicher Art hervorgegangen, die zugleich bestimmte ontologische Niveaus markieren: „zuunterst das physikalische, dann das chemische, gefolgt vom biologischen, dieses überführend zum psychischen und – letzteres voraussetzend – zum sozialen und kulturellen" (Geiser 2000: 35). Obrechts ontologischer Systembegriff geht also von der Existenz des zu beobachtenden Gegenstandes aus (*Realismus*), während Systemtheorie in der Tradition Luhmanns – zugespitzt formuliert – sich nur noch mit den Modellen befasst, die beim Beobachten entstehen (*Konstruktivismus*). Dabei habe – wie skizziert – die wissenschaftliche Beobachtung, als „Beobachtung zweiter Ordnung", sich in das Modell der Beobachtung selbst mit aufzunehmen, indem sich der Beobachter als Teil des Beobachteten begreift und seine „naiven" Unterscheidungen reflexiv auf sich selbst bezieht.

Obrecht bezeichnet seine Variante von systemistischer Theorie jedoch nicht nur als ontologisch, sondern zugleich auch als emergentistisch. Mit dem Begriff der Emergenz unterstreicht er seine holistische Grundauffassung, dass Systeme Eigenschaften aufwiesen, die ihren Komponenten nicht zukämen. Emergente Eigenschaften betrachtet er somit als das Ergebnis von Interaktionen und damit von neuer Strukturbildung. Demzufolge seien Merkmale der einfacheren, unteren ontologischen Niveaus in denjenigen der komplexeren, oberen Niveaus als Subsysteme enthalten, nicht aber umgekehrt. Demgegenüber basiert Luhmanns Theorie ja auf einem Begriff von Evolution, der höhere Komplexität aus Mutation und Wettbewerb – also eher mechanistisch-reduktionistisch – zu erklären versucht (vgl. seinen Bezug auf Maturanas Begriff von Autopoiese als einer rein mechanistischen Erklärung des Phänomens Leben).

### 4.16 Das system(ist)ische Paradigma Sozialer Arbeit

Obrecht, der mit Staub-Bernasconi in Zürich zusammengearbeitet und auch mit ihr gemeinsam zur Sozialarbeitswissenschaft (1996) publiziert hat, begreift die von ihm in diesem Rahmen entwickelte „systemische Wirklichkeits- und Erkenntnistheorie (SWET)" als ein transdisziplinäres Paradigma. Innerhalb dieses (auch als Metatheorie Sozialer Arbeit fungierenden) Bezugsrahmens glaubt Obrecht das Wissen verschiedener „Objekttheorien" aus den für die entsprechenden Wirklichkeitsbereiche zuständigen wissenschaftlichen Disziplinen sowohl untereinander verknüpfen zu können, als auch mit einer „Handlungstheorie" und schließlich sogar entsprechenden „Methoden" bzw. „Arbeitsweisen" Sozialer Arbeit verbinden zu können.

Darauf aufbauend fordert Staub-Bernasconi, das disziplinäre *Erklärungswissen* von Physik, Biologie, Psychologie, Soziologie, Anthropologie, Philosophie, Theologie, Ethik und Recht etc. (vgl. 1994) gegenstands- bzw. *problembezogen* für die Soziale Arbeit fruchtbar zu machen. Davon unterscheidet sie ein

*problemlösungsbezogenes Verfahrenswissen*, das sie in späteren Arbeiten (1995)
noch einmal ausdifferenziert hat, in Mittel und Handlungsanweisungen, welche
über konkretisierte bzw. mit-verwirklichte Werte miteinander verbunden seien.
Staub-Bernasconi beansprucht damit *problembezogenes Erklärungswissen*
der verschiedenen Theorien und Wissenschaften nicht einfach bloß nach dem
Gegenstand der Sozialen Arbeit angemessenen Dimensionen zu systematisieren.
Wie Obrecht beansprucht auch sie, es darüber hinaus mit einem jeweils spezifischem *problemlösungsbezogenen Verfahrenswissen* zu verknüpfen. Heuristisch
unterscheidet sie dabei zwischen:

- *sozialen Kriterienproblemen*, wie Nicht-Erfüllung oder Fehlen von Kriterien bzw. Kriterien-Willkür,
- *Macht-* bzw. *sozialen Verknüpfungsproblemen*, unter denen sie Schich-
  tungs- Herrschafts- Legitimations- und Erzwingungsprobleme fasst,
- *sozialen Austauschproblemen* bezogen auf Güter, Symbole, Erkenntnis-
  , und Handlungskompetenzen sowie auf soziale Beziehungen und
  schließlich
- *sozialen Ausstattungsproblemen*, die sie nach körperlicher und sozio-
  materieller – d.h. sozialökologischer und sozioökonomischer – Ausstattung sowie der Ausstattung mit Erkenntniskompetenzen, Bedeutungs-
  systemen, Handlungskompetenzen und Mitgliedschaften bzw. bezie-
  hungsmäßiger Ausstattung ausdifferenziert. Später (1994) hat sie diese
  selbst noch einmal in Beziehung gesetzt zu Ausstattungs- (Bedürfnisse
  als Basis), Austausch- (Tauschmedien als Basis), Macht- (Machtquellen
  als Basis) und Kriterien- bzw. Wertproblemen (Bedürfnisse, Werte als
  Basis).

Kaspar Geiser (2000) hat sein praxisbezogenes Modell einer Problem- und Ressourcenanalyse in der Sozialen Arbeit zentral auf diese systemische Denkfigur
Staub-Bernasconis und deren metatheoretische Fundierung durch Obrecht ge-
gründet. Damit beansprucht er nicht nur Individuen, die in dem „Ausschnitt von
Realität", wie er für Soziale Arbeit charakteristisch sei, vor allem mit ihren Ausstattungsproblemen in den Blick kämen, und zwei idealtypische Formen von
Beziehungen – nämlich Austausch und Macht – beschreiben zu können. Er will
darüber hinaus auch hinsichtlich der Wertproblematik Transparenz in die Bewertung der Informationen als Probleme und Ressourcen bringen. Zweifellos hat er
auf diese Weise die Überlegungen Staub-Bernasconis und Obrechts gerade unter
didaktischen und praktischen Gesichtspunkten weiterentwickelt. Besondere
Aufmerksamkeit hat er dabei nicht nur dem Aspekt geschenkt, wie die multidis-
ziplinären Sichtweisen der Sozialen Arbeit bezüglich einer Problemlage sich zur

systematischen Beschreibung und Beurteilung einer Fallsituation integrieren lassen. Ganz zentral ging es ihm dabei auch um die Begründung entsprechender Interventionsentscheidungen.

Während Staub-Bernsaconi 1983 hinsichtlich der sozialen Ausstattungsprobleme beim problembezogenen bzw. Verfahrenswissens noch eine Unterscheidung der Interventionsebenen nach Mikro-Bereich (Individuum/Gruppe/Familie) und Meso- bzw. Makro-Bereich (territoriales und organisationelles Gemeinwesen) vornahm, werden bei Geiser die Ausstattungsprobleme auf den Fall eingeengt. Später hat auch Staub-Bernasconi auf eine entsprechende Ausdifferenzierung der Interventionsebenen und des Akteur-/Problemlösungssystems verzichtet, allerdings zugunsten einer vom Anspruch her gleichermaßen umfassenden wie integrationistischen Perspektive. Staub-Bernasconis Unterscheidung von

- Erklärungswissen – als Bestandteil des *problembezogenen* Wissens – und
- den über die konkretisierten Werte verbundenen Mitteln und Handlungsanweisungen – als Bestandteil des *problemlösungsbezogenen* bzw. Verfahrenswissens –

weist nun durchaus Parallelen auf zur Differenzierung zwischen „weil-Motiven" und „um-zu-Motiven", wie sie von Alfred Schütz (1974) vorgenommen wurde. Die beiden unterschiedlichen Relevanzstrukturen werden von Staub-Bernasconi und Geiser allerdings über eine spezifisch methodische Schrittfolge zumindest instrumentalistisch wieder zueinander in Beziehung gesetzt. Dies lässt sich so rekonstruieren, dass nach ihrem Konzept professionelle Soziale Arbeit ihren Ausgangspunkt an einer „echten weil-Motiven" folgenden Problemformulierung zu nehmen habe. Im Verfolgen von „um-zu Motiven" gelte es jedoch sogleich dem Gegenstandswissen entsprechende effektive Methoden problemlösend zum Einsatz zu bringen als da wären: Ressourcenmobilisierung, Bewusstseinsbildung, Modellveränderung, Handlungs- und Sozialkompetenztraining, Neuorganisation von Austauschbeziehungen und der sozialen Anordnung von Menschen und Teilsystemen sowie Öffentlichkeitsarbeit (vgl. Staub-Bernasconi 1983 & 1994).

Noch weitaus differenzierter hat Obrecht (1996) die erkenntnistheoretische Unterscheidung verschiedener Wissensformen als Voraussetzung für systematisches professionelles Handeln zu begründen versucht. Auf der Grundlage seiner „systemischen Wirklichkeits- und Erkenntnistheorie (SWET)" beansprucht er mit seinem „Psychobiologischem Erkenntnis- und Handlungsmodell des Individuums (PSYBIEHM)" nicht nur die logische Verlaufsstruktur kognitiver Prozesse rekonstruiert zu haben, wie sie problembearbeitenden Handlungen zugrunde liege. Zugleich glaubt er damit auch eine allgemeine normative Handlungstheorie entwickelt zu haben.

In diesem Modell, das für ihn zugleich Grundlage eines systematischen professionellen Handelns darstellt, kommen „echte weil-Motive" in der 1. Phase – der Situationsanalyse – zum Tragen. In dieser ist unschwer die klassische Anamnese zu erkennen. Das Erklärungswissen wird dabei von ihm noch einmal ausdifferenziert nach Erklärungs- und Beschreibungstheorien – Letztere dann noch einmal weiter in nomologische (akteursunabhängige Gesetze) und nomopragmatische Theorien (Gesetze bezüglich Wirkungen von Handlungen).

„Wertwissen" im Sinne von „Was-ist-gut-Fragen" und „Problemwissen" im Sinne von „Was-ist-nicht-gut-Fragen" kommen dann in der 2. Phase, der „Bewertung und Problemdefinition", also der klassischen „Diagnose" zum Tragen. Zwischen „Diagnose" und „Behandlung", welche bei Obrecht als 4. Phase jetzt „Entscheidung und Implementierung" heißt, hat er als dritte noch eine Phase der „Zielsetzung und Planung" eingeschoben. Schon in dem von Obrecht dieser 3. Phase zugeordneten „Ziel- und Interventionswissen" kommen „um-zu-Motive" zum Tragen. Aber auch das in der 4. Phase beanspruchte „Wissen über Entscheidungen" und „geordnete Abfolgen motorischer Operationen" und sogar das der 5. Phase der „Evaluation" von Obrecht zugeordnete „Wissen über die Wirksamkeit von konkreten Interventionen" folgt als „instrumentelle Rationalität" diesen Motiven. Allerdings ist für Obrecht die Evaluation darüber hinaus durch „Wirtschaftlichkeitsfragen (ökonomische Rationalität)" und „Wünschbarkeitsfragen (Wertrationalität)" gekennzeichnet, die sicher eher nur vermittelt mit „um-zu-Motiven" in Verbindung zu bringen sind.

## 4.17 Kritik der system(ist)ischen Konzepte Sozialer Arbeit

Anspruch system(ist)ischer Konzepte Sozialer Arbeit ist es, das „echten-weil-Motiven" folgende Erklärungswissen aus den verschiedenen (Meta-)Wissenschaften und (Objekt-)Theorien nicht einfach bloß nach Dimensionen und Stufen zu systematisieren, die dem Gegenstand der Sozialen Arbeit angemessen seien. Sie beanspruchen es darüber hinaus auch zu verknüpfen. Allerdings betrachten sie dessen disziplinäre Aufsplittung als unterschiedlichen Wirklichkeitsbereichen geschuldet. Aus der Perspektive kritischer Theorie (vgl. May 2000: 245 & 2005: 178) ist deshalb auf die Gefahr hingewiesen worden, dass trotz aller systemtheoretischen Reintegrationsbemühungen das system(ist)ische Paradigma der Sozialarbeitswissenschaft dem Dogmatismus „traditioneller Theorie" (Horkheimer 1977: 521 ff.) verfalle, eine einmal eingenommene und ausgearbeitete theoretische Position als objektive Erkenntnis für historisch invariat zu erklären.

Zudem gelänge es diesen Ansätzen zu einer Sozialarbeitswissenschaft damit gerade nicht, die lebenspraktischen Problemsituationen, auf die Soziale Arbeit stoße und die zum Teil zumindest von einigen Betroffenengruppen auch in verallgemeinerter Form als Problem artikuliert würden, in die Probleme der Theoriearbeit zu überführen und umgekehrt. Voraussetzung dazu wäre die verallgemeinerten Interessen an menschlicher Verwirklichung mit der wissenschaftlichen Verallgemeinerung einer auf Soziale Arbeit bezogenen Theoriearbeit zusammenzubringen.

Dass in den „Objekttheorien" der disziplinär organisierten akademischen Einzelwissenschaften die für die Problembetroffenen totalisierten Probleme bloß partialisiert und mit hoher Selektivität aufgenommen würden, ist allerdings nicht allein eine Erkenntnis von kritischer Theorie und Lebensweltorientierung. Auch die zuvor referierten Ansätze einer Systemtheorie Sozialer Arbeit gestehen diese Engführung in der Beobachtungsperspektive durchaus zu. Sie teilen jedoch nicht die besonders im lebensweltlich/alltagstheoretischem Paradigma erhobene Forderung (vgl. Kap. 2.), dass eine Theorie Sozialer Arbeit auch an praktisch wirksamen Orientierungen und Erfahrungen der außerwissenschaftlichen Realität anzuknüpfen habe. Vielmehr sehen sie darin ein bloß praktisches Problem der Organisationen und Programme Sozialer Arbeit.

Zwar hat – u.a. auch in der Kontroverse mit den in der Tradition Luhmanns rein analytisch argumentierenden Ansätzen zu einer Systemtheorie Sozialer Arbeit – gerade Silvia Staub-Bernasconi immer wieder hervorgehoben, dass Soziale Arbeit und Pädagogik auch an der für sie genuinen Thematisierungsfähigkeit zukunftsbezogener Möglichkeiten einer humaneren Regelung des Verhältnisses der Menschen zueinander, wie zu ihrer inneren und äußeren Natur, zu messen sei. Meiner Ansicht nach (vgl. May 2000: 245 ff. & 2005: 178 ff.), greift sie dies in ihrem system(ist)ischen Ansatz allerdings ebenfalls bloß instrumentalistisch auf. Ich beziehe mich in diesem Zusammenhang darauf, dass Staub-Beransconi

- zum einen – orientiert am Gegenstandswissen über die verschiedenen Problembereiche – eine breite Systematisierung von Wertwissen (1995) und dem in den problembezogenen Arbeitsweisen konkretisierten bzw. mit-verwirklichten Werten (1983) versucht und
- zum anderen bestrebt ist, bezogen auf die verschiedenen Dimensionen von Ausstattungsproblemen und die sozialen Ebenen des Akteur-/ Problemlösungssystems (welche den verschiedenen Interventionsebenen entsprechen!) in einer Matrix Ressourcen und Machtquellen (1994) zu sondieren.

Im Unterschied zu dem im Rahmen kritischer Theorie geprägten Begriff „emanzipatorischer Tatsachen" (vgl. Ritsert 1977: 116) werden Werte und Ressourcen auf diese Weise jedoch nur äußerlich aufeinander bezogen. Außerdem gerät aus meiner Sicht (vgl. May 2005: 177) die grundlegende Wechselwirkung zwischen Zielen und Mitteln außer Blick. Der zufolge ist schon die Bestimmung von Zielen immer auch durch die Verfügbarkeit von Mitteln beeinflusst. Und umgekehrt lassen sich erst durch Ziele Bedingungen von Mitteln unterscheiden. In Geisers Modell einer Problem- und Ressourcenanalyse wird dies zumindest ansatzweise aufgegriffen, beansprucht er ja mit diesem, Transparenz in die Kategorisierung von „Sachverhalten" als Problem oder Ressource zu bringen, was nur über einen Bezug auf die Wertdimension möglich ist.

Ebenso wie Obrechts allgemeine normative Handlungstheorie übersieht allerdings auch sein Modell – wie ich (vgl. May 2000: 247 & 2005: 180) im Anschluss an Bourdieu kritisiert habe –, dass das Wissen über Probleme und deren Lösung in erheblichem Ausmaß durch jene Problemsituationen geprägt ist, auf die es sich in der Vergangenheit richtete. Deshalb sehe ich auch bezüglich des problembezogenen Erklärungswissens und des problemlösungsbezogenen Verfahrenswissens, das Staub-Bernasconi sozialarbeitswissenschaftlich miteinander in Beziehung setzen will, die Gefahr, dass es die Bedingungen der Problemsituationen reproduziert, deren Produkt es in letzter Konsequenz ist. Die von Baecker (1994: 100 ff. & 2001: 1972 f.) und Hohm (2003: 85 f.) vorgelegten Analysen zu den Paradoxien einer Hilfekommunikation verdeutlichen, dass auch einer Theorie selbstreferentieller Systeme dieser Zusammenhang nicht verborgen geblieben ist.

Die system(ist)ischen Konzepte versuchen diese Gefahr allem Anschein nach dadurch zu umgehen, dass in ihnen den emanzipatorischen Werten eine besondere Bedeutung in der Vermittlung von problem- und problemlösungsbezogenen Wissen zugemessen wird. Wenn innerhalb dieses Paradigmas aus einem entsprechenden Wertwissen Ziele für die problembezogenen Arbeitsweisen bzw. Strategien Sozialer Arbeit abzuleiten versucht werden, scheint mir dies (vgl. May 2000: 247 & 2005: 180) von der geradezu schon Brechtschen Hoffnung getragen, dass die Menschen und Organisationen den entsprechenden Zielen ähnlicher würden, wenn sozialarbeiterische, sozialpädagogische und gemeinwesenarbeiterische Methoden zum fachgemäßen Einsatz kommen. Auch aus systemtheoretischer Perspektive in der Tradition Luhmanns droht Pädagogik und Sozialarbeitswissenschaft auf diese Weise zu einer bloß handlungsorientierenden Ideologie zu missraten. Und Dewe/Otto kritisieren, dass solange sich entsprechende „Theorieangebote [...] als normative Theorien einer Praxis bzw. für eine Praxis verstehen, [...] sie sich ihrem Untersuchungsfeld nicht in analytischer und reflexiver Perspektive nähern" (2002: 186) könnten. Praxis würde von ihnen nur mehr „technologisch als Anwendungsfall von Theorie" (ebd.) verstanden.

Wenn sich die sozialarbeitswissenschaftlich systemi(sti)schen Konzepte in dieser Weise darauf konzentrieren, die lebenspraktischen Problemsituationen, auf die Soziale Arbeit stößt, durch Heranziehung eines möglichst vielfältigen disziplinären Erklärungswissens zu analysieren, um dann auf der Basis eines entsprechenden problemlösungsbezogenen Verfahrenswissen darauf methodisch zu antworten, dann unterschieden sich – wie ich (2005: 181) kritisiert habe – nur allzu oft die dabei professionell verfolgten „um-zu-Motive" von denen der Problembetroffenen. Im Extremfall würden die problembezogenen Arbeitsweisen bzw. Strategien Sozialer Arbeit von den Betroffenen dann nicht mehr als Unterstützung in der Problembewältigung, sondern im Gegenteil nur als ein für sie neues Problem erfahren.

Aus meiner Sicht (vgl. May 2000: 248 & 2005: 181 f.) unterliegen auch Staub-Bernasconis und Geisers Ansatz insofern dieser Gefahr, als sie Lebensäußerungen der Zielgruppen Sozialer Arbeit zu einem Ausstattungsproblem umdefinieren, nur weil diese dem entsprechenden Wertwissen zufolge als ´abweichend` oder ´pathologisch` gelten. Störende oder vielleicht auch nur unverständliche Verhaltensweisen werden auf diese Weise – unter Rekurs auf ein entsprechendes wissenschaftliches Erklärungswissen – auf Problemkonstellationen in deren Sozialisation zurückgeführt. Nur allzu leicht aus dem Blick gerät so, dass sich hinter dem entsprechend analysierten ´problematischem` *Verhalten* immer auch ein mehr oder weniger sinnhaftes bzw. zielgerichtetes *Handeln* der Betroffenen verbirgt, dessen Struktur allerdings möglicherweise sogar für diese selbst nicht unmittelbar gegenwärtig und beschreibbar sein muss.

### 4.18 Kritik der Ansätze zu einer Systemtheorie Sozialer Arbeit

Selbst wenn solche in anderen theoretischen Bezügen als „Klientifizierung" und „Disziplinierung" von AdressatInnen oder als „Kolonialisierung von deren Lebenswelt" thematisierten Verwerfungen auch Gegenstand systemtheoretischer Analysen Sozialer Arbeit (z.B. Baecker 1994: 100 ff.; Hillebrandt 2002: 225; Hohm 2003: 85 f.) geworden sind, erscheinen sie dort allerdings häufig (vgl. May 2005: 74) bloß als unvermeidliche „System-" und „Folgeprobleme der Ausdifferenzierung eines Funktionssystems sozialer Hilfe" (Hillebrandt 2002: 225). Zudem weist meiner Ansicht nach auch die systemtheoretische Funktionsbestimmung Sozialer Arbeit ähnliche Verschiebungen auf.

Zwar ist es empirisch gesehen sicher nicht falsch, wenn in den verschiedenen Ansätzen zu einer Systemtheorie Sozialer Arbeit deren Referenz als Beobachtung von Hilfsbedürftigkeit in Bezug auf direkte und indirekte negative Folgeeffekte von Exklusionsgefährdungen beschrieben wird. Allerdings habe ich (vgl. May 2000a: 109 f. & 2005: 73 f.) moniert, dass in dieser Funktionsbestimmung nicht nur der Herrschaftscharakter dethematisiert werde, welcher sich meiner Ansicht nach darin äußert, dass die gesellschaftlich sich ausdifferenzierenden Funktionssysteme Ausmaß und Form der Teilnahme von Einzelnen an ihrer Kommunikation nach teilsystemeigenen Erfordernissen festlegen. Zudem habe ich diesem systemtheoretischen Bestimmungsversuch Kritiklosigkeit vorgeworfen im Hinblick darauf, dass nicht mehr der eigentlich problemgenerierende Kontext und die je konkreten Ursachen der den „Exklusionsgefährdungen" zugrunde liegenden sozialen Probleme zum Gegenstand einer Bearbeitung im Rahmen Sozialer Arbeit werden, sondern die von Exklusion Betroffenen bzw. Bedrohten selbst. Ausgeblendet wird dabei meiner Ansicht nach, dass es sich bei Exklusionsgefährdungen – und seien sie auch nur teilsystemspezifischer Art – um eigentlich das gesellschaftliche Zusammenleben betreffende, im Grunde politische Fragen handelt, die nun unter der Hand zu Problemen therapeutisch, sozialarbeiterischer Hilfen umdefiniert werden.

Weiterhin kritisiert habe ich, dass die bloß integrationistische Funktionsbestimmung Sozialer Arbeit als „Reinklusionsvermittlung und Exklusionsverwaltung" die Frage des wohin unproblematisiert lässt. Luhmanns These der „Exklusionsindividualität" als strukturelle Voraussetzung eines „Inklusionsuniversalismus" konstruiere auf diese Weise – wie ich (May 2005: 65 ff.) kritisiert habe – einen ohnmächtigen Gegensatz. Auf dessen einer Seite stehen die mit je eigenen Leitunterscheidungen (Codes) und Programmen operierenden und auf die Erbringung bestimmter Leistungen spezialisierten Teilfunktionssysteme. Aus systemtheoretischer Perspektive werden Einzelne in diesen nur als „Adressen teilsystemischer Kommunikation" relevant. Demgegenüber sei dann Individualität nur mehr außerhalb dieser kommunikativen Inanspruchnahme und damit zugleich auch nur außerhalb der Gesellschaft möglich.

Schon zuvor hat Brunkhorst (1983: 210) ganz ähnlich der Systemtheorie vorgeworfen, die Intentionen und Freiheiten des handelnden Subjekts zu einem bloßen Element im komplexen Systemgefüge gesellschaftlicher Teilsysteme abzuwerten. Brunkhorst begründet seine Kritik jedoch mit Argumenten, wie sie noch früher von Habermas in der sog. Habermas-Luhmann-Kontroverse (vgl. Habermas/Luhmann 1971) vorgetragen wurden. Demgegenüber beziehe ich mich in meiner Kritik auf die Dialektik der Anerkennung, wonach das eigene Bemühen, Autonomie zu erlangen, des anderen bedarf, der den Wunsch nach Selbstbehauptung bzw. die Fähigkeit dazu anerkennen muss.

In der Art und Weise, wie Luhmann die beiden Tendenzen von Autonomie und Gegenseitigkeit polarisiert, löst er meiner Ansicht nach das Paradoxon der Anerkennung auf eine Weise, die eine Subjekt-Subjekt-Dialektik als konkrete Möglichkeit gar nicht mehr denken lässt. Zudem kann auf der Basis von Luhmanns Konzept, dass psychische Systeme einander nur irritieren könnten, um diese Irritationen dann nach ihren eigenen Gesetzen der Selbsterhaltung zu verarbeiten, die Frage, was Menschen trennt und voneinander entfremdet, überhaupt nicht mehr aufkommen.

Aus meiner Perspektive fällt Luhmann damit hinter Hegels Analyse der Dialektik der Anerkennung zurück. Nicht nur, dass sich auf der Basis dieser Dialektik meiner Ansicht nach auch inhaltlich gehaltvollere Lösungen entwickeln lassen als sie der Formalismus „strukturelle Kopplung" bei Maturana sowie das instrumentalistische Konzept von „Penetration bzw. Interpenetration" bei Luhmann zu geben vermögen. Zugleich stellt diese auch einen kategorialen Bezugsrahmen zur Verfügung, der in der „reinen Anerkennung" (vgl. Ritsert 1975) einen Begründungsmodus für die motivationalen Grundlagen normativen Handelns formuliert.

Demgegenüber wurde an den systemtheoretischen Analysen in der Tradition Luhmanns gerade ihre Enthaltsamkeit in wertthematischen Fragen kritisiert. Die Systemtheorie könne zwar Sinnfragen funktional erklären, aber nicht beantworten. Die Diskussion und Klärung von moralischen und ethischen Prinzipien, von Wahrheits- und Adäquatheitsfragen, seien jedoch unaufgebbare Maximen pädagogischer Reflexion (vgl. z.B. Benner 1979). Ebenso seien auch zur Beurteilung der Leistungen von Pädagogik und Sozialer Arbeit Wertgesichtspunkte erforderlich, die aus der bloßen Präferenz für Funktion nicht abgeleitet werden könnten. Die Systemtheorie Sozialer Arbeit könne deshalb, wie Brumlik (1987) argumentiert, nur eine halbe Rationalität anbieten.

Sehr deutlich vermag diese Rationalität zwar das sog. Problem der „Erfolgsmedien" bzw. das „Technologiedefizit" von Sozialer Arbeit und Pädagogik zu thematisieren (s.o.). Benner (1979: 367) fragt jedoch ironisch, ob sich dieses „Technologieproblem durch eine Technologieersatztechnologie lösen" ließe. Jessica Benjamin (vgl. 1982) hat in diesem Zusammenhang ebenfalls vor dem Hintergrund der Hegelschen Dialektik der Anerkennung die These vertreten, dass die Generalisierung der instrumentellen Rationalität nicht allein im Gegensatz zur substantiellen Rationalität zu sehen sei, wie Horkheimer/Adorno (1979) dies in ihrer „Dialektik der Aufklärung" analysiert haben. Vielmehr entwickle sie sich als Gegensatz zu den Prinzipien der intersubjektiven Wahrnehmung und Bewusstseinsbildung vor allem aus der männlichen „Ablehnung der persönlichen, prozeßorientierten Formen der Sorge, Pflege, und Aufrechterhaltung des Wachstums Anderer" (1982: 441). Deren neue, formale, abstrakte, von menschlichen Inhalten und Zielen entleerte Form der Rationalität haben für sie die patriarchalische Religion und die sichtbare Rolle des pater familias ersetzt. Dazu dürfte vermutlich auch die Ersetzung von Prinzipien intersubjektiver Wahrnehmung und Bewusstseinsbildung durch solche technische Konzepte wie struktu-

relle Kopplung, Penetration und Interpenetration zu rechnen sein. Wie entperso-
nifiziert und undurchsichtig sich diese Rationalität nicht nur in den dargestellten
systemtheoretischen Analysen, sondern auch in ihrem Praktisch-Werden darstel-
len mögen: Benjamin zu Folge müsse sie als historische Weiterführung der
männlichen Herrschaft verstanden werden.

## 4.19 Cremer-Schäfers und Steinerts Analyse sozialer Ausschließung als Kritik an der Systemtheorie Sozialer Arbeit

Im Unterschied zur systemtheoretischen Perspektive, wonach Differenzierung
auf Vorgängen der Inklusion und Exklusion beruhe, hat Helga Cremer-Schäfer
aus der Perspektive sozialer Ausschließung darauf aufmerksam gemacht, „dass
nicht jede Exklusion erneute Inklusion bedeutet" (2001: 64). So werde „nach der
*sozialen* Logik" (ebd.: 61) die „Verweisung (oder sollte es besser Einweisung
heißen?)" (ebd.) von Exkludierten in ein anderes System häufig gerade *nicht* als
´Inklusion`, sondern „wie Ausschließung organisiert und erfahren" (ebd.). „Para-
digmatisch dafür" (ebd.) stehe die „Einschließung in eine ´totale Institution`"
(ebd.).

Zwar gesteht sie zu, dass „´Moderner Fürsorge` [...] ein inklusives Prinzip
zu Grunde" (ebd.: 66) liege. Allerdings hätten die „Voraussetzungen der Inanspruchnahme einer öffentlichen Subsistenzsicherung [...] gleichzeitig so organisiert werden (müssen d.V.), dass ´Daseinsvorsorge` kein Bürgerrecht und vor
allem keine wählbare alternative Reproduktionsform der ´Schwachen`" (ebd.)
habe werden können. Denn „Vergesellschaftung" beruhe „auf Politiken der Abgrenzung" (ebd.: 61), welche bestimmten, „wer unter welchen Voraussetzungen
und Bedingungen dazu gehören" (ebd.) solle bzw. dürfe. Entsprechend wären
trotz des „Prinzips der ´Inklusion` [...] staatliche Maßnahmen und Institutionen
nicht universell zugänglich´"(ebd.: 63), sondern immer auch – und seit der „neo-
liberalen Wende der Sozialpolitik" (ebd.) sogar in zunehmendem Maße –
„´exklusiv`" (ebd.).

Gemeinsam mit Heinz Steinert hat Helga Cremer-Schäfer (vgl.: 1998) ver-
sucht, wohlfahrtsstaatliche Maßnahmen und Institutionen als eine Hierarchie von
Integration und Ausschließung zu systematisieren. Der „immer ´exklusiver`
werdenden Hierarchie von Maßnahmen und Kategorisierungen" (Cremer-
Schäfer 2001: 64) entspräche „eine Hierarchie von Anerkennung bzw. Degradie-
rung. Es beginnt bei ´wohlverdienten` (weil selbst verdienten) Ansprüchen und
Rechten und endet mit der Kopplung von Stigmatisierung und kontrollierter
Hilfe" (ebd.). So unterscheiden Cremer-Schäfer/Steinert (1998):

1. soziale Transferleistungen zur Sicherung der Reproduktion der Arbeitskraft, die im Grad der Kompensation und Statussicherung an Lohnarbeit gekoppelt seien;
2. (meist) staatliche Infrastrukturleistungen zur Ermöglichung und Stützung der alltäglichen Reproduktion in der Warenökonomie;
3. Maßnahmen und Einrichtungen zur (Re-)Qualifizierung der Arbeitskraft, welche mehr oder weniger eng auf Anforderungen des Arbeitsmarktes bezogen seien;
4. Maßnahmen und Einrichtungen, die sich auf solche 'Problemgruppen' des Arbeitsmarktes bezögen, die nicht mehr gebraucht würden, aber Verdienste als disziplinierte Arbeitskraft gesammelt hätten und – insofern sie Reproduktionsarbeit leisteten – auch noch erwürben;
5. Maßnahmen und Einrichtungen, die sich auf solche 'Problemgruppen' bezögen, die als für den Arbeitsmarkt 'überflüssig' oder dauerhaft 'unbrauchbar' betrachtet würden.

Aus der Perspektive Cremer-Schäfers habe die Geschichte der Sozialen Arbeit zur Genüge gezeigt, „dass die Maßnahmen und Einrichtungen der fünften Ebene des Wohlfahrtsstaates kein 'letztes' oder 'sekundäres' Sicherheits-Netz" (2001: 65) darstellten. Die von Bommes/Scherr herangezogenen systemtheoretischen Begriffe der „Reinklusionsvermittlung" und „Exklusionsverwaltung" sieht sie insofern als angemessen an, dass es „zur Programmatik und Logik Sozialer Arbeit, aber auch zu ihrer Praxis" (ebd.) gehöre, auf die 3. Ebene zurückzuvermitteln. Andererseits seien auf der 5. Ebene Maßnahmen und Einrichtungen zu finden, „deren Logik und Praxis die von sozialer Ausschließung" (ebd.) seien. Allerdings seien diese Institutionen „keine 'mono-funktionalen' Integrations- oder Zwangs- und Ausschließungsapparate" (ebd.: 63). So könnte „der ihnen eigene Apparat, das Personal, das Wissen (die Ideologien) und die Kategorisierungen (Etiketten), die sie zur Verfügung stellen, ... in Konflikten um die Regeln eines 'Gesellschaftsvertrages' von einzelnen Personen, kollektiven Akteuren bzw. dem Apparat selbst für verschiedene Interessen genutzt werden" (ebd.: 60). Insofern hätten Institutionen auch verschiedene Funktionen.

In Anlehnung an das entsprechende Konzept von Barrington Moore (1982) verstehen Cremer-Schäfer und Steinert (vgl. 1998: Kap. 3) unter einem „impliziten Gesellschaftsvertrag" zum einen Regeln einer „Arbeitsmoral". Diese bezögen sich darauf, wer was wie viel unter welchen Bedingungen für wen arbeiten solle und welche Auszahlungen und Partizipationsrechte ihm dafür zustünden. Zum anderen verweise ein „impliziter Gesellschaftsvertrag" jedoch auch auf die zur Verfügung stehenden Herrschaftsmechanismen, eine bestimmt Arbeits- und Lebensweise bzw. eine politische Form durchzusetzen.

Cremer-Schäfer und Steinert unterscheiden in diesem Zusammenhang Institutionen nach ihrer Herrschaftstechnik bzw. ihrem Interventionstypus, aber auch mit
Hilfe der Kategorien, die diese Institutionen verwalteten. Gemeint sind damit
jene Etiketten, die Institutionen zuschrieben, die jedoch ihren herrschaftlichen
Charakter als ´Beschreibung` erlangten. Kategorisierung wie Intervention dien-
ten dazu, die Regeln jenes „impliziten Gesellschaftsvertrages" zu legitimieren.
Entsprechend differenzieren sie zwischen der Institution „*Schwäche & Fürsorge*" und der Institution „*Verbrechen & Strafe*".

„Schwäche" bzw. Defizite zuzuschreiben mache Sinn, wenn eine Person
normalisiert werden solle. Durch die Institution „*Schwäche & Fürsorge*" könne
„soziale Ausschließung [...] gesellschaftlich zivilisiert und individuell hinausgeschoben werden" (ebd.: 66). Allerdings gäbe es diesbezüglich sowohl „´äußere`
Grenzen" (ebd.), wie auch „eine ´innere` Dynamik" (ebd.), durch welche die
Ausschließung derjenigen legitimiert werde, „bei denen der Erfolg von Hilfe,
Erziehung, Training und Vermittlung" (ebd.) ausbleibe. Versagten „manche trotz
und wegen aller Hilfen und Verbesserungen ihrer Lebenssituation" (ebd.: 65),
werde dies „in der Regel zum verstärkten ´Defekt` uminterpretiert" (ebd.), bis
hin „zum Mangel an Gesellschaftsfähigkeit" (ebd.).

Von zentraler Bedeutung sei in dieser Weise „das Vokabular der sozialen
und moralischen Degradierung" (ebd.). Mit dessen Hilfe könnten „´passende
Zielgruppen` konstruiert werden" (ebd.), die – wenn überhaupt – zuletzt zu be-
rücksichtigen seien. Ja, darüber hinaus genügte „im Kontext des herrschenden
punitiven Klimas [...] eine geringe Veränderung der sozialen Distanz zu
´Problemgruppen`, um institutionalisierte und legitimierte Ausschließungsprak-
tiken vorzunehmen und hinzunehmen" (ebd.: 67). Von daher sei auch die Institution „*Verbrechen und Strafe*" nicht mehr unter der Perspektive „soziale Kontrolle" zu analysieren, sondern als Repräsentation des Prinzips der moralisch legitimierten Ausschließung.

# 5   Diskursanalytische Ansätze

## 5.1   Zwei Grundrichtungen der Theoriebildung

Wenn alltagssprachlich mit dem Begriff von „Diskurs" operiert wird, dann ist dabei zunächst gemeint, dass geredet, zugehört, geschrieben und gelesen etc. wird. Im Griechischen bedeutete *Diskursus* das Hin- und Herlaufen, und auch damals schon wurde dieser Begriff auf Rede, Gegenrede und Erörterung bezogen. Diskursmodelle und -theorien, auf die sich in der Theoriebildung Sozialer Arbeit bezogen wird, gründen sich zumeist auf den sog. „Linguistic Turn" (vgl. Rorty 1967) der Philosophie des 20. Jahrhunderts. Gemeinsam ist all diesen Modellen und Theorien, dass sie der Struktur von Sprache als Bedingung von Erkenntnis und menschlicher Kommunikation eine besondere Bedeutung zumessen. Zwei Grundrichtungen der Theoriebildung lassen sich dabei unterscheiden:

- Zum einen ist dies ein Diskursbegriff, wie er in Jürgen Habermas' transzendentaler Universalgrammatik entwickelt wurde. Diese fragt nach den Bedingungen der Möglichkeit herrschaftsfreier und somit vernünftiger Kommunikation und übt(e) großen Einfluss auf die bundesrepublikanische Theoriebildung in der Sozialen Arbeit aus.
- Zum anderen sind dies Theorieansätze, die mit den Etiketten Strukturalismus, Neo- bzw. Poststrukturalismus, Dekonstruktivismus, postmoderne oder Differenzphilosophie versehen werden. Diese behaupten, dass sich menschliches Miteinander und Denken durch sprachliche Strukturierung herstelle. Mit „sprachlich" ist dabei jede Art menschlichen Symbolsystems gemeint. Im Extrem ist damit „alles" Text, da Menschen nur sprachlich-symbolisch Zugang zur Welt haben. Einfluss auf die Theoriebildung im Bereich Sozialer Arbeit konnte diese Richtung erst in jüngster Zeit gewinnen.

## 5.2   Das Diskursmodell von Jürgen Habermas

Bezugspunkt des Diskursmodells, das Jürgen Habermas in seiner Untersuchung über den „*Strukturwandel der Öffentlichkeit*" (1990) entwickelte, ist die öffentliche Diskussion und räsonierende Kontrolle, mit der ein Publikum – ohne herrschen oder Herrschaft verändern zu wollen – den Staat mit den Bedürfnissen der bürgerlichen Gesellschaft rational und konsensuell zu vermitteln versucht hat. Damit zielt – Habermas zufolge – der Idealtypus bürgerlicher Öffentlichkeit auf eine Emanzipation des Marktes von Herrschaft. Allerdings habe dieses liberale Modell in den staatlichen Massendemokratien durch die Entwicklung von Druck-, Funk- und Televisionstechniken einen Strukturwandel erfahren. Durch diese *formelle*, über Massenmedien hergestellte *quasi-öffentliche* Meinungs-'mache' werde das öffentliche Räsonnement mehr und mehr abgelöst. Zugleich verbreitere sich jedoch auch eine *informelle, nicht-öffentliche* Meinungsbildung im lebensweltlichen Kontext.

Angesichts dessen erschien Habermas eine Verwirklichung des liberalen Öffentlichkeitsgebotes und seiner Intention einer diskursiven Aufhebung von Herrschaft und Gewalt durch den Zwang des besseren Argumentes zunächst nur möglich als Vermittlung *nicht-öffentlicher* und *quasi-öffentlicher* Meinungen durch ein kritisches Publikum in der Form einer *organisierten Öffentlichkeit*. Ein solches Publikum müsste allerdings auch die ökonomisch unselbständigen Massen einbeziehen, was als autonome Teil*nahme* eine Teil*habe* am gesellschaftlichen Reichtum voraussetze. Wechselseitige – wie auch die staatlichen Bürokratien betreffende – Kontrolle und Rationalisierung der sozialen und politischen Machtausübung schienen ihm ursprünglich nur so realisierbar.

Später hat er dies allerdings revidiert. So schreibt er im Vorwort zur achtzehnten Neuauflage seiner Untersuchung zum „*Strukturwandel der Öffentlichkeit*", dass ohne Gefährdung seiner Leistungsfähigkeit „ein modernes, marktgesteuertes Wirtschaftssystem nicht beliebig von Geld auf administrative Macht und demokratische Willensbildung umgepolt" (1990: 27) werden könne. Deshalb sei auch von der Forderung nach einem Eigentumstransfer durch Verstaatlichung der Großindustrie abzukehren. So ist für ihn „nicht mehr schlechthin die 'Aufhebung' eines kapitalistisch verselbständigten Wirtschafts- und eines bürokratisch verselbständigten Herrschaftssystems" (ebd.: 36) Ziel. Beide werden von ihm auf der Basis seiner „*Theorie des kommunikativen Handelns*" (1981) nun gemeinsam als systemisch integrierte Handlungsbereiche aufgefasst und der Lebenswelt als einem kommunikativ integrierten Handlungsbereich gegenübergestellt (vgl. Kap. 2.4). Und von daher geht es ihm jetzt sehr viel bescheidener 'nur' noch um „die demokratische Eindämmung der kolonialisierenden Übergriffe der Systemimperative auf lebensweltliche Bereiche" (1990: 36).

Außerdem sieht er nun die sozialintegrative Kraft der Solidarität als nicht mehr unvermittelt auf die politisch-systemische Ebene übertragbar, zumal angesichts des Pluralismus gleichberechtigter, konkurrierender Lebensformen die Gefahr eines verallgemeinerten Partikularismus drohe. Deshalb interessiert ihn, ob es ein „*allgemeines Interesse*" als Maßstab öffentlichen Diskurses geben könne. Die Möglichkeit eines solchen allgemeinen Interesses sieht Habermas auf der Basis seiner „*Theorie des kommunikativen Handelns*" nur verwirklichbar, wenn die Moral im Prozess der öffentlichen Kommunikation selbst verankert und an solche Verfahren demokratischer Meinungs- und Willensbildung gebunden werde, die vernünftige Resultate ermöglichten.

Schon in der *kommunikativen Alltagspraxis selbst* sieht er ein solches *Vernunftpotential* angelegt. Denn, wie Habermas mit dieser Theorie zu belegen versucht, gehörten zu den unhistorisch-universalen und „anthropologisch tiefsitzenden Strukturen" (1981, Bd. 2: 561) jeder menschlichen Rede die unhintergehbaren *Geltungsansprüche* auf Verständlichkeit, Wahrheit, Wahrhaftigkeit und Richtigkeit. Eingelöst werden könnten die Erfordernisse eines solchen auf vernünftige Resultate zielenden Verfahrens demokratischer Meinungs- und Willensbildung deshalb nur im Prinzip der Öffentlichkeit, weil es die Gültigkeit von Normen von der Möglichkeit einer argumentativ begründeten Zustimmung aller möglicherweise Betroffenen abhängig mache.

Um dem verallgemeinerten Partikularismus entgegenzuwirken und einen demokratischen Elitismus zur Durchsetzung von gruppenspezifischen Sonderinteressen zu verhindern, bedürfe es deshalb – so seine nun neue Erkenntnis – einer nicht auf Beschlussfassung, sondern auf Entdeckung und Problemlösung angelegten und insofern *nicht-organisierten* Öffentlichkeit. Die „kommunikative Macht" (1990: 44) dieser diskursiven Öffentlichkeit könne zwar nicht die administrative ersetzen, aber durch die Beschaffung und den Entzug von Legitimation beeinflussen. Auch betont er, dass hinsichtlich der institutionellen Arrangements die *Verfahrensbedingungen* bzw. *Kommunikationsvoraussetzungen* jedes Diskurses nicht ausreichten, um einer unpolitischen Folgebereitschaft und damit Klientelisierung der Staatsbürger entgegen zu wirken. Sie müssten zugleich auch durch die nicht-organisierte Öffentlichkeit entsprechender Assoziationsverhältnisse auf freiwilliger Basis in der Lebenswelt gestützt werden. Das Ziel der kooperativen Wahrheitssuche könne eine in Körperschaften organisierte Meinungsbildung nur in dem Maße erreichen, wie sie sich in dieser Weise für eine sie umgebende politische Kommunikation öffne.

### 5.3 Die Bedeutung des Habermasschen Diskursmodells für die Soziale Arbeit: Helmut Richters Pädagogik des Sozialen und seine Kommunalpädagogik

Vor dem Hintergrund dieser Reformulierung des Habemasschen Diskursmodells durch ihn selber haben Rainer Treptow (1996) und Siegfried Müller (2001) Soziale Arbeit und Politik als zwei unterschiedliche Systeme mit je eigenen Logiken und Referenzen idealtypisch voneinander zu unterscheiden versucht. Demzufolge ist für sie Soziale Arbeit im Gegensatz besonders zur machiavellischen Spielart von Politik nicht durch Manipulation gekennzeichnet, sondern durch Transparenz und Urteilsfähigkeit und orientiert sich nicht an einem Ausschluss der Unterlegenen, sondern an Teilhabe und Selbstbestimmung.

Noch konsequenter hat Helmut Richter die Habermasschen Überlegungen in seiner Konzeption von Sozialpädagogik als eine „*Pädagogik des Sozialen*" (1998) bzw. „*Kommunalpädagogik*" (2001a) umgesetzt. Ihren Ausgangspunkt nehmen diese an Habermas´ Kritik an der Klientelisierung der Staatsbürger, die von Richter (vgl. 2001: 1306) auch auf die Soziale Arbeit bezogen wird. In Richters Fokus stehen dabei nicht nur die alten, im Rahmen der sog. 68er-Bewegung entwickelten Avantgarde-Konzepte. Diese hätten die Verwirklichung des von Habermas entwickelten Diskursmodells der Öffentlichkeit „zunächst einmal unter den Vorbehalt gestellt, dass die ökonomisch unselbständige Bevölkerung ihre Autonomie noch erlangen müsse, um gleichberechtigt an öffentlichen Diskursen teilnehmen zu können" (ebd.). Da sie diese Autonomie in Übereinstimmung mit den ursprünglichen Überlegungen Habermas´ „an einen Eigentumstransfer nach Verstaatlichung der Großindustrie" (ebd.) gebunden hätten, seien diese Konzepte auf eine „alternative Elitendemokratie in der Form der Massenbewegungen und repräsentativ-kritischen Öffentlichkeiten der Führer bzw. Kader oder Experten vor den Massen" (ebd.) hinausgelaufen.

Helmut Richter (vgl.: 2004: 83 f.) befürchtet in diesem Zusammenhang, dass entsprechende selbstkritische Analysen von profilierten Vertretern – wie z.B. C.W. Müller –, die solche Konzepte in den 70er Jahren favorisierten, in den Debatten nicht angemessen aufgenommen worden seien. Denn noch immer gehe „es um Macht, und zwar noch immer von Nicht-Betroffenen im Namen von Betroffenen, ohne dass erkennbar würde, warum sich das System aus Verwaltung und Politik diesem Machtanspruch beugen sollte oder müsste" (ebd.: 84). Und ebenso würden gerade in der Gemeinwesenarbeit und Gemeinwesenökonomie „Versprechen auf Veränderung gegeben, ohne über die Mittel ihrer Einlösung zu verfügen und ohne selber von dem Ergebnis abhängig zu sein" (ebd.; vgl. auch Richter 1998: 192 f.).

Hinzu käme, dass die „Diskursfähigkeit der Klientel" an einen weiteren Vorbehalt gebunden würde: „den Bildungsvorbehalt bzw. den letztlich uneinholbaren Expertenvorsprung gegenüber der Klientel" (2001: 1306). Zum Ausdruck käme dieser zum Beispiel, „wenn den Professionellen bei der Vermittlung zwischen System und Lebenswelt eine Makler-Rolle zugeteilt wird, die auf der Grundlage ihrer eigenen Analysen ein Ergebnis ´im Sinne benachteiligter Bevölkerungsgruppen` (*Hinte* 1994: 81) verspricht" (ebd.). Dieser „Bildungsvorbehalt" finde sich selbst in der „vom Begriff [...] her unmittelbar auf Öffentlichkeit" (ebd.) angelegten, „aktuellen sozialpädagogischen Diskussion um den *Citizenship*-Ansatz" (ebd.). So zum Beispiel wenn von Andreas Schaarschuch eine „Staatsbürgerqualifikationsarbeit" (vgl. 1996: 865) gefordert werde, um entsprechende Defizite bei denjenigen abzubauen, die nicht nur in ökonomischer Hinsicht, sondern auch in Hinsicht auf ihre Fähigkeit, Rechte und Pflichten als Staatsbürger auszuüben, ausgeschlossen seien (vgl. Kap. 3.7).

Auch das „Konzept einer Sozialarbeit als kommunaler Sozial(arbeits)politik in Form eines Managements des Sozialen (*Flösser/Otto* 1992)" (vgl. Kap. 3.7) sieht Richter „nachfrage*gebunden* und damit diskursiv konzipiert" (2001: 1306). Allerdings bleibt für ihn in diesem Konzept die Frage offen gelassen, „wie denn das, was vorausgesetzt wird und nur gestaltet werden soll: der Lebensraum bzw. die Kommune, *lebensweltlich* gebildet und nicht nur administrativ konstituiert wird, so dass es berechtigt erscheint, von Forderungen *der* Kommune zu reden und nicht nur der Interessengruppen *in der* Kommune" (ebd.). Und ebenso fragwürdig findet er, wenn in Konzepten von Gemeinwesenökonomie „die Gemeinsamkeit der Interessen und ein hohes Maß an gemeinsamer kultureller Orientierungen" (Elsen 1998: 73) als „Voraussetzung ihres Funktionierens" (Richter 2004: 82) betrachtet werden.

Mit seinen konzeptionellen Ansätzen zu einer „Sozialpädagogik" als einer „Pädagogik des Sozialen" (1998) und einer „Kommunalpädagogik" (2001a) hat Richter genau auf diese Frage eine „diskurstheoretisch motivierte Antwort" (2001: 1306) zu geben versucht. Dass Öffentlichkeit nach Habermas' Auffassung zusammen „mit ihrer kommunalen Basis" (1990: 303) auch „ihren Ort" und „ihre klare Abgrenzung gegen die Privatsphäre auf der einen, gegen ´Weltöffentlichkeit` auf der anderen Seite" (ebd.) verloren habe und damit auch „ihre Durchsichtigkeit und Überschaubarkeit" (ebd.), ist Ausgangspunkt der konzeptionellen Überlegungen von Helmut Richter. In diesen versucht er eine „pädagogische Konkretisierung des Kommuneprinzips" (2000: 112). Gerechtfertigt sieht er dies zum einen darin, weil sich politische Beteiligung nicht einfach über „irgendein Begriff von Öffentlichkeit [...] verwirklichen" (ebd.) ließe, vielmehr es ursprünglich ein bestimmter Begriff gewesen sei, „in dessen Raumbezug die bürgerliche Gesellschaft zu sich selbst fand: die *kommunale* Öffentlichkeit des räsonierenden Publikums" (ebd.).

Dass „ein Bekenntnis zur Kommune [...] keineswegs einen Rückschritt bedeutet, sondern eine Anerkennen von Realitäten, die aus der vorherrschenden großstädtischen Nabelschau systematisch ausgeblendet" (Richter 2000: 107) werde, belegt Helmut Richter damit, dass „die weitaus größte Zahl der Gemeinden aus unter 5.000 Einwohnern besteht und dass die Gesamtzahl der Einwohner in Gemeinden mit 5.000 – 25.000 Einwohnern die Zahl der Einwohner in Gemeinden mit 500.000 und mehr Einwohnern in der USA leicht und in Deutschland sogar deutlich übertrifft" (ebd.: 108). Das „Kommuneprinzip" bedeutet für Richter aber nicht nur eine Anerkennung dieser Realität. Darüber hinaus sieht Richter in ihm sogar eine politische und ökonomische Perspektive.

Dies begründet er historisch damit, dass in vorkapitalistischer Zeit „der Zusammenhang von Ökonomie und Identität unproblematisch gesetzt" (ebd.) gewesen
sei. So habe zwar der „'oikos' = das Haus, [...] die ganze mittelalterliche – und
auch schon antike – Lebenswelt der Grundherrschaft" (ebd.) umfasst, weshalb
die dort erfolgende Identitätsbildung auch „die Einübung und Einbindung in
dieses 'ganze Haus' zum Ziel" (ebd.) gehabt hätte. Demgegenüber habe das
Gemeinwesen seine Gestalt in der 'polis' gewonnen, dessen freies Mitglied nur
habe werden können, „wer ökonomisch abgesichert war, ohne dafür arbeiten zu
müssen" (2004: 80). Mit dem Aufkommen des Merkantilismus und des Nationalstaates habe sich dann nicht nur das Ziel der Identitätsbildung auf die nationa-
le Identität, sondern auch das Gemeinwesen auf den Staat verschoben. Als „freies Mitglied" habe „zumindest noch bis zur russischen Revolution nach vorherr-
schendem Verständnis" (ebd.) gegolten, wer arbeitet und Eigentum hat" (ebd.),
so dass „Teil*habe* [...] Teil*nahme*" (ebd.) impliziert habe.

Da durch die kapitalistische Entwicklung große Teile der Bevölkerung eines
Staates von dieser Teilhabe ausgeschlossen würden, stünde – nach Richters Auffassung – „seit dem 20. Jahrhundert ein demokratischer und sozialer Staat [...]
vor der Herausforderung, alle Menschen, die von seiner Ökonomie betroffen
sind, zunächst einmal in ihrem freien, mündigen Menschsein anzuerkennen"
(ebd.). Damit impliziere „Teil*nahme* [...] Teil*habe*, was eine Verallgemeinerung
der Rechte von Familien- auf Gemeindemitglieder" (ebd.) beinhalte. Allerdings
sei die selbständige Entscheidung dieser „freien Menschen [...], in welchem
Gemeinwesen sie Mitglied sein wollen, ... nicht zuletzt infolge einer intensiven
nationalstaatlichen Identitätsbildung zu Gunsten des Nationalstaates gefallen.
Diesem Nationalstaat hätten jedoch „spätestens seit der Globalisierung die polit-
ökonomischen Entgrenzungen [...] den Boden entzogen, sodass sich seine Mitglieder damit konfrontiert" (ebd.) sähen, „neue Gemeinwesen zu begründen"
(ebd.).

Hier nun verortet Richter die Chance des „kommunalen Prinzips", spräche
doch seiner Ansicht nach „alles dafür, ein Gemeinwesen zu wollen, das die Ökonomie des 'ganzen Hauses' mit der politischen Ökonomie des Staates vermittelt.
Der 'oikos' wäre dann identisch mit der 'polis', Vergesellschaftung und Verge-
meinschaftung würden sich hierin aufheben" (ebd.: 80 f.). Richter verweist in
diesem Zusammenhang darauf, dass schon Hegels Begriff von Gemeinde – wie
Habermas (vgl. 1967) herausgearbeitet habe – die beiden für Identitätsbildung
wesentlichen Momente von Arbeit und Interaktion vermittle „mit der Konsequenz, den Identitätsbegriff nunmehr im Begriff der kommunalen Identität zu
konkretisieren" (Richter 2000: 111).

In dieser „begriffliche[n] Entfaltung der Einheit von *Kommune* und *kommunaler Identität*" sieht Richter nicht nur „dieser Einheit ein 'quasi anthropologi-

sches` Fundament" (ebd.) gegeben. Zugleich sei damit auch „die unaufhebbare Einheit von Boden und Arbeit sowie Kultur und Sprache bzw. Interaktion" (ebd.: 110) als Momente eines vorpolitischen Konsens zu Bewusstsein gebracht. Als Teil*habe* aller an einer über die formelle Rechtsgemeinschaft hinausweisenden politisch-kulturellen Identität sei dieser Voraussetzung für politisches Handeln. Werde in dieser Weise „das Gemeinwesen als Kommune bestimmt" (2004: 81), so müsse allerdings konstatiert werden, dass gegenwärtig nicht „von einer Ökonomie *des* Gemeinwesens gesprochen werden [könne d.V.], sondern einzig von einer Ökonomie *im* Gemeinwesen"(ebd.).

Objektiv sei eine solche „Ökonomie *des* Gemeinwesens" jedoch durchaus möglich. Richter (vgl.: 1998: 214 ff.) stützt sich in diesem Zusammenhang auf Modelle von John Cobb und dem alternativen Nobelpreisträger Herman Daily. Diese zeigten, dass heute Kommunen mit 5.000 bis 10.000 Einwohnern in der Lage wären, alle erforderlichen landwirtschaftlichen und industriellen Produkte höchst wirtschaftlich und effizient zu erzeugen, wobei ihrer Ansicht nach ein begrenzter Fernhandel, etwa zur Absicherung der Produktion von Flugzeugen, durchaus wünschenswert wäre. Vor diesem Hintergrund gelte „es nun aus sozialpädagogischer Perspektive, die Kommune empirisch zu verorten und die Sphäre einer kommunalen Öffentlichkeit institutionell zu konkretisieren, um so die formellen und informellen Voraussetzungen für kommunale Identitätsprozesse vor Augen zu haben" (2000: 113).

„Damit die vorherrschende Ökonomie im Gemeinwesen sich zu einer Ökonomie des Gemeinwesens entwickelt, müsste sie sich" – auch aus Richters Perspektive (2004: 81) – „am ´Modell der Gemeinwesenökonomie` (ELSEN 2000: 90): nämlich der sozialreformerischen Genossenschaftsökonomie mit ihren Grundprinzipien der Selbsthilfe, Selbstkontrolle und Selbstverwaltung orientieren" (Richter 2004: 81). Dieser konkreten Utopie zufolge, wären „die Einwohner(innen) kleiner und überschaubarer Gemeinden zugleich Mitglieder demokratisch strukturierter und miteinander kooperierender Genossenschaften" (ebd.). Allerdings sieht Helmut Richter „zurzeit – und das heißt eben unter der Herrschaft der Logik des Kapitals – keine Chance für eine solche Gemeinwesenökonomie" (ebd.).

Da folglich „ein Gemeinwesen sich [...] durch Gemeinwesenökonomie auf erwartbare Zeit hin [...] nicht begründen" (ebd.: 82) ließe, sondern wie einst in Antike und Mittelalter allein durch Handeln – und das heißt durch kommunikatives politisches Handeln – hervorzubringen" (ebd.: 82 f.) sei, plädiert Richter dafür, „die Gemeinwesenarbeit in die Kommunalpädagogik zu integrieren, um so durch Handeln: durch die Herstellung von Öffentlichkeit in den freiwilligen Vereinigungen eines Gemeinwesens, dieses Gemeinwesen als Ganzes [...] zu bilden" (ebd.:84). Dabei setze „die politische Beteiligung, um die es bei der

Teilnahme des Publikums an der kommunalen Öffentlichkeit" (2000: 112) gehe, zugleich auch „eine Ausdifferenzierung des Politischen voraus, die der Pädagogik im Rahmen des Politischen ihren genuinen, kulturorientierten Platz" (ebd.) zuweise.

Vor diesem Hintergrund definiert Richter „*Kommunalpädagogik*" als eine „*Pädagogik des Sozialen*". Ihre Gestalt gewinne diese in einem „vom Handlungszwang entlastete[n] Diskurs eines kommunalen Publikums unter Anleitung von Experten (oder Kritikern), die aber selber von dem immer auch schon mündigen Publikum durch bessere Argumente gebildet werden" (2000:112) könnten. Er stützt sich in dieser Definition auf eine Anmerkung von Habermas´ in „*Strukturwandel der Öffentlichkeit*". Danach kenne dieses kommunale „Publikum [...], wenn schon keine Privilegierten, so doch Experten" (1990: 104, Anm. 32), die es erziehen „dürfen und [...] sollen, aber nur soweit sie durch Argumente überzeugen, und nicht durch bessere Argumente selbst belehrt werden können" (ebd.).

Für Richter habe ein solcher kommunaler „Bildungsprozess [...] betroffene und verletzliche Menschen *in freiwilliger Bindung* durch *Mitgliedschaft* in *lokalen* Vereinen" (2001: 1306) zu vereinen und „dabei auch die in den systemischen Institutionen Tätigen als Bürger" (ebd.: 1307) grundsätzlich mit einzuschließen. Wohl nicht ganz zufällig habe „schon MARX seine Zukunftsgesellschaft in die Worte gefasst: ´Verein freier Menschen, die sich wechselseitig erziehen` (MEW 1, S. 95; vgl. MEW 23, S. 92)" (Richter 2000:114).

Konkret stützt sich Richters Plädoyer für das „Vereinsprinzip" jedoch auf die von Habermas in der Einleitung zur achtzehnten Neuauflage von „*Strukturwandel der Öffentlichkeit*" (1990: 13 f.) dargelegte zukunftsweisende Bedeutung dieser Organisationsform. Habermas charakterisiert diese dort als „Assoziationen, die sich durch die freien, d.h. privaten Entscheidungen ihrer Gründungsmitglieder konstituierten, aus freiwilligen Mitgliedern rekrutierten und im Innern egalitäre Verkehrsformen, Diskussionsfreiheit, Majoritätsentscheidungen usw. praktizierten" (ebd.). „Statt an den klassischen Institutionen bürgerlicher Öffentlichkeit" will Richter (2000: 114) mit seiner Kommunalpädagogik an solchen dem „Vereinsprinzip" folgenden Sozietäten anknüpfen. Habermas folgend begründet er dies damit, dass entsprechende Assoziationen „nicht von vornherein unter dem Verdacht von systemischen Herrschaftsinteressen" (ebd.) stünden und durch ihre „freiwillige Mitgliedschaft über regressiv-provinzielle, an Schicksalsgemeinschaften sich anklammernde Milieubildungen hinaus" (ebd.) wiesen.

„Ihr je möglicher Vereinspartikularismus" (Richter 2001: 1307) trachtet Richter in seiner Kommunalpädagogik dadurch zu „vermitteln", dass „die Argumente zunächst einmal durch einen öffentlichen Diskurs zwischen den Vereinen lokal erweitert werden und dann ggf. in einen *Diskurs der Kommunen in Kommunen* eingehen, ohne doch je die kommunale Basis zu verlieren" (ebd.).

## 5.4 Der (post-)strukturalistische Diskursbegriff

Auch die Diskurs-Theorie des (Post-)Strukturalismus misst der Struktur von Sprache als Bedingung von Erkenntnis und menschlicher Kommunikation eine besondere Bedeutung zu. Gegenüber Habermas' Modell gewinnt der (post-) strukturalistische Diskurs-Begriff seine Besonderheit aus einer Betrachtung der Sprache in ihrer Beziehung zum Sprechen. Ferdinand de Saussures hat in seinen „Grundfragen der allgemeinen Sprachwissenschaft" (1967) dargelegt, dass Sprache (als Struktur bzw. System) dem Sprechen vorausgehe. In Saussures Strukturalismus ist das Bezeichnende (die Signifikanten) jedoch noch Ausdruck des Bezeichneten (der Signifikate). Allerdings wird im Verlauf der Entwicklung dieser theoretischen Strömung dieser Zusammenhang immer loser und sogar umgekehrt. Demnach produziere die Struktur der Signifikanten eine Welt der Begriffe und Bedeutungen, die erst die Welt zu erschließen erlaubten. Das unterstellte Objekt habe so seine Bedeutung nicht aufgrund der Tatsache, dass es gerade dieses Objekt sei. Vielmehr werde seine Bedeutung erst erkennbar, weil es im Verweisungsnetz der Bedeutungen, d.h. in Beziehungen zu anderen Signifikanten stehe, von denen es sich (symbolisch) unterscheiden müsse.

Die in dieser Entwicklung zu verzeichnenden, verschiedenen, schrittweisen Verschiebungen laufen zum einen darauf hinaus, dass im Poststrukturalismus die Bedingungen komplexer semiologischer Strukturen näher untersucht werden. Dabei wird davon ausgegangen, dass sich beispielsweise nicht nur Mode (vgl. Barthes 1970), sondern auch Heiratsregeln und Verwandtschaftssysteme (vgl. Lévi-Strauss 1981), als eine Art ʹSpracheʻ analysieren ließen, die zwischen Einzelnem und Gruppe einen bestimmten Kommunikationstypus aufrechterhielten. Wie die Linguistik versucht, von einzelnen Spracherscheinungen zu den dahinter liegenden Strukturen zu gelangen, geht es in den entsprechenden Analysen darum, hinter den sekundären Rationalisierungen und Erklärungen eine unbewusste Grammatik des sozialen Lebens aufzudecken. Hiermit öffnet sich das Sprachparadigma zu neuen Begriffen, wie dem des Diskurses. Demzufolge erhielten die Zeichen erst im Gebrauch durch ihre Pragmatik als performative Akte in der diskursiven Praxis ihre Bedeutung.

Zusammengefasst zeichnet den Poststrukturalismus ein Diskursverständnis aus, in dem Subjekt und Sprache nicht getrennt werden: Das einzelne Subjekt glaube sich nur als einheitlicher/identischer Ausgangspunkt seines/ihres Sprechens und werde doch erst Subjekt im Akt des Sprechens. Das Sprechen wird damit nicht mehr als Ausdruck und Folge des subjektiv gemeinten Sinns begriffen. Vielmehr geht der Poststrukturalismus davon aus, dass Sinn erst mit dem Sprechen entstehe. Das einzelne wie kollektive Subjekt erschaffe sich mittels der Sprache im Sprechen als Subjekt bzw. werde durch das Sprachsystem erst erschaffen. Als Diskurs bezeichnet der Poststrukturalismus jenen Ort, an dem diese Sinn- und Subjektwerdung seiner Auffassung zufolge entstehe. Dabei geht er davon aus, dass zwar Subjekt und Gesellschaft in dieser Weise permanent, im weitesten Sinne (d.h. auch durch non-verbales Verhalten, Symbolproduktion, etc.) „erredet" werde. Diese dauernde Konstruktion der Wirklichkeit bliebe aber ohne einheitlichen Ausgangspunkt und Grund (im Bewusstsein der Menschen). Vielmehr verschränkten sich Sprechen, Schreiben etc. mit dem Begehren (Lacan 1973 & 1975 & 1980), der Macht (Foucault s.u.) und den kulturellen Formen (Barthes 1970).

Zum anderen unterscheidet sich der Poststrukturalismus vom klassischen Strukturalismus auch darin, dass er nicht mehr von einer festen Struktur ausgeht, sondern von permanenten Umbildungen einer flexiblen Struktur. Gleich bleibt jedoch die Bedeutung der Differenz als Möglichkeitsbedingung von symbolischer Ordnung. Weil in dieser Weise davon ausgegangen wird, dass alle Elemente im jeweiligen Unterscheidungsbereich (der Wissenschaften) sich nur aus ihren Beziehungen zueinander erklären ließen und immer neu Differenzen erzeugten, wird auch vielfach von einem Denken der bzw. Plädoyer für *Differenz* gesprochen.

Demzufolge könne auch das soziale Handeln und einzelne Individuum nicht aus sich heraus begriffen werden, sondern nur in den Ketten der Signifikanten und Signifikationen. Ebenso habe jenes normative Subjekt der Potenzialität, wie es die Pädagogik konstruiere, seinen Konstruktionscharakter offen zu legen und sei – wie Bönold (vgl. 2003: 292) hervorhebt – weder als vorgängiges noch als natürliches Subjekt zu behaupten. Denn die „Selbsttätigkeit des Subjekts" oder die zu weckenden „Kräfte", „Anlagen" und „Begabungen" seien immer schon sprachlich konstituiert. Wenn vielfach die Aufgabe von Erziehung und Sozialpädagogik darin gesehen werde, normativ positiv besetzte Wesenszüge ihrer AdressatInnen zu fördern und sozial schädliche zu verhindern, so hinterfragt – Bönold (vgl. ebd.) zufolge – der Poststrukturalismus den Ursprung dieser Wesenszüge ebenso, wie die damit gemachten Wertungen und Absichten. Nicht nur hierin gehe er über den Strukturalismus hinaus, verwerfe er doch zugleich auch noch eine feste Struktur als Erklärung.

### 5.5 Grundzüge strukturaler Erziehungswissenschaft von Dieter Lenzen

In einem Beitrag für das Heft 1 der „Zeitschrift für Pädagogik" von 1987 *„Zu den Aussichten Systematischer Pädagogik in der Postmoderne"* hat Dieter Lenzen die These vertreten, dass pädagogische Theorien als Zeichenkomplexe ihre Referenz auf eine irgendwie geartete Wirklichkeit verloren hätten (vgl. ebd.: 50 ff.). Später versuchte er jedoch konstruktiv einen Bogen zu schlagen *„Vom pädagogischen Theoriedefizit zur Reflexiven Erziehungswissenschaft"* (1996). Sich rückbezüglich mit der Praxis und dem Wissen über Erziehung befassend, habe eine solche Erziehungswissenschaft drei Arten reflexiven Wissens hervorzubringen:

1. *Risikowissen* bezüglich einer Erziehungsfolgenabschätzung, die sich auf die systematische Sichtung und auch Produktion von empirischem Wissen über die Implikationen der Verwissenschaftlichung fast aller erzieherischen Bezüge gründet.
2. *Mythenwissen* als historische Anthropologie der Erziehung, welche die in normative Forderungen und Tatsachenannahmen der Erziehung eingegangenen vermeintlichen anthropologischen Konstanten aufzuklären beansprucht.
3. *poetisches Wissen*, das vermittels einer Transzendierung der Grenze zwischen Wissenschaft und Kunst auf die Beschreibung eines zukünftigen Zustands ziele, in dem Menschen durch Teilhabe an der Fülle der Wirklichkeiten den Raum ihrer Individualisierungsmöglichkeiten erweitern. In losem Bezug auf Platon sieht Lenzen (vgl. ebd.: 110 ff.) die Aufgabe einer solchen erzieherischen *„Methexis"* darin, jungen Menschen jene Bedingungen für eine Teilhabe an Freiheit bereitzustellen, die es ihnen erlaube, ihre Selbstorganisation im Rahmen einer *„Ästhetik des Erhabenen"* zu vollziehen. Letztere ziele auf Anerkennung des Differenten, auf Befähigung zu Übergängen ohne Gleichmacherei und auf ein Verbot von Übergriffen.

Als Beispiel für ein *Mythenwissen* bezieht sich Lenzen (vgl. ebd.: 125) auf die Diskursanalysen Michel Foucaults. Über Lenzens reflexive Erziehungswissenschaft hinaus haben diese auch großen Einfluss auf neuere Ansätze einer Theorie Sozialer Arbeit ausgeübt, weshalb diese im Folgenden etwas ausführlicher dargelegt werden sollen.

## 5.6  Michel Foucaults Diskursbegriff

Im Nachwort zu Hubert Dreyfuß und Paul Rabinows Interpretation seiner Arbeit
schreibt Foucault, er habe sich mit „drei Weisen der Objektivierung [befasst], die
Menschen in Subjekte verwandeln" (1987: 243): der Konstitution der Wissen-
schaften, der Konstitution der Populationsregierung und der Konstitution der
Subjektbildung. „Nicht die Macht, sondern das Subjekt" (ebd.) sei somit das
Thema seiner Forschung. Zwei Jahre später[1] spricht er in der Einleitung zum
„Gebrauch der Lüste" (vgl. 1986: 12) rückblickend auf seine Arbeit sogar von
„theoretische[n] Verschiebung[en]" (ebd.): Von der Analyse der „Formen von
Diskurspraktiken" (ebd.) habe er sich zu einer Analyse der „offenen Strategien
und den rationalen Techniken [...], die die Ausübung der Mächte artikulieren"
(ebd.), bewegt, um schließlich bei der Analyse von „Formen und Modalitäten
des Verhältnisses zu sich [...], durch die sich das Individuum als Subjekt konstituiert und erkennt" (ebd.) angekommen zu sein.

Manche deuten dies als drei Phasen seiner Arbeit, wie z.B. Wolfgang Detel
(vgl. 1998: 16), der diese mit den Schlagworten Wissen, Macht und Subjektivität
kennzeichnet, aber dennoch von einer gemeinsamen Beschäftigung mit der Frage
nach spezifischen historischen „Wahrheitsspielen" ausgeht (vgl. auch Habermas
1998: 279 ff.). Andere, wie z.B. Thomas Lemke (1997: 31ff u. 120ff.) oder Ulrich Bröckling (2003: 77) favorisieren eher eine Deutung Foucaults, die einem
Auseinanderfallen seines Werks in verschieden unabhängige Epochen wider-
spricht.

Anknüpfend an Foucaults Rede von der „Theorie als Werkzeugkiste"
(1978: 216) sehen sie in der Analyse der diskursiven Praktiken, der Genealogie
der Wissensformen, der Machtanalysen sowie der Rekonstruktion von Subjektivierungsweisen und Wahrheitsspielen eher eine „Werkzeugkiste" oder einen
„Werkzeugkasten". Fabian Kessl vermutet, dass einige der Werkzeuge Foucault
nach deren Gebrauch wohl „zu stumpf für weitergehende Arbeiten (*archäologische Rekonstruktionen*)" (2005: 70) gewesen wären. Andere habe er „immer
wieder an neuen Materialien [...] (*machtanalytische Reflexionen*)" (ebd.) angewendet. Und bei wieder anderen glaubt Kessl, dass Foucault nach deren Einsatz
„verblüfft" (ebd.) gewesen sein könnte, „sie erst so spät in seinem Werkzeugkasten entdeckt zu haben, wäre doch mancher Stoff damit bereits in früheren Phasen
wohl besser zu bearbeiten gewesen (*Analyse der Subjektivierungsweisen*)"
(ebd.).

In seinen um das historiographische Verfahren der „Archäologie" gruppierten Arbeiten aus den sechziger Jahren hat Foucault sich vor allem mit den Ord-

---

[1] diese zwei Jahre beziehen sich auf das Erscheinen der jeweiligen französischen Originalausgaben

nungsformen und Grenzen von Vernunft und Wissen in der europäischen Geschichte vom ausgehenden Mittelalter bis zur Moderne befasst. So hat er in *„Wahnsinn und Gesellschaft"* (1968) eine *„Geschichte des Wahns"* vorgelegt, die im Zeitalter der Aufklärung als das andere der Vernunft gesellschaftlich ausgegrenzt und zum Schweigen gebracht worden sei. Daran schließt sich in *„der Geburt der Klinik"* (1973) eine *„Archäologie des ärztlichen Blicks"* an. In der *„Ordnung der Dinge"* (1971) – einer *„Archäologie der Humanwissenschaften"* –, der *„Ordnung des Diskurses"* (1974) und schließlich der *„Archäologie des Wissens"* (1975) hat Foucault dann zu rekonstruieren versucht, wie im Zeitalter der heraufziehenden bürgerlichen Gesellschaft neue Wissensgebiete und -apparate in Gestalt der Humanwissenschaften entstehen.

In diesen frühen Arbeiten Foucaults zeigen sich noch große Affinitäten zum Strukturalismus. So greift er in der *„Ordnung des Diskurses"* zunächst die strukturalistische Erkenntnis auf, dass „alle menschliche Erkenntnis, alle menschliche Existenz, alles menschliche Leben und vielleicht das ganze biologische Erbe des Menschen, in Strukturen eingebettet ist, d.h. in eine formale Gesamtheit von Elementen, die beschreibbaren Relationen unterworfen sind" (1974:14f.). Und auch die daraus folgende subjektkritische Konsequenz, dass „das, was den Menschen möglich macht, ein Ensemble von Strukturen ist, die er zwar denken und beschreiben kann, deren Subjekt, deren souveränes Bewußtsein er jedoch nicht ist" (ebd.), wird von ihm geteilt. Aus dieser Einsicht heraus beginnt er Formen von Diskurspraktiken zu analysieren.

Ebenfalls noch in starker Nähe zum Strukturalismus bezeichnet Foucault als „Diskurs" oder „Diskursformation" im engeren Sinn zwar zunächst alle Verknüpfungen oder Formationen von Aussagen, die an sich auch zunächst bedeutungslos und im Raum verstreut seien. Auf ihre Regelhaftigkeit hin untersucht, formierte jede Ansammlung von Aussagen sich jedoch zu einem System. Foucault untersucht nun die Bedingungen dieser Ordnung. Er spricht vom „Archiv" als der in einer Epoche gegebenen Gesamtheit an Bedingungen für die Ordnung von Diskursen. Im Unterschied zum Strukturalismus, der nach Ansicht Foucaults die Wirklichkeit in seine Theorie hineinzwänge und so insbesondere Diskontinuitäten übersehe, betont er die Ereignishaftigkeit und Materialität von Praxis (vgl. Dosse 1999 2.Bd.: 297ff.). Diskurse als „diskontinuierliche Praktiken" stehen bei Foucault für Formierungsregeln, wie für formierte Ordnung zugleich. Für ihn sind diskursive Praktiken also strukturiert und strukturierend zugleich. So wird es ihm auch möglich, nicht-sprachliche Faktoren zu beschreiben, aufgrund derer sich Subjekte konstituieren und als solche konstituiert werden.

In einem zweiten Unterschied zum Strukturalismus versteht Foucault Diskurse also nicht mehr allein „als Gesamtheit von Zeichen (*von bedeutungstragenden Elementen, die auf Inhalte oder Repräsentationen verweisen*), sondern als Praktiken [...] die systematisch die Gegenstände bilden, von denen sie sprechen" (1973: 74). Interessiert sich Foucault insbesondere seit seiner Arbeit über „Die Ordnung des Diskurses" (1974) auch für nicht-diskursive Bedingungen von Diskursen, so kann spätestens seit seiner „Archäologie des Wissens" (1975) von einem erweiterten Diskursbegriff bzw. einem Bruch mit dem Strukturalismus gesprochen werden. Beanspruchten schon seine frühen archäologischen Untersuchungen die diskursiven Beziehungen freizulegen bzw. das, was als Wissen galt bzw. gilt, so scheint ihm dies nun nur unter Rekurs auf die Begriffe Macht und Wahrheit möglich. Er nennt es in ironischer Anspielung auf Kant das „historische Apriori" (Foucault 1996: 52).

Wenn Foucault seine Untersuchungen nun nicht mehr allein als „Diskursanalysen", sondern als „Genealogien" bezeichnet, schließt er begrifflich an Friedrich Nietzsche an, der in seiner Streitschrift „Zur Genealogie der Moral" (1887) die Ursprünge bürgerlicher Moral untersuchte (vgl. Foucault 1978: 61ff.). Foucault versucht nun das als selbstverständlich und natürlich gegeben Erscheinende in seiner Entstehungsgeschichte als gesellschaftlich produziert, als historisch zu zeigen: Geisteskrankheit und Vernunft, Sexualität und Geschlecht – letztlich das moderne Subjekt und die moderne Wahrheit der Wissenschaft. Foucault frage nun – wie Bönold (vgl. 2003: 346 ff.) darlegt – nach dem „Wie" ihrer Konstitution in der Geschichte. Seine Machtanalysen richteten sich erst in zweiter Linie auf die „Warum"- bzw. „Was"-Frage. Eine überzeitliche Erklärung und Geschichtsteleologie lehne er ab, weil sie die Gegenwart in einen zweifelhaften Ursprung bzw. ein Wesen der Geschichte zurückprojiziere. Zudem erkläre das „Warum" für Foucault nicht ausreichend das „Wie". Ihm gehe es darum, den vielen besonderen Strategien und Praktiken konkret nachzugehen, auf die sich neue historische Erscheinungen stützten. Seine Genealogien fragten nach den historischen „Herkünften" (Nietzsche) und dem Einzelnen (vgl. ebd. 352). Während „die archäologische Dimension der Analyse auf die Formen der Problematisierung selbst" (Foucault 1986: 19) beschränkt bleibe, beziehe sich „ihre genealogische Dimension [...] auf die Formierung der Problematisierungen von den Praktiken und deren Veränderungen" (ebd.).

Deshalb seien auch seine um das historiographische Verfahren der „Archäologie" gruppierten frühen Arbeiten noch von einer gewissen Nostalgie des „Ausgrabens" und „Freilegens" geleitet und selbst nicht ganz frei gewesen von der Vorstellung von Unterdrückung. Demgegenüber beginnt Foucault mit seinen auf das historiographische Verfahren der „Genealogie" sich stützenden Studien, wie z.B. „Überwachen und Strafen" (1976) und in noch ausgeprägterer Weise in „Der Wille zum Wissen" (1977) nach einem Machtmodell zu suchen, in welchem es nicht länger darum gehe, mit Hilfe solcher Termini wie Vorenthaltung, Unterdrückung und Verbot zu erfassen, wie Macht sich darstelle, sondern wie sie funktioniere.

In „*Überwachen und Strafen*" (1976) untersucht Foucault, wie seit dem 19. Jahrhundert sich der Charakter und die Form von Strafen grundlegend ändert: Die Disziplinarmacht strafe nur noch selten öffentlich, und körperliche Einwirkungen würden im Wesentlichen ersetzt durch Einwirkungen auf die nun entdeckte „Seele". Dabei beanspruche der jetzt verborgene Strafvollzug der Besserung der 'Delinquenten` und 'Zöglinge` zu dienen. Zugleich entstehe auf diese Weise ein Wissen über die Gefangenen, das wiederum die Überwachung erleichtere. In der Technik des Panoptikums, welche als Kontrollmechanismus der Strafgefangenen entwickelt wurde, sieht er einen Mechanismus, der aus Disziplinierung mittels Überwachen und Strafen die Selbstdisziplinierung werden ließe. Foucault zeichnet nach, wie sich der Panoptismus auf die Einrichtungen des Militärs, der Spitäler, Irrenanstalten, aber auch auf die Schulen und Universitäten ausgebreitet habe und neben den Verwaltungs- und Staatsapparaten auch in die familiären Beziehungen eingedrungen sei.

Dabei konstatiert er eine Wechselwirkung dahingehend, dass „in dem Maße, in dem die Medizin, die Psychologie, die Erziehung, die Fürsorge, die Sozialarbeit immer mehr Kontroll- und Sanktionsgewalten" (ebd.: 395) übernähmen, sich zugleich „der Justizapparat seinerseits zunehmend medizinieren, psychologisieren und pädagogisieren" (ebd.) könne. Foucault sieht so den Effekt einer einheitlichen Strategie der Disziplinarmacht entstehen, da all die auf ganz neue Weise expandierenden und arbeitenden Institutionen sich der gleichen Mittel der Abrichtung bedienten, wie z.B. architektorale Einrichtungen, hierarchische Überwachung, Tabuisierungen von Themen, Geständnispraxen, (Selbst-) Kontrollen durch Prüfungen sowie Beobachtung oder Zeit/Leistungsmessungen. Als Kriterium der Kontrolle werde nun das Verhalten nach Entwicklungsmodellen oder Idealen beurteilt. Entsprechend würden deshalb die Personen selbst und nicht ihre Handlungen typisiert. Die Körper als „Einschreibefläche der Ereignisse" (vgl. Dosse 1999 2.Bd.: 303) würden auf diese Weise gleichermaßen wie die Seelen der Individuen diszipliniert, und der strafende Souverän müsse nicht mehr körperlich anwesend sein. Jede und jeder werde zum eigenen Aufseher. Und so verliere auch das Gefängnis „inmitten dieser immer dichter werdenden Normalisierungsnetze […] an Bedeutung" (Foucault 1976: 395).

Analysiert Foucault in „*Überwachen und Strafen*" (1976) noch eher die äußeren Mechanismen der Kontrolle und Abrichtung, so untersucht er in „*Der Wille zum Wissen*", als dem ersten Band von „*Sexualität und Wahrheit*" (1977), die Strukturierung und Verwaltung sowie die politischen und ökonomischen Funktionen des menschlichen Begehrens. Sie ist für ihn der Knotenpunkt, an dem sich die machtstrategischen Verknüpfungen von Diskursen und Praktiken, von Wissen und Macht, besonders gut aufzeigen ließen. Ging es ihm in „*Überwachen und Strafen*" um eine „politische Anatomie" (1976: 42) der Macht, so treibt er dies in „*Der Wille zum Wissen*" weiter als eine „Analytik" (1977: 102) ihrer Fähigkeit, gelehrige Körper und nützliche Individuen hervorzubringen, indem Norm und Disziplin nicht einfach bloß modellierten, sondern generierten. In Anlehnung an Nietzsche versucht Foucault dies in der paradoxen Metapher eines „produktiven Krieges" zu fassen (ebd.: 113ff.). Mit diesem Kriegsvokabular will Foucault zum Ausdruck bringen, dass sich die Macht der in der Gesellschaft bereits vorhandenen Spannungspotentiale bediene, um ihnen lediglich eine Richtung aufzuzwingen.

Die Macht – so betont er – „ist nicht eine Institution, ist nicht eine Struktur, ist nicht eine Mächtigkeit einiger Mächtiger. Die Macht ist der Name, den man einer komplexen strategischen Situation gibt" (ebd.: 114). Und so ist seiner Meinung nach die Macht auch nicht deshalb überall, weil sie alles umfasst und sich unterwirft, sondern „weil sie von überall kommt" (ebd.). Macht könne deshalb auch nicht besessen werden, wie Alltagstheorien der Repression oder personale Machttheorien dies suggerierten. Es gebe keinen punktuellen Ursprung einer zeitlos gedachten Macht, sondern es gelte die verschiedenen historischen Problemlagen zu erfassen, die mit dem Auftauchen spezifischer Machtformen bzw. techniken verbunden seien, die sich als deren Antwort ausgäben.

Mit der „Hypothese Nietzsche" einer Produktivität der Macht stellt sich Foucault quer zu Machttheorien, die von einer Unterdrückung des Menschen ausgehen, die ausschließlich von oben nach unten verlaufe und so nur negativ wirke. In diesen „Repressionstheorien" (Foucault) fungiere das Subjekt einerseits als Ausgangspunkt und selbstbewusster Träger, andererseits als Widerpart der Macht. Als Beispiel zieht Foucault Wilhelm Reichs These von der Unterdrückung der Sexualität heran. Der „Hypothese Reich" zufolge wäre Widerpart der Macht ein Subjekt, welches sich durch eine vermeintlich „natürliche" Sexualität auszeichne, die von den sog. „Herrschenden" aus Gründen des reinen Eigennutzes unterdrückt würde.

Mit seinem ersten Band von „*Sexualität und Wahrheit*" (1977), wie auch mit seiner Arbeit „*Dispositive der Macht*" (1978), in der Foucault dem Zusammenhang „*Über Sexualität, Wissen und Wahrheit*" weiter nachspürt, wendet er sich gegen solche „Repressionshypothesen" bzw. er trachtet sie, als „Theorie der Souveränität" in den historischen Zusammenhang der feudalen Gesellschaft einzuordnen. Damals hätten „die Probleme, auf die sich die Theorie der Souveränität bezog, tatsächlich den allgemeinen Mechanismus der Macht, die Art, in der sie bis hin zu den untersten Ebenen der Gesellschaft, ausgehend von den höchsten ausgeübt wurde [erfasst ...]. Tatsächlich konnte die Art, in der die

Macht ausgeübt wurde – zumindest im Wesentlichen – im Verhältnis Souverän-Untertan ausgedrückt werden" (1978: 89).

Alle einfachen Theorien der Repression, der personifizierten Herrschaft von oben nach unten, seien nach Foucault immer noch in diesem System von Souveränität verfangen: „Im politischen Denken und der politischen Analyse" (1977: 110) – so vermerkt er süffisant im ersten Band von „*Sexualität und Wahrheit*" – sei „der Kopf des Königs noch immer nicht gerollt" (ebd.). Demgegenüber habe sich jedoch mit dem fortschreitenden Aufstieg des Bürgertums und dem Entstehen des Industriekapitalismus, ein völlig anderer Machtmechanismus entwickelt, mit besonderen Verfahren, mit eigenen Instrumenten und Apparaten, die mit dem Souveränitätsprinzip unvereinbar seien. Der neue Machttyp habe einen entschieden dynamischen und produktiven Charakter.

Als seiner Ansicht nach überzeugenden Beleg für eine Schöpfungskraft der Macht – und damit die „Hypothese Nietzsche" – führt Foucault an, dass seit dem ausgehenden 18. Jh. die politische Vernunft die „Bevölkerung" entdeckt habe, um diese nun – ähnlich wie den individuellen Körper mittels Disziplin – als eine Art Gesamtkörper positiv zu bewirtschaften. Neben die Disziplinarmacht als „politische Anatomie" (1976a: 42) der Körper sei damit eine „positive Lebensmacht" oder – wie Foucault sie auch nennt – „Biomacht" getreten. Diese lasse nicht nur je nach Erfordernis sterben oder leben, sondern wisse das bestehende Leben über kontrollierende und anreizstiftende Interventionen auch zu regulieren und zu vermehren. Foucault verweist in diesem Zusammenhang darauf, dass ÄrztInnen, SozialarbeiterInnen und LehrerInnen nun begonnen hätten, auf die Familie als dankbares Operationsfeld gerichtet, geradezu einen sozialhygienischen Krieg mit ihrer und gegen ihre Bevölkerung zu führen. Dabei sei die Sexualität zum entscheidenden Scharnier zwischen Disziplinarmacht und Biomacht geworden.

So konserviere dieser neue Machttyp nicht mehr die Verhältnisse in einem relativ statischen Zustand, wie es für die feudale Ordnung kennzeichnend war, sondern durchdringe die Gesellschaft und die Individuen bis in die feinsten Bereiche und auf immer differenziertere Weise. Diese spezifische Form von Macht sei „eine der großen Erfindungen der bürgerlichen Gesellschaft" (1978: 91) und zugleich eine ihrer Voraussetzungen. Wäre die Regel des Souveräns das absolute Gesetz gewesen, so sei die Regel der neuen Macht die natürliche Norm – die psychisch und körperlich verinnerlichten Normen, auf denen die Ordnung und das Funktionieren der bürgerlichen Gesellschaft beruhten. Insofern spricht Foucault von einer „Gesellschaft der Normalisierung" (ebd.: 94). Diese Machtform sei Foucault zufolge nicht mehr mit den Kategorien der Souveränitätstheorien beschreibbar, weshalb ihnen auch das Wirken der Disziplinierung durch die Norm entgehe. Indem durch diese Kategorien jedoch der Blick der auf sie gestützten Repressionstheorien wie magisch von den Phänomenen der Unterdrückung in Anspruch genommen werde, beförderten sie sogar eher noch, dass sich die Disziplinarmacht hinter dem schaurigen Spektakel der Repression verstecken könne.

Auch wenn sich Foucault deshalb immer wieder gegen den Alleinerklärungsanspruch der Souveränitätstheorien der Macht gewendet hat, behauptet er nicht, dass die verinnerlichten Normen die äußerlichen Gesetze des Souveräns ersetzen würden. Auch in der bürgerlichen Gesellschaft gebe es Repression und Gesetz, nur würden diese hier zum Bestandteil der Disziplinarmacht. Die älteren Formen von Macht verschwänden also nach Foucault nicht einfach. Sie würden vielmehr von den Disziplinen aufgenommen und verfeinert. Der Bereich der Rechtssysteme und Gesetzbücher verbleibe als letzter, gewissermaßen ʼoffizieller` Ort der Souveränität. Im Gegensatz zum Feudalismus ermögliche das auf der kollektiven Souveränität des Staates gründende Recht allerdings eine Demokratisierung der Herrschaft, die jedoch „von Grund auf von den Mechanismen des Disziplinarzwanges bestimmt" (ebd.: 92) werde.

Foucault zufolge würde das Gesetz so zunehmend von den Normen der Humanwissenschaften (vor allem Medizin, Psychologie und Pädagogik) besetzt, welche als Humanwissenschaften, die Kollisionen zwischen altem Souveränitätsrecht und den neuen Verfahren der Disziplinen vermittelten. Gegen den „alten Kodex des Gesetzes" werde so ein „Kodex der Normalisierung" gesetzt. Dieser beziehe sich auf einen „vom Bereich der Humanwissenschaften" gebildeten „theoretischen Horizont". Seine „Rechtsprechung" sei „die eines klinischen Wissens" (vgl. sämtlich 1978: 93). Somit werde „die Form des wissenschaftlichen Diskurses und die Institutionen, die ihn produzieren" (ebd.: 52), zum Transportmittel der modernen Macht. Denn erst die verschiedenen Disziplinen der (Human-)Wissenschaften kreierten ein System verinnerlichter Identitäten und Normen sowie eine Subjektivität, welche die Zustimmung zu den Verkehrsformen der bürgerlichen Gesellschaft und ihrer funktionalen Werte in sich trage. Diese Zustimmung brauche folglich nicht mehr durch aufwendige Gewaltprozeduren erzwungen werden. Außerdem seien „die neuen Methoden [...] zugleich sehr viel wirksamer und weniger kostspielig" (ebd.: 35).

Die Disziplinen der (Human-)Wissenschaften konstruierten dabei das Subjekt, indem sie ʼnatürliche` und ʼmenschliche` Regeln, Merkmale und Abläufe produzierten und proklamierten, die bis heute als allgemeine gesellschaftliche Wahrheiten funktionierten und daher „über geregelte Machtwirkungen" (ebd.: 51) verfügten. Jede Gesellschaft habe so „ihre eigene Ordnung der Wahrheit, ihre ʼallgemeine Politik` der Wahrheit" (ebd.), indem sie nur bestimmte Diskurse akzeptiere, „die sie als wahre Diskurse funktionieren" (ebd.) ließe. Foucault interessiert sich von daher für die „Mechanismen und Instanzen, die eine Unterscheidung von wahren und falschen Aussagen ermöglichen und den Modus fest-legen, in dem die einen oder anderen sanktioniert werden" (ebd.). Davon ausge-hend, dass es jeweils „bevorzugte Techniken und Verfahren zur Wahrheitsfin-dung" (ebd.) gebe, richtet sich sein Interesse auf „das Ensemble der Regeln, nach denen das Wahre vom Falschen geschieden und das Wahre mit spezifischen Machtwirkungen ausgestattet wird" (ebd. 53).

Demnach seien die Humanwissenschaften und deren Vorstellung von 'der Wahrheit' seiner Analyse zufolge aus einem objektivierten Wissen entstanden, hervorgebracht über methodische Prüfungsverfahren, welche sich aus der mittel-alterlichen Praxis der Beichte, über Gewissenserforschung und die Inquisition entwickelt hätten (vgl. 1977: 77ff.). Über das Verhalten der Menschen hinaus würden auf diese Weise auch ihr Gewissen, ihre Seele, ihre Individualität erfragt. Foucault geht davon aus, dass dieses Fragen nicht allein Geständnisse bewirke, sondern zugleich die entsprechende Ergebnisse zur gesellschaftlichen Realität werden ließe. In diesem Zusammenhang begreift er die Pädagogik als „Geständ-niswissenschaft" (vgl. ebd.: 82f.).

In Foucaults Vorstellung vom Geständnis als „Zwang" und im Grunde doch von außen aufgedrängter Wahrheit, die „normierenden Eingriffen" (1977: 88) diene, erscheint die herstellende Seite der Macht noch im Wesentlichen als fest-schreibend, als eine von außen kommende, mehr oder weniger einschränkende und direktive Identitätszuschreibung. Trotz seiner 'Entdeckung' der „Biomacht" als einer „positiven Lebensmacht", die hier jedoch noch nicht zum Begriff aus-gearbeitet ist, bleibt diejenige Seite der Machttheorie, die das Individuum als Einzelnes im Blickfeld hat, somit in „Der Wille zum Wissen" noch der Vorstel-lung von Disziplin, ja gar Dressur verhaftet. Hatte Foucault in diesem ersten Band von „Sexualität und Wahrheit" die „Hypothese Reich" (also die Vorstel-lung von Macht als Unterdrückung) mit Hilfe der „Hypothese Nietzsche" (also der Vorstellung von Macht als eines kriegerischen Kräftespiels) zu überwinden versucht, so stellte er in seinen Vorlesungen unmittelbar nach Erscheinen des Buches fest, dass mit dieser Unterscheidung nicht viel gewonnen sei, wären diese beiden Hypothesen doch „mit ziemlicher Wahrscheinlichkeit miteinander verknüpft" (1999: 27).

Lemke (vgl.1997: 126f, 139-143, 303, 306f.) sieht daher in diesem ersten Band von „Sexualität und Wahrheit" zugleich ein „Buch des Übergangs" (ebd.: 131). Seien Foucaults vorhergehende Arbeiten dadurch gekennzeichnet gewesen, dass er den Strukturbegriff erst durch den Diskursbegriff ersetzt und diesen dann mit dem Machtbegriff vermittelt habe (vgl. Bönold 2003: 351 Anm. 2), hätte er anhand seiner Ausarbeitung eines Begriffs von „Biomacht" einmal mehr feststel-len müssen, dass ihn auch seine nunmehr erweiterte Machtkonzeption nicht wirklich befriedige (vgl. Soiland 2005: 14). So fokussiert sein nun erweiterter

Diskursbegriff schon eine Form der Machtbeziehungen, welche „in Wirklichkeit die Körper durchdringt, Dinge produziert, Lust verursacht, Wissen hervorbringt" (Foucault 1978: 35) und so „als ein produktives Netz [...] den ganzen sozialen Körper überzieht" (ebd.).

Macht wird hier also schon von Foucault „nicht als ein massives und homogenes Phänomen der Herrschaft eines Individuums über andere, einer Gruppe über andere, einer Klasse über die andere aufzufassen" (ebd.: 82) versucht. Vielmehr sieht er sie „über eine netzförmige Organisation" funktionieren, in deren „Maschen" die Individuen nicht nur „zirkulierten", sondern sich zugleich auch stets in einer Position befänden, in der sie diese Macht zugleich „erführen" und „ausübten". Die Individuen könnten also nicht „als eine Art elementaren Kerns, primitives Atom, als vielfältige und träge Materie" (ebd.) aufgefasst werden, „auf die die Macht angewandt oder treffen würde, eine Macht, die die Individuen unterwerfen oder zerbrechen würde" (ebd.). Tatsächlich sei „das, was bewirkt, daß ein Körper, daß Gesten, Diskurse, Wünsche als Individuum identifiziert und konstituiert werden, bereits eine erste Wirkung der Macht" (ebd.). Das Individuum sei also nicht „das Gegenüber", sondern „eine Wirkung der Macht und gleichzeitig – oder genau insofern es eine ihrer Wirkungen ist – ihr verbindendes Element. Die Macht geht durch das Individuum, das sie konstituiert hat, hindurch" (ebd.: 82f.).

Die verschiedenen Anknüpfungsbereiche der Macht in dieser „netzförmigen Organisation" nennt Foucault „*Dispositiv*". Bei Dispositiven der Macht handele es sich um „ein entschieden heterogenes Ensemble, das Diskurse, Institutionen, architekturale Einrichtungen, reglementierende Entscheidungen, Gesetze, administrative Maßnahmen, wissenschaftliche Aussagen, philosophische, moralische oder philanthropische Lehrsätze, kurz: Gesagtes ebensowohl wie Ungesagtes" (ebd.: 119 f.) umfasse. Foucault beschreibt solche Dispositive auch als „Strategien von Kräfteverhältnissen, die Typen von Wissen stützen und von diesen gestützt werden" (ebd.: 123), welche in Form von Regeln Antworten auf dringende gesellschaftliche Probleme und Sachlagen bereitstellten. Foucault spricht in diesem Zusammenhang von „strategischen Notwendigkeiten" (ebd.: 138), die allerdings nicht unmittelbar mit persönlichen Strategien oder Interessen zusammenfallen müssten. Es handele sich vielmehr um Strategien ohne Strategen. Machtdispositive seien demzufolge „gleichzeitig intentional und nicht-subjektiv" (ebd.: 116). Es existiere kein Subjekt, das denkend und wollend hinter dem Dispositiv agieren würde. Vielmehr finalisiere sich das Handeln – über vielerlei Umwege und Wirrungen – in Bezug auf ein gesellschaftlich entstandenes Ziel, und das Subjekt sei ein dadurch entstehender, den Regeln der Norm gehorchender Effekt.

Während Foucault auf diese Weise in „*Der Wille zum Wissen*"(1977) und in „*Dispositive der Macht*" (1978) der rechtlichen Norm die disziplinäre Norm als „*produktivere*" Form der Macht entgegensetzte, sieht Foucault schon in seiner Vorlesung „*Sécurité, Territoire et Population*" aus dem Jahr 1977/78 zwischen ihnen keinen Gegensatz mehr, sondern betonte statt dessen deren Gemeinsamkeit: Ob anhand der Regel des Gesetzes ('Du darfst nicht!') – wie im Falle der Rechtsprechung – oder anhand der Regel der Norm ('Du sollst!') – wie im Falle der Disziplin -: in beiden Fällen handele es sich um ein mehr oder weniger einschränkendes Ausrichten entlang einem – juridisch oder disziplinären – in jedem Fall aber als vorgegeben vorgestellten Regelwerk. In dieser sowohl für das Verbot wie für die Pflicht charakteristischen Präskription sieht Foucault nunmehr eine ausschließlich „*negative*" Kodifizierung der Macht (vgl. 1982: 7f.).

Im Zuge seiner weiteren Untersuchung der „Biomacht" befasste sich Foucault nun mit dem Liberalismus und analysierte in diesem Zusammenhang mit dem Begriff „*Sicherheitsdispositiv*" eine Machttechnologie, die nicht „*normierend*", sondern „*normalisierend*" wirke. Diese „Techniken der Normalisierung" gäben im Unterschied zum Gesetz nicht vor, sondern richteten lediglich aus, und zwar an der bereits vorhandenen Realität: Einer Realität allerdings, die weder eindeutig, noch jemals in den Griff zu bekommen und der deshalb adäquat nur mit dem Mittel der „*Regulierung*" zu begegnen sei. Im Unterschied zur disziplinarischen „*Normierung*" liege bei der „*Normalisierung*" der Sicherheitstechnologie deshalb auch kein „Entwurf eines optimalen Modells" zugrunde (ebd.: 8f). Vielmehr seien die Dispositive der Sicherheit „ein Versuch, die Dinge im Bereich ihrer wirksamen Wirklichkeit in den Griff zu bekommen" (ebd.). Sie gingen weder vom Blickpunkt des Verbots, noch von dem der Pflichten aus. Während „das Gesetz [...] in der Vorstellung: es ist negativ" (ebd.), und „die Disziplin [...] in einer Ergänzung der Realität: sie ist künstlich" (ebd.), arbeite, versuche „die Sicherheit [...], in der Realität zu arbeiten, indem sie die Elemente dieser Realität in Beziehung aufeinander ins Spiel" (ebd.) bringe.

Eine entsprechende „Sicherheits"-Politik führe damit im Unterschied zur Disziplinarmacht „die Regeln nicht bis in das Verhalten der Menschen" (ebd.) zurück, sondern spiele „mit der Realität als ihrer einzigen Vorgabe" (ebd.). Ihr grundlegendes Prinzip sei, dass „die politische Technik die Realität niemals auflösen" (ebd.) dürfe. „Liberalismus" heiße, dass „die Realität sich aufgrund von Gesetzen, Prinzipien und Mechanismen" (ebd.) entwickele, „die ihr entnommen" (ebd.) seien. „Die Freiheit" müsse „in den Mutationen der Machtmechanismen eingeschlossen sein" (ebd.). Sie sei „der Bezugsrahmen des Einsatzes der Dispositive der Sicherheit" (ebd.), die auch nur so funktionieren könnten.

Hatte Foucault in „*Der Wille zum Wissen*" und „*Dispositive der Macht*" die historische Vermittlung von Rechtsapparat und Disziplinarapparat zu analysieren versucht, stellte er in seinen Studien zum Liberalismus nun fest, dass die Disziplinen von der 'Freiheit' eingeholt würden. Sicherheit meine deshalb gerade nicht einfache Kontrolle, sondern das Erfassen des empirisch Normalen, das Erheben von Statistiken, das Ermitteln von Wahrscheinlichkeiten, das Verwalten von Risiken, das Eruieren von Problemfeldern. Es gehe nicht mehr darum, ein Soll zu definieren, sondern eine letztlich immer anfällige Freiheit in ihrer latenten Fragilität zu stimulieren, anzuregen und zu erhalten.

Nicht das „Verhalten der Menschen" (1982: 9) solle geleitet, sondern die sie umgebende Umwelt in einer Weise modifiziert werden, dass deren latente Ungewissheit von sich aus das Verhalten der Menschen bestimme. Wenn überhaupt, so sei der vermittels Pädagogik und Sozialer Arbeit allenfalls noch auf die Individuen zu nehmende Einfluss ein Anleiten, sich in der Kontingenz dieser so geschaffenen Offenheit selber zu Recht zu finden. Es gehe nicht mehr darum, den Individuen etwas vorzuschreiben, sondern ihnen selbst die Instrumente an die Hand zu geben, innerhalb eines Kräftefeldes von Anreizungen und stimulierender Risiken Manager ihrer selbst zu werden.

Anhand seines Studiums der Regulation der Bevölkerung und insbesondere der liberalen Regierungstechnologien hat Foucault in dieser Weise die Erkenntnis gewonnen, dass regulierende Machttechnologien Individuen nicht mehr unmittelbar zu formen, sondern sie vielmehr mittels der Stimulierung ihrer Umgebung zu lenken versuchten. Einsehbar werde so, warum die Ökonomik dieser Macht mit einem disziplinären Subjekt nicht mehr viel anzufangen wisse, müsse sie doch den Individuen ihre 'Freiheit' gleichsam selbst als die für sie wichtigste Ressource verordnen. Freiheit und Macht stünden sich somit nicht mehr als Ausschließungsverhältnis gegenüber, vielmehr lasse sich 'Freiheit', wie Foucault darlegt, in dieser Weise sehr wohl als eine „Existenzbedingung von Macht" vorstellen (1987: 256) als eine Art 'verordneter Freiheit', mit der sich die Individuen gleichwohl identifizierten.

Ging Foucault in seinen Analysen der Humanwissenschaften zunächst von einem Macht-Wissens-Dispositiv aus, welches Subjekte gemäß einer normativen Wahrheit bilde, so fasste er die in diesem Wissensdispositiv involvierte Wahrheit als eine klassifikatorische auf. Seine weitere Beschäftigung mit der Genese der Sexualität in den beiden Folgebänden von „*Sexualität und Wahrheit*" führten ihn dann jedoch zu einem Wahrheitsbegriff, der als „innere Wahrheit des Subjekts" sich gerade durch seine Offenheit auszeichne, weil sie „das Geheimnis" (1977: 89) sei, „das sich selbst entgeht" (ebd.). Eine Ahnung davon zeichnet sich schon im ersten Band ab, wenn er davon spricht, dass der Sex aufgefordert sei „seine Wahrheit zu sagen [...], die tief unter jener Wahrheit unser selbst vergraben" (ebd.) liege, „die wir im unmittelbaren Bewusstsein zu haben vermeinen. Wir sagen ihm seine Wahrheit, indem wir entziffern, was er uns von sich sagt; er sagt uns die unsere, indem er befreit, was sich davon entzieht" (ebd.). So habe sich „aus diesem Spiel [...] im Verlauf mehrerer Jahrhunderte langsam ein Wissen vom Subjekt gebildet; nicht so sehr ein Wissen von seiner Form, sondern von dem, was es spaltet, was es möglicherweise determiniert, vor allem aber sich selber stets entgehen lässt" (ebd.). Als der insgeheim sich entziehende Fluchtpunkt des Subjekts lebe diese Wahrheit somit als das schillernde Objekt einer stetigen und sublimen Auslegekunst im Grunde genommen von ihrer Unfassbarkeit.

Foucault begründet deshalb die Verzögerung der Folgebände seiner Geschichte der Sexualität in der Einleitung zum zweiten Band mit den Schwierigkeiten, die ihm „die Untersuchung der Weisen bereitete", in denen „die Individuen dazu gebracht werden, sich als sexuelle Subjekte anzuerkennen" (1986: 11). Die bei der Konstituierung dieses Anerkennungsverhältnisses involvierte 'Wahrheit' entfalte als hermeneutische in ihrem Bezug zu einem verborgenen Sex ihre Machtwirkung gerade dadurch, dass sie Menschen dazu bringe, „zwischen sich und sich selber ein gewisses Verhältnis einzuleiten, das sie im Begehren die Wahrheit ihres – natürlichen oder gefallenen – Seins entdecken" (ebd.: 11f) lasse.

Die für moderne westliche Staaten charakteristische Verknüpfung von Selbstführung und Fremdführung knüpfe in dieser Weise an Führungstechnologien des christlichen Pastorats an, die sie gewissermaßen in säkularisierter Form von diesem übernommen hätten (1988). Wenn Foucault in „*Das Subjekt und die Macht*" „den modernen Staat als eine Individualisierungsmatrix oder eine neue Form der Pastoralmacht" (1987: 249) zu beschreiben versucht, so liegt dem die historische These zugrunde, dass das Christentum „der gesamten antiken Welt neue Machtverhältnisse" (ebd.: 248f) beschert habe. Denn im Übergang von den antiken Selbsttechnologien zu den christlichen mutiere die 'Wahrheit' von einem äußeren Regelwerk der richtigen Lebensführung immer mehr zur 'inneren Wahrheit' des Einzelnen. In dem Maße wie sie sich dabei des konkreten Inhalts entledige, werde sie zur „Wahrheit des Subjekts" schlechthin und entfalte genau darüber seine Macht, dass sie Menschen zu eben jener nicht abschließbaren Suche einer Selbstentzifferung bringe.

Ob dieses als durch ein Verfahren der Selbstentzifferung induzierte Selbstverhältnis noch als eine erweiterte Form der Disziplinierung begriffen werden kann, darüber ist sich die Foucault Rezeption nicht einig (vgl. z.B. Soiland 2005: 17 f.). Zumindest hat Foucault in einer Art Selbstkritik festgestellt, dass seine im Studium von Gefängnissen, Schulen, Spitäler, Heimen etc. gewonnene Einsicht in die Wirkungsweise von Macht nur einer ihrer Aspekte darstelle. Was er Disziplin nenne, sei zwar „etwas wirklich Wichtiges in dieser Art Institution [...], aber [...] nur ein Aspekt der Kunst der Menschenregierung in unseren Gesellschaften" (1984: 35 f.). Nachdem er „das Feld der Machtverhältnisse von den Herrschaftstechniken aus betrachtet" (ebd.) habe, wolle er deshalb nun versuchen, „Machtbeziehungen von den Selbsttechniken aus" (ebd.) zu untersuchen.

In seinem Nachwort zu Dreyfus/Rabinows (1987) Interpretation seiner Arbeit als Untersuchung der Machttechniken, die der „Formung des modernen Individuums sowohl zum Subjekt als auch zum Objekt" (ebd.:149) zugrunde lägen, verortet Foucault wohl deshalb auch die Motivation seiner historischen Studien im heutigen „Kampf gegen die Formen der Subjektivierung" (ebd.: 247). Das „Regieren durch Individualisieren" (ebd.: 245), mit dem u.a. die Pädagogik erfolgreich geworden sei, etabliere neue Machtformationen, aber auch die heutigen Kämpfe gegen sie. Zwar hielten die Kämpfe gegen ethnische und soziale Herrschaft oder der Kampf gegen Ausbeutung an. Ihre Analyse sei jedoch im Wesentlichen geleistet. Neu hingegen seien die Oppositionen „gegen die Macht der Männer über die Frauen, der Eltern über ihre Kinder, der Psychiatrie über die Geisteskranken, der Medizin über die Bevölkerung, der Verwaltung über das Leben der Leute" (ebd.: 245), welche seine Untersuchungen motivierten. Foucault vermutet sogar „hinter der gegenwärtigen ökonomischen Krise und den großen Gegensätzen und Konflikten, die zwischen reichen und armen Nationen [...] absehbar werden, eine Krise der Regierung" (1996: 118) sich abzeichnen.

Regieren wird dabei freilich von Foucault nicht als eine Technik begriffen, die vom Staat angewendet oder eingesetzt wird. Vielmehr versucht er den Staat selbst als Element und Effekt von Regierungspraktiken „im ´Führen der Führungen` und in der Schaffung der Wahrscheinlichkeiten" (1987: 255) zu fassen. Foucault hat in diesem Zusammenhang den Begriff der „Gouvernementalität" geprägt, welcher Regieren („gouverner") und Denkweise („mentalité") semantisch zusammenbindet. Mit diesem geht es ihm nicht darum, das Verhältnis von Rationalitäten zu (politischen) Technologien – wie z.B. Rechtsformen, administrativen Verfahren, Institutionen etc. – als ein Vergleich von Programm und Wirklichkeit im Sinne von dessen Anwendung bzw. Übertragung zu konzipieren. Vielmehr versucht er mit diesem Begriff ein politisches Wissen als Systematisierung und Rationalisierung einer entsprechenden Pragmatik „des Einwirkens auf ein oder mehrere handelnde Subjekte" (ebd.) zu artikulieren – „und dies, sofern sie handeln oder zum Handeln fähig sind" (ebd.).

Regierung als „ein Ensemble von Handlungen in Hinsicht auf mögliche Handlungen" (ebd.) oder – wie es die Herausgeber des Sammelbandes „*Gouvernementalität der Gegenwart*" formulieren – als „Macht, Subjekte zu einem bestimmten Handeln zu bewegen" (Bröckling/Krasmann/Lemke 2000: 29), erfordere von daher auch nicht mehr die Unterdrückung von Subjektivität. Vielmehr müsse sie sich „vor allem auf ihre ´(Selbst-)Produktion`" (ebd.) beziehen: „auf die Erfindung und Förderung von Selbsttechnologien, die an Regierungsziele gekoppelt werden können" (ebd.). Deshalb streicht Foucault auch heraus, dass er unter Regierung „die Gesamtheit der Institutionen und Praktiken, mittels deren man die Menschen lenkt, von der Verwaltung bis zur Erziehung" (1996: 118) versteht.

„Vom Diskurs zum Subjekt, von der Genealogie der Wissenschaften zur Genealogie des Subjekts oder doch Subjekttheorie, Machttheorie oder Analyse der Wahrheitsspiele?" (Kessl 2005: 69) – stets ging es Foucault jedoch darum, „zu einer Geschichtsanalyse [zu d.V.] gelangen, die die Konstitution des Subjekts im geschichtlichen Zusammenhang zu klären vermag" (Foucault 1978: 32), ohne ´die Geschichte` dabei zu einem neuen Metasubjekt zu machen. Im Gegenteil ist für ihn die Geschichte immer umkämpft, diskontinuierlich und auch zufällig. Und ebenso sind all seine Untersuchungen von der Basisannahme getragen, dass es „nicht bloß Wisselemente und Machtelemente" gibt, vielmehr das Wissen als Wissen nur funktionieren kann, wenn es eine Macht ausübt und „umgekehrt jede Machtausübung [...] zumindest eine Geschicklichkeit [...], eine Art von Wissen wie man's macht" (1992: 46f.), impliziert.

Niemals dürfe sich jedoch „die Ansicht einschleichen, daß ein Wissen oder eine Macht existiert – oder gar das Wissen oder die Macht, welche selbst agieren würden" (Foucault 1992: 33). Foucault bezeichnet es explizit als „Fehldeutung", wenn ihm unterstellt werde, „die Macht sei das, was alles erklärt" (1996: 99). Gerade umgekehrt sei für ihn „die Macht das, was es zu erklären" gelte. Schon in seinen frühen Arbeiten spricht er davon, dass es ihm um eine „politische Anatomie" (1976: 42) bzw. eine „Analytik" (1977: 102) der Macht ginge: Zweifellos müsse „man Nominalist sein: die Macht ist nicht eine Institution, ist nicht eine Struktur, ist nicht eine Mächtigkeit einiger Mächtiger. Die Macht ist der Name, den man einer komplexen strategischen Situation gibt" (ebd.: 114). Struktur, Diskurs, Wissen, Wahrheit, Macht, Selbsttechnologie sind für ihn somit nichts anderes als ein „Analyseraster" (1992: 33) seines „glücklichen" oder „fröhlichen Positivismus" (1971: 48 & 1973: 182).

Entschieden grenzt er sein Verfahren der Analyse von Positivitäten (vgl. 1992: 36f.) ab von jenen „Erklärungsverfahren, die Kausalität an drei Bedingungen" (ebd.) knüpften:

1. „auf eine tiefe und einzig letzte Instanz (Ökonomie für die einen, Demographie für die anderen)" (ebd.);
2. zielten sie „pyramidalisierend auf einen einzigen Ursprung" (ebd.) und
3. impliziere „ihre Kausalität eine gewisse Unausweichlichkeit oder Notwendigkeit" (ebd.).

Demgegenüber beziehe seine „Analyse der Positivitäten, die reine Singularitäten nicht auf eine Spezies oder auf eine Wesenheit, sondern auf banale Akzeptanzbedingungen" (ebd.) und entfalte so „ein Kausalnetz, [...] welches die Singularität als einen Effekt verständlich" (ebd.) mache.

### 5.7 Zur Bedeutung der Studien zu einer Gouvernementalität für die Theorie Sozialer Arbeit: Fabian Kessls Gouvernementalität Sozialer Arbeit

Aus Foucaults Perspektive der Gouvernementalität heraus stellt der Staat ebenso wenig eine „Art politischer Universalie" dar, wie eine „an sich autonome Quelle der Macht" (Foucault 2000b: 69). Stattdessen geht es ihm mit diesem Begriff darum, die sich wandelnden „Taktiken des Regierens" (Foucault 2000a: 66) zu untersuchen. In diesen äußere sich jeweils historisch konkret, „was in die Zuständigkeit des Staates gehört und was nicht in die Zuständigkeit des Staates gehört, was öffentlich ist und was privat ist, was staatlich ist und was nicht staatlich ist" (ebd.). Auch „das Soziale" erscheine dann – wie Nikolas Rose (vgl. 2000) im Anschluss an Foucault zu zeigen versucht – nicht mehr als eine bloß „zeitlose Existenzform menschlicher Sozialität" (ebd.: 75). Vielmehr komme in den Blick, wie es eingebunden sei in diese Taktiken des Regierens – weit über das hinaus, was herkömmlicher Weise als Sozialstaat bezeichnet werde. Roses Analyse zufolge sei „das Soziale" als ein besonderer gesellschaftlicher Sektor erst durch die Verknüpfung „zahllose[r] Linien politischer Organisation und Intervention" (ebd.: 90) konstituiert worden, wie sie im späten 19. und in der ersten Hälfte des 20. Jahrhunderts „den Modus Vivendi der meisten europäischen Staaten" (ebd.) definiert hätten.

Im Anschluss an die Arbeiten Foucaults hat Rose die These formuliert, dass in diesem Zusammenhang der Wandel von der Wirtschaft zur Volkswirtschaft auch im Zusammenhang mit der „Herausbildung des Begriffs der Nationalökonomie die entscheidende Voraussetzung für die Abgrenzung einer besonderen sozialen Sphäre" (ebd.: 89) gewesen sei. Denn mit der „politischen Ökonomie" hätte sich eine neue Wissenschaft herausgebildet, die sich mit Methoden befasste, durch welche das vielfältige Netz von Bezügen zwischen Bevölkerung, Territorium und Reichtum habe optimiert werden können. Zwar sei damit auch eine zunehmende Unterscheidung zwischen Ökonomischen und Sozialem einhergegangen. Beide Sphären wären aber zunächst noch nach dem Prinzip wechselseitiger Optimierung regiert worden.

Nachdrücklich hat Rose (vgl. ebd. 90 f.) darauf aufmerksam gemacht, dass der Wirtschaftstätigkeit in Gestalt der Lohnarbeit in diesem Zusammenhang eine neue soziale Verantwortung zugesprochen worden sei. Sie habe nun auch als ein Mechanismus fungiert, „um Männer in die gesellschaftliche Ordnung einzugliedern und in der Folge ein zweckmäßiges Verhältnis zwischen den Ordnungen von Familie, Sozialem und Ökonomischem herzustellen" (ebd.). Von besonderer Bedeutung sei dabei auch die soziale Dynamik jener Versicherungen auf Gegenseitigkeit gewesen, zu deren Beitritt zwecks Vorsorge sich die rechtschaffenen Arbeiter genötigt gesehen hätten. Diese Versicherungsformen hätten „eine quasi unmittelbare Beziehung zwischen der individuellen Verantwortung des einzelnen Mitglieds und der gegenseitigen Haftung, die auf die gesamte Mitgliedschaft verteilt wurde" (ebd.: 96), begründet.

Mit der landesweiten Einführung der gesetzlichen Sozialversicherung um die Jahrhundertwende sei das Versicherungswesen dann „zu einer *sozialen* Angelegenheit" geworden. Da sich bei der Sozialversicherung „die Versicherungsprämie nicht am Risiko, sondern am Einkommen des Versicherten [orientiert] und die Versicherungsleistung nicht an der Prämie, sondern an der Bedürftigkeit", spricht Henning Schmidt-Semisch (2000: 170) von „eine[r] erzwungene[n] Solidarität von 'Risikoungleichen'". „Risiko, Verantwortung und Sparsamkeit" seien in dieser Weise zwar zu „Vektoren einer Regierung des Sozialen" (Rose 2000: 96) geworden. Es sei jedoch darauf geachtet worden, dass die Nutznießer dieses Systems „nicht durch die Festschreibung ihrer Abhängigkeit 'demoralisiert', sondern im Gegenteil zu verantwortlichem Handeln, zu einem habitualisierten Arbeitsverhalten und sozialem Pflichtbewusstsein angehalten wurden" (ebd.).

Fabian Kessl (2005: 36) weist in diesem Zusammenhang darauf hin, dass „zwar [...] bereits die attische Gesellschaft auf die 'Entwicklungstatsache'" (ebd.) reagiert hätte. „Schon die antiken Gestaltungsweisen des Sozialen" (ebd.) seien somit durch Erziehung gekennzeichnet gewesen. „Eine *öffentliche Reaktion auf soziale Probleme*, die Regierung des Sozialen als Ausdruck kollektiver Risikokalkulation" (ebd.), werde jedoch erst mit jener von Rose beschriebenen „Implementierung eines spezifischen Sektors des Sozialen seit dem zweiten Drittel des 19. Jahrhunderts auf- und ausgebaut. Die Unterscheidung des Sozialen im umfassenden Sinn (*Gesellschaft*) von Sozialen im engen Sinn (*sozialer Sektor*)" (ebd.), dem eine spezifische Funktion in der „Überbrückung von politischer Organisation und wirtschaftlichem System" (ebd.) zugewiesen werde, sei somit ein „grundlegendes Kennzeichen industriekapitalistischer Gestaltungsformen" (ebd.). Und „als Teil dieser Überbrückungsbemühungen" (ebd.) werde nun auch „*Soziale Arbeit* [...] als eine öffentliche Instanz konstituiert" (ebd.), die für die „Selbstführungsfähigkeiten der Menschen" (ebd.) Verantwortung trage. Als „Teil der pädagogischen Ausprägung wohlfahrtsstaatlicher Arrangements" (ebd.) werde Sozialer Arbeit somit „die Aufgabe zugeschrieben [...], die Lebensfüh-

rung von marginalisierten Bevölkerungsgruppen aktiv zu unterstützen und ge-
plant zu beeinflussen" (ebd.).

In seiner *„Gouvernementalität Sozialer Arbeit"* unterscheidet Fabian Kessl
(vgl. 2005: 6) zwischen einer Analyse *„politischer Rationalitäten"*, die sich mit
„wohlfahrtsstaatlichen Arrangements" befasse, und einer Untersuchung von
*„Technologien"*, wenn er „sozialstaatliche Sicherungssysteme bzw. Maßnahmen" als institutionelle Ausprägungen des wohlfahrtsstaatlichen Arrangements
in den Blick nimmt. Und so unterteilt er seine diskursanalytisch angelegte *„Gouvernementalität Sozialer Arbeit"* auch in eine

- *„genealogische Rekonstruktion"* der dominierenden Denkweisen innerhalb der Debatten um Soziale Arbeit und eine
- *„Dispositiv-Rekonstruktion"*, die sich anhand einer Analyse praxis-
  konzeptioneller Materialien auf das „Regelmäßigkeitssystem aktueller
  Rationalitäten in den Feldern der Kinder- und Jugendhilfe bezieht"
  (ebd.).

Nur eine solche Untersuchungsperspektive erlaube es, „Sozialpolitik und Soziale
Arbeit zwar analytisch als zwei Handlungslogiken zu unterscheiden, aber gleichzeitig als zwei Aspekte desselben Regierungshandelns zu betrachten" (ebd.: 92).

Mit seiner genealogischen Vergewisserung versucht Kessl zu verdeutlichen, „dass Soziale Arbeit nicht als Reaktionsmuster auf eine sozialpolitische
Regulierung erfasst" (2005: 93) werden könne (vgl. Kap. 2.5 ff.). Vielmehr stelle
sie „von Beginn an einen Teil der neu geschaffenen Normalisierungsmacht"
(ebd.) dar: sowohl bezogen auf eine „Politik des Sozialen im umfassenden Sinne
(*sozialer Raum der Gesellschaft)"* (ebd.), als auch als „eine der bestimmenden
politischen Akteurinnen der wohlfahrtsstaatlichen Regierung des Sozialen im
engen Sinne (*sozialer Sektor)"* (ebd.: 93 f.). Von daher sieht er auch in eher sozialpädagogisch ausgerichteten „Strategien, die sich an den Individuen ausrichten
(*Individualisierung*), nur die andere Seite derselben Medaille [...], die als Strategien der Sozialpolitik beschrieben werden: Strategien also, die primär auf eine
*Populationsregierung* zielen" (ebd.: 93).

Zugleich warnt er vor diesem Hintergrund davor, die „Analyse- und Handlungsperspektiven Sozialer Arbeit [...] auf die individualisierende Dimension,
die Frage der Regulierung individueller Körper" (ebd.: 94), zu reduzieren, oder
sogar „diese Individualisierungsstrategien [...] als *Gegenmaßnahmen* zur politischen Regulierung [...] (*Primat der Selbstführung)"* (ebd.) zu konzipieren. Damit gerate nicht nur „die homogenisierende Dimension Sozialer Arbeit aus dem
Blick" (ebd.), die dieser als Teil der Populationsregierung zufalle. In dem Glau-

ben, „der eigenen Regierungstätigkeit mit ausreichend gutem Willen entgehen zu können" (ebd.), werde auch „das eigene Tun verharmlost" (ebd.).

Kessl versucht demgegenüber zu zeigen, wie „im bisherigen wohlfahrts-staatlichen Arrangement des Sozialen" (ebd.: 95) nicht nur „die Ordnung des Verhältnisses zwischen den Generationen (Benjamin) oder die gesellschaftliche Reaktion auf die Entwicklungstatsache (Bernfeld)" (ebd.), als Charakteristika Sozialer Arbeit in sozialen Problemlagen, sondern auch sozialpolitische Maß-nahmen durch eine „*ambivalente Gleichzeitigkeit* von Homogenisierung *und* Individualisierung" (ebd.) gekennzeichnet seien. Seine „*Gouvernementalität Sozialer Arbeit*" beansprucht in diesem Zusammenhang, nicht nur „Form und Formierung des Feldes der Unablässigkeit beider Dimensionen" (ebd.: 98) aus-zuloten. Zugleich will sie auch klären, „nicht ob Selbst- *oder* Fremdregierung" (ebd.) dabei ermöglicht werde, „sondern in welcher Art und Weise Soziale Ar-beit ihr Regierungshandeln historisch-spezifisch realisiert" (ebd.).

So versucht Kessl der Sozialen Arbeit eine gerade an ihrem Beginn im Deutschen Reich deutlich werdende „*generelle* Rechtfertigung ihres Interventi-onshandelns" „unter dem Primat der Selbstführung" (2005: 44) nachzuweisen. „Mit Hinweis auf einen noch nicht erreichten, aber als erreichbar angenommenen Zustand ´eines immer wieder hervorbrechenden Lebens`, ´einer höchsten, inner-lichsten Gemeinschaft`, wie dies Bäumer und Natorp formulieren" (ebd.), sei „pädagogische Fremdführung [...] als vorauseilender Gehorsam in eine spätere Welt reiner Selbstführung präsentiert" (ebd.) worden. In der Theoriegeschichte Sozialer Arbeit „zumeist konträr verhandelte Positionen, wie diejenigen von Bäumer und Natorp" (ebd.), verbinde in dieser Hinsicht der Idealismus, dass staatliche „Institutionalisierungen pädagogisch Tätigen zwar Handlungsräume bereitstellen" (ebd.) könnten. Da diese „das ´Diesseits`" (ebd.) stabilisierten, müssten sie „allerdings notwendig beschränkt bleiben" (ebd.). Zugleich würden somit jedoch „staatliche Institutionalisierung wie Unterordnung und Gehorsam, Elemente einer Fremdführung, [...] dadurch gerechtfertigt, dass sie gerade die Möglichkeit schüfen, zukünftig überwunden zu werden" (ebd.).

Kessl versucht nachzuzeichnen, wie dergestalt „(sozial)pädagogische De-batten bis heute in grundlegender Weise" (ebd.: 46) durch einen „fundamenta-le[n] *vernunfttheortische[n] Subjektidealismus*" (ebd.) bestimmt seien, der auch „den pädagogischen Primat der Selbstführung" (ebd.) aufrecht zu erhalten er-mögliche. So seien dieser Orientierung „eine institutionelle Ausprägung pädago-gischer Einrichtungen [...] als Teil des bestehenden Arrangements des Sozialen und damit als gefangen in der Ambivalenz von Fremd- und Selbstführung" (ebd.) häufig „potenziell verdächtig". Demgegenüber schienen jedoch „einzelne pädagogische Führer [...] aufgrund ihrer ´Vernunft` den Weg ins ´Jenseits` des Bestehenden weisen zu können" (ebd.). Diese „pädagogische Führung von Menschen" (ebd.: 47) erführe ihre Rechtfertigung als Fremdführung stets „*retrospektiv*" in Form der mit ihr zu eröffnen beanspruchten „Freiräume zum Gebrauch der eigenen Kräfte [...] (*Selbstführung*)" (ebd.). „Welch verheerende Vernutzung" (ebd.:49) ein aus dieser „Unterstellung" (ebd.: 47) einer zeitlichen Hierarchisierbarkeit „von Fremd- und Selbstführung abgeleitetes Legitimationsrecht für eine wie auch immer geartete Fremdführung" (ebd.: 49) erfahren könne, verdeutlich Kessl daran, dass „die Aktivierung des Gebrauchs der eigenen Kräfte [...] auch die Aufgabe der Erziehungsprogramme im deutschen Nationalsozialismus" (ebd.) gewesen sei.

Kessl versucht aber nicht nur nachzuweisen, wie die an Soziale Arbeit gerichtete „sozialstaatliche Aufgabenstellung" (ebd.: 215) der „Aktivierung vorhandener Kräfte, um mit der Wiederermöglichung deren Gebrauchs eine Integration der Nutzer zu erreichen" (ebd.), in der „lange[n] Tradition der pädagogisierenden Projektion sozialpädagogischen Handelns auf den pädagogischen Bezug oder auf eine Subjektorientierung im Sinne einer personalen Beziehungsgestaltung" (ebd: 95) unter dem Primat der Selbstführung umdefiniert worden sei. Ebenso kritisiert er, wenn seit den 60er Jahren – auch im Zusammenhang mit staatstheoretischen Vergewisserungen von Sozialer Arbeit als „*vergesellschaftet Sozialisationsinstanz*" – „der Feldbezug zum Gegenentwurf einer (sozial)pädagogischen Einzelfallorientierung" (ebd.: 215) hochstilisiert worden sei. Er bezieht sich hierbei auf „homogenisierende Maßnahmen, wie es die politisierenden Projektionen so genannter gemeinwesenorientierter und präventionsorientierter Stadtteilstrategien empfehlen" (ebd.: 95). Denn wie Kessl in seiner „Rekonstruktion der Thematisierungsweisen einer *Nahraumorientierung*" (ebd.) darzulegen versucht (vgl. ebd.: 183 ff.), stellten „Fallorientierung und Feldbezug [...] keine Dichotomien dar, sondern [...] miteinander verschränkte konzeptionelle Strategiemuster Sozialer Arbeit" (ebd.: 215).

Nachdrücklich verweist Kessl darauf, dass „solange eine Überbrückung von wirtschaftlichen Bereichen und politischer Organisation (Castel) durch den Aufbau und Erhalt eines sozialen Sektors in sozialstaatlicher Form bestehen" (2005: 214) bleibe, Soziale Arbeit als Hinweis darauf gelesen werden müsse, „wie ungenügend die Umsetzung des Integrationsversprechens" (ebd.) geschehe – unabhängig davon, in welche Form sie „als Gesellschaftskritikerin gekleidet" (ebd.) werde. Gerate „die wohlfahrtsstaatliche Vereinbarung allerdings selbst unter politischen Legitimationsdruck, wie dies seit Mitte der 1970er Jahre und in verschärfter Weise seit Ende der 1990er Jahre für die bundesrepublikanischen Zusammenhänge festzustellen" (ebd.) sei, werde „einer derartigen gesellschaftskritischen Positionierung Sozialer Arbeit" (ebd.) der Boden gänzlich entzogen.

Dies auch deshalb, weil nun „´Selbstführung` [...] von neo-sozialen Programmen [...] zur staatlich favorisierten Subjektivierungsweise erklärt" (ebd.:

81) werde und somit „semantisch [...] erreicht [scheint], was pädagogische Programme schon immer forderten" (ebd.). Denn „die vehemente Proklamation ´subjektiver Selbstorganisation`" (ebd.), hätten „soziale Bewegungen, eine aggressive Gemeinwesenarbeit oder Arbeiterbildungsprogramme in den 1970er Jahren" (ebd.) nur solange gegenüber „sozialstaatlich-bürokratischen Eingriffen [...] relativ unproblematisch" (ebd.) politisch stark machen können, wie „die grundlegende Rationalität dieses Modells nicht selbst ins Schwanken" (ebd.) geraten sei. „Erst die Gültigkeit wohlfahrtsstaatlicher Normalität (*Normalerwerbs- und Reproduktionsarbeitsbiographien*)" (ebd.) habe derartige sozialstaatskritische Positionierungen möglich gemacht – „ohne die erreichte soziale Sicherung in Frage zu stellen, wie dies nun von aktuellen neo-sozialen Selbstführungsprogrammen gefordert" (ebd.) werde.

Kessl stützt sich hier auch auf Rose, demzufolge zwar bis in die 70er Jahre hinein in Europa versucht worden sei, das Lohnarbeitsverhältnis durch die Ausweitung kollektiver Regelungen zu konsolidieren – insbesondere durch kollektive Rechte in Bezug auf Arbeit und soziale Sicherheit. Demgegenüber scheinen jedoch im Neoliberalismus – wie Nikolas Rose (2000: 93 f.) herausgearbeitet hat – Soziales und Ökonomisches mehr und mehr als ein Antagonismus gesehen zu werden. Die Ökonomie werde nun „nicht mehr mit Berufung auf das Soziale regiert" (ebd.). Sie müsse auch nicht mehr „als Rechtfertigung dafür herhalten, das eine ganze Reihe weiterer Sektoren nach Maßgabe des Sozialen regiert" (ebd.) würden. Vielmehr werde soziale Gerechtigkeit zunehmend als „versicherungsmathematische Gerechtigkeit" (vgl. Schmidt-Semisch 2000: 178 ff.) konzipiert – d.h. als freiwillige Solidarität von Risikogleichen im Unterschied zur erzwungenen Solidarität von Risikoungleichen im Rahmen der klassischen Sozialversicherung. Zugleich erfahre dadurch „im vorgeschlagenen neo-sozialen Neuarrangement des Sozialen" – wie Kessl betont (2005: 217 f.) – das „Fürsorgeprinzip gegenüber den bisher vorrangigen Sozialversicherungsprinzipien eine immense Aufwertung [...], wenn auch in neuer Form" (ebd.) – nämlich „in der *Privatisierung* bisher öffentlich verfasster sozialstaatlicher Leistungen" (ebd.: 218).

Kessl zufolge zielten „neo-soziale Programmierungen" keineswegs „nur auf eine Veränderung von Organisationsweisen. Es geht nicht nur darum, Aufgaben neu zu verteilen, sondern vor allem diese Aufgaben *in anderer Form* zu erbringen" (ebd.: 218). Zwar hätten „Macht- und Herrschaftsverhältnisse" auch „im wohlfahrtsstaatlichen [...] Arrangement des Sozialen beschränkte Teilhabemöglichkeiten für bestimmte Bevölkerungsgruppen zur Folge" (ebd.: 221) gehabt. Wie Kessl in seiner auf das „Regelmäßigkeitssystem aktueller Rationalitäten in den Feldern der Kinder- und Jugendhilfe" (ebd.: 6) bezogenen „*Dispositiv-Rekonstruktion*" (ebd.) zu verdeutlichen versucht (vgl. ebd.: 167 ff.), führe deren

Identifizierung nun aber „nicht mehr zur Ausformulierung eines staatlichen Sub-stituierungsauftrags, sondern zur Beanstandung der damit verbundenen *Symptomatik* den Betroffenen gegenüber" (ebd.: 221). Dabei würden „ihre Verhaltens-weisen […] diagnostiziert (*Sozialkartographie*) und als Therapie […] eine *verhaltenstrainierende* Erziehungsmaßnahme (*Verhaltenstraining*) verordnet" (ebd.). Den Betroffenen solle auf diese Weise „ihre ´ungesunden Lebensstile` ausgetrieben werden" (ebd.: 221).

Kessl zufolge setzten neo-soziale Strategien in diesem Zusammenhang – abhängig „von der spezifischen Situation und den jeweiligen Nutzergruppen" (ebd.: 216) – entweder stärker auf einen Feldbezug in Gestalt eines „*situations-spezifischen Eingriff[s]*" (ebd.) oder aber auf eine „zur *zielgruppenspezifischen Intervention*" (ebd.) mutierende Fallorientierung. Soziale Arbeit werde dabei „zum *aktivierungspädagogischen* Transformationsriemen neo-sozialer Anforde-rungen" (ebd.). Diese bezögen sich auf eine tendenziell alle Bereiche des All-tagslebens übergreifende Moral einer Lebensstil-Optimierung, welche den Ein-zelnen „für das Management der ihm bedrohenden Risiken" (Rose 2000: 98 f.) nun selbst verantwortlich mache als „´Noch-Nicht-Arbeitslosen`, ´Noch-Nicht-Geschiedenen`, ´Noch-Nicht-Pensionierten`, ´Noch-Nicht-Suchtabhängigen` oder ´Noch-Nicht-Delinquenten`. Der permanente *Noch-Nicht-Zustand*" (Kessl 2005: 222 f.) werde so zur „Aufforderung an den Einzelnen seiner *subjektiven Selbstsorge* aufmerksam und engagiert nachzukommen […]. Wer sich nicht für derartige ´Vorsorgemaßnahmen` aktivieren lasse, dazu nicht in der Lage sei oder trotz Vorsorgemaßnahmen leider mit Teilhabebeschränkungen konfrontiert wer-de, müsse mit diesen Konsequenzen seines Tuns zurecht kommen und könne nicht ´nachträglich` öffentliche Hilfestellungen einfordern" (ebd.).

Der „Unternehmer seiner selbst" habe so nicht nur zu seinem eigenen Ge-sundheitsmanager zu werden, sondern auch zum „sicherheitsbewussten krimina-litätsverhütenden Subjekt" (Garland 1997: 190). Umgekehrt sei aber auch der Deviante aufgerufen, zum „Agenten seiner eigenen Rehabilitierung" (Garland 1996: 462) zu werden. Letztlich laufe dies zusammengefasst darauf hinaus, je-weils „die Entscheidung des Einzelnen in dem sich angeblich wechselseitig be-fördernden Interesse von persönlicher Sicherheit, privatem Profitstreben und öffentlichem Wohl zu dirigieren" (vgl. Rose 2000: 97).

Das ökonomische Schicksal der Einzelnen werde dadurch jedoch mehr und mehr von dem ihrer Mitbürger abgekoppelt. Es erscheine „fortan als Funktion des Maßes an Unternehmensbereitschaft, an Fertigkeiten, an Erfindungsreichtum und Flexibilität, über das der Einzelne verfügt" (ebd. 92). Diese Betonung des Einzelnen als eines „aktiven Agenten, der sich selbst durch Kapitalisierung der eigenen Existenz" (ebd. 93) ökonomisch steuere und sein „Handeln nach Maß-gabe einer ´Investition` in die eigene Person bzw. Familie" (ebd. 94 f.) kalkuliere, trete an die Stelle einer Vergesellschaftung vermittels Einbindung ins Kollektiv durch einen habitualisierten Arbeitsethos.

### 5.8 Nancy Frasers Theorie des juristisch-administrativ-therapeutischen Staatsapparats

Nancy Fraser (1994) hat unter anderem auch an solchen an Foucaults Regierungsbegriff orientierten Theorien kritisiert, dass sie zumindest implizit in einen Funktionalismus verfielen. „Allgemeiner gesagt, tendieren sie dazu, die aktive Seite des sozialen Prozesses zu verdunkeln. Sie verstellen die Formen, in denen selbst die routinisierteste Praxis der sozialen Agenten die aktive Konstruktion, Dekonstruktion und Rekonstruktion der sozialen Bedeutungen beinhaltet" (ebd.: 240).

Demgegenüber hat Fraser versucht, speziell im Hinblick auf den sozialstaatlichen Apparat und sein Zusammenwirken mit bzw. Reagieren auf andere Institutionen und gesellschaftliche Kräfte einen Analyserahmen zu entwerfen, „in dem der sozialstaatliche Apparat eine Kraft unter anderen Kräften in einer größeren politischen Arena mit heftigen Auseinandersetzungen ist" (ebd.: 241). In dieser ihrer Theorie, die auch eine kritische Sichtweise auf die gesellschaftliche Funktion Sozialer Arbeit erlaubt, versucht sie in pointierter Auseinandersetzung sowohl mit dem Foucaultschen, wie dem Habermasschen Diskursbegriff in gewisser Weise eine differenzierte Synthese von beiden Ansätzen.

Fraser hat nun in dem von ihr entworfenen Analyserahmen nicht einfach zwischen den Sphären von Öffentlichkeit und Privatheit unterschieden. Vielmehr sieht sie in diesen beiden Sphären „zwei unterschiedliche öffentlich/privat Teilungen verschmolzen" (ebd.: 245 Anm. 5), weshalb sie vier „zentrale gesellschaftliche Zonen unterscheidet: die Familie und die offizielle Ökonomie als privatisierte Sphären; demgegenüber im Bereich der Öffentlichkeit der Staat und die Sphäre des öffentlichen politischen Diskurses" (ebd.).

Als „offiziell politisch" (ebd.: 257) bezeichnet Fraser Angelegenheiten, mit denen sich „direkt die Institutionen des offiziellen Regierungssystems, einschließlich der Parlamente, der Verwaltungsapparate und ähnliches, befassen. Was in diesem Sinne ʼpolitischʻ ist kontrastiert mit dem, womit sich Institutionen wie die ʼFamilieʻ und die ʼÖkonomieʻ befassen, die beide der Definition nach außerhalb des offiziellen politischen Systems stehen, obwohl sie in Wirklichkeit von diesem abgestützt und reguliert werden" (ebd.). Von „diskursiv-politisch" oder „politisiert" spricht sie, wenn etwas „über ein Spektrum verschiedener diskursiver Arenen hinweg und innerhalb einer Bandbreite unterschiedlicher Öffentlichkeiten umstritten ist" (ebd.).

Im Unterschied zu Foucault (vgl.: 2000: 66), der historisch konkrete Äußerungen dessen, „was in die Zuständigkeit des Staates gehört und was nicht in die Zuständigkeit des Staates gehört, was öffentlich ist und was privat ist, was staatlich ist und was nicht staatlich ist" (ebd.), als sich wandelnde „Taktiken des Regierens" zu analysieren versucht, sieht Fraser „die Grenze zwischen dem, was politisch ist, und dem, was nicht politisch ist" (1994: 257), als „Gegenstand eines Konfliktes" (ebd.). Fraser gesteht Foucault zu, dass er „eine nützliche Beschreibung einiger Elemente der Wissen produzierenden Apparate [liefert], die zu einer administrativen Neudefinition politisierter Bedürfnisse beitragen" (ebd.: 288 Anm. 26). Ihrer Ansicht nach übersieht Foucault jedoch „die Rolle der sozialen Bewegungen in der Politisierung von Bedürfnissen und die Konflikte um die Interpretation, die zwischen solchen Bewegungen und dem Sozialstaat auftreten" (ebd.: 288f. Anm. 26). Und diese Konflikthaftigkeit findet sich auch – wie Fraser an zahlreichen Beispielen zeigt – auf der Mikroebene dessen, wie professionelle Soziale Arbeit in ihrer Art Bedürfnisse zu interpretieren und zu befrieden auf ´abweichende` Formen der Bedürfnisartikulation und -befriedigung ihrer AdressatInnen reagiert.

Fraser hat herauszuarbeiten versucht, wie „in all diesen Fällen es Streit darüber [gibt], was genau die verschiedenen Gruppen wirklich benötigen und wer in diesen Angelegenheiten das letzte Wort haben sollte. Mehr noch, in all diesen Fällen fungiert die auf Bedürfnisse zentrierte Rede als ein Medium, in dem politische Forderungen aufgestellt und bestritten werden: Es ist ein Idiom, in dem der politische Konflikt ausgetragen wird und durch das Ungleichheiten auf symbolischer Ebene entfaltet und angefochten werden" (ebd.: 249). Foucaults Beschreibung erwecke demgegenüber den Eindruck, „dass Diskurse über politische Maßnahmen von einer Richtung ausgehen, nämlich von den spezialisierten Regierungs- oder Quasi-Regierungsinstitutionen" (ebd.: 288f. Anm. 26). So lasse seine „Beschreibung das agonale Wechselspiel zwischen hegemonialen und nichthegemonialen, institutionell gebundenen und institutionell ungebundenen Interpretationen vermissen" (ebd.).

Zu den Kräften, die „in den männlich beherrschten, kapitalistischen Gesellschaften" (ebd.: 259) maßgeblich entpolitisierend wirken, rechnet Fraser einerseits „die häuslichen Institutionen, besonders in ihrer normativ ausgezeichneten häuslichen Gestalt, nämlich der modernen, eingeschränkten Kleinfamilie mit männlichem Haushaltsvorstand;" (ebd.) andererseits die „offiziellen ökonomischen Institutionen des kapitalistischen Systems, im einzelnen die Institutionen des bezahlten Arbeitsplatzes, Märkte, Kreditmechanismen und ´private` Unternehmungen und Konzerne" (ebd.: 259 f.). Während Fraser zufolge Erstere „bestimmte Materien durch deren Personalisierung und/oder Familiarisierung" (ebd.: 260) entpolitisierten, schnitten Letztere das, „worum es geht, ... auf anonyme Marktimperative, auf die Prärogative des Privateigentums oder auf technische Probleme für Manager und Planer" (ebd.) zu.

Wie Fraser an zahlreichen Beispielen zeigt, können jedoch selbst „kleinere, gegenhegemoniale Öffentlichkeiten" (1994: 259) darin erfolgreich sein, „eine Auseinandersetzung um eine Sache zu schüren, die zuvor nicht 'politisch' war" (ebd.), und sie so dem 'privaten' Bereich wieder entreißen. Zweifellos müssen sie sich dabei auf „weit langsamer wirkende und mühevollere Mittel" (ebd.) stützen als große einflussreiche Öffentlichkeiten, denen die Möglichkeit offen steht, durch „Verkettung verschiedener Öffentlichkeiten, die zusammen den gerade üblichen 'common sense' konstruieren" (ebd. 258), die Führung in der Bildung eines hegemonialen Blocks zu übernehmen.

In solchen gegenhegemonialen Öffentlichkeiten – „z.B. von Feministinnen, Lesben und Schwulen, Farbigen, Arbeitern und Klienten der Wohlfahrt" (ebd.: 242) – kommen nach Frasers Analyse „die Menschen dahin, alternative, politisierte Interpretationen ihrer Bedürfnisse zu artikulieren, da sie sich in Prozessen des Dialogs und des kollektiven Kampfes engagieren" (ebd. 243). Und es gelänge ihnen zumindest tendenziell, „scheinbar natürliche und vorpolitische Interpretationen abzuschütteln, die ihre Bedürfnisse in der offiziellen Ökonomie und/oder Familie umschließen" (Fraser 1994: 243).

Für Fraser stellt die bedürfniszentrierte Rede innerhalb solch oppositioneller Diskurse sogar „ein Moment in der Selbstkonstitution neuer kollektiver Akteure oder sozialer Bewegungen" (ebd.: 265) dar. So hat sie z.B. zu zeigen versucht, wie „im Zuge eines intensivierten, feministischen Gärungsprozesses …die Frauengruppen unterschiedliche Bedürfnisse politisiert und reinterpretiert" (ebd.), sowie „neue Vokabulare und neue Formen des gezielten Ansprechens eingeführt" (ebd.) haben und „so zu 'Frauen' in einem anderen, aber nicht unumstrittenen oder einstimmigen Sinne" (ebd.) geworden sind.

Fraser hat herausgearbeitet, dass die etablierte soziale Einteilung der Diskurse gegenüber solch gegenhegemonialen Öffentlichkeiten gerade durch ein Bestreiten des „legitimen politischen Status" (ebd.: 267) derjenigen Bedürfnisse zu verteidigen versucht werde, „die aus der häuslichen und/oder der offiziellen ökonomischen Sphäre ausgebrochen sind, in denen sie zuvor als 'private Angelegenheiten' eingeschlossen waren" (ebd.: 241). Fraser zufolge tendierten solche „Reprivatisierungsdiskurse" paradoxer Weise jedoch gerade deshalb dazu, „diese Bedürfnisse in dem Sinne weiter zu politisieren, dass sie deren kanonischen Status als Fixpunkte der Auseinandersetzung" (ebd.: 267) festigten. Daraus sieht Fraser noch „eine zweite, ganz andere Konfliktlinie" (ebd.) erwachsen, in der es dann nicht mehr um Politisierung versus Entpolitisierung gehe, sondern um den interpretierten Gehalt dieser umstrittenen Bedürfnisse. Gewöhnlich verweise „dieser Kampf um hegemoniale Bedürfnisinterpretationen auf eine zukünftige

Einbeziehung des Staats" (ebd.: 268) im Allgemeinen und von Sozialer Arbeit im Besonderen. Antizipiert werde damit „bereits eine dritte Achse des Kampfes um die Bedürfnisse in den spätkapitalistischen Gesellschaften" (ebd.), bei der „der Gegensatz ´Politik versus Verwaltung` im Mittelpunkt der Auseinandersetzung" (ebd.) stehe.

Für Fraser fungieren in diesem Zusammenhang gerade (sozial-)pädagogische und sozialwissenschaftliche Expertendiskurse als „Vehikel zur Umsetzung der ausreichend politisierten, davongelaufenen Bedürfnisse in Gegenstände der potentiellen Staatsintervention. ... Eng verbunden mit den Institutionen der Wissensproduktion und Wissensverwendung" (ebd.: 268) – nicht zu Letzt im Feld Sozialer Arbeit –, neigten diese zunächst dazu, „auf spezialisierte Teilöffentlichkeiten beschränkt zu bleiben" (ebd.: 269). Sie seien jedoch nicht nur „mit der Bildung von Berufsgruppen und Institutionen und mit sozialer ´Problemlösungstechnik` verbunden" (ebd.), sondern tendierten zugleich dazu „politische Fragen, welche die Interpretation von Bedürfnissen der Menschen betreffen, in gesetzliche, administrative und/oder therapeutische Angelegenheiten zu übersetzen" (ebd.: 237).

Vor diesem Hintergrund kann dann das Wohlfahrtssystem auch die Interpretation der Bedürfnisse beispielsweise von Mädchen, Müttern, aber auch aggressiven Jungs, ebenso wie die Bedürfnisse von Angehörigen kultureller und sexueller Minderheiten als biologisch, ethnisch oder sozialisatorisch vorgegeben behandeln. Fraser zufolge definiert es dabei die Bedürfnisse selbst so um, dass diese den „systemkonformen Befriedigungen" (ebd.: 240) entsprechen. Es lenke so nicht nur die Aufmerksamkeit von der Frage ab, wer soziale Bedürfnisse interpretiert und wie sie interpretiert werden. Zugleich setze das Wohlfahrssystem diese eigentlich politischen Maßnahmen in einer Weise um, die unpolitisch erscheine und tendenziell entpolitisierend wirke. Es tendiere dabei nicht nur dazu, „die *Politik der Bedürfnisinterpretation* durch das *juristische, administrative und therapeutische Management der Bedürfnisbefriedigung* zu ersetzen" (ebd.: 240). Zugleich sei es darin auch bestrebt, „*dialogische, partizipative Prozesse der Bedürfnisinterpretation* durch *monologische, administrative Prozesse der Bedürfnisdefinition* zu ersetzen" (ebd.).

Vor diesem Hintergrund hat Fraser den Begriff des „juristisch-administrativ-therapeutischen Staatsapparats (JAT)" geprägt. Mit diesem schließt sie an Louis Althussers Konzept vom „ideologischen Staatsapparat" an und fasst ihn als eine Art „Unterklasse" dieses Begriffs (vgl. ebd. 246f. Anm. 26). Lange vor der Konjunktur der Studien zu einer „Gouvernementalität der Gegenwart" in der Tradition von Foucaults entsprechendem Begriff trachtete Althusser (1977) mit seinem Konzept eine Aufspaltung von Organisation und Bewusstsein dadurch zu überwinden, dass er Ideologie als unbewusstes System von Determinanten zu fassen versuchte. In Ideologie drücke sich die imaginäre Beziehung der Menschen zu ihren wirklichen Existenzbedingungen aus, ja werde zum Bestandteil ihrer unmittelbaren Erfahrung. Zentralmechanismus der „ideologischen Staatsapparate" – wie der jeder anderen Ideologie – sei es Althusser zufolge, die Individuen zu „imaginären" Subjekten der Gesellschaft, zu Zentren freier Initiative zu machen, um ihre wirkliche Unterwerfung unter die Gesellschaftsordnung als deren blinde Träger zu sichern.

Fraser fasst in diesem Zusammenhang den Begriff der „Subjektivierungsweise" als eine Form, in der Menschen in verschiedenen Diskursen „als bestimmte Subjektsorten, die mit spezifischen Arten von Handlungsfähigkeiten ausgestattet sind, angesprochen werden, zum Beispiel als ʹnormalʹ oder als ʹabweichendʹ, als kausal bedingt oder als sich frei selbstbestimmend, als Opfer oder als potentielle Aktivisten, als einzigartige Individuen oder als Mitglieder sozialer Gruppen" (1994: 254f.). Auch die Leistungen des JAT sind für Fraser in dieser Weise auf bestimmte „Subjekt-Positionen" bezogen und könnten demzufolge „als Kombination aus drei unterschiedlichen Elementen analysiert werden. Das erste ist ein *juristisches* das die Betroffenen dem Rechtssystem gegenüber einstuft, indem es ihnen unterschiedliche *Rechte* gewährt oder verweigert" (ebd.: 237). Dieses juristische Element sieht Fraser mit einem zweiten, dem administrativen Element verknüpft. Denn „um Sozialleistungen bewilligt zu bekommen, müssen die Betreffenden einem Verwaltungsapparat gegenüber die Haltung von Antragstellern einnehmen; sie müssen Anträge stellen bei einer bürokratischen Institution, die dazu ermächtigt ist, über ihre Ansprüche auf der Grundlage administrativ festgelegter Kriterien zu entscheiden" (ebd.: 237 f.).

Schon Habermas hatte verdeutlicht, dass „aus der Struktur des bürgerlichen Rechts […] sich die Notwendigkeit ergibt, die sozialstaatlichen Verbürgungen als individuelle Rechtsansprüche für genau spezifizierte Tatbestände zu formulieren" (1981: 531). Im Anschluss an ihn hat Fraser gezeigt, wie damit zugleich eine Umdefinition der Bedürfnisse von Anspruchsberechtigten „als Korrelate bürokratisch verwalteter Bedarfsdeckungen" (1994: 238) erfolgen müsse, die zudem zu quantifizieren bzw. als „Äquivalente[] einer Geldsumme" (ebd.) auszudrücken seien. Hatte schon Habermas zuvor herausgearbeitet, dass durch den bürokratischen Vollzug von Ansprüchen und den Zwang zur administrativen Umdefinition von Alltagssituationen sozialstaatliche Verbürgungen häufig zugleich den Charakter von Eingriffen trügen, so hat Fraser darüber hinaus dargelegt, wie dabei die Anspruchsberechtigten zugleich als abweichende Personen konstruiert werden. Deshalb trage die „Bereitstellung von Unterstützung den Charakter der Normalisierung […] – obgleich die Normalisierung mehr auf Stigmatisierung als auf ʹReformʹ angelegt" (ebd.) sei. Hier sieht Fraser den „Einsatzpunkt für das dritte, das *therapeutische* Moment der Funktionsweise des JAT" (ebd.), welches zentral dazu beitrage, „geschlechterpolitische und politisch-ökonomische Probleme als individuelle psychologische Probleme auszugeben" (ebd.: 239).

Fraser vertritt die These, dass der JAT, indem er seine Anspruchsberechtigten zu 'Fällen` degradiere, nicht nur ihrer kollektiven Identifikation entgegenwirke. Er stufe sie damit zugleich „als passive Klienten oder konsumierende Leistungsempfänger ein und nicht als an der Gestaltung ihrer Lebensbedingungen aktive Beteiligte" (ebd.: 240). So versucht Fraser an konkreten Beispielen zu zeigen, wie deren an diesen Verhältnissen erlebte Unzufriedenheit im JAT als Ausgangsmaterial für eine „anpassungsorientierte, gewöhnlich sexistische" (ebd.) und – da zu ihren Beispielen immer wieder auch Schwarze gehören – sicher auch rassistische „Therapie" fungiere „und nicht als Ausgangsmaterial für Prozesse, die zur Bewußtseinsbildung ermächtigen"(ebd.).

Dass Fraser in dieser Weise versucht hat, die soziale Verfasstheit von Bedürfnissen und ihrer Interpretation darzulegen, bedeutet für sie jedoch nicht, dass jede Bedürfnisinterpretation genauso gut sei wie jede andere. Im Gegenteil unterstreicht nach Frasers Auffassung die Erkenntnis einer solch kulturellen Verfasstheit von Bedürfnissen nur die Wichtigkeit einer Theorie der Rechtfertigung von Interpretationen. Sie selbst stützt sich in diesem Zusammenhang – wiederum in kritischer Weiterentwickung der Habermasschen Theorie – vor allem auf „prozedurale Überlegungen", wonach „bei sonst gleichen Umständen, die besten Bedürfnisinterpretationen jene sind, die mittels kommunikativer Prozesse erreicht werden, welche den Idealen von Demokratie, Gleichheit und Fairness möglichst nahe kommen" (ebd.: 281).

## 5.9  Michael Winklers Begriff des sozialpädagogischen Diskurses

Was bei Fraser noch recht allgemein als „mit der Bildung von Berufsgruppen und Institutionen und mit sozialer 'Problemlösungstechnik`" (1994: 269) verbundene „Expertendiskurse" kritisch im Hinblick auf ihre Tendenz analysiert wurde, „politische Fragen, welche die Interpretation von Bedürfnissen der Menschen betreffen, in gesetzliche, administrative und/oder therapeutische Angelegenheiten zu übersetzen" (ebd.: 237), ist von Michael Winkler (1988) einerseits als „sozialpädagogischer Diskurs" etwas spezifischer, zugleich aber in seinem Funktionieren weitaus breiter untersucht worden. Dabei geht er (vgl. ebd.: 22) davon aus, dass sich zwar nicht voraussetzen lasse, „was unter Sozialpädagogik (und Sozialarbeit) verstanden wird", es aber dennoch „einen Denk- und Sprechzusammenhang" (ebd.: 23) gebe, bestimmt „durch ein Reden in einer Sprache [...], die [...] – zugegeben ein wenig ungewöhnlich – 'sozialpädagogisch`"

(ebd.) genannt werden könnte. Winkler bezeichnet diesen „Zusammenhang" –
aus dem sich „übrigens auch hinaustreten" (ebd.: 24) ließe – als (sozialpädagogischen)    „Diskurs",    der    aus    „tradierten    und    konventionalisierten
'Theorieelementen', sowie aus Erfahrungs- und Alltagswissen konstituiert und
von den Sprachhandelnden je aktualisiert" (ebd.) werde.

Winkler (vgl. 1988: 340 Anm. 8) bezieht sich in diesem Zusammenhang
explizit auf Foucaults Ansatz der „Rekonstruktion spezifischer Diskurse" und
nicht auf den von Habermas eingeführten Diskursbegriff (vgl. ebd.: Anm. 7).
Allerdings teilt er „nicht die inhaltlichen Interpretationen Foucaults, die in ihrem
historischen Zugriff Komplexität und Dialektik der Diskurse" (ebd.: Anm. 8)
vernachlässigten. Außerdem hält Winkler im Unterschied zu Foucault „am historischen Subjekt der menschlichen Gattung" (ebd.) fest und erinnert damit
zugleich „auch an die aufklärerisch befreienden Momente von Rationalität"
(ebd.).

Ebenso wie andere Diskurse beschränke sich jedoch auch der sozialpädagogische „nicht bloß auf Sprache" (ebd.: 30), sondern erlange „eine lebenspraktische Bedeutung, weil er eine pragmatisch relevante Wirklichkeitskonstruktion"
(ebd.) zur Verfügung stelle. In dieser würden „die Momente eines zu bewältigenden Seins einerseits selektiv verarbeitet, andererseits aber auch zu Bewusstsein gebracht" (ebd.).

Michael Winkler differenziert in seiner Argumentation sehr wohl zwischen
Sozialpädagogik und sozialer Arbeit. Auch hat er Gründe, weshalb er von einem
sozialpädagogischen Diskurs spricht – und dies nicht nur, weil sein Ziel ist, eine
Theorie der Sozialpädagogik auszuformulieren. Allerdings ist diese Unterscheidung zwischen sozialer Arbeit und Sozialpädagogik für ihn zunächst sekundär,
angesichts der Funktion des Diskurses für die Beteiligten, ihr Handeln gleich „in
einem doppelten Sinne" (ebd.) zu rationalisieren: Denn diese Rationalisierungs-
versuche bewegten sich „stets auf der Ebene von Plausibilitäten" (ebd.: 31). Und
zwar nicht nur, weil „die aufgrund der eigenen Wissensvorräte mögliche Problematisierung von Geltungsansprüchen aus pragmatischen Gründen suspendiert"
(ebd.) würde (beispielsweise Zeit- und Handlungsdruck).

Entscheidend bezüglich der durch den sozialpädagogischen Diskurs eröffneten Rationalisierungsmöglichkeiten scheint Winkler zu sein, dass „im Diskurs
Selektionsmechanismen" (1988: 31) zur Verfügung stünden, „die das Setzen von
Präferenzen" (ebd.) erlaubten. „Weder die besonderen, möglicherweise wissenschaftlichen Inhalte allein, aber auch nicht die bloße Erfahrung eigener Praxis"
(ebd.: 29) vermöchten dies zu leisten. Erst jener „Sozialisationsvorgang" (ebd.),
in welchem ein durch die Teilnahme am sozialpädagogischen Diskurs gleichermaßen gestützter wie geschützter Habitus erworben werde, konstituiere „wenigstens die Grundlage des 'Taktes', der im Berufsalltag rasche Entscheidungen"

(ebd.) zulasse. Winkler sieht hier durchaus Parallelen zur „Psychoanalyse, die sich nicht nur selbst das Muster einer Sozialisation in den analytischen Diskurs als einzig legitime Ausbildungsform gewählt" (ebd.) habe, sonder auch der Gefahr unterliege, darüber sich „zu einem totalen Weltbild" (ebd.) zu verdichten. Und so könne auch das im sozialpädagogischen Diskurs vermittelte Weltbild zu einem totalen werden, welches dazu zwinge, „alle Situationen als sozialpädagogische [...] wahrzunehmen" (ebd.).

Die „Grundbedingung für das Funktionieren" (ebd.: 31) jenes Selektionsmechanismus sieht Winkler allerdings „weder in der Differenzierung eines Deutungsmodells, noch in der Durchführung seiner Begründung" (ebd.). Vielmehr erlaube der Diskurs seiner Meinung nach nicht nur „eine Rückbindung des Tuns an den in ihm gegebenen Weltzusammenhang" (ebd.), sondern damit zugleich auch dessen rationalisierende „Legitimation [...] in den Formeln der im Diskurs zugänglichen Weltbeschreibung" (ebd.).

Winkler konstatiert in diesem Zusammenhang eine „Einheit von Inhalt und Form" (ebd.: 27) des sozialpädagogischen Diskurses. Der Inhalt von Sozialpädagogik sei dabei allein „in der Abgrenzung einer Form gegeben, in welcher dann scheinbar beliebige Inhalte bewegt und ausgetauscht werden können" (ebd.: 28). Funktional entspräche „diese Denkform" der in den Handlungsvollzügen der Diskursteilnehmer „gegebenen doppelten ′Ungewissheitssituation`, nämlich einerseits mit stets unterschiedlichen Individuen, andererseits aber in kaum typisierbaren Zusammenhängen arbeiten" (ebd.: 81) zu müssen. Als nicht routinisierbare bedürften diese „einer reflexiven Rückbindung an den Diskurs" (ebd.: 25) als „sinnverbürgendes System von Annahmen und Konzepten" (ebd.: 81).

## 5.10 Winklers Topologie des sozialen Sektors

Aus Winklers Sicht scheint die „historische Voraussetzung" (1988: 27) dieser Form des sozialpädagogischen Diskurses „in der realen Abstraktheit zu liegen" (ebd.), die dort entstehe, „wo die normale Durchschnittsexistenz von vergesellschafteten und vergesellschaftenden Menschen im sozialpädagogischen Diskurs reflektiert" (ebd.: 27 f.) werde. So gehe es nicht mehr etwa um den „Gesichtspunkt einer an bestimmten Problemen orientierten Notstandspädagogik" (ebd.: 28), sondern um „eine nichtspezifizierbare Allgemeinheit [...], die jedes Gesellschaftsmitglied betrifft und nicht mehr individuell oder privat bearbeitet werden" (ebd.) könne.

Allerdings gründet für Winkler „die Möglichkeit einer Praxis, die von den Beteiligten als sozialpädagogische begriffen" (1988: 183) werde, „außerhalb pädagogisch zu deutender Sachverhalte" (ebd.). Seiner Auffassung nach habe

diese Praxis ihre Voraussetzung „im gesellschaftlichen Reproduktionsprozeß"
(ebd.), etabliere doch „die moderne Gesellschaft selbst das – pädagogisch gesprochen – Feld, in welchem [dann d.v.] eine sozialpädagogische Praxis stattfin-
den" (ebd.) könne. Dieses erscheine „in der aktuellen, empirischen Realität der
modernen Gesellschaft [...] als ʹsozialer Sektorʹ, mithin als ein Moment, das
mittels vielfältiger Verbindungen in das Ganze der Gesellschaft verwoben ist
und in ihm spezifische Aufgaben und Funktionen erfüllt" (ebd.)

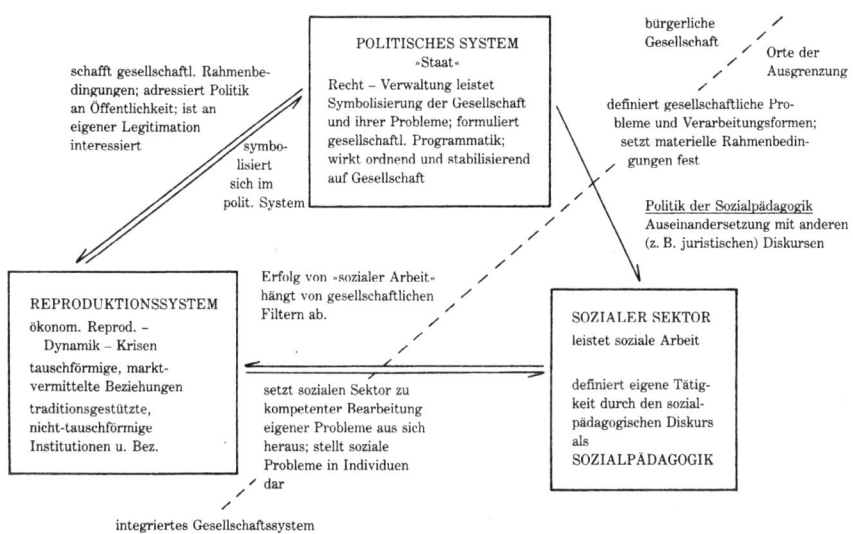

Abb. 2: Zur Topologie des sozialen Sektors

(Grafik aus Winkler 1988)

„Von seiner Genese her und im Blick auf seine Funktion" (ebd.: 188) seien „der
soziale Sektor und das auf ihm errichtete soziale System prinzipiell auf die kontinuierliche Sicherung der Ware Arbeitskraft gerichtet" (ebd.). Von daher sei
„das Geschehen in ihm [...] hinsichtlich seiner formalen Rahmenbedingungen
gesellschaftlich bedingt, in der inhaltlichen Durchführung jedoch frei und selbstbestimmt" (ebd.: 190). So könne der soziale Sektor diese Funktion doch „nur
dann erfüllen, wenn er außerhalb des gesellschaftlichen Reproduktionsbereiches,
somit auch außerhalb tauschförmiger und marktorientierter Beziehungen angesiedelt" (ebd.: 189) sei. Allerdings definiere das politische System „die ihm ü-
berantworteten Probleme" (ebd.: 194) und lege „seine realen Handlungsmög-

lichkeiten sowie die Richtung ihrer Lösung fest" (ebd.). Es entscheide darüber, „was und wer als Reproduktionsrisiko eingestuft und in welche Normalitätsvorstellungen und Identitätsstandards eingeholt werden soll" (ebd.: 201). Dabei werde der „Zusammenhang zwischen Gesellschaft, politischem System und sozialem Sektor" (ebd.: 213) durch das Recht gestiftet, spreche doch „die bürgerliche Gesellschaft [...] ihren Willen durch im politischen System als Recht geformte, als Gesetze konkretisierte und in der Verwaltung ausgeführte Normen aus" (ebd.: 214). Dem sei auch die Praxis sozialer Arbeit in ihren „Auslösebedingungen" (ebd.: 215) und „Handlungsformen „ (ebd.: 219) vielfältig unterworfen.

Winkler spricht hier bewusst von „*sozialer Arbeit*", werde im sozialen Sektor – obwohl dessen AdressatInnen Individuen seien – doch „am Gegenstand Gesellschaft" (ebd.: 190) gearbeitet. Ob diese Arbeit „für die betroffenen Individuen" (ebd.: 203) gelinge, hänge jedoch „weniger von jener und von diesen, als von den gesellschaftlichen Reproduktionsbedingungen ab" (ebd.). So würden alle Ebenen des sozialen Sektors und der in ihm geleisteten sozialen Arbeit vom Konflikt „zwischen gesellschaftlicher Erfordernis und den Ansprüchen (sowie tatsächlichen) Wirkungsmöglichkeiten des politischen Systems" (ebd.: 204) bestimmt. Für die Beteiligten erfahrbar würden diese allerdings „in der Gestalt von Entscheidungs- und Handlungsproblemen" (ebd.). Diese zwängen „die im sozialen Sektor Tätigen, einen eigenen Kommunikationszusammenhang auszubilden, mit welchem und in welchem sie sich über ihre Probleme" (ebd.) in der Weise verständigten, dass sie diese Probleme und ihre Handlungsbedingungen und somit auch sich selbst identifizierten sowie entsprechende Handlungsregeln und verbindliche Wertmaßstäbe entwickelten. Sie entfalteten auf diese Weise „einen eigenen Diskurs, der nicht nur eine Sinnbestimmung der sozialen Arbeit im allgemeinen, sondern auch konkrete Handlungsperspektiven jenseits einer Festlegung durch das politische System" (ebd.) eröffne. Denn „das gedankliche Zentrum, um welches er organisiert" (ebd.: 206) werde, beziehe sich auf jenen Bereich, „wo es um die Bearbeitung konkreter individueller Notlagen" (ebd.) gehe.

Diesbezüglich beschränke sich „das politische System (und der gesellschaftliche Reproduktionszusammenhang" (ebd.) – im Unterschied zu den „Institutionen kollektiver Daseinsvorsorge" (ebd.) und jenem „Teil des sozialen Sektors, der als Strafsystem ausgebildet" (ebd.) werde, – „auf den bloßen Ausschluß aus dem sozialen Zusammenhang. Die Ausgestaltung dieser Tätigkeit" (ebd.) bleibe offen, so dass „der Raum einer Eigendefinition" (ebd.) entstehe, für den einmal gelte, dass „er nicht durch zweckrationale Umgangsformen, sondern durch unmittelbar persönliche, emotionale und intensive Beziehungen bestimmt" (ebd.) sei. Zum anderen liege „für diese Eigendefinition eine Orientierung auf – allgemein – Zeitlichkeit und – besonders – Entwicklungsprozesse nahe" (ebd.), müsse doch, „wenn der Ausschluß des Individuums nicht endgültig sein soll, [...] die Möglichkeit geschaffen werden, dass sich dieses selbst verändert" (ebd.).

Aus Winklers Sicht erfüllt „der neuzeitliche Begriff der Pädagogik" (ebd.) diese Erfordernisse „sowohl in formaler, wie auch in inhaltlicher Hinsicht" (ebd.). Deshalb liege es für ihn nahe, dass sich der Diskurs im sozialen Sektor „mit der Semantik des Pädagogischen" (ebd.) auflade. Soziale Arbeit werde „auf der Ebene kommunikativer und reflexiver Verarbeitung" (ebd.) somit „als Sozialpädagogik begriffen und begreifbar" (ebd.). Schon Mollenhauer habe „das Phänomen des sozialpädagogischen Diskurses in den 'Ursprüngen der Sozialpädagogik' erkannt und systematisch geortet" (ebd.: 339), indem er deren Grundprobleme „als einem pädagogischen Bereich, der der Gesellschaft neu dazugewonnen war" (1959: 121 f.), sich aus einer „eigentümliche[n] Verbindung sozialgeschichtlicher Tatsachen und geistesgeschichtlicher Strömungen" (ebd.) ergeben sah. Allerdings habe Mollenhauer dies „weder theoretisch aufgenommen, noch als Programm einer Historiographie der Sozialpädagogik benannt" (Winkler 1988: 339). Dies ist eindeutig Winklers Verdienst.

### 5.11 Winklers diskurstheoretische Historiographie der Sozialpädagogik

Für Winkler hat der sozialpädagogische Diskurs eine Vorgeschichte, die bereits „am Ausgang des 18. Jahrhunderts" (1988: 207) eingesetzt habe, als im sog. 'Waisenhausstreit' „gegenüber den bloß verwahrenden Verfahren im Bereich der Ausgrenzung Argumente geltend gemacht" (ebd.) worden seien, „welche schon in der Terminologie, mehr noch in ihrem sachlichen Gehalt das neue, durch die Aufklärung und die philanthropische Reformbewegung bestimmte Verständnis von Erziehung" (ebd.) eingebracht hätten. Für Winkler ist es Pestalozzi gewesen, der dabei „ausgehend von den Prämissen einer radikalen bürgerlichen Haltung, somit eigentlich noch im Zusammenhange des politischen Denkens, [...] das Zentrum des sozialpädagogischen Diskurses im Zusammenhang des Bildungs- und Erziehungsproblems" (ebd.: 256) festgelegt habe. Zwar sei Pestalozzi „von den gegebenen sozialen und politischen Bedingungen" (ebd.) ausgegangen und habe „sogar noch das Faktum des Ausgrenzungsprozesses" (ebd.) aufgegriffen. Sein „Interesse und seine Überlegungen" (ebd.) habe er jedoch „auf das sinnlich konkrete Subjekt, dessen Fähigkeiten und Möglichkeiten, sowie auf seine Lebensbedingungen" (ebd.) gerichtet. Winkler zufolge habe dies ihm erlaubt, „die empirisch gegebene Tatsache der Ausgrenzung als ein Handlungsproblem" (ebd.: 257) zu definieren, „welches in der Beziehung zwischen dem jeweiligen Subjekt und seinen Lebensbedingungen" (ebd.) bestehe.

Winkler konstatiert, dass „dieser – durch den Bezug auf die menschliche Natur gewonnene und in seinem politischen Gehalt radikal egalitäre – prinzipiell pädagogische Zugang [...] nun seinen methodischen Anknüpfungspunkt in den realen Lebensverhältnissen der Individuen" (ebd.: 258) gefunden habe. „Der durch die gesellschaftlichen Prozesse determinierte Ort" (ebd.) werde „als Ort des Lebens thematisiert und zu dem Gegenstand erhoben, auf welchen sich das Subjekt überhaupt noch beziehen" (ebd.) könne. Somit habe Pestalozzi „über den Begriff des Subjekts hinaus [...] zugleich die zweite Grundkategorie der sozialpädagogischen Reflexion gefunden" (ebd.: 257). Diese lasse sich – Winkler zufolge – „mit dem Begriff des ´Ortes` fassen, weil sie auf die realen und konkreten Bedingungen" (ebd.) verweise, „in welchen ein Subjekt – aus welchen Gründen auch immer – zu Hause" (ebd.) sei.

Zu einem Grundbegriff sozialpädagogischen Handelns sei „der Begriff des Ortes (bzw. das mit ihm vor aller terminologischen Festlegung sachlich Gemeinte)" (ebd.: 259) jedoch erst in dem Moment geworden, als er nicht nur „als Instrument spezifisch sozialpädagogischer Wahrnehmung" (ebd.), sondern als „Grundbegriff sozialpädagogischen Handelns verstanden" (ebd.) worden wäre. Dass „sozialpädagogisches Handeln damit einsetzt, dass ein – wie auch immer gearteter – Lebensort dem Subjekt zur Verfügung gestellt wird" (ebd.: 260), bedeute aus Winklers Sicht aber „nicht nur, dass die Lebensverhältnisse des Subjekts gesichert werden, sondern von diesem auch angeeignet werden können" (ebd.). So entstehe „durch das Subjekt selbst eine Dynamik, welche den funktionalen und strukturellen Zusammenhang" (ebd.) durchbreche, der „in der gesellschaftlichen ´Ausgrenzungsaxiomatik` gegeben war" (ebd.).

Zwar sieht Winkler den „Ertrag des pädagogischen Jahrhunderts für den sozialen Sektor" (ebd.: 208) sich in dieser Weise schon im Waisenhausstreit niederschlagen. Im Hinblick auf die Konstitution eines sozialpädagogischen Diskurses handle es sich seiner Ansicht nach dabei jedoch um ein „bloßes Vorspiel" (ebd.). „Den Diskurs der Sozialpädagogik fixiert" (ebd.: 42) hat seiner Ansicht nach Adolf Diesterweg, indem er den Begriff ´Socialpädagogik` „als ein Ordnungswort zur Klassifikation von Schriften über die ´sociale Not`" (ebd.: 42) benutzt habe, wobei ´Not` hier „materielle, geistige und sittliche Zustände" (ebd.) umfasste. Denn in dieser Weise eingeführt als eine Art „Indexwort [...], das den Teilnehmern des Diskurses, diesen erst als solchen konstituierend, zur Verfügung steht" (ebd.: 40), habe der Begriff Sozialpädagogik „die ideelle Integration eines gesellschaftlich sich ausdifferenzierenden Zusammenhangs von Tätigkeiten" (ebd.) ermöglicht – „sogar dann [...], wenn sich die Aufgaben und Aktivitäten des so Integrierten ständig verändern" (ebd.).

Der „Wechsel zu einer ´eindeutigen pädagogischen Idee` gegenüber den ´Zweckmotiven des Staates [...], deren Tendenz ursprünglich pädagogischem

Geist sehr fern stand'" (ebd.: 209) habe sich Winkler zufolge jedoch erst „in den Auseinandersetzungen um die Einführung eines Jugendstrafrechts" (ebd.) vollzogen, sowie in den ersten, anfangs noch zögernden Versuchen, Jugendfürsorge gesellschaftlich zu etablieren" (ebd.). Endgültig habe sich diese „Pädagogisierung der sozialen Arbeit" (ebd.) seiner Ansicht nach sogar erst in der Weimarer Republik durchgesetzt, als „die Teilnehmer des Diskurses [...] sich selbst im Kontext der sozialpädagogischen Bewegung" (ebd.) zu sehen begonnen hätten.

„Pädagogisierung der Problemsicht und des Aufgabenverständnisses, zusammen mit der Professionalisierung der Praxisabläufe und der Institutionalisierung des Handlungsfeldes" (ebd.:210) markieren für Winkler „die endgültige Verselbständigung der Sozialarbeit als eigenständiger gesellschaftlicher Praxis mit eigenem Aufgabenbereich und Problemlösungen" (ebd.). Zugleich werde dabei der Diskurs sich „selbst zum Gegenstand und Problem" (ebd.): Nicht nur setzten Versuche ein, „ihn und seine Inhalte zu sichern und zu dokumentieren, um ihn so in den neu entstehenden Ausbildungseinrichtungen zu tradieren" (ebd.). Vielmehr habe schon der 1844 von Karl Friedrich Mager auf „das Ganze der wirklichen Pädagogik" (ebd.: 41) gerichtete Begriff von ´Socialpädagogik` „ein theoretisch ausgewiesenes Prinzip skizziert, Pädagogik überhaupt zu denken" (ebd.).

Winkler zufolge habe dann Paul Natorp´s erstmals 1899 erschienene Monographie „*Sozialpädagogik*" sogar „eine allein im Zusammenhang des Wissenschaftssystems möglich gewordene Fragestellung zum Thema [...]. Der Begriff markiert ein Problem der Theoriebildung und bezeichnet dabei ein Prinzip des Denkens, genauer: der Organisation von Gedanken" (Winkler 1988: 45 f.). Trotz aller „Differenzen hinsichtlich [...] der inhaltlichen Ausfüllung" (ebd.: 47) sei dieses von Natorp entwickelte „Verständnis von Sozialpädagogik als Theorieproblem" (ebd.) selbst von seinen Kontrahenten Wilhelm Rein und Otto Willmann „für gültig gehalten" (ebd.) worden. So sei Sozialpädagogik nicht anders als bei Natorp auch von Willmann als „ein Prinzip der Organisation des gedanklichen Materials" (ebd.: 48) gefasst worden, das „eine konkrete Vermittlung von historisch-sozialen Bedingungen und den Annahmen der allgemeinen Erziehungslehre theoretisch" (ebd.: 47) zu leisten beanspruche.

„Wenn auch inhaltlich nicht verwirklicht" (ebd.: 48), sei Sozialpädagogik in dieser Weise schon zur vorletzten Jahrhundertwende auch „als ein theoriekonstituierender Begriff" (ebd.) gedacht worden. Aus Winklers Sicht stand Sozialpädagogik in diesem Zusammenhang „für ein wissenschaftliches Programm, das sich einerseits als Reflexionsproblem im Wissenschaftssystem stellte, das anderseits auf eine theoretische Durchdringung des Zusammenhangs von Erziehung und Gesellschaft zielte" (ebd.). Zugleich sei damit „auch eine Differenz zwischen der Reflexion von Sozialpädagogik im Wissenschaftssystem und [...]

Sozialpädagogik auf der Ebene diskursiv gebundener ´Meinung` markiert" (ebd.:
49) worden.

Wie Winkler an Aloys Fischers berühmter Abhandlung über „*die Problematik des Sozialbeamtentums*" (vgl. 1954) verdeutlicht, könne „allerdings auch
dem theoretischen Begriff von Sozialpädagogik (mittelbar) eine Bedeutung für
das praktische Geschehen" (Winkler 1988: 50) zukommen. Theorie sei hier „im
aristotelischen Sinne, d.h. als Wissen über eine Praxis, welche ihre sittliche
Dignität in sich trägt, reklamiert" (ebd.: 51) worden. Intendiert worden sei damit
„eine bewusste Praxis, insofern der aufgeklärte Begriff von Sozialpädagogik ihre
Bestimmungen und Momente" (ebd.) entfalte und „so den reinen Sinn von Sozialpädagogik zur Darstellung" (ebd.) bringe. Der theoretische Begriff der Sozialpädagogik könne so auch „eine vom Sozialpädagogen in verantwortlichem Handeln zu verwirklichende Orientierung" (ebd.) enthalten. Winkler sieht diesbezüglich starke Parallelen zu der in den 80er Jahre in Gang gekommenen Diskussion
um eine sozialpädagogische Handlungskompetenz (Müller, S. u.a. 1982 &
1984).

Winkler schlussfolgert daraus, dass das „Problem der Konstitution einer
Theorie der Sozialpädagogik [...] auf drei Ebenen" (Winkler 1988: 54) zu bearbeiten sei:

- „dem Verhältnis und den Zusammenhang zwischen Theorie und Diskurs einerseits" (ebd.) sowie zur „Realität andererseits" (ebd.)
- der Frage „nach der Gestalt einer Theorie der Sozialpädagogik" (ebd.:
  55) und schließlich
- der Bestätigung einer möglichen Theorie der Sozialpädagogik

### 5.12 Winklers Sicht des Verhältnisses zwischen Theorie, Diskurs und Realität

Winkler geht zwar davon aus, dass „die Probleme, Institutionen, Handlungen,
kurz: die gesamte Wirklichkeit [...] durchaus an und für sich" (1988: 33) existiere. Zu einer besonderen sozialpädagogischen Realität werde sie jedoch „erst
durch die Reflexion im Diskurs" (ebd.). Denn sozialpädagogisches Handeln ließe
sich nicht beobachten, sondern werde erst durch die Reflexion im Diskurs zum
sozialpädagogischen Handeln. Erst „in der im Diskurs gebundenen Begrifflichkeit" (ebd.: 30) präge sich aus, „was als Realität des sozialpädagogischen Handelns gewusst" (ebd.) werden könne. Sozialpädagogik ließe sich deshalb „nur als
ein durch Wissen [...] und Semantik konstituiertes und organisiertes System
sozialer Praxis begreifen" (1994: 527).

Der sozialpädagogische Diskurs folge in dieser Weise zwar „einerseits der Genese von Realproblemen, welche durch das in ihm zur Verfügung gestellte 'Sinnmaterial`, d.h. die in ihm vorfindlichen Beschreibungen und Bestimmungen von Weltzuständen" (1988: 31) erfasst würden. Zugleich strukturiere er „aber andererseits durch den in ihm gegebenen Zusammenhang der einzelnen Sinnelemente die Wahrnehmung der Wirklichkeit" (ebd.). So nähmen „im sozialpädagogischen Diskurs die an sozialer Arbeit Beteiligten selbst [...] Sinnzuschreibungen vor, mit welchen sie

- vor dem Hintergrund eines historisch entstandenen,
- in seinen Wurzeln durchaus heterogenen,
- durch Tradition dann zunehmend gesicherten,
- schließlich auch durch didaktische Zwänge in Kohärenz gebrachten
- 'professionellen` Selbstverständnisses

eine Ordnung nicht zuletzt auch zur reflexiven Selbstvergewisserung" (ebd.: 30) erhielten.

Allerdings sei dieser sozialpädagogische Diskurs – Winkler zufolge – nicht einfach „allein auf die Reflexionsbedürfnisse der professionellen Sozialarbeit" (ebd.: 35) zu beziehen. So werde doch „insbesondere an den in ihm gefassten Handlungsbegriffen [...] deutlich, dass er zwar der Profession, genauer: den im sozialen Sektor Tätigen, eine Art ideologischen Überbau" (ebd.) liefere. Zugleich stehe er jedoch „als ein gleichsam objektiver Zusammenhang" (ebd.) auch anderen, wie z.B. Laienhelfern und Selbsthilfeinitiativen, in einer „Art sachlich konstituierter Eigenexistenz" (ebd.) zur Verfügung.

Winkler geht in dieser Weise zwar von einer „Realität" des sozialpädagogischen Diskurses aus. Er fragt jedoch auch nach den Bedingungen, „die den Diskurs als besonderen ermöglichen und ihm eine 'objektive` Existenz verleihen" (ebd.: 37 f.). Damit stellt er zugleich dessen Selbstverständlichkeit in Frage und problematisiert „die in ihm vorfindlichen inhaltlichen Bestimmungen hinsichtlich ihrer Geltung und Begründung" (ebd.: 38). Winkler zufolge lasse sich auf diese Weise „ein zweites Verständnis von Sozialpädagogik" (ebd.: 39) konstituieren – nämlich „als ein Theoriebegriff" (ebd.). Dieser sei notwendigerweise dem sozialpädagogischen Diskurs „genetisch nachgeordnet" (ebd.). Er gehöre nicht mehr dessen „Verständigungszusammenhang über eine problematische Wirklichkeit" (ebd.) an, sondern suche diesen in seiner Systematik zu rekonstruieren. Deshalb müsse der theoretische Begriff von Sozialpädagogik „nicht nur in seinem Verhältnis zu diesem, sondern vielmehr noch in seinem eigenen Status geklärt werden" (ebd.).

Winkler kritisiert hier die seiner Ansicht nach „in höchstem Maße ungenaue"
(ebd.: 55) Fassung dieses Verhältnisses als „Theorie/Praxis-Problem". Wenn
nicht „zwischen der Praxis von Sozialpädagogik als einem Erkenntnisgegenstand
(der dann auch Institutionen, Probleme, Handlungen, aber auch das diskursive
Wissen enthalten muss) und der Praxis […] im Sinne des konkreten (allerdings
stets schon über Motive, Einsichten und Wissen gesteuerten) Handeln" (ebd.)
unterschieden werde, führe dies „stets zu dem Kurzschluß zwischen Einsicht in
die Praxis und Anleitung dieser Praxis" (ebd.). Trotz oder gerade aufgrund des
Paradoxons eines gemeinsamen Gegenstandes von Theorie und Praxis seien
diese nur höchst vermittelt aufeinander zu beziehen (vgl. 1995a: 106).

Demgegenüber berge der Versuch, eine Theorie der Sozialpädagogik als
„Metatheorie" zu formulieren, „nicht nur die Gefahr eines Reduktionismus, in
welchem eine Komplexität ausgeklammert" (1988: 56) werde, „die wenigstens
für die Handelnden im Feld sozialer Arbeit" (ebd.) bestehe und „allein deshalb"
(ebd.) zu thematisieren sei. Winkler kritisiert darüber hinaus vor allem die in
gewisser Weise „sachliche Beliebigkeit einer auf Metatheorie gerichteten Theoriebildung" (ebd.: 57), vermöge diese als Metatheorie doch die Frage einer gegenständlich angemessenen Erkenntnis gerade nicht zu beantworten.

Winkler erkennt in der „Rückkehr zu methodologischen Grundannahmen,
die sich auf den Kontext der Hermeneutik stützen" (ebd.), zwar einerseits die
Möglichkeit, „dieser doppelten Gefahr des Reduktionismus und der sachlichen
Beliebigkeit einer auf Metatheorie gerichteten Theoriebildung zu entgehen"
(ebd.). Allerdings sieht er Versuche, den Status sozialpädagogischer Theorie
„allein als Theorie zweiten Grades zu begründen, […] in den Aporien des hermeneutischen Zirkels" (ebd.: 39) scheitern.

Winkler verweist in diesem Zusammenhang darauf, dass eine „Theoriebildung in der Sozialpädagogik […] keine anderen Inhalte als der Diskurs selbst"
(ebd.: 59) haben könne. Wenn sie diese in einen Zusammenhang stelle, welcher
den Diskurs „auf seine eigenen Existenzbedingungen" (ebd.) deute, könne dies
durchaus als „eine dritte Hermeneutik" (ebd.) betrachtet werden, welche versuche, „die Elemente des diskursiven Begriffs in einem theoretischen Begriff"
(ebd.: 38) in Hegels dialektischem Verständnis gleich dreifach „aufzuheben":
Dabei gehe es darum, diese zwar gelten zu lassen. Zugleich müssten diese jedoch
geprüft und kritisch gegeneinander abgewägt werden, um sie schließlich „in
einem systematisch begründeten Verhältnis zueinander" (ebd.) neu zu ordnen.

Während „die diskursiv gefasste Wirklichkeit […] zunächst die Wirklichkeit von Problemen" (ebd.: 59) sei, die in diesem Diskurs aufzuklären versucht
würde, gehe es der Theorie „um die Einsicht in die Gesamtheit des Sinnzusammenhangs" (ebd.: 60), der den Diskurs erst ermögliche, jedoch „so weder in der
Wirklichkeit noch im Diskurs selbst auffindbar" (ebd.) wäre. Die Bedingung der

Möglichkeit, einen solchen theoretischen Gegenstand zu entfalten, liegt dabei für Winkler nicht im „Unterschied der Verfahren von Sinnstiftung und Bedeutungskonstitution, sondern in der exklusiven Position" (ebd.) derjenigen, die für Theoriearbeit freigesetzt seien durch die Entlastung vom „Druck [...], eine (möglichst noch handlungsleitende) Bedeutung von Problemen und Sachverhalten zu identifizieren" (ebd.).

### 5.13 Winklers Sicht der Gestalt und Bestätigung einer Theorie der Sozialpädagogik

Anknüpfend an Otto Willmanns lange vor der Entwicklung des Strukturalismus unterbreiteten Vorschlag, Sozialpädagogik als Syntax zu begreifen, versucht Winkler „die Theorie der Sozialpädagogik als die Grammatik-Theorie des sozialpädagogischen Diskurses" (1988: 61) zu bestimmen. Diese habe nicht nur dessen „immanente Logik" (ebd.) durch Beschreibung der Eigenschaften seiner „Elemente" sowie der „Modi ihrer Verknüpfung" (ebd.) zu explizieren. Sie habe auch jenes „Apriori des Diskurses" (ebd.: 62) zu vergegenwärtigen, „welches stillschweigend von allen Diskursteilnehmern geteilt und in dem semiotischen Prozeß aktualisiert wird, in welchem Handlungen in die mit dem Index 'Sozialpädagogik` markierte Semiose einbezogen werden" (ebd.). Somit gehe es bei dieser „Grammatik des Diskurses" (1995a: 108) um „die Feststellung eines realen, in ihm zu denkenden Zusammenhangs von Inhalten, der nur scheinbar in einem bloß sprachkritischen Verfahren gewonnen" (1988: 38) werde. Ja, „im Diskurs als Objekt der Reflexion" (ebd.: 27) blieben sogar „die konkreten Inhalte zunächst ausgelöscht" (ebd.). Vielmehr konzentriere sich die Beschäftigung gleichsam auf die „Bewegungsform" (ebd.) und das „Medium der Gedanken" (ebd.). Nur dies erlaube, „die unendliche Menge von Diskursäußerungen als Elemente des sozialpädagogischen Diskurses" (ebd.: 62) zu identifizieren.

Winkler hebt hervor, dass die Konstitution einer solchen Theorie, welche in dieser Weise „die semantische Tiefenstruktur des Diskurses" (ebd.: 63) und somit auch „den Sinn der Sozialpädagogik" wiederzugeben beansprucht, „als eine reine theoretische Leistung" (ebd.) erfolge. Indem die Theorie den Diskurs noch in seinen „eigenen Existenzbedingungen" (ebd.: 59) und seiner „Genese – sowohl in realer Hinsicht, wie auch im Blick auf die in ihm verarbeiteten Inhalte -" (ebd.) rekonstruiere, konstituiere sie zugleich „einen ihr allein eigenen (und auch nur in ihr bestehenden) theoretischen Gegenstand als Zusammenhang der im Diskurs gegebenen Inhalte" (ebd.). Dieser könne „als solcher nicht isoliert und empirisch überprüft" (ebd.: 64) werden, sondern folge der methodischen Regel einer „Zweckmäßigkeit der Begriffsgebilde" (ebd.). Zum einen gehe es dabei um eine Art „regulativer Kapazität" (ebd.: 71) indem die Theorie „im Diskurs aufgeworfene Positionen entweder [...] in den jeweiligen systematischen Zusammenhängen verortet – oder sie aber als nichtzugehörig aus dem Diskurs verweist" (ebd.) – ohne dabei aber „selbst auseinanderzubrechen" (ebd.). Scheinbar im Widerspruch dazu stehe ein zweites Kriterium, welches Winkler als „produktive Potenz der Theorie" (ebd.: 72) bezeichnet. Da sie sich auf den Diskurs beziehe, könne eine solche Theorie der Sozialpädagogik „kein statisches System bleiben" (ebd.), sondern müsse auch „in der Lage sein, neue, im Diskurs aufgebrachte Sachverhalte und Positionen nicht nur hinsichtlich ihres Zusammenhangs im theoretisch schon Erfassten zu verorten, sondern gleichsam theoretisch verfolgen zu können" (ebd.).

Winkler verweist in diesem Zusammenhang darauf, dass sozialpädagogische Theorie ihre „gegenständliche Identität" (ebd.: 95) erst dort gewänne, „wo sie eine Theorie des sozialpädagogischen Problems und eine Theorie des sozialpädagogischen Handelns" (ebd.) umklammere. Zu Themen der Sozialpädagogik würden diese beiden Themenbereiche umgekehrt „jedoch erst dann [...], wenn sie gleichsam unter das 'Dach' der Theorie der Sozialpädagogik gebracht" (ebd.) seien. „Was beispielsweise in der Theorie der Sozialpädagogik als das sozialpädagogische Problem erscheint, könnte in Verknüpfung mit der Theorie einer anderen Praxis zu dem Problem dieser Praxis werden" (ebd.: 96), also einem psychologischem, einem politologischem etc.. Zwar könne „das Problem der Sozialpädagogik [...] als ein reales Problem angenommen werden" (ebd.: 97). Allerdings lasse sich – wie schon skizziert – dieses Problem und „– implizit freilich auch schon die für es denkbaren Rahmenbedingungen seiner Lösung –" (ebd.) erst durch den „reflexiven Rückbezug auf Kategorien und Begriffe" (ebd.) eines spezifischen diskursiven semantischen Systems als *sozialpädagogisches Problem* identifizieren und damit zugleich auch zuspitzen.

Winkler geht in diesem Zusammenhang davon aus, dass das sozialpädagogische Problem erst in der neuzeitlichen Gesellschaft durch jene „Wirklichkeit, die mit dem Begriff des Subjekts zugänglich und konstituiert" (1988:98) werde, eine besondere Form gewonnen hätte. Die „semantische Figur" (ebd.) des Subjekts habe aber nicht nur „der prinzipiellen, nichthintergehbaren Aufgabe einer Sicherung der Kontinuität menschlichen Gattungslebens [...] eine spezifische Problemgestalt" (ebd.: 99) gegeben. Da der Subjektbegriff zugleich „stets in die Aporien hinein(führe), die das Proprium moderner Pädagogik" (ebd.) bildeten, werde „von ihm aus [...] auch das sozialpädagogische Handeln begreifbar" (ebd.: 98). Dabei sei „der Subjektstatus und die Subjektivität stets vorausgesetzt [...], zu d[er doch zugleich aufgefordert wird, wobei dieses Auffordern ständig in Gefahr gerät, das von ihr Vorausgesetzte zu negieren" (ebd.).

Im Begriff des Subjekts werde in dieser Weise nicht nur deutlich, dass Sozialpädagogik es stets mit Menschen zu tun habe, die in einer „selbständig hergestellten, durch Handlung verwirklichten Beziehung zu ihrer Umwelt stehen und sich in dieser Beziehung verändern können" (1995a: 114). Der als „systematisches Implikat von Erziehung" (1988: 89) beschriebene Begriff des Subjekts enthalte darüber hinaus „nicht nur die Aufforderung, man müsse, wo man erziehen will, die Subjektivität des anderen beachten" (ebd.: 89 f.). Er fordere vielmehr sogar dazu auf, „für die Verwirklichung von Subjektivität zu sorgen, wo diese behindert" (ebd.: 90) werde. Der Subjektstatus könne in diesem Zusammenhang auch nicht als ein erreichter Zustand betrachtet werden. Vielmehr sei „Subjektivität ein Modus der Auseinandersetzung mit der Umwelt" (ebd.: 147). Das Subjekt *ist* nicht, sondern entstehe und verändere sich stetig durch Aneignung.

Vor diesem Hintergrund ergibt sich für Winkler „das sozialpädagogische Problem" immer dann, „wenn der Subjektivitätsmodus durch nichtvollzogene Aneignung gekennzeichnet" (ebd.: 152) sei und „dieser Zustand beharrlich" (ebd.) bleibe. Dabei gehe es „nicht um den Inhalt des Aneignungsgeschehens […] – also auch nicht um gesellschaftlich notwendige Normen, die der einzelne zu verinnerlichen habe –, sondern vielmehr um die Sicherung oder Wiederherstellung der Subjektivität in ihrer Dynamik – wobei diese als stets gesellschaftlich bedingte nicht außerhalb der gesellschaftlichen Möglichkeiten und ´Notwendigkeiten` gelingen" (ebd.: 153) könne. Deshalb sei zugleich danach zu fragen, ob bestimmte Lebenswelten überhaupt angeeignet werden können, bzw. eine Entwicklung des Subjekts erlauben.

„Die Semantik von Subjekt und Subjektivität" (ebd.: 140) überschreite so auch „die mechanische Determination durch das Soziale" (ebd.). Sie stehe „als Symbol für einen systematischen Zusammenhang, der gesellschaftlich ´erfunden`" (ebd.) und in der modernen Gesellschaft in „eigener Dignität ausdifferenziert" worden sei. So müsse diese Gesellschaft „den Modus der Subjektivität […] als eine für sie erforderliche, gleichwohl eigenartige, offene, riskierte und riskante Möglichkeit […] aus sich heraussetzen, weil nur die im Subjektbegriff gedachte potentielle Realität jenen Mechanismus der historischen Transzendierung verwirklichen" (ebd.) könne, welcher sie in ihren „Grundbedingungen" (ebd.) auszeichne.

Deshalb gehe es der modernen Gesellschaft nicht nur darum, zu verhindern, dass die Menschen, für die sie „die Lebensform des Individuums" (ebd.: 139) hervorgebracht habe, aus ihr auswandern. Vielmehr wolle sie diese dazu bringen, sich frei für sie zu entscheiden. Dazu lege sie ihnen auf, „sich selbst an die Gesellschaft zu binden und an ihrem Wandel mitzuwirken" (ebd.). Der Begriff des Subjekts mache so nicht nur „den in der Moderne gegebenen Zwiespalt zwischen Individualisierung und Disziplinierung, somit die conditio humana in ihrer bür-

gerlich-kapitalistischen Fassung einer neuen Interpretation zugänglich" (ebd.).
Auch die „konkrete Gestalt des sozialpädagogischen Problems in der Moderne"
(ebd.) werde nun „mit Bezug auf die im Subjektbegriff gedachten Inhalte [...] im
Diskurs der Sozialpädagogik reflektiert und verarbeitet" (ebd.: 139 f.). So werde
„im Begriff des Subjekts [...] menschliche Existenz in einer Dimension denk-
und problematisierbar, in der [...] die Zerrissenheit des Sozialen" (ebd.: 140)
dadurch aufhebbar erscheint, dass „der moderne Mensch die Widersprüche der
Welt aushalten und zugleich initiativ, neu gründend und verändernd wirken"
(ebd.) könne. Es ergebe sich für die Sozialpädagogik hieraus zugleich die prekäre Situation, dass sie in der Moderne zunehmend aus sich selbst heraus „gesellschaftsfähige und zugleich freie Subjekte" erzeugen" (1995b: 176) müsse.

Eine solche Subjektivität bedürfe aber „einer doppelten empirischen Voraussetzung" (1988: 149): Zum einen müsse „der Biographie gewordene Prozeß
von Aneignungsakten [...] zu einem Potential gesicherter Fähigkeiten und Fertigkeiten (nämlich der instrumentalisierten Moment vorangegangener Aneignung) geführt" (ebd.) haben. Zum anderen müsse „ebenfalls empirisch ein Aneignungsmaterial, eine objektive Realität [...] gegeben sein, welche gleichsam
als externes materiales Substrat möglicher Perspektiven dienen" (ebd.: 150)
könne. Der einzelne sei somit „in seinen Handlungsbedingungen sowie durch
seine Handlungen mittels der angeeigneten Objektivität selbst in den historischen
Stand gesellschaftlicher Reproduktion eingebunden" (ebd.). Aus Winklers Perspektive ist damit auch schon „umrissen, wie sich das sozialpädagogische Problem in der Semantik des Subjektbegriffs differenziert darstellt" (ebd.: 151).

Winkler hat dargelegt, dass „in welcher Situation der einzelne sich befinden
mag, wie gering seine geäußerte Subjektivität erscheint, wie verletzt und beschä-
digt, abhängig und kontrolliert das Subjekt ist, es bleibt doch als Subjekt anzuerkennen" (ebd.). Und noch seine Probleme müssten „als Probleme thematisiert
werden, welche es als Subjekt hat" (ebd.). Winkler (vgl. ebd.: 157 ff.) entwirft in
dieser Hinsicht eine „Typologie möglicher Aneignungsprobleme" (ebd.: 157). Er
sieht darin jedoch nur ein „heuristisches Hilfsmittel" (ebd.) mit „aufforderndem
Charakter" (ebd.), welches „nicht nur die Prüfung des konkreten Subjektivitätsmodus" (ebd.) verlange, sondern die sozialpädagogisch Tätigen „zu einer selbst
noch subjektiven Entscheidung" (ebd.) anrege, zu der es ihnen „nur Reflexions-
hilfe" (ebd.) geben könne.

Selbst wenn dabei konstatiert werden müsse, dass jemand aufgrund seiner
Lebenswelt und seines Lebensstils „gesellschaftlich ohnmächtig, bloßer Adressat
der Verfügung anderer" (ebd.) geworden sei, liege „darin keine Berechtigung,
die ursprünglichen Aneignungsprozesse zu negieren" (ebd.), würde dies doch
„die biographische Identität der Betroffenen in Frage stellen" (ebd.). Sehr wohl
aber legitimiere dies „zu einem pädagogischen Handeln" (ebd.).

Winkler sieht sich so bei seinem Versuch, „die Strukturen und Eigenschaften des sozialpädagogischen Problems zu beschreiben, [...] unvermeidlich auf die Begrifflichkeit der Pädagogik verwiesen" (ebd.: 99 f.). Die Differenz zwischen Allgemeiner und Sozialpädagogik gründen für ihn „praktisch (d.h. als bestimmte Praxis des Erziehens) in der Realisierung des pädagogischen Problems unter bestimmten historischen Zusammenhängen, welche die Erscheinungsform des Problems und des auf es reagierenden Handelns prägen" (ebd.: 102). Für vormoderne Gesellschaften sei der Prozess der Sozialisation insofern ausreichend gewesen, als die Übernahme von Erwartungen die Zugehörigkeit der Menschen zu sozialen Ordnungen ausreichend sichergestellt habe. In dem Maße wie „moderne Gesellschaften ihre sozialisatorische Kraft verlieren" (1995b: 176) würden, müssten „die Subjekte [...] durch Pädagogik als soziale Subjekte synthetisiert werden" (ebd.). Von daher könne „auch eintreten, dass die Sozialpädagogik real zur historischen Gestalt von Pädagogik überhaupt" (1988: 102) und somit „sachlich identisch" (ebd.) mit dem werde, „was eine Allgemeine Pädagogik zu verhandeln" (ebd.) suche.

Für Winkler liegt die Differenz der Sozialpädagogik gegenüber der Allgemeinen Pädagogik und der Schulpädagogik „denn auch weniger in der Reflexion, die dem Subjekt gilt, sondern stärker im theoretischen und methodisch orientierten Bewusstsein von der Bedeutung des Ortes" (ebd.: 266f.). Und so markiert für Winkler der Begriff des Ortes den „Angelpunkt, mit welchem eine Antwort auf die spezifische Gestalt des sozialpädagogischen Problems möglich" (ebd.: 267) werde. Winkler verdeutlicht dies daran, dass beispielsweise zwar auch „Familienerziehung und Unterricht [...] an die Sozialräume Familie und Schule gebunden" (ebd.) wären. Allerdings blieben diese dabei „in pädagogisch-systematischer Hinsicht kontingent" (ebd.). Demgegenüber thematisiere eine sozialpädagogische Reflexion „Familie und Schule als Lebensorte [...], welche Aneignungsprozesse hindern und stören, Subjektivität gar beschädigen" (ebd.). Zugleich begreife sie diese andererseits auch „als Räume [...], in welchen Leben, Aneignung und Entwicklung aufgrund der ´örtlichen` Gegebenheiten möglich werden" (ebd.).

Deshalb sieht Winkler im Begriff es Ortes auch „den ersten pragmatischen Grundbegriff der Sozialpädagogik, der freilich immer nur durch den Begriff des Subjekts gefunden werden" (ebd.: 278) könne. Denn „sozialpädagogisches Denken in pragmatischer Absicht" (ebd.) beginne mit der Überlegung, „wie ein Ort beschaffen sein muß, damit ein Subjekt an ihm leben und sich entwickeln kann, damit er auch als Lebensbedingung vom Subjekt kontrolliert wird" (ebd.: 278f.). Winkler hebt hervor, dass das auf den Ort gerichtete sozialpädagogische Handeln sich dabei in zwei Richtungen bewegen könne: Entweder löse es „die schon verfügten, das Subjekt beherrschenden [...] Zusammenhänge auf" (ebd.: 279),

oder aber es konstituiere „überhaupt ein neues, vorher nicht gegebenes Lebens-
feld" (ebd.). Beides mal werde Sozialpädagogik zum ´Kritiker der Gesellschaft`,
indem sie deren Ausgrenzungsprozesse durchbreche und „die so entstandenen
Plätze einer Aneignung wieder zugänglich" (ebd.) mache. Auch werde das Subjekt „in eine veränderte soziale Position gebracht" (ebd.: 294), die es „nicht nur
[...] zu einer – in des Wortes mehrfacher Bedeutung – Stellungnahme" (ebd.),
sondern auch zu einer neuen „Perspektive gegenüber der es umgebenden Welt"
(ebd.) herausfordere.

Die Komplexität des sozialpädagogischen Handelns ergibt sich in diesem
Zusammenhang für Winkler daraus, dass es „durch die Herstellung des Ortes [...]
nicht nur seine eigenen Rahmenbedingungen" (ebd.: 281) sichere und in dieser
„durch es selbst gegebenen situativen Basis" (ebd.) zugleich „Erziehbarkeit"
(ebd.) konstituiere. Indem sozialpädagogisches Handeln jedoch „noch in der
Gestalt des Ortes, aber auch in der Tätigkeitsform der Versorgung Aneignungsmaterial zur Verfügung" (ebd.) stelle, „über welches sich der Bildungsprozess
des Subjekts entfalten" (ebd.) könne bzw. solle, bliebe es letztlich in seinem
Ausgang an diese gebunden und somit „stets offen und riskant" (ebd.: 282).

Winkler zufolge erlaube „dieser Grundzug des sozialpädagogischen Ortes
[...] eine formale Charakterisierung von Sozialpädagogik schlechthin" (ebd.:
285), lege er doch „nahe, sie in ihrem pragmatischen und methodischen Selbstverständnis einer Pädagogik der unsteten Vorgänge zuzuordnen" (ebd.: 285 f.).
Ja, für Winkler „kommt die Theorie der Sozialpädagogik als solche" (ebd.: 323)
in dieser „Erörterung von Funktion und Wirkung des sozialpädagogischen
´Ortshandelns` [...] eigentlich zu ihrem Abschluß. Denn was das Handeln der
Beteiligten miteinander, die Struktur des pädagogisch geleiteten Aneignungsgeschehens und die Frage angeht, was denn der Erzieher mit seinem Zögling will"
(ebd.), so gehöre dies seiner Ansicht nach „schon dem Nachdenken über Erziehung und Bildung schlechthin, letztlich somit der Allgemeinen Pädagogik an"
(ebd.).

Winkler räumt ein, dass „weder der empirische, aktuell vorfindliche Diskurs, noch die theoretischen Bemühungen um die Sozialpädagogik" (ebd.: 263)
sich in besonderer Weise der beiden Begriffe von Subjekt und Ort bedienten.
„Als Zentrum eines eigenen sozialpädagogischen Gedankenkreises" (ebd.) spiele
„der Subjektbegriff als solcher nur eine untergeordnete Rolle" (ebd.). Noch mehr
gelte jedoch „für den Begriff des ´Ortes`, dass er nicht nur ungebräuchlich ist,
sondern nahezu untauglich" (ebd.: 264) erscheine. „Wenn für den sozialpädagogischen Diskurs überhaupt ein sachlich und begrifflich erstes Moment seiner
Pragmatik erfasst werden kann, so würde man dies eher in der ´helfenden Bezie-
hung` zwischen Sozialarbeiter und Klient oder dem ´pädagogischen Bezug` [...]
sehen" (ebd.). In der Tat dienten diese Begriffe „– bzw. ihre begrifflichen Äqui-

valente – zuallererst einem kritischen Bedenken" (ebd.: 267), erinnerten „doch beide an einzulösende Möglichkeiten menschlicher Existenz" (ebd.), ja, konfrontierten sogar „die sozialpädagogische Absicht [...] mit dem Gegenentwurf des Antipädagogischen" (ebd.: 268). Allerdings sieht Winkler es geradezu als Qualitätsmerkmal pädagogischer Reflexion an, dass „sie in fortschreitendem Prüfen und Beurteilen sich selbst negiert und aufhebt" (ebd.: 268f.).

Funktional gesehen drücken für ihn „beide Begriffe inhaltlich aus, was man den ´sozialpädagogischen Takt` nennen könnte" (ebd.: 269). Darüber hinaus ließe sich „mit ihrer Hilfe [...] nicht nur ein strukturtheoretischer Begriff der sozialpädagogischen Praxis entfalten, sondern vor allem eine Analyse der Möglichkeiten und Grenzen durchführen, die aus den diskursgebundenen Vorstellungen über sozialpädagogisches Handeln" (ebd.: 270) erwüchsen. „Die theoretische Schwierigkeit" (ebd.: 284) liege dabei in den ständigen „Übersetzungen von einer Sprache, die auf Tun und Geschehen abhebt, in eine Diktion [...], welche dieses Tun in seinem gegenständlichen Resultat" (ebd.) festhalte. Somit zielten sowohl der Begriff des Subjektes, wie auch der des Ortes in ihrer dialektischen Verschränkung einerseits auf eine Realität. Andererseits vermittelten sie jedoch zugleich Vorstellungen über reflexiv erzeugte Realität (vgl. 1995a: 115f.). Sozialpädagogische Sachverhalte würden dabei als Praxis „in ihrer Theorie sichtbar" (ebd.: 114). Und in dieser Hinsicht würden über die beiden Begriffe zugleich jene „Elemente zugänglich, die in der Grammatik des sozialpädagogischen Diskurses als ´Analytik der Kategorien sozialpädagogischen Handelns` gelten" (1988: 270).

### 5.14 Kritik an den an Habermas Diskursbegriff orientierten Ansätzen

Im Anschluss an die „*Theorie kommunikativen Handelns*" von Jürgen Habermas (1981) und seine Analyse eines „*Strukturwandels der Öffentlichkeit*" (1990) hat Helmut Richter den (sozial-)pädagogischen Diskurs konzipiert als „Form einer *freiwilligen, angeleiteten Selbstreflexion* auf der Basis *wechselseitig unterstellter Mündigkeit*" (Richter 1998: 69). Dabei geht er mit Habermas (1981: 512) davon aus, dass sich mit der Implementierung wohlfahrtsstaatlicher Arrangements des Sozialen Klassenstrukturen aus „der Lebenswelt ins System verschoben" hätten. Fabian Kessl (2005: 65) kritisiert diese „von Habermas übernommene Unterstellung eines gültigen wohlfahrtsstaatlichen Klassenkompromisses" (ebd.) als vom Theorieaufbau her logisch notwendige Konstruktion, um die Figur prinzipieller Diskursfähigkeit und idealer Sprechsituation (vgl. Kap. 2.4) so auch für die Zielgruppen Sozialer Arbeit postulieren zu können.

Richter habe damit zugleich „die Problematisierung von Fremdführung in das 'System'" (ebd.) verschoben. Nur so vermöge er sich dann „pädagogisch auf Selbstführungsaktivitäten [zu d.V.] konzentrieren (*freiwillig angeleitete Selbstreflexion*)" (ebd.: 65 f.). Zwar konstatiere er, dass „Erziehungspersonen – wie übrigens auch zu Erziehende – nur zu oft" (Richter 1998: 70) durch „Alltagszwänge" zur „Machtausübung veranlasst" würden. Dennoch verweigere Richter „in der Konsequenz [...], Fremd- und Selbstführung als unüberwindbare Relationalitäten pädagogischer Interventionsprozesse in den Blick zu nehmen" (Kessl 2005: 66). Stattdessen unterstelle er „strukturbefreite Handlungssettings" (ebd.) bzw. fordere, dass „diese handlungsoptimistisch in den pädagogischen Handlungsvollzug eingeflochten werden sollen" (ebd.).

Kessl betont, dass er „die Notwendigkeit von Aushandlungsprozessen und die damit aufgeworfene Frage nach den dazu notwendigen 'Freiräumen'" (ebd.: 83 Anm. 14) keineswegs verwerfe. Seiner Ansicht nach sei jedoch die nicht nur bei Richter (vgl. 1998: 52 ff.) „vorherrschende Idee konsensualer Zielorientierung in zweifacher Hinsicht zu problematisieren [...]: sowohl bezüglich der damit dynamisierten harmonistischen Verständigungsvorstellung als auch der Möglichkeit einer längerfristig gültigen Festlegung von Erziehungszielen" (Kessl 2005: 83 Anm. 14).

Deshalb plädiert er für „macht- und herrschaftsanalytische statt kommunikationstheoretische Perspektiven" (ebd.: 83). Denn nur so könnten „die *Konfliktlinien*, die derartige Arrangements durchziehen, [...] sichtbar gemacht" (ebd.) und „als solche erfasst werden: als konfliktäre, weil interessensheterogene und durch die historisch-spezifischen Macht- und Herrschaftsverhältnisse stratifizierte Interaktionssituationen" (ebd.). Entsprechend sieht Kessl es auch als „Aufgabe einer Gestaltung sozialpädagogischer Arrangements" (ebd.) an, „die Inblicknahme jener Strukturierungslogiken" (ebd.) zu ermöglichen, „denen fachliches (Regierungs)Handeln unterliegt und die es permanent (re)produziert" (ebd.). Soziale Arbeit könne zwar nicht „dem Gefüge der Macht" (ebd.: 84) entkommen, sehr wohl sich aber in ihm „flügge machen" (ebd.). Es gehe – frei nach Foucaults (vgl. 1992: 12) Begriff von Kritik – „um die Kunst, nicht dermaßen sozialpädagogisch zu regieren und regiert zu werden" (Kessl 2005: 84).

## 5.15 Kritik an den an Foucaults Diskursbegriff orientierten Ansätzen

Hatte zuvor schon Habermas (vgl. 1998: 324 ff.) Foucault in ähnlicher Weise kritisiert, fragt Bönold ín diesem Zusammenhang unter expliziten Einbezug der neuen Gouvernementalitätsstudien (vgl. 2004: 363, Anm. 4), „wieso heterogene Formen von 'Wissen`, 'Kräften` und 'Beziehungen` sich integrieren zu einheitlichen Formen von 'Macht`" (Bönold 2003: 363), bzw. „wie der formale, unhistorische Begriff der Macht ('ein Name`) diese Integration" (ebd.: 364) zu erklären vermöge. Würde z.b. der Dispositiv- oder Regierungsbegriff als theoretische Klammern begriffen, gerieten diese zu überhistorischen Prinzipien. Entsprechende Studien mutierten dann „zu einer Ontologie der Macht" (ebd.: 364), die Foucault eigentlich ablehne. Weiterhin beanspruchten Gouvernementalitäts-Studien eine „Ökonomisierung" zu analysieren, für die sie aber keine Begriffe besäßen.

Grundsätzlich kritisiert Bönold am (post-)strukturalistischem Diskursbegriff, dass mit ihm „im Gegensatz zur Ideologiekritik [...] kein sozial-notwendiger Zusammenhang zwischen 'Geschichte` und 'Diskurs` (Sein und Bewusstsein)" (ebd.: 289) zu thematisieren sei, „da 'Geschichte` hierin selbst nur diskursiv zu thematisieren" (ebd.) wäre. Vielmehr könne vom (Post-)Strukturalismus „nur auf die historisch-zufällige, kontingente Verbindung von Signifikanten und Signifikaten hingewiesen werden sowie auf die Zwangsmechanismen, die von Sprachsystemen ausgehen" (ebd.).

Schon früh hatte Hundt dem Strukturalismus Ahistorizität und eine fehlende normative Perspektive für die Veränderung gesellschaftlicher Praxis vorgeworfen. Im Rahmen seiner „Reflexiven Erziehungswissenschaft" hat Lenzen (1996) diese Leerstelle mit Hilfe einer „Ästhetik des Erhabenen", wie sie von Lyotard (1989) begründet und von Welsch (1990) aufgegriffen wurde, zu füllen versucht. Christian Beck (vgl. 1993: 271) hat jedoch bezweifelt, dass sich aus den von Welsch ausformulierten ethischen Maßstäben ein normativ orientierendes Konzept von Pädagogik ableiten lasse, da diese höchst formal blieben und inhaltlich nicht ausgefüllt seien. Von Brunkhorst (vgl. 1990) und Kellner (1990) ist die kulturalistische Ausrichtung einer solchen postmodernen Pädagogik kritisiert worden. Fragen der ökonomischen Entwicklung sowie der gesellschaftlichen Ungleichheit würden dabei weitgehend ausgeblendet.

Micha Brumlik (vgl. 2005: 37 f.) sieht in diesem Zusammenhang sogar eine Unvereinbarkeit des „von Foucault inspirierte[n] radikale[n] Historismus [...] mit einer sozialwissenschaftlichen Theorie" (ebd.), könne sich Letztere doch „nicht darauf einlassen [...], die Welt lediglich als Text zu verstehen" (ebd.). Wie er an Kessls „*Gouvernementalität Sozialer Arbeit*" nachzuweisen versucht, führe die Suche nach einem Substrat für die Theorie so zu – wie Kessl (2005) schreibt – „historisch-spezifischen Kämpfen im Macht-Wissens-Komplex" (ebd.:

117) bzw. zu einem Feld „unablässiger Gleichzeitigkeit von Individualisierungs- und Homogenisierungsstrategien, der Regierung des Sozialen" (ebd.: 116). Dieser „historistischen Grundüberzeugung gemäß" – so kritisiert Brumlik (2005: 38) – sei „jede theoretische, anthropologische oder philosophische Bestimmung unzulässig: von durch Kämpfe um Anerkennungs- und Arbeitverhältnisse geprägten intersubjektiven Lebensformen zu sprechen, wäre bereits zu viel" (ebd.). Entsprechend bleibe „nur noch die möglichst wertfreie und kontextbewußte Identifikation der jeweils vorfindlichen ´Arrangements des Sozialen´" (ebd.), ließe sich doch „aus dieser nihilistischen – nicht negativen – Anthropologie eine Sozialtheorie nicht konstruieren" (ebd.). Wenn nun Kessl und anderen zu folge sich solche ´Arrangements des Sozialen´ „,– jedenfalls seit mehr als zweitausend Jahren – als ´Gouvernementalität´" (ebd.) erwiesen, stellt sich auch für Brumlik – wie schon für Bönold (s.o.) – die Frage, welchen Zweck es habe, „immer wieder programmatisch auf die Kontingenz und historische Einzigartigkeit von Begriffsfeldern hinzuweisen" (ebd.: 37).

Kritisch vermerkt Brumlik, dass wenn ´die Macht´ als „der Stoff" (2005: 36) betrachtet würde, „der die intersubjektive, soziale Welt der Menschen konstituiert, der Stoff, der sich – nach dem Entstehen staatlich verfasster Gesellschaften – als ´Regierung´ äußert, dann […] jede Sozialisation, jede Erziehung und jede Bildung eben ´Regierung´" (ebd.) sei. Nicht nur, dass sich die mit der Übernahme des Foucaultschen Machtbegriffs angestrebte kritische Haltung durch solche „Begriffsinflation die eigene Pointe" (ebd.) verderbe. Die gerade auch für eine Theorie Sozialer Arbeit „interessanten Unterscheidungen zwischen legitimer und illegitimer Macht, von gedeihlicher und verderblicher Machtausübung" (ebd.), käme so erst gar nicht in den Blick.

Sinnvoll lasse sich für Brumlik „zunächst nur von der Macht von Personen und Institutionen sprechen. Die ´Macht´ als solche" (ebd.: 35 f.) gehöre für ihn „,– bis zum Erweis des Gegenteils – in die Sphäre der Jedi Ritter, […] aber nicht in eine dem Anspruch nach empirisch gehaltvolle sozialwissenschaftliche Theorie" (ebd.: 36). Schon vor Brumlik hat Nancy Fraser (vgl. 1994: 50) in der Diffusität von Foucaults Machtbegriff den Grund gesehen, dass sein „Werk normativ verworren" (ebd.) bleibe. Habermas (vgl. 1998: 284) spricht in diesem Zusammenhang sogar davon, dass der Anti-Aufklärer Foucault gegenüber den Humanwissenschaften eine Antiwissenschaft propagiere.

Ganz ähnlich hält auch Fraser (vgl. 1994: 50) Foucaults Werk nicht nur bezüglich des Maßstabs für Normativität, sondern auch für Wahrheit, als in sich selbst widersprüchlich, ja aporetisch. Foucaults Analysen beanspruchen ja explizit, „historisch angemessen" (Foucault 1992: 12) zu sein, ohne allerdings ein Kriterium nennen zu können, an dem sich prüfen ließe, was „die aktuelle Grundbewegung unserer Geschichte" (ebd.: 24) sei. Denn damit wäre ja eine Wahrheitsregel aufgestellt, die er aber ablehnt.

Bönold (2003: 358 f.) weist noch auf einen weiteren (Selbst-)Widerspruch der Foucaultschen Diskursanalysen bzw. Genealogien hin. Einerseits wolle sich sein 'glücklicher bzw. fröhlicher Positivismus' „nicht mit der *Be-* bzw. *Verurteilung* von wissenschaftlichen Inhalten oder Wissenssystemen befassen" (ebd.). Andererseits stelle er jedoch „sich und seine Analysen in ein kritisches Verhältnis zu den analysierten Machtbeziehungen und anderen Theorien" (ebd.). Indem Foucault davon ausgehe, „dass das was ich sage, geeignet ist, die Dinge zu ändern. Ich sage alles, was ich sage, damit es nützt" (1996:117), postuliere er jedoch – wie Bönold (vgl. 2003: 359) kritisiert – „einen 'unbedingten Optimismus' (ebd.) für seine Forschung, die doch andererseits neutral sein" (ebd.) wolle.

Bönolds Ansicht nach könne „die Frage des Anti-Normativismus bei Foucault nicht werkimmanent begriffen werden. Solange nicht die Frage nach dem *Warum* der Macht" (2003: 365) zu beantworten versucht werde, bleibe „der Positivismus von Foucault neutral – trotz seiner offensichtlich kritischen Absichten. [...] Sofort manifest"(ebd.) würden diese – Bönolds Meinung zufolge – allerdings, „wenn das Werk Foucaults zu den Betroffenen selbst in Beziehung gesetzt" (ebd.) werde, beispielsweise der Antipsychiatriebewegung. „Das (eventuell) ablehnende Urteil über die dargestellte Sache, die Kritik also" (ebd.), entstehe somit „erst wenn sich die Lesenden selbst ins Verhältnis zur beschriebenen Geschichte" (ebd.) stellten. So gesehen zähle Foucault „Gründe für das Dagegen-Sein und die Veränderung der (Selbst-) Verhältnisse auf, sofern jemand engagiert ist bzw. liest" (ebd.). In ähnlicher Weise hatten zuvor schon Pongratz (vgl. 1990: 297) und auch Lemke (vgl. 1997: 369) Parallelen zwischen Foucaults Begriff der Kritik und der Marx'schen Devise gesehen, „man muss diese versteinerten Verhältnisse dadurch zum Tanzen bringen, dass man ihnen ihre eigene Melodie vorsingt! Man muss das Volk vor sich selbst *erschrecken* lehren, um ihm Courage zu machen" (MEW Bd.1: 381).

Im Hinblick auf eine Theorie der Erziehung und der Sozialen Arbeit gesteht Brumlik (vgl. 2005: 36) zu, dass sich „auf den Spuren Foucaults" durchaus nachzeichnen ließe, wie sich „'Regierung' [...] nie nur als Regierung des Staates, sondern auch als 'Regierung über die Kinder' bzw. als 'Selbstregierung des Individuums' geäußert" (ebd.) habe. In Kessls „*Gouvernementalität Sozialer Arbeit*" erkennt er in diesem Zusammenhang sogar den „Umriß einer Theorie der Erziehung [...], in der Selbst- und Fremdführung ebenso stetig wie ambivalent aufeinander bezogen" (ebd.) werden, und die sich so auch als „ein neuartiger Lösungsversuch pädagogischer Aporien" (ebd.) präsentiere.

Demgegenüber habe ich im Rahmen meiner Theorie der Selbstregulierung (vgl. May 2004: 113 ff. & 292) zu begründen versucht, dass mimetische Vermögen, die aus der Unmittelbarkeit von Beziehungsverhältnissen entstehen und deshalb sich jeglicher Fremd- und Selbstregierung entziehen, „die Zirkulation" aller Beziehungsverhältnisse und damit auch die Basis von Erziehung ausmachen. Das was „in der Literatur vielfach mit Begriffen wie Synchronie, Eingestimmtheit, Reziprozität, Mutualität, Responsivität und ähnlich" (ebd.: 115) beschrieben worden ist – die unmerkliche Übertragung von Gesten oder Augenbewegungen, bis hin zu einer Parallelisierung bestimmter Parameter des autonomen Nervensystems – habe ich im Rahmen dieser Theorie als eine Form der Selbstregulierung zu deuten versucht, „die weniger von den Beteiligten" (ebd.) ausgeht, als dass sie sich „vielmehr zwischen ihnen" (ebd.) verwirklicht.

Auch Formen lebendigem Wissens, welche Gorz (vgl. 2004: 31) zufolge heute zur Hauptquelle von Wert und Profit würden, setzen sich meiner Analyse zufolge (vgl. May 2004a: 91 f. & 2006: 36 f.) aus generell nicht akkumulierbaren Eigenschaften wie Spontaneität und Sensibilität sowie kooperativen und mimetischen Vermögen zusammen. Vielmehr entstehen diese selbstreguliert (vgl. May 2004 bes. 144 ff.) aus der Unmittelbarkeit von Beziehungsverhältnissen sowohl im Binnenverhältnis einer Person, wo assoziativ z.b. eine neue Idee Gestalt gewinnt, als auch im mimetischen Beziehungsverhältnis zu Objekten der äußeren (zweiten) Natur. Dass diese Vermögen sich selbst regulieren, bedeutet aus Sicht dieser meiner Theorie, dass sie sich letzlich auch einer Selbst- und Fremdregierung entziehen. Denn von sich selbst oder jemand anderem zu fordern, kreativer oder spontaner zu sein, bewirkt bekanntermaßen eher das Gegenteil.

Dennoch bezieht Kessel (vgl. 2005: 51) auch Heinz Sünkers (1989) und meine an Heydorn anschließenden bildungstheoretischen Fassungen von Sozialer Arbeit mit ein, wenn er unterstellt, dass „gerade auch gesellschaftskritisch angelegte bildungs- wie erziehungskonzeptionelle Entwürfe, die sich explizit grundlegenden Veränderungsperspektiven gegenüber bestehenden Arrangements des Sozialen" (Kessl 2005: 51) verschrieben, lediglich mit „*Plädoyers* für eine Selbstführung" (ebd.) endeten. Brumlik moniert hier – allerdings am Beispiel der Klassiker Platon, Kant und Rousseau (vgl. 2005: 36 f.) –, dass Kessl anders als dies eine von ihm beanspruchte „achtsame Lektüre" erforderte, die Kritisierten stets so zurichte, „dass sie dem Vor-Urteil" (ebd.) genügten – ein Vorgehen, dass aus der Perspektive Brumliks „für die Schule foucaudischer Kritik nicht unüblich" (ebd.) sei.

Kessl sieht in seiner „Gouvernementalität Sozialer Arbeit […] eine Ausgangsbasis für das Projekt einer Politischen Theorie Sozialer Arbeit" (2005: 227). Diese erfordere „Analysen historisch-spezifischer Subjektivierungsweisen" (ebd.), welche dann ihrerseits als „*Zeitgeschichten der Wahrheit* […] in politische Kämpfe einzuspeisen" (ebd.) seien. Diesbezüglich fragt jedoch Brumlik, „wie WissenschaftlerInnen, die jeden explanativen und normativen Anspruch preisgegeben" (2005: 39) hätten und denen sich das ʻ(Neo-)Sozialeʻ „nur noch als allenfalls genealogisch nachvollziehbares Spiel von Macht-Wissendiskursen offenbaren, hier etwas ʻeinspeisenʻ (sollen) – es sei denn aus unbegründeter Willkür" (ebd.).

## 5.16 Kritik an Winklers Ansatz

Demgegenüber erhofft sich Winkler (vgl.: 1988: 259) als praktisch politische Perspektive seiner Theorie sehr viel bescheidener eine (Wieder-)Aneignung des Lebensortes durch die Subjekte und ein „Hinauswachsen" über die diesen Personen „zugewiesenen Rollen". Kessl bezweifelt in diesem Zusammenhang jedoch, „ob eine solche sozialpädagogische Handlungsorientierung einen ʻsubversive[n] Umgang mit gesellschaftlichen Vorgabenʻ erzeugen" (2005: 65) könne, wie dies Winkler postuliert, wenn dieser „Rousseauismus des ʻEmileʻ" mitgegangen werde. Daran ändere auch nichts, dass Winkler diesbezüglich betone, dass er „den Schritt der gesellschaftlichen Isolation a priori als methodisches Verfahren" (1988: 259) nicht übernehme. Für Kessl werfe Winklers Modell „pädagogischer Orte" hingegen über die „auch hier wieder suggerierte Synthetisierungsmöglichkeit von Fremd- und Selbstführung" (2005: 65) hinaus die Frage auf, „welche Interessens-, und damit verbunden: welche Herrschaftsstrukturen […] die formulierten Bewertungen der Nutzer in den von Pädagogen bereitgestellten Aneignungssituationen" (ebd.: 66) durchdrängen. Kessl sieht hier zumindest die für ihn in Winklers Argumentationslinie selbst angelegte „Gefahr, zur Legitimation aktueller aktivierender Responsibilisierungsstrategien vernutzt zu werden" (ebd.: 65).

# 6 Psychoanalytische Sozialarbeit

## 6.1 Zur Geschichte des Verhältnisses von Psychoanalyse und Sozialer Arbeit

Mit Sigmund Freud (vgl. GW Bd. 13: 211) lassen sich drei Ebenen der Psychoanalyse unterscheiden:

1. ist sie ein „Verfahren zur Untersuchung seelischer Vorgänge, welche sonst kaum zugänglich sind" (ebd.). Darauf zielend, die unbewusste Bedeutung von Reden, Handlungen und Imaginationen – wie Träume, Phantasien und Wahnvorstellungen – eines Subjektes herauszuarbeiten, gründet sich diese Methode hauptsächlich auf die freie Assoziation des Subjekts, die Garant für die Gültigkeit der Deutung ist.
2. ist sie (als „Klinik") eine psychotherapeutische „Behandlungsmethode neurotischer Störungen, die sich auf diese Untersuchung gründet" (ebd.). Gekennzeichnet ist die „Technik" dieser psychoanalytischen „Kur" durch die kontrollierte Deutung des Widerstandes, der Übertragung und des Wunsches.
3. ist sie (als „Metapsychologie") der Versuch, die Gegebenheiten der psychoanalytischen Untersuchungsmethode und Behandlung sowie die auf diesem Wege gewonnenen psychologischen Einsichten so zu systematisieren, dass sie „allmählich zu einer neuen wissenschaftlichen Disziplin zusammenwachsen" (ebd.).

Krüger ist der Meinung, dass „obwohl Freud sich in seinen Abhandlungen nie ausdrücklich und ausschließlich mit Erziehungsfragen befasst" (1997: 109) habe, sich „die von ihm niedergeschriebenen Krankengeschichten auch als Erziehungsgeschichten" (ebd.: 110) lesen ließen. Zudem liege mit Freuds „Analyse der Phobie eines fünfjährigen Knaben" (GW Bd. VII: 243 ff.) – bekannt geworden auch als Geschichte vom kleinen Hans – nach Bittner (vgl. 1979: 64) nicht nur eine Krankengeschichte, sondern zugleich der Bericht über einen psychoanalytischen Erziehungsversuch vor. Trescher (1985: 107) sieht in „Freuds Arbeit mit dem Vater des ′kleinen Hans′" sogar einen ersten „Pionierschritt psychoanalytischer Erziehungsberatung" (ebd.).

Wie Ohlmeier (1984: 814 f.) darlegt, hat Freud darüber hinaus in seiner Schrift „Wege der psychoanalytischen Therapie" (vgl. GW BD. XII) selbst die Vision einer „unentgeltlichen Behandlung" für die „breiten Volksschichten" entworfen. Damit verbunden sah Freud zugleich auch die Aufgabe, „unsere

Technik den neuen Bedingungen anzupassen" (ebd.). Bemerkenswert im Hinblick auf eine Psychoanalytische Sozialarbeit ist in diesem Zusammenhang seine Prognose, dass „möglicherweise [...] wir oft nur dann etwas leisten können, wenn wir die seelische Hilfeleistung mit materieller Unterstützung [...] vereinigen können" (ebd.). Allerdings sprach Freud nicht von Psychoanalytischer Sozialarbeit sondern von einer „Psychotherapie fürs Volk" (ebd.). Und wenngleich für ihn damals noch offen war, „aus welchen Elementen sie sich zusammensetzen" (ebd.) möge, so war sich Freud dennoch gewiss, dass „ihre wirksamsten und wichtigsten Bestandteile [...] die von der strengen, der tendenzlosen Psychoanalyse" (ebd.) entlehnten blieben.

Krüger zufolge, habe dann mit Oskar Pfister und Hans Zullinger „bereits die erste Schülergeneration Freuds sich noch in der Zeit vor dem ersten Weltkrieg um eine Anwendung der Psychoanalyse auf erziehungspraktische Probleme" (1997: 110) bemüht. Zu systematischen Versuchen, pädagogische Konzepte und Methoden auf der Basis psychoanalytischer Erkenntnisse zu entwickeln und zu erproben, sei es jedoch erst im Zuge der in den zwanziger Jahren einsetzenden ersten „Blütezeit der psychoanalytischen Pädagogik" gekommen (vgl. ebd.; Trescher 1985; Finger-Trescher 2001). Große Beachtung fand u.a. Aichhorns (vgl. 1925) Ansatz einer psychoanalytischen Erziehung ʼverwahrlosterʼ Jugendlicher, der aus Sicht Finger-Treschers „zu den ersten Konzepten Psychoanalytischer Sozialarbeit zählt" (ebd.: 1454), sowie die psychoanalytisch inspirierten Experimente von Siegfried Bernfeld (1921) im Kinderheim Baumgarten und Wera Schmidt (1924) in ihrem Moskauer Kinderheim-Laboratorium. Das breite Spektrum der Forschungsaktivitäten und die Anwendungsvielfalt dieser ersten Blütezeit finden sich in der von 1927 bis 1937 in 11 Jahrgängen erschienenen „Zeitschrift für psychoanalytische Pädagogik" dokumentiert (vgl. Bittner/Rehm 1964). Diese warb bezeichnender Weise für sich mit dem Satz: „Die Psychoanalyse findet ihren letzten Sinn und ihren reinsten Erfolg als Erziehungswissenschaft" (vgl. Trescher 1985: 146).

Urte Finger-Trescher (2001: 1454) hat jedoch darauf aufmerksam gemacht, dass „die Kooperation und Diskussion zwischen Sozialarbeit und Psychoanalyse" (ebd.) in dieser Weise nicht nur eine lange, sondern auch eine „nicht immer unproblematische Tradition" (ebd.) habe. Letzteres wird von ihr (vgl. ebd.), wie auch von Datler (vgl. 1992: 16 f.) und von Trescher (vgl. 1985: 149 ff.) maßgeblich auf „die seit den späten 20er Jahren in den USA begonnene Medizinalisierung der Psychoanalyse" (Finger-Trescher 2001: 1454) zurückgeführt. Der zufolge sei Psychoanalyse „auf eines ihrer Anwendungsgebiete, nämlich die therapeutische Behandlung von Kranken, reduziert" (ebd.) worden. Vor diesem Hintergrund ist dann z.B. von Redl (1932) sogar grundsätzlich in Frage gestellt worden, ob es eine psychoanalytische Pädagogik überhaupt geben könne (vgl. Trescher 1985: 120). Dass in der weiteren Geschichte „eben diese Frage immer wieder erneut aufgeworfen" (ebd.) wurde und werde, ist für Trescher keineswegs verwunderlich, scheinen doch von diesem Standpunkt aus gesehen „die Differenzen in der Methode, in den Praxisfeldern (Setting) und meist auch bezüglich der Klienten von Psychoanalyse und Pädagogik (unüberbrückbar) zu sein" (ebd. vgl. auch ebd.: 156 ff.).

Obwohl die „Psychoanalytische Pädagogik [...] auch als sozial bewusstester Zweig der psychoanalytischen Bewegung" (Finger-Trescher 2001: 1455) gelten könne, hätten viele ihrer Ansätze sich „vorwiegend dem Ziel der Verhütung seelischer Fehlentwicklungen, der sogenannten Neurosenprophylaxe, verpflichtet" (ebd.: 1454) gesehen. Dass „innerhalb der Psychoanalytischen Pädagogik das Ziel der Neurosenprophylaxe einen solch hohen Stellenwert hatte, während in der allgemeinpädagogischen und in der erziehungswissenschaftlichen Diskussion die Frage der Prophylaxe kaum ventiliert" worden sei, erklärt Trescher (1985: 149) damit, dass „die psychoanalytische Bewegung sich ja bekanntlich aus dem Selbstverständnis eines ärztlichen Verfahrens, einer therapeutischen Methode heraus" (ebd.) entwickelt habe.

Zwar sei „gerade die Idee der Neurosenprophylaxe [...] – obwohl jeweils unterschiedlich benannt – notwendig immanenter Bestandteil (als Erziehungsziel) [...] jeglicher Erziehungsabsicht, unabhängig von der ihr zugrunde liegenden Wissenschaftstheorie und Methodologie" (ebd.: 146). „In ihrer Übersteigerung in der Psychoanalytischen Pädagogik" (ebd.: 149) sei „die Idee der umfassenden Neurosenprophylaxe" (ebd.) Trescher zufolge jedoch „nicht aus einem pädagogischen Selbstverständnis" (ebd.) heraus entsprungen, sondern „aus der Betroffenheit des Arztes während der ʼKurʻ, der erfährt, welche Schmerzen und Nöte seinen Patienten durch die ʼErziehungʻ zugefügt wurden, welchen Kränkungen sie ausgesetzt waren, an denen sie schließlich erkrankten. Mit der Erkenntnis, dass diese lebensgeschichtlichen Traumatisierungen ursächlich für die Leiden der erwachsenen Patienten verantwortlich zeichneten, musste die Forderung nach Prophylaxe erhoben werden" (ebd.).

Hatte schon Freud seinen Beitrag zum „Interesse an der Psychoanalyse" hoffnungsvoll damit beendet, dass „in der Hand einer psychoanalytisch aufgeklärten Erziehung ruht, was wir von einer individuellen Prophylaxe der Neurosen erwarten können" (GW VIII: 420), so schien es seiner Tochter Anna „keine unmögliche Aufgabe, durch Aufklärung der Erwachsenenwelt die Lage entscheidend zu verändern und eine nächste Generation von Kindern unter günstigeren Bedingungen aufzuziehen" (A. Freud 1954:14 zit. nach Trescher 1985: 146). Für sie war es 1935 nur noch eine Frage der Zeit, „bis der theoretische Aufbau und das praktische Rezept fertiggestellt ist, das man zur allgemeinen Anwendung empfehlen kann (59)" (zit. nach Trescher ebd.: 207).

Trescher zufolge sei die nicht einfach bloß „optimistische Einschätzung der
Möglichkeiten" (1985: 147), sondern zugleich auch „naive Hoffnung" (ebd.) und
„illusionäre Überzeugung" (ebd.) einer umfassenden Neurosenprophylaxe im
Rahmen psychoanalytischer Pädagogik in dem Maße zunehmend korrigiert worden, wie in dieser die Prozesshaftigkeit des Beziehungs- und Erziehungsgesche-
hens erarbeit wurde. Immer deutlicher geworden sei so, dass „eine psychoanalytische Erziehungslehre, die ′ein geschlossenes System von Regeln und Vor-
schriften′ (A. Freud 1954, 14) für richtiges pädagogisches Handeln bieten soll,
nicht realisierbar" (Trescher 1985: 147) sei. Denn in Beziehungs- und Erziehungsprozessen könnten „– weder individuell noch überindividuell – keine
grundsätzlich fest gefügten, gesetzmäßigen Abläufe identifiziert werden. [...]
Und wäre eine solche Erziehungslehre möglich, ihr stünde nicht das Prädikat
psychoanalytisch zu" (ebd.). Würde in dieser Weise „Pädagogik in ihrem Ideal
als System von Regeln und konkreten Verhaltensmaximen" (ebd.: 148) verstanden, sei sie „nicht mehr in der Lage, Interaktion, d.h. Beziehungsverläufe, zu
reflektieren" (ebd.) – ja, sie zwänge „Subjektivität in das Prokrustesbett einer
überindividuellen Didaktik" (ebd.: 147) und grenze somit „die Artikulation von
Individualität als dysfunktional aus" (ebd.).

Trescher vermerkt, dass „das unerkannte ärztliche Selbstverständnis" (1984:
151) der frühen psychoanalytischen Pädagogik allerdings nicht nur „in der illusi-
onären Hoffnung auf Möglichkeiten der umfassenden Neurosenprophylaxe durch
eine psychoanalytisch aufgeklärte Erziehung" (ebd.) seinen Ausdruck gefunden
hätte. Er sieht hierin auch den zentralen Grund, dass „innerhalb der psychoanalytischen Bewegung nur jene Praxiskonzeptionen dezidiert weiterentwickelt"
(ebd.: 153) worden seien, „die der ′Kur′ verwandte Settings und Techniken aufweisen konnten, die also das Tabu des ärztlichen Selbstverständnisses nicht
sprengen mussten" (ebd.). Trescher zufolge gelte dies insbesondere für die Kinderanalyse (vgl. ebd.: 94 ff.), aber auch in jeweils geringerem Maße für die Erziehungsberatung (vgl. ebd.: 107 ff.) „und die Formen letztendlich therapeutischer Heimerziehung" (ebd.: 153). So sieht Trescher in „der nicht vollzogenen
Korrektur ihres ärztlichen Selbstverständnisses" (1989: 375) auch den Grund,
dass die psychoanalytische Pädagogik „der Erforschung und konzeptionellen
Entfaltung angemessener Entwicklungs- und Bildungsförderung durch professionelle Pädagogik innerhalb ihrer institutionellen und sozialen Rahmenbedingungen weniger Aufmerksamkeit zuteil" (ebd.) haben werden lassen.

Autoren, die sich mit der Geschichte der psychoanalytischen Pädagogik
auseinandergesetzt haben, wie z.B. Füchtner (1978: 195 f.), Trescher (vgl. 1985:
146 ff.) und Datler (vgl. 1992: 16 ff.), sind sich darin einig, dass nach der „Revision" psychoanalytischer Pädagogik in den dreißiger Jahren, „die ihren Höhe-
punkt im gleichnamigen Budapester Symposium (1937) fand" (Trescher 1985:

153), und nach der Faschismus bedingten Emigration führender Vertreter „in anglo-amerikanische Länder sich die Psychoanalytische Pädagogik in die Kinderanalyse und die psychoanalytische Sozialisationstheorie bzw. Entwicklungspsychologie aufgelöst" (ebd.) habe. Im Zuge der „Medizinalisierung der Psychoanalyse im Exil" (Füchtner ebd.) sei die Psychoanalytische Pädagogik aber gleich in doppelter Weise heimatlos geworden: Nicht nur dass sie nun mit dem in der Internationalen Psychoanalytischen Vereinigung dominierenden ärztlichen Selbstverständnis kollidierte. Ebenso blieb sie als Psychoanalyse auch den Erziehungswissenschaften und der Theorieentwicklung im Bereich Sozialer Arbeit fremd.

Daran änderte sich auch in der Nachkriegszeit nichts Grundlegendes. Zwar sei ab Mitte der sechziger Jahre von Teilen der sog. 68er Bewegung in der Bundesrepublik die kulturelle, gesellschaftliche und soziale, aber auch pädagogische Relevanz der Psychoanalyse wiederentdeckt worden (vgl. Krüger 1997: 112), besonders in Gestalt der Arbeiten von Wilhelm Reich und Siegfried Bernfeld. Eine Renaissance habe die Psychoanalytische Pädagogik in Deutschland und mit ihr die Psychoanalytische Sozialarbeit aber erst seit den 80er Jahren erfahren (vgl. Finger-Trescher 2001: 1455). Von daher lautet auch noch die Überschrift des Artikels von Dieter Ohlmeier in der ersten Auflage des „Handbuch Sozialarbeit/Sozialpädagogik" von 1984: „Psychoanalyse und Sozialarbeit". Der in den Zwischenüberschriften dieses Artikels geschlagene Bogen von

- „Psychoanalyse und Sozialarbeit in Kongruenz oder in Divergenz?" (ebd.: 812 ff.),
- „Was ist Psychoanalyse?" (ebd.: 816 ff.),
- „Die Notwendigkeit der Psychoanalyse für die Sozialarbeit" (ebd.: 818 ff.), bis schließlich:
- „Gegenseitige Kooperation und gegenseitige Schwierigkeiten" (ebd.: 821)

verrät, dass damals aus der – wie Trescher (vgl. 1985: 153) es bezeichnet hat – „Arbeit an der 'Revision'" noch kein „eigenständiges, nicht-ärztliches, aber gleichwohl psychoanalytisches Selbstverständnis" (ebd.) von Pädagogik bzw. Sozialer Arbeit hervorgebracht war.

Demgegenüber ist der vergleichbare Artikel zur zweiten völlig überarbeiteten Auflage des „Handbuch Sozialarbeit/Sozialpädagogik" im Jahr 2001 von Finger-Trescher bereits mit „Psychoanalytische Sozialarbeit" überschrieben. Allerdings beginnt auch Finger-Trescher ihren Beitrag noch mit dem Satz, dass „obwohl der Begriff Psychoanalytische Sozialarbeit ein eng umschriebenes Spezialgebiet der Sozialarbeit zu definieren scheint, [...] es sich in Wirklichkeit doch um das weite Feld des Verhältnisses und des Zusammenwirkens von Psychoanalyse auf der einen und Sozialer Arbeit auf der anderen Seite" (2001:1454) handele. Bei allen Differenzen die zwischen den beiden Handbuchbeiträgen und den „teils divergierenden Standpunkte[n]", die Finger-Trescher (ebd.: 1455) in ihrem Artikel anreißt, bestehen, betrachten zumindest alle doch die Psychoanalyse als „die Wissenschaft vom Unbewussten, deren Erkenntnisse in unterschiedlichen sozialen Praxisfeldern von Bedeutung" (ebd.; vgl. Ohlmeier 1984: 816) seien.

Einigkeit besteht auch darin, dass in all diesen ihren Anwendungsbereichen der für die Psychoanalyse spezifische und von Burkhard Müller (vgl. z.B. 1995: 12; vgl. auch Kap. 3.9) im Anschluss an Körner als „exzentrisch" bezeichnete Betrachtungsstandpunkt gleichermaßen Gültigkeit habe. Dieser impliziere „sowohl die Reflexion der bewusstseins-verborgenen Motive und Selbstauffassungen der KlientInnen als auch der professionell Handelnden selbst" (Finger-Trescher 2001: 1455). Und „nur unter dieser Prämisse" (ebd.) könnten Letztere „sich selbst als Erkenntnisinstrument nutzbar machen" (ebd.; vgl. Ohlmeier 1984: 817). Darüber hinaus eröffne dieser Betrachtungsstandpunkt auch ein „Verstehen der in der Klientin-Helferin-Beziehung sich herstellenden Beziehungsdynamik, von deren professioneller Handhabung der entscheidende Impuls zur Veränderung" (Finger-Trescher 2001: 1455) ausgehe. Aus der Sicht Finger-Treschers seien für diesen deshalb „drei zentrale Erkenntnisse der Psychoanalyse von besonderer Bedeutung" (ebd.: 1456). Diese beträfen:

- Wesen und Wirksamkeit des Unbewussten,
- Übertragungs-/Gegenübertragungsreaktionen bzw. Übertragungsidentifizierungen sowie
- die Dynamik von Trauma, Wiederholungszwang und projektiver Identifizierung.

### 6.2 Die Bedeutung des Unbewussten

Für Finger-Trescher zählt „zu den zentralen Entdeckungen Freuds [...] die Erkenntnis, das große Bereiche subjektiven Fühlens, Erlebens und Denkens unbewusst determiniert" (2001: 1456) seien. Sie hebt hervor, dass es sich dabei „nicht etwa um pathologische Bewusstseinszustände" (ebd.) handele. Vielmehr werde von Freud „das ʹUnbewussteʹ als ein Strukturelement der menschlichen Psyche" (ebd.) verstanden. Im Rahmen seiner ersten Theorie des psychischen Apparates unterscheidet Freud die drei Systeme Unbewusst (Ubw), Vorbewusst (Vbw) und Bewusst (Bw), „die verschiedene Eigenschaften oder Funktionen haben und in einer bestimmten Reihenfolge zueinander angeordnet sind, was gestattet, sie metaphorisch als psychische Orte zu betrachten" (Laplanche/Pontalis 1994: 503). Mit diesem, wie es auch genannt wird, „ersten topischen Modell" hat Freud versucht, „die Komplikation der psychischen Leistung verständlich zu machen, indem wir diese Leistung zerlegen, und die Einzelleistung den einzelnen Bestandteilen des Apparates zuweisen" (GW II-III: 541). Dabei vergleicht er sein Modell des psychischen Apparates mit einem optischen Apparat, wobei die psychischen „Systeme" bzw. „Orte" eher den zwischen den beiden Linsen eines Mikroskops gelegenen virtuellen Punkten des Apparates als seinen materiellen Teilen entspräche (vgl. ebd.).

Laplanche/Pontalis zufolge könne man in diesem Sinne „das Unbewusste als einen besonderen ʹseelischen Ortʹ annehmen, den man sich nicht wie ein zweites Bewusstsein, sondern als ein System von Inhalten, Mechanismen und vielleicht mit einer spezifischen ʹEnergieʹ vorstellen" (1994: 563) müsse. Ihrer Ansicht nach ließen sich „die wesentlichen Merkmale des Unbewussten als System (oder Ubw) wie folgt zusammenfassen" (ebd.: 562):

Seine Inhalte sind Triebrepräsentanzen. Unter Trieb versteht Freud „zunächst nichts anderes [...] als die psychische Repräsentanz einer kontinuierlich fließenden innersomatischen Reizquelle" (GW V: 67). Vier Grundkategorien sind für seinen als „Abgrenzung des Seelischen vom Körperlichen" (ebd.) fungierenden Triebbegriff konstitutiv:

- die körperliche „Quelle";
- das „Ziel" der Beseitigung einer Erregungsspannung;
- der „Drang" als unbedingter Forderung nach unmittelbarer Befriedigung und
- das „Objekt" der Triebbefriedigung bzw. dessen Vorstellung (vgl. GW X: 214 f.).

Laplanche/Pontalis zufolge (vgl. 1994: 535) bezeichne Freud mit dem Begriff der Triebrepräsentanz diejenigen „Elemente oder Vorgänge [...], in welchen der Trieb seinen psychischen Ausdruck" (ebd.) finde. Dabei heben sie hervor, dass der Trieb „nie Gegenstand des Bewusstseins" (ebd.: 563) werden könne, und auch „im Unbewussten nur durch seine Repräsentanzen [...], im Wesentlichen durch die ʹVorstellungsrepräsentanzenʹ" (ebd.) vertreten sei, in Form von „Phantasien, imaginären Szenarien, [...] an die sich der Trieb hefte und die echt bildhafte Darstellungen des Wunsches" (ebd.) seien. Nachdrücklich weisen Laplanche/Pontalis darauf hin, dass Freud zufolge „der Vorgang der infantilen Verdrängung [...] die erste Spaltung zwischen dem Unbewussten und dem System Vbw-Bw" (ebd.: 564) bewirke. Da aus Freuds Perspektive „Motiv und Absicht der Verdrängung nichts anderes als die Vermeidung von Unlust" (GW X: 256) sei, habe er jedoch „das Schicksal des Affektbetrages der Repräsentanz bei weitem wichtiger" (ebd.) gehalten „als das der Vorstellung" (ebd.).

In seiner Theorie der Verdrängung hypostasiert Freud (vgl. GW X: 250 f.) auch „eine Urverdrängung [...], eine erste Phase der Verdrängung" (ebd.). Diese besteht für ihn darin, dass „der psychischen (Vorstellungs-)Repräsentanz des Triebes die Übernahme ins Bewusste versagt" (ebd.) werde. Damit sieht er zugleich eine „Fixierung" dergestalt einhergehen, dass „die betreffende Repräsentanz [...] von da an unveränderlich bestehen und der Trieb an sie gebunden" (ebd.) bleibe. Laplanche/Pontalis schlussfolgern daraus, dass „die Fixierung der Verdrängung zugrunde" (1994: 155) liege und, „im umfassenden Sinne, sogar als deren erste Phase angesehen werden" (ebd.) könne. Sie weisen darauf hin, dass der Begriff der „Fixierung" damit zugleich „im Rahmen der Freudschen Theorie des Unbewussten den Modus dar(stellt), nach dem gewisse Vorstellungsinhalte (Erfahrungen, Imagines, Phantasien), die unverändert im Unbewussten persistieren und an die der Trieb gebunden bleibt, sich einprägen" (ebd.: 154).

Laplanche/Pontalis legen dar, wie „das Studium der Symptombildung und die Analyse der Träume" (ebd.: 397) Freud dahin gebracht hätten, „einen Typus des psychischen Funktionierens anzuerkennen, der seine eigenen Mechanismen" (ebd.) habe, die sich grundsätzlich unterschieden „von den Denkvorgängen, die der traditionellen psychologischen Beobachtung zugänglich" (ebd.) seien. Von diesen, die Inhalte des Systems Ubw beherrschenden Mechanismen seien besonders bedeutsam die „Verschiebung", „durch die einer scheinbar oft unbedeutenden Vorstellung der ganze psychische Wert, die Bedeutung, die Intensität, die ursprünglich zu einer anderen Vorstellung gehörten, zugeschrieben" (ebd.) werde. Zum anderen könnten – was Freud „Verdichtung" genannt hat – „in einer einzigen Vorstellung [...] alle Bedeutungen zusammenfließen, die durch die sich dort kreuzenden Assoziationsketten herangetragen" (ebd.) würden. Diese von Freud am Traum (vgl. GW II/III: Kap. VII.) aufgedeckten Mechanismen fänden sich auch in anderen Bildungen des Unbewussten, wie z.B. den Fehlleistungen wieder. Finger-Trescher erwähnt in diesem Zusammenhang „das Verlegen von Gegenständen, das Vergessen eines wichtigen Termins oder das Versprechen, Verwechseln und Verschreiben" (2001: 1456). Auf diese Weise versuchten unbewusste Inhalte als „Wiederkehr des Verdrängten" – stark mit Triebenergie besetzt – ins Bewusstsein und in Aktion zu gelangen. Allerdings könnten diese erst nach Entstellung durch die Zensur in Form von „Kompromißbildungen zwischen den verdrängten und den verdrängenden Vorstellungen" (GW I: 387) Zugang zum System Vbw-Bw erlangen.

Laplanche/Pontalis weisen darauf hin, dass „von 1920 ab die Freudsche Theorie des psychischen Apparates gründlich umgearbeitet wird und neue topische Unterscheidungen eingeführt werden" (1994: 565). Es sind dies die Instanzen

- „*Es*", welches das stammesgeschichtliche Erbe, die Dynamik der Triebe sowie das aus dem Bewusstsein Verdrängte repräsentiert;
- das „*Über-Ich*", welches für die verinnerlichten gesellschaftlichen Normen steht, und
- das „*Ich*", welchem als Strukturmoment die Vermittlungsaufgabe in der Dynamik zwischen den beiden anderen Instanzen wie auch zur Außenwelt zufällt. Diese Funktion erfülle das Ich entweder mit Hilfe des Bewusstseins und realer Arbeit und/oder vermittels einer Reihe von Abwehrmechanismen, wie z.B. Verdrängung, Verleugnung, Reaktionsbildung, Projektion. In prekären Konfliktsituationen würden auf diese Weise Aspekte der an der Dynamik beteiligten Momente entstellt und nicht adäquat im Bewusstsein repräsentiert. Das Ich bleibe so zwar funktionsfähig. Zugleich werde allerdings der Handlungsspielraum wegen dieser inadäquaten Repräsentanzbildungen in je spezifischer Weise eingeschränkt.

Laplanche/Pontalis konstatieren, dass in dieser Weise die neuen Unterscheidungen „nicht mehr mit denen des Unbewussten, des Vorbewussten und des Bewussten koinzidieren" (1994: 565). Wenn die Abkürzung Ubw in seinem ersten topischen Modell „das (substantivierte) Unbewusste als System" (ebd.: 562) meine, und „ubw als Abkürzung des Adjektivs ´unbewusst` im strengen Sinne die Inhalte dieses Systems" (ebd.) bezeichne, so werde „im Rahmen der zweiten Freudschen Topik ´unbewusst` insbesondere adjektivisch gebraucht" (ebd.) und sei „nicht mehr die Eigentümlichkeit einer speziellen Instanz" (ebd.). Zwar fänden sich „in der Instanz des Es die Hauptcharakteristika des Systems Ubw wieder" (ebd.: 565). Allerdings ließen „auch die anderen Instanzen – Ich und Über-Ich – eine unbewusste Herkunft und einen unbewussten Anteil erkennen" (ebd.).

In Ergänzung zu dem bisher ausgeführten weist Finger-Trescher darauf hin, dass zum Unbewussten nicht nur „jene Bereiche des Erlebens, Fühlens, Wahrnehmens" (2001: 1456) zählten, welche „aus dem Bewusstsein ausgeschlossen (verdrängt oder abgespalten) werden mussten, weil sie mit schmerzlichen, peinlichen oder verpönten Gefühlen gekoppelt sind" (ebd.), sondern auch „Bereiche, die nie im Bewusst-Sein aufgehoben waren, weil sie zu frühen vorsprachlichen Stadien der individuellen Entwicklung gehören oder aufgrund seelischer Deprivation in keiner Phase der Entwicklung symbolisierungs- und damit bewusstseinsfähig waren" (ebd.).

## 6.3  Die Bedeutung der Übertragungs-, Gegenübertragungsreaktionen bzw. Übertragungsidentifizierungen

Laplanche/Pontalis legen dar, dass die Übertragung für Freud „ursprünglich [...],
zumindest auf der theoretischen Ebene, nur ein besonderer Fall der Affektver-
schiebung von einer Vorstellung auf die andere" (1994: 552) gewesen sei. So
erklärt Freud in den „Studien über Hysterie" auch die Übertragung unbewusster
Vorstellungen von Patienten auf die Person des Arztes damit, dass „zuerst der
Inhalt des Wunsches im Bewusstsein des Kranken aufgetreten" (GW I: 309) sei,
„ohne die Erinnerungen an die Nebenumstände, die diesen Wunsch in die Vergangenheit verlegen konnten" (ebd.). Freud legt dar, wie „der nun vorhandene
Wunsch [...] durch den im Bewusstsein herrschenden Assoziationszwang mit
einer Person verknüpft" (ebd.) werde und bei dieser „falsche[n] Verknüpfung
[...] derselbe Affekt" (ebd.) aufwache, „der seinerzeit die Kranke zur Verweisung dieses unerlaubten Wunsches gedrängt" (ebd.) habe.

Später dann hat Freud Übertragungen als „Neuauflagen, Nachbildungen von
den Regungen und Phantasien, die während des Vordringens der Analyse er-
weckt und bewusst gemacht werden sollen, mit einer für die Gattung charakteristischen Ersetzung einer früheren Person durch die Person des Arztes" (GW V:
279) gefasst. Dabei legt er – wie Laplanche/Pontalis herausarbeiten – besonderen
Wert darauf, dass es „vor allem die psychische Realität" (1994: 556) sei, die
übertragen werde, „das heißt im Grund der unbewusste Wunsch und die damit
verknüpfte Phantasie" (ebd.). Somit handele es sich bei Übertragungen nicht um
„buchstabengetreue Wiederholungen, sondern symbolische Äquivalente dessen,
was übertragen wird" (ebd.).

Laplanche/Pontalis heben hervor, dass Freud in diesem Zusammenhang
ausdrücklich darauf hingewiesen habe, dass solche Übertragungen „ihrer Natur
nach nicht anders sind, ob sie nun dem Analytiker oder irgendeiner anderen
Person gelten, und dass sie andererseits keine Verbündeten für die Behandlung
bilden, es sei denn unter der Bedingung, erklärt und ´zerstört` zu werden, eine
nach der anderen" (ebd.: 553). Freud habe „in diesem Abschnitt seines Denkens"
(ebd.: 554) nämlich festgestellt, dass „der Übertragungsmechanismus gegenüber
der Person des Arztes in dem Augenblick ausgelöst" (ebd.) werde, „in dem besonders wichtige verdrängte Inhalte enthüllt zu werden drohen" (ebd.). In diesem
Sinne sei ihm die Übertragung „als eine Form des Widerstandes" (ebd.) (= „Ü-
bertragungswiderstand") erschienen, „während sie zugleich die Nähe des unbewussten Konflikts" (ebd.) signalisiere.

Auch wenn Freud dann später bezüglich der analytischen Situation zwischen einer „positiven" Übertragung zärtlicher Gefühle und einer „negativen"
Übertragung feindseliger Gefühle unterschieden hat, sah er beide „in den Dienst

des Widerstandes" (GW XIII: 223) treten. Allerdings sei mit dieser Erweiterung des Übertragungsbegriffs – wie Laplanche/Pontalis darlegen – die Übertragung für Freud zunehmend zu einem „strukturierenden Vorgang der ganzen Behandlung" (1994: 553) geworden und zwar nicht nur im Bestreben, „allen Symptomen der Krankheit eine neue Übertragungsbedeutung zu geben" (GW X: 134 f.). Zumindest für eine Zeit sah er in der Ersetzung der klinischen „gemeine[n] Neurose" seiner Patienten „durch eine Übertragungsneurose" (ebd.), die zwar „alle Charaktere der Krankheit übernommen, aber […] eine artifizielle Krankheit" (ebd.: 135) darstelle, eine große Chance. Da Letztere „überall unseren Eingriffen zugänglich" (ebd.) sei, ging er davon aus, dass sie „durch die therapeutische Arbeit geheilt werden" (ebd.) könne.

Immer größeres Gewicht bekam für Freud jedoch die Erkenntnis, dass „der Kranke" gerade deshalb „genötigt" sei, „das Verdrängte als gegenwärtiges Erlebnis zu wiederholen" (GW XIII: 16), weil er „von dem in ihm Verdrängten nicht alles erinnern" könne, „vielleicht gerade das Wesentliche nicht" (ebd.). Da auch die Übertragungsneurose nur eine besondere Form dieses Wiederholungszwanges darstelle, habe „Freud […] alsbald die Notwendigkeit betont, '[…] den Bereich dieser Übertragungsneurose möglichst einzuschränken, möglichst viel in die Erinnerung zu drängen und möglichst wenig Wiederholungen zuzulassen'" (Laplanche/Pontalis 1994: 555; Zitat im Zitat: GW XIII: 17). Allerdings sah er, dass „in der Regel […] der Arzt dem Analysierten diese Phase in der Kur nicht ersparen" (GW ebd.) könne. Er müsse „ihn ein gewisses Stück seines vergessenen Lebens wiedererleben lassen" (ebd.), gleichwohl aber für die Erhaltung eines „Maß von Überlegenheit" (ebd.) Sorge tragen, „kraft dessen die anscheinende Realität doch immer wieder als Spiegelung einer vergessenen Vergangenheit erkannt wird" (ebd.).

Ohlmeier hat hervorgehoben, dass „in der Bedeutung der Übertragung, ihrer Erkennung und Bearbeitung […] das Grundmerkmal der psychoanalytischen Therapie" (1984: 817) zu sehen sei, gegenüber dem „die Frage des settings […] sekundär" (ebd.) erscheine. Deswegen beschränke sich auch „die Psychoanalyse heute nicht mehr auf das klassische psychoanalytische setting – die Zweiersituation des auf der Couch liegenden Patienten und des hinter ihm sitzenden Analytikers –" (ebd.), sondern bediene sich „ebenso der Mehrpersonensituation, z.B. in der Gruppenanalyse und der analytischen Familientherapie" (ebd.). Ihr „entscheidendes Merkmal" (ebd.) bleibe „jedoch immer die Deutung (Interpretation) unbewusster Übertragungsvorgänge zwischen Klient(en) und dem Analytiker" (ebd.).

Ohlmeier ist der Ansicht, dass selbst „wenn der therapeutisch tätige Sozialarbeiter psychoanalytische Techniken nicht 'kopieren'" (ebd.: 819) könne und solle, er „seine Kenntnis der gesetzmäßig auftretenden Übertragungsäußerungen des Klienten methodisch" (ebd.) einzusetzen habe in Form eines „Ansprechens, Problematisierens, Bearbeitens derartiger – ja zunächst unbewusst und wie unter einem Wiederholungszwang auftretender – Übertragungsphänomene" (ebd.: 820). Die „Übertragungsbearbeitung" werde so zum „wirksamsten therapeutischen Mittel" (ebd.), das geeignet sei, „den Klienten aus seinen immer wiederholten ′Beziehungssackgassen′ zu befreien" (ebd.).

Zwar weist auch Ohlmeier daraufhin, dass Professionelle dabei auf ihre „eigenen Gefühle und Phantasien" (ebd.: 817) zu achten hätten. Er beschränkt sich jedoch diesbezüglich auf den Hinweis, dass eine entsprechende „persönliche analytische Selbsterfahrung (Lehranalyse)" (ebd.), ermögliche, „eigene Konflikte, die in seiner Gegenübertragung auf den Klienten wachgerufen werden, als solche zu erkennen" (ebd.). Möglicherweise schimmert hier noch der klassische technische Standpunkt der Analyse durch, „die Gegenübertragungsreaktionen durch die persönliche Analyse so weit wie möglich zu reduzieren, so dass die psychoanalytische Situation schließlich wie eine projizierte Oberfläche nur durch die Übertragung des Patienten strukturiert ist" (Laplanche/Pontalis 1994: 164). Dafür spricht auch, dass Ohlmeier „die Beachtung der Abstinenz" (1984: 820) als „wichtige methodische Voraussetzung" (ebd.) sieht, die in der Sozialen Arbeit Tätige mit den Analytikern teilen sollten, obwohl sie vielmehr als jene ihre „therapeutischen Aktivitäten [...] den vorgefundenen Gegebenheiten anpassen" (ebd.) müssten. Bei deren Verletzung durch „über das therapeutische Arbeitsbündnis hinausgehende [...] persönlich-private Kontakte [... wäre] eine Verunklarung der Übertragungssituation [...] die mindeste, eine passive Abhängigkeit des Klienten – in bestimmten Fällen auch des Therapeuten vom Klienten – eine schwerer wiegende Folge" (ebd.).

Auch Trescher (vgl. 1985: 186 ff.) und Finger-Trescher (vgl. 2001: 1459) zählen die Haltung der Abstinenz bzw. professionellen Distanz, neben „Selbstreflexion, Reflexion und Metakommunikation" zu den „wesentliche[n] methodische[n] Determinanten der Psychoanalytischen Sozialarbeit" (ebd.). Abstinenz meint aber bei beiden „die Fähigkeit, eine innere Distanz, einen Beobachterstandpunkt auch gegenüber sich selbst, gegenüber eigenen Affekten, die in der Beziehungsdynamik entstehen, zu wahren" (ebd.). Ausdrücklich betonen beide, dass Abstinenz „nicht kühle Distanz" (ebd.) bedeute, „sondern Selbstkontrolle im Sinne von Selbstreflexion, damit die Handhabung der Beziehung zur Klientin bzw. der Klientin zur Helferin nicht der Maßgabe persönlicher Befriedigung der Helferin" (ebd.) unterliege. Die Haltung der Professionellen müsse nicht allein durch eine so verstandene Abstinenz, sondern darüber hinaus auch durch „Empathie" gekennzeichnet sein als Fähigkeit, „sich in die emotionale, oft irrational erscheinende innere Welt der KlientInnen einzufühlen, mit-zu-fühlen und die Resonanz des Erlebens des anderen in sich selbst zuzulassen" (ebd.). Ja, „Empathie (hinsichtlich der inneren Objekte und des Selbst der Klienten), Selbstreflexion und Introspektion ermöglichten in Verbindung mit der genannten professionellen Distanz" – wie Trescher (1985: 187) hervorhebt – erst „eine psychoanalytische 'Abstinenz` im besten Sinne" (ebd.).

Trescher und Finger-Trescher schließen in ihren Überlegungen also stärker an dem ebenfalls in der klinischen Praxis der Psychoanalyse vertretenen technischen Standpunkt an, der dafür plädiert, „die Gegenübertragungsmanifestationen in der analytischen Arbeit zu verwenden" (Laplanche/Pontalis 1994: 165), ganz im Sinne Freuds, wonach „jeder Mensch in seinem eigenen Unbewussten ein Instrument besitzt, mit dem er die Äußerungen des Unbewussten beim anderen zu deuten vermag" (GW VIII: 445). Finger-Trescher hat in diesem Zusammenhang darauf hingewiesen, dass in der Sozialen Arbeit, wie auch „in alltäglichen Begegnungen zwischen Menschen, die der Übertragung zugrunde liegenden Phantasien und Wünsche [...] sich dem jetzigen Gegenüber durch die Art und Weise" (2001: 1457) vermittelten, in der die Übertragenden ihre Beziehungen zu diesen gestalteten.

Um zu verdeutlichen, dass es sich bei entsprechenden Gegenübertragungsreaktionen „um unbewusste Identifizierungen mit dem in der Übertragung angebotenen Beziehungsmuster" (ebd.) handele, verwendet sie den Begriff der „Übertragungsidentifizierung". Unter technischen Aspekten könnte dies durchaus als Anschluss an eine auch im klinischen Rahmen verbreitete Haltung gelesen werden, welche „als einzige authentische psychoanalytische Kommunikation die Resonanz 'von Unbewusst zu Unbewusst`" (Laplanche/Pontalis 1994: 165) postuliert und sich vor diesem Hintergrund „bei der Deutung nach seinen eigenen Gegenübertragungsreaktionen" (ebd.) richtet. Hierfür spricht auch Treschers Forderung, (sozial)pädagogisch Tätige hätten „zunächst sich selbst reflektierend zu beobachten" (1985: 192), wäre doch „die Objekt-Erkenntnis [...] von der Selbst-Erkenntnis nicht zu trennen" (ebd.). Doch für Trescher (vgl. ebd.) und Finger-Trescher liegt „das methodische Kernstück der Psychoanalytischen Pädagogik" (2001: 1459) in der besonderen Verstehensart des „szenischen Verstehens". Nur mit dessen Hilfe könnten „unbewusste, aber gleichwohl handlungs- und erlebnisleitende Themen in Interaktionen erfasst werden" (ebd.).

Nach Hans-Georg Trescher (vgl. z.B. 1985: 140) orientiert sich szenisches Verstehen „an der folgenden Interpretationsstruktur [...]:

▪ Logisches Verstehen des Verhaltens/der Mitteilungen des Klienten (Verständnis des Gesprochenen und der unmittelbar ersichtlichen Handlungsverläufe).
▪ Psychologisches Verstehen des Klienten (Verständnis der Persönlichkeitsstruktur).

- Übertragung von Vor- und Parallelerfahrungen des Klienten (Verständnis der Bedeutung der aktuell konflikthaften Szene unter dem Aspekt von Übertragungsreaktionen und auf dem Hintergrund des logischen und psychologischen Verstehens).
- Gegenaktion und Teilhabe des Erziehers (spezifische Reaktion des Pädagogen auf die Übertragungsreaktion des Klienten; Mobilisierung konflikttypischer Beziehungsbereitschaften beim Pädagogen).
- Szenisches Verstehen (Dimension des unbewussten Zusammenspiels von Erzieher und Klient in der bestimmten Situation)" (ebd.).

Trescher weist ausdrücklich darauf hin, dass die dem szenischen Verstehen vorausgehenden „anderen Verstehensmodalitäten" (ebd.) ihre Relevanz nur in der Beziehung zu Letzterem erhielten. Gegenüber diesem seien sie zwar „sekundär, jedoch insoweit bedeutungsvoll als sie in ihrem Zusammenspiel das szenische Verstehen erst ermöglich[t]en" (ebd.).

Im Anschluss daran sieht Finger-Trescher es als „wesentliches Ziel Psychoanalytischer Sozialarbeit" (2001: 1457) an, in dieser Weise die aus dem Zusammenspiel von Übertragung und Gegenübertragung – bzw. Übertragungsidentifizierung – sich „für die Arbeit mit der jeweiligen Klientin" herausbildenden „konflikt- und/oder belastungstypischen Szenen [...] zu verstehen. [...]. Insbesondere dann, wenn die Grenzen des Alltagsverstehens erreicht" (ebd.) würden und „die gemeinsame Arbeit an irrational erscheinenden Handlungen oder unverständlichen Konflikten zu scheitern" (ebd.) drohte, könne und müsse „der unbewusste Sinn, die handlungsleitende Bedeutung dieser belastenden Interaktion erschlossen werden" (ebd.).

## 6.4  Die Bedeutung der Dynamik von Trauma, Wiederholungszwang und projektiver Identifizierung für die Psychoanalytische Sozialarbeit

Finger-Trescher hat in diesem Zusammenhang darauf aufmerksam gemacht, dass es sich „bei einem erheblichen Teil der psychischen und psychosomatischen Symptome wie auch der daran gekoppelten sozialen ´Auffälligkeiten` bei Kindern, Jugendlichen und Erwachsenen [...] um posttraumatische Reaktionen" (2001: 1457) handele. Dies gelte „vor allem (aber nicht nur) für die KlientInnen der sozialen Arbeit" (ebd.). Die „zugrunde liegende traumatische Erfahrung" (ebd.) könne dabei „an eine oder mehrere Extremsituationen gekoppelt sein, z.B. Gewalterfahrungen, Verlust eines geliebten Menschen, schwerer Unfall etc." (ebd.), oder/und als „kumulatives Trauma" aus einer Aufeinanderfolge von Ereignissen und Situationen bestehen. Mögen Letztere „einzeln und für sich genommen eher unbedeutend erscheinen" (ebd.), könnten sie doch „in ihrer Kombination [...] den 'Reizschutz' [...] der betroffenen Personen [...] nachhaltig durchbrechen" (ebd.: 1457 f.) und müssten dann ebenfalls „als traumatogen bezeichnet werden" (ebd.: 1458). Finger-Trescher verweist in diesem Zusammenhang auch auf „traumatogene Beziehungsstrukturen, z.b. permanenter Mangel an Fürsorge, ständiger Wechsel zwischen Verwöhnung und Strafe, seelischer und körperlicher Missbrauch" (ebd.: 1457). Für solche traumatogenen Konstellationen sei eine „weitgehende psychische und/oder physische Abhängigkeit des Subjekts vom traumatisierenden Objekt oder der traumatogenen Situation" (ebd.: 1458) kennzeichnend.

Finger-Trescher hat nun hervorgehoben, dass gerade solche Traumata, die „aufgrund der Intensität der schmerzlichen Affekte nicht bewältigt werden" (ebd.) könnten, statt dessen in einer spezifischen Weise „gleichsam zwanghaft wiederholt" (ebd.) würden. Sie benutzt in diesem Zusammenhang den von Melanie Klein eingeführten Begriff der „projektiven Identifizierung". Mit diesem bezeichnete Klein ursprünglich Phantasien, „in denen das Subjekt sein Selbst ganz oder teilweise ins Innere des Objekts einführt, um ihm zu schaden, es zu besitzen und zu kontrollieren" (Laplanche/Pontalis 1994: 226). Demgegenüber sieht Finger-Trescher in projektiven Identifizierungen „einen psychischen Abwehrmechanismus und Bewältigungsversuch" (2001: 1458), der psychodynamisch gekennzeichnet sei durch eine Art „der Projektion der im Trauma erlittenen Ohnmacht, der Angst, der Schmerzen und der grenzenlosen Wut und Scham auf eine andere, gegenwärtig verfügbare Person, z.B. SozialarbeiterInnen/SozialpädagogInnen" (ebd.), durch welche „der Empfänger oder die Empfängerin der projizierten unerträglichen Gefühle" (ebd.) dazu „'gezwungen' werde, diese tatsächlich zu übernehmen, sich mit dem Projizierten und damit mit dem traumatisierten Individuum zu identifizieren" (ebd.).

Um dies zu erreichen, würden „Interaktions- und Kommunikationsverläufe so gestaltet, dass der oder die andere [...] mit vielfältigen Mitteln tatsächlich in die Rolle des traumatisierten Individuums von damals gedrängt" (ebd.) werde, um all das zu erleben, was „das traumatisierte Subjekt selbst nicht bewältigen konnte. Und die andere (Erzieherin/Sozialpädagogin/Sozialarbeiterin/Lehrerin) soll das Scheitern erleben, das dem eigenen Ich bei der erfolglosen Bewältigung und Verarbeitung der traumatischen Erfahrung widerfahren ist" (ebd.). Finger-Trescher hebt hervor, dass „in der Sozialen Arbeit [...] Beispiele für eine solche Interaktionsdynamik zum beruflichen Alltag" (ebd.) gehörten.

## 6.5  Die Bedeutung psychosozialer Abwehr für die Psychoanalytische Sozialarbeit

Die psychoanalytische Theorie beanspruche in dieser Weise – wie Dörr/Müller hervorheben – „mit ihren empirisch gehaltvollen Theoriekonstruktionen" (2005: 235) begreifbar zu machen, „wie Subjekte mit Hilfe psychosozialer Abwehrmechanismen" (ebd.) ständig versuchten, „sich vor dem bewussten Gewahrwerden von beunruhigenden Erlebnisinhalten zu schützen oder diese zumindest zu lindern" (ebd.). Der Begriff der psychosozialen Abwehrmechanismen wurde im deutschsprachigen Raum von Horst-Eberhard Richter (1963 & 1970) eingeführt. Abwehr meint im psychoanalytischen Kontext die „Gesamtheit von Operationen, deren Finalität darin liegt, jede Modifikation einzuschränken oder zu unterdrücken, die geeignet ist, die Integrität und die Konstanz des biopsychologischen Individuums zu gefährden. ... Allgemein richtet sich diese Abwehr gegen einen inneren Reiz (Trieb) und selektiv gegen einen an Vorstellungen gebundenen Reiz (Erinnerungen, Phantasien), gegen eine bestimmte Situation, die diesen Reiz auslösen kann, soweit er mit diesem Gleichgewicht unverträglich und daher für das Ich unlustvoll ist. Die unlustvollen Affekte, Motive oder Abwehrsignale können ebenso deren Gegenstand sein. Der Abwehrvorgang besteht aus mehr oder weniger in das Ich integrierten Abwehrmechanismen" (Laplanche/Pontalis 1994: 24).

So lässt sich der, wie schon erläutert, von Freud am Traum entdeckte Mechanismus der Verschiebung auch als ein Abwehrmechanismus deuten. „Die zunächst konfliktbezogene Angst, etwa die Angst, von eigenen Triebimpulsen überwältigt zu werden und die Kontrolle über sich zu verlieren, wird auf eine relativ harmlose Situation oder einen vergleichsweise beiläufigen Gegenstand verschoben; die eigentliche Angstquelle und der damit verbundene Konflikt werden dadurch der Wahrnehmung entzogen, dem Bewusstsein ferngehalten" (Mentzos 1990:14). Wie in dieser Weise die Phobie lassen sich „ähnliche Vorgänge und Phänomene mit der Annahme anderer hypothetischer Konstrukte, anderer 'Abwehrmechanismen`, zum Beispiel der Projektion, der Affektisolierung, der Rationalisierung usw., begreifen" (ebd.: 14 f.). Denn zum einen können durch sie „die entsprechenden Inhalte und die damit zusammenhängenden Gefühle vom Bewusstsein ferngehalten werden; zum zweiten aber gelingt mit Hilfe dieser Mechanismen oft auch eine indirekte Abfuhr, Entladung, Befriedigung" (ebd.: 15).

Bei all diesen Abwehrmechanismen handelt es sich „um Vorgänge, die sich im Individuum selbst abspielen und sich auch ausschließlich auf das Individualpsychologische beschränken" (ebd.), selbst wenn „im konkreten Fall der 'Verschiebung` bei den Phobien eine Quasi-Externalisierung (Versetzung nach außen)" (ebd.) erfolgt. Mit der Fokussierung des Übertragungsgeschehens hat jedoch bereits Freud „die Wichtigkeit anderer, besonderer, im zwischenmenschlichen Bereich entstehender Abwehrprozesse, die man interpersonale Abwehrkonstellationen nennen könnte, […] entdeckt, beschrieben und für das Verständnis des psychoanalytischen Prozesses nutzbar gemacht" (ebd.: 15 f.). Da hierbei im Unterschied zu „den intrapsychischen Abwehrmechanismen […] der Partner nicht nur als eine psychische Repräsentanz, sondern als reale Person mit realem Verhalten in die Abwehrorganisation eingebaut ist," (ebd.: 26) und „es sich hier nicht nur um Ich-Mechanismen oder Ich-Funktionen, sondern um interaktional ad hoc jeweils neu entstehende kommunikative Konstellationen oder Rollensysteme handelt" (ebd.), scheint Mentzos der Terminus der Abwehrkonstellation treffender zu sein als der des Abwehrmechanismus.

Solche interpersonalen Abwehrkonstellationen, „für die als gemeinsame wesentliche Komponente gelten kann, dass sie durch ad hoc sich bildende interpersonale Arrangements entstehen" (Mentzos 1990: 79), sind jedoch nur ein Teil dessen, was als psychosoziale Abwehrmechanismen gefasst wird. Denn „darüber hinaus […] gibt es Abwehrkonstellationen, die sogar in besonderem Maße die Bezeichnung psychosozial verdienen, bei denen soziale Rollensysteme und Institutionen maßgebend sind und deren Abwehrfunktion einen wichtigen Bestandteil der Struktur des betreffenden sozialen Systems ausmacht. Dieser Form der institutionalisierten psychosozialen Abwehr begegnet man entweder innerhalb festgelegter Rollensysteme oder aber in kulturell tradierten Symbolsystemen, wie z.B. Riten, Mythen und Religionen" (ebd.).

Mentzos ist also der Auffassung, dass „die Struktur und die Prinzipien einer Institution nicht nur zweckrational aufgebaut sind, sondern darüber hinaus sich auf gemeinsame Werte, Einstellungen und gefühlsmäßige, oft nicht klar erkennbare und definierbare Motivationen stützen" (ebd.: 80). Auch aus seiner Sicht erfüllen „Institutionen […] vital wichtige Funktionen und sind fürs Überleben und eine differenzierte Entwicklung unerläßlich. Sie garantieren ´Entlastung` und sichern eine konstante Regelung komplizierter interaktioneller Vorgänge. Gerade dadurch sind sie aber [aus seiner psychoanalytischen Sicht d.A.] auch besonders dazu geeignet, in den Dienst der neurotischen Abwehr gestellt zu werden. Auch hier besteht [seiner Ansicht nach d.A.] das Grundprinzip in einer Erhärtung, Sicherung und Festigung der intrapsychischen Abwehr durch ihre Verankerung in der Realität. Hinzu kommt [für ihn d.A.] aber, dass die Institutionen ihrerseits sich dieser individuell neurotischen Bedürfnisse ´bedienen`: Die von der Institution garantierte Sicherung der neurotischen Abwehr wirkt [seiner Analyse zufolge d.A.] beim einzelnen als eine Art Prämie, die seine Motivation zur Unterstützung der Institution erhöht und somit zu ihrer Stabilisierung beiträgt" (ebd.: 111). Während Mentzos entsprechend seines Erfahrungsbereichs als

Beispiel auf die „deutsche Universitätsklinik alten Typs" (ebd.: 81) und Bestrebungen, das alte patriarchale „Hausarztbild" wieder aufzurichten (vgl. ebd.: 105
f.), zurückgreift, weisen Dörr/Müller (vgl. 2005: insbes. 243 ff.) solche Formen
institutionalisierter psychosozialer Abwehr auch für den Bereich Sozialer Arbeit
nach.

Wenn Mentzos zur Überwindung psychosozialer Abwehr im Bereich der
Medizin für eine „Arzt-Patienten-Beziehung" plädiert, wie sie in einer Art psy-
choanalytisch inspirierten kollegialen Supervision „in der Arbeit der Balint-
Gruppen [...] angestrebt wird" (1990: 106), betonen Dörr/Müller, dass „aus
Sicht einer psychoanalytisch orientierten Sozialen Arbeit zur professionellen
Kompetenz auch die Fähigkeit [gehöre], die affektiven Handlungselemente und
deren Bedeutung nicht bloß bei anderen, sondern auch bei sich selbst wahrzunehmen" (2005: 235). Ja, Dörr/Müller sehen in einer solchen psychoanalytischen
Orientierung „keine beliebige (oder gar besonders verdächtige) Variante, sondern eine konstitutive Bedingung für eine entfaltete sozialpädagogische Professionalität" (ebd.). Finger-Trescher betont, dass sich „sozialarbeiterische Professionalität" (2001: 1458) deshalb nicht allein in der Auseinandersetzung mit entsprechenden Theoriekonzepten der Psychoanalyse erschöpfen könne, sondern
sich erst vermittels der Fähigkeit erweise, „die Beziehungsdimension in der
Klientin-Helferin-Interaktion angemessen zu erfassen und entsprechend für
Klienten zu gestalten" (ebd.).

Finger-Trescher betont allerdings, dass in der gegenwärtigen Diskussion um
die Bedeutung der Psychoanalyse für eine Professionalität in der Sozialen Arbeit
„von zwei grundlegend divergierenden wissenschaftstheoretischen Standortbestimmungen der Psychoanalyse und der Sozialarbeit" (2001: 1455) ausgegangen
werde. Diese versuchten „Psychoanalyse entweder als Hilfswissenschaft und
Reflexionsinstrument für die Sozialarbeit [...] oder aber umgekehrt Psychoanalytische Sozialarbeit als Teil der Psychoanalyse, als eines ihrer Anwendungsgebiete" (ebd.: 1455) zu fassen.

## 6.6 Zur Diskussion um die wissenschaftstheoretische Standortbestimmung von Psychoanalyse und Sozialer Arbeit

Körner (vgl. 1992), Bittner (vgl. 1985 & 1989) und Brauner (1989) gehen davon
aus, dass es eine rein psychoanalytische Pädagogik schon allein deswegen nicht
geben könne, weil das an ein festgelegtes setting gekoppelte psychoanalytische
Handeln mit pädagogischem Handeln nicht identisch sei. So bestehe zwischen
dem notwendigerweise zielorientierten pädagogischen Handeln und der auf the-
matische Strukturierung verzichtenden analytischen Arbeit ein Gegensatz. Au-

ßerdem gehe es im pädagogischen Prozess um reale Personen beziehungsweise um realitätsbezogene Beziehungen, während der analytische Prozess Übertragungsbeziehungen fördere und das Augenmerk auf innerpsychische Realitäten richte (vgl. Brauner 1989: 1228). Deshalb könne die Psychoanalyse auch wenig zur Entscheidung pädagogischer Sachfragen beitragen (vgl. Bittner 1989: 222). Vielmehr sei sie in pädagogischen Zusammenhängen zu allererst eine Verstehenslehre, die pädagogisch bzw. in der Sozialen Arbeit Tätigen helfen könne, sich in das Seelenleben ihres Gegenübers hineinzuversetzen. Etwas grundlegender betrachtet leiste sie so auch mit ihrer Theorie der psychosozialen Entwicklung und ihrem Persönlichkeitsmodell einen entscheidenden Beitrag zu einer pädagogischen Anthropologie.

Bittner zufolge seien aus der psychoanalytischen Metapsychologie gewiss auch Aspekte einer pädagogischen Beziehungslehre ableitbar, welche die (Sozial-)Pädagogik vor dem Versuch einer gewaltsamen Unterdrückung kindlicher Regungen bewahren könne. Und selbst im Hinblick auf eine pädagogische Wirkungslehre hält er (vgl. 1985: 32) die Lektüre psychoanalytischer Krankengeschichten für lohnenswert. Als Theorie von Erziehungsprozessen könne die Psychoanalyse seiner Auffassung nach (vgl. ebd.: 33) jedoch nur begrenzte Geltung beanspruchen – nämlich für die unbewussten Anteile der Kommunikation.

Dabei geht Bittner aus von Mollenhauers (1972) interaktionistischer und kommunikationstheoretischer Grundlegung der Erziehungswissenschaft. Diese sucht (Sozial-)Pädagogik als kommunikatives Handeln zu bestimmen. Aus Bittners Sicht (vgl. 1985: 43) stelle die Theorietradition der Psychoanalyse diesbezüglich Kategorien zur Verfügung, welche die unbewussten Vorgänge im Erziehungsprozess, wie z.B. Prozesse der Projektion und Übertragung, zu erhellen und zu erklären vermöge. Vor diesem Hintergrund plädiert Bittner – anknüpfend an die Erfahrungen der Balint-Gruppen im klinischen Bereich – für berufsbezogene psychoanalytische Fallseminare und einen eigenen Typus psychoanalytisch orientierter Begleit- und Grundlagenforschung (vgl. Bittner 1989: 224), der sich gerade auch auf die wissenschaftliche Auswertung der Ergebnisse solcher Gruppen zu stützen vermöge.

Während Dieter Ohlmeier (vgl. 1984) eher von Ansätzen psychoanalytisch orientierter Therapie innerhalb bestimmter Arbeitsfelder Sozialer Arbeit ausgeht argumentiert Hans-Georg Trescher gegenüber solchen Versuchen, „Psychoanalyse und Pädagogik zu ′legieren′, zu verknüpfen oder zu verbinden" (1985: 179), dass die „Psychoanalyse [...] nur ganz oder gar nicht zu haben" (ebd.) sei. Er richtet sich damit erst recht gegen Positionen, wie sie ganz ähnlich wie bei Bittner auch von Seiten der Erziehungswissenschaften vor allem von Fatke (1985: 52 f.) und Luise Winterhager-Schmid (1992: 56 ff) formuliert wurden, „nur Einzelaspekte (Versatzstücke) der Psychoanalyse in der erziehungswissenschaftlichen Diskussion zu verwerten oder die Psychoanalyse als Hilfswissenschaft zu rekrutieren" (Trescher 1985: 179).

Treschers zentrales Argument ist, dass „die praktisch-methodische Umsetzung von Ergebnissen und Einsichten der Psychoanalyse in Struktur, Genese und Dynamik von Beziehungsverläufen nicht unabhängig von ihrer spezifischen Methode einlösbar" (ebd.) wäre. Auch Körner (vgl. 1992: 69) teilt die aufeinander Bezogenheit von Theorie und methodischem Handeln in der Psychoanalyse, sowie die Auffassung, dass die Methode selbst nicht zerlegt und fragmentiert angewandt werden könne. Allerdings sieht er diese sehr eng an das psychoanalytische Setting gekoppelt. Demgegenüber geht Trescher von einem weniger technischem und klinischem Methodenverständnis der Psychoanalyse aus, wenn er konstatiert, dass zwar für unterschiedliche Praxisbereiche jeweils spezifische Techniken des Umgangs mit Übertragung und Widerstand entwickelt werden müssten, nicht jedoch unterschiedliche Methoden.

Bezüglich Sozialer Arbeit konstituiere – aus der Sicht Treschers – „die Psychoanalyse methodisch [insofern] ein neues Paradigma des professionellen Umgangs mit Menschen" (1985: 179), weil sie „der Aufspaltung von Erzieher (der erzieht) und Zögling (der nach ihm äußerlichen Kriterien erzogen wird) ein dialogisches, der Selbstreflexion verpflichtetes Beziehungsmodell" (ebd.: 180) entgegensetzte. Demzufolge respektiere Psychoanalytische Pädagogik und Sozialarbeit die Subjektivität und Geschichtlichkeit ihrer KlientInnen und reduziere sie nicht auf spezifische katalogisierbare Merkmale (vgl. Trescher 1992: 207). Vielmehr richte sich die Hilfe, die sie anbietet, in Form eines „fördernden Dialogs" – wie Trescher und Finger-Trescher im Anschluss an Leber formulieren – an die Person. Psychoanalytische Sozialarbeit behandele somit „ebenso wenig einen ʼDefektʻ der Klientin, wie sie den von ihr erlittenen Mangel wiedergutmachen" (Finger-Trescher 2001: 1459) könne.

Für diesbezüglich wesentlich hält Finger-Trescher in Anlehnung an Burkhard Müller (vgl. 1995) „das Aushandeln und Aufrechterhalten eines (Arbeits-) Bündnisses zwischen Sozialarbeiterin und Klientin" (2001: 1458 f.). Primär ging es dabei darum, „gemeinsam in unterschiedlichen Rollen etwas ʼDrittesʻ, das der Klientin gehört, (wieder) funktionstüchtig oder kontrollierbar zu machen" (ebd.). Gemeint sind mit diesem ʼDrittenʻ „die eigenen psychosozialen Ressourcen der Klientin, die sie befähigen sollen, ihren Alltag, ihr Leben weitgehend selbstbestimmt zu gestalten und Subjekt ihrer Handlungen zu werden" (ebd.: 1459).

Trescher und Finger-Trescher sind sich darin einig (s.o.), dass nur ein tieferes Verständnis der Beziehung auf Seiten der Professionellen auf der Basis „szenischen Verstehens", „die Grundlage und manchmal die Gewähr dafür" (Trescher 1985: 186) biete, „den konkreten Klienten der Pädagogik angemessene Unterstützung in ihrer Lebensbewältigung zu bieten und zur Förderung der Aneignung von sozialer Kompetenz und sozialer Teilhabe beizutragen" (ebd.). „Im Bewusstsein des prozeßhaften Beziehungsgeschehens pädagogischer Praxis" (ebd.) sei in diesem Sinne dann – wie Trescher betont – „Verstehen zugleich Handeln, weil der Grad des Verständnisses eine bedeutende Prozeßvariable" (1985: 186) darstelle.

Dabei empfehle es sich (s.o.), primär jene Beziehungsverläufe in pädagogischen Alltagssituationen einer genaueren Analyse zu unterziehen, die als belastende und konflikthafte Ereignisse immer wiederkehren. Auf der Basis des Verständnisses solcher Szenen könnten dann entsprechende Handlungskonzepte entwickelt werden mit dem Ziel, solche Konfliktdynamiken in pädagogischen Beziehungssituationen abzubauen.

### 6.7 Zur Kritik der Konzeption des Unbewussten in der psychoanalytischen Orthodoxie

Der Kritik der Theoretiker des „Anti-Ödipus" (Deleuze/Guattari 1974: 95 ff.) zufolge, schreibe die orthodox psychoanalytische Auffassung, nur eine Analyse des Unbewussten vermöge zu den tiefer sitzenden psychischen Dispositionen vorzustoßen, in geradezu beliebiger Weise bestimmte Inhalte der molekularen Kraft des Unbewussten zu. In dieser Kritiktradition hat Theweleit (1980; Bd.1: 219 ff.) betont, dass entsprechende Versuche einer inhaltlichen Füllung für das Unbewusste selbst nehmen, was den Wünschen durch einen Repressionsapparat als damit „verschobene" zu repräsentieren erst aufgegeben worden sei.

Demgegenüber wurde das Unbewusste von Deleuze/Guattari als „Maschine" beschrieben, deren Funktionsweise in 'Wirk`-lichkeit in nichts anderem als Produzieren bestehe. Das Unbewusste stelle „keine Probleme der Bedeutung, sondern einzig Probleme des Gebrauchs. Nicht 'Was bedeutet das?`" (1974: 141) sei „die Frage des Wunsches, sondern wie es läuft [...]. Es repräsentiert nicht, aber es produziert, es bedeutet nichts, aber es funktioniert" (ebd.). Theweleit sieht im Fehlen dieser „Kategorie der Wunschproduktion des Unbewußten" (1980; Bd.1: 434) den eigentlichen Grund, warum psychoanalytische Theorien mehr oder weniger von der für ihn wirklichen Basis absähen: der psychischen Materie der Körper und was an und mit ihnen geschieht.

Doch auch Deleuze/Guattari, auf die sich Theweleit bezieht, verstoßen, wie Negt/Kluge kritisieren, „gegen das Eigengesetz der Sinne" (1981: 301), wenn sie mit der gleichen Faszination, mit welcher der von ihnen kritisierte Freud von „Apparaten" redet, lebendige Selbstregulierung in den Formen toter Arbeit[1] deu-

---

[1] Tote Arbeit ist bei Marx der Begriff für bereits – z.B. in Maschinen – vergegenständlichte, verobjektivierte Arbeit.

ten. Dennoch sehen Negt/Kluge in dieser „Ersetzung des Bildes lebendiger Selbstregulierung durch Automatismus" (ebd. 300) sowohl in der Freudschen Variante, als auch der des „Anti-Ödipus" einen entscheidenden Unterschied zur begrifflich objektivierenden und darin immer zugleich auch systembildenden instrumentellen Vernunft.

Wie schon Horkheimer/Adorno (1979) in der „Dialektik der Aufklärung" gezeigt hätten, seien deren Systembildungen immer mit einer Wendung gegen die Erfahrung verbunden. Dabei würde – wie Negt/Kluge (1981: 301) betonen – „wirkliche Verzerrungsarbeit" verrichtet, „die sich auch anschließend nicht mehr entzerren" (ebd.) ließe. Hingegen entspräche bei den Theoretikern des „Anti-Ödipus" die „Rückprojektion der Maschinentechnik, um Lebendiges, Geschichtliches darzustellen, [...] einem zwingenden Umweg" (ebd.: 300). Die „Sinne", die durch die systematische Unterwerfung von nicht nur äußerer sondern auch innerer Natur unter das Kapitalverhältnis zu „Theoretikern" würden[2], müssten „die Eigentätigkeit der lebendigen Arbeit in den Formen der Eigentätigkeit toter Arbeit anschauen. Sie könnten sonst während der Wahrnehmung die eigene Eigentätigkeit nicht erhalten" (ebd.: 301).

Demgegenüber hatte ich eingewandt, dass der „´Umweg` über eine ´Rückprojektion der Maschinentechnik` nicht ´zwingend` notwendig" (May 2004: 27) sei, „´um Lebendiges, Geschichtliches darzustellen`" (ebd.). Bezogen habe ich mich dabei auf Adornos (vgl. 1970: 24 ff.) Versuch „einer Selbstüberschreitung des begrifflichen Denkens durch Hereinnahme eines ´mimetischen` Moments [...]. Diese Perspektive einer Vermittlung von Rationalität mit den sinnlich rezeptiven, expressiven und kommunikativen Verhaltensweisen des Lebendigen, für die der Begriff der Mimesis steht" (May 2004: 27), habe ich versucht (vgl. ebd.: Kap. 3.3) in der Tradition des Marxschen Diktums zu interpretieren, dass „nur der Naturalismus fähig" (1971: 373) sei, „die Akte der Weltgeschichte zu begreifen" (ebd.). Mit diesem Naturalismus ist – wie Negt/Kluge (vgl. 1981: 80) betonen – ein „naiver Ansatz" gemeint, „der sich an nichts Zusammengebautem, an keiner der gewohnten Verknüpfungen festhält, sondern zu den Elementen drängt" (ebd.), in dem er vermittels des mimetischen Vermögens „diejenigen Beziehungen ermittelt, die Wirklichkeitscharakter haben müssen. Es werden alle sonstigen Rückkontrollen, außer der einen naturalistisch-radikalen, ausgeschaltet" (ebd.).

---

[2] Negt/Kluge paraphrasieren in dieser Weise die Marxsche Formulierung von der Verwandlung der Sinne zu Theoretikern. Marx hat damit die Veränderung der Sinnlichkeit, verstanden als praktisch, menschlich-sinnliche Tätigkeit, im Voranschreiten der Unterwerfung auch der inneren Natur unter das Kapitalverhältnis und der Verwandlung der Arbeit zu »abstrakter Arbeit« zu charakterisieren versucht.

Demgegenüber gebe es zwar in der psychoanalytischen Deutungspraxis, um das Material der Deutung zu produzieren, als Gegenstück zu der dem/der Analysanden/in vorgeschlagenen Regel der freien Assoziation die technische Empfehlung der „gleichschwebenden Aufmerksamkeit" (vgl. Freud G.W. VIII: 381 ff.). Doch in der Deutung des Materials selbst geht es dann sehr stark – wie ich kritisiert habe – „um die Erhellung von Bedeutung durch Einordnung mit Begriffen" (May 2004: 28). Dabei werden die „bedeutungsvoll erachteten Momente aus dem horizontalen Zusammenhang gelöst und auf ihnen eine ´Deutungspyramide` gesetzt" (ebd.). Solche Verknüpfungen gehorchen – wie ich im Anschluss an Marx (vgl. MEW Bd. 1: 216) argumentiert habe – jedoch „den Gesetzen der Logik. Die Logik der Sache, um die es geht" (ebd.), muss diesen aber keineswegs entsprechen.

Entgehen lässt sich solchen Verwechslungen zwischen der „Sache der Logik" und der „Logik der Sache" meiner Ansicht nach nur, wenn die Konzentration auf das „wie es läuft" gerichtet wird. Was die Theoretiker des „Anti-Ödipus" in dieser Weise (s.o.) als Frage des Wunsches in Bezug auf die Beschäftigung mit dem Unbewussten angemahnt haben, wird im „Naturalismus" quasi verallgemeinert. Die „Logik der Sache" lässt sich demzufolge nur erschließen über „die Ermittlung von Beziehungen mit Wirklichkeitscharakter – im Sinne von dass sie wirken –, ohne dass dabei das Bild lebendiger Selbstregulierung durch Automatismus ersetzt" (May 2004: 28) werden muss.

### 6.8  Zur Kritik der monadischen Sichtweise des Ichs

Im Zusammenhang mit meiner Auseinandersetzung mit der Psychoanalyse und ihrer Kritik durch die Theorie des „Anti-Ödipus" habe ich noch einmal an Horkheimer/Adornos (1979) Argumentation in der „Dialektik der Aufklärung" erinnert, die zu zeigen beansprucht, wie der begrifflich objektivierende Geist schon in seinen Ursprüngen, nämlich kraft der „Spaltung des Lebens in den Geist und seinen Gegenstand" (ebd.: 279), zur instrumentellen Vernunft werde. Ähnlich wie die Psychoanalyse haben Horkheimer/Adorno deshalb nachdrücklich das „Schicksal der durch Zivilisation verdrängten und entstellten menschlichen Instinkte und Leidenschaften" (ebd.: 207) in den Blick gerückt. Dieses Schicksal begleite als „unterirdische Geschichte" (ebd.) den Prozess der Aufklärung von Beginn an und wiederhole sich in jedem Bildungs- bzw. Erziehungsprozess.

Darüber hinaus haben Horkheimer/Adorno jedoch auch die Beziehung zwischen einer begrifflich subsumtionslogisch operierenden Wissenschaft und der Herausbildung eines konsistenten, d.h. einheitlichen Ichs als ein Stück disziplinierter, „vergeistigter" Natur herausgearbeitet. Der von ihnen in den Blick genommene Zusammenhang einer begrifflich objektivierenden und darin immer zugleich auch systembildenden instrumentellen Vernunft erstreckt sich ihrer Analyse zufolge in dieser Weise von der repressiven Einheit des Konstrukts eines bürgerlichen Subjekts, über das ´auf-den-Begriff-bringen` der Wissenschaft, bis hin zu den rationalisierten Systemen und Subsystemen der modernen Gesellschaft.

Meiner Auffassung nach (vgl. May 2004: 25 f.) haben die Theoretiker des „Anti-Ödipus" diesen Zusammenhang dann in einer extrem zugespitzten Sprache gefasst: „Überall sind es Maschinen im wahrsten Sinne des Wortes: Maschinen von Maschinen, mit ihren Kupplungen und Schaltungen. Angeschlossen eine Organmaschine an eine Quellenmaschine: der Strom, von dieser hervorgebracht, wird von jener unterbrochen. [...]. Eine Organmaschine für eine Energiemaschine, fortwährend Ströme und Einschnitte" (Deleuze/Guattari 1974: 7). Dabei könne – wie sie betonen – neben der realen Produktion vielfältiger, uneinheitlicher Wunschströme ab und zu als Randerscheinung auch das kohärente Subjekt (ebd.: 72) entstehen. So halten auch sie daran fest, dass es sich beim konsistenten, d.h. einheitlichen Ich als einem Stück – wie Horkheimer/Adorno (s.o.) es ausgedrückt haben – disziplinierter, „vergeistigter" Natur, um ein historisches Konstrukt handele, „historisch und empirisch real, aber zugleich unwirklich" (Negt/Kluge 1981: 79).

Der „monadische Charakter" der Freudschen Triebtheorie und Entwicklungspsychologie ist jedoch bereits zuvor auch schon von einer sich ausdrücklich als Beziehungspsychologie verstehenden Psychoanalyse kritisiert worden. Allerdings finden sich – wie ich kritisiert habe (vgl.: May 2004: 19 f.) – selbst in der objektbeziehungstheoretischen Betrachtungsweise noch triebtheoretische Begründungsmuster. So operiert z.B. Mahler (1972) mit Begriffen wie „libidinöse und aggressive Besetzung" oder „undifferenzierte Energie". Auch geht ihre Schule (Mahler u.a. 1980) von einem notwendigen Prozess der Individuation durch Loslösung aus. Und indem sie eine normale autistische und symbiotische Phase postuliert, die dem anschließenden Prozess von Loslösung und Individuation vorangehe, unterstellt sie ähnlich wie Freud eine Entwicklung vom Selbst hin zu den Objekten.

In der Triebtheorie und dem darin verankerten Libidokonzept führt die menschliche Entwicklung vom ursprünglichen „primären Narzissmus" (Freud GW Bd. X: 137 ff.) hin zur Objektliebe. Durchaus vergleichbar bezieht sich Mahlers Konzept der normalen symbiotischen Phase nicht auf eine Beziehung, sondern auf eine „halluzinatorisch-illusorische, somatopsychische, omnipotente Fusion mit der Mutter" (Mahler u.a. 1980: 63). Erst in der einer Differenzierungs- und einer Übungsphase folgenden Wiederannäherungskrise verschiebe sich ihrer Theorie zufolge die Lust des Kindes von der unabhängigen Fortbewegung und Erforschung der Welt hin zur sozialen Interaktion.

Jessica Benjamin hat kritisiert, dass alle Konzepte, denen zufolge „sich Individuation und Ich-Entwicklung nur in Opposition zu grundsätzlich gefährlichen archaischen Impulsen, wie dem Rückfall in die Entdifferenzierung und dem aggressiven Streben nach Omnipotenz vollziehen können" (1982: 447), auf eine monadische Sichtweise des Ichs zurückfallen. Für diese Theorien liege „die Basis des Subjekts nicht in der Subjekt-Subjekt-Dialektik, sondern in der Subjekt-Objekt-Dialektik" (ebd.). Demgegenüber versucht Jessica Benjamin – anknüpfend an die Hegelsche Dialektik der Anerkennung (Hegel 1970 Bd. 3) – Differenzierung als einen dialektischen Prozess von Gleich-sein und Anders-sein zu begreifen.

Das Konzept der anaklitischen Natur der Objektbeziehungen, wonach der Mangel das Subjekt zum Objekt treibt und die Lust dieses an jenes bindet, wurde auch schon in der Bindungstheorie explizit kritisiert. So hypostasiert Bowlby (1975), dass Bindung einem primär autonomen Motivationssystem entstamme. Und auch die Betonung einer empathischen Selbst-Selbstobjekt-Matrix in der Selbstpsychologie Kohuts (1973) lässt sich – wie ich (vgl. May 2004: 20) herauszuarbeiten versucht habe – in diese Richtung gehend lesen. Dieser Interpretation zufolge beziehen sich „gutes Objekt und gute Beziehung nicht in erster Linie auf bedürfnisbefriedigende oder spannungslösende Handlungen des Objekts und damit verknüpfter intensiver Lustgefühle, sondern auf die eher unterschwelligen subkutanen Muster des harmonischen Zusammenspiels" (ebd.).

Allerdings sehe ich (vgl. ebd.) diese häufig auch für eine Beziehungsarbeit im Rahmen Sozialer Arbeit herangezogenen Theorien nach wie vor stark von einer Subjekt-Objekt-Dialektik durchzogen. Immerhin kommt bei ihnen aber schon das Paradoxon der Anerkennung deutlicher in den Blick. Demnach bedarf das eigene Bemühen, Autonomie zu erlangen, des anderen, der den Wunsch nach Selbstbehauptung bzw. die Fähigkeit dazu anerkennen muss. So haben meiner Ansicht nach die neueren Ansätze einer psychoanalytischen Selbstpsychologie zumindest implizit die von Jessica Benjamin explizit herangezogene Erkenntnis von Hegels Jenaer Realphilosophie (Hrsg. Göhler 1974) in sich aufgenommen, dass „Selbstbewusstseine" sich nicht wie Dinge oder Kräfte verhalten, die aufeinander einwirken. Vielmehr sei jeder Einzelne für den Anderen „ein Moment seiner Selbstbeziehung" (Siep 1979: 137). Auch sind – wie ich hervorgehoben habe – in der psychoanalytischen Selbstpsychologie die beiden Tendenzen von Autonomie und Gegenseitigkeit nicht mehr in einer Weise polarisiert, die Möglichkeiten einer Subjekt-Subjekt-Dialektik von vornherein undenkbar erscheinen und Fragen, was Menschen trennt und voneinander entfremdet, überhaupt nicht mehr aufkommen lässt.

In diesem Zusammenhang habe ich darauf hingewiesen (vgl. May 2004: Kap. 4.3), dass es historisch so gut wie überhaupt keine Erfahrung gibt, die Produktion menschlicher Autonomie als wechselseitiges Verhältnis zu verwirklichen. Die einzig reale Vorstellung eines solchen Verhältnisses existiert in den Umgangsformen gelungener Mutter-Kind-Beziehung. Dort findet es sich zumindest in Momenten, allerdings auf eine höchst einseitige Weise (nämlich nur gegenüber dem Kind) verwirklicht. Darüber hinaus beansprucht auch das Modell des „fördernden Dialoges" der Psychoanalytischen Pädagogik und Sozialarbeit eine solche auf Autonomie gerichtete Beziehungsform.

### 6.9  Zur Kritik des szenischen Verstehens

Mehr Autonomie für sich selbst und das pädagogische Gegenüber zu erreichen sei professionell in der Sozialen Arbeit Tätigen nach Trescher nur möglich „über die Reflexion der Teilhabe am Beziehungsgeschehen, insbesondere an konflikthaften Szenen" (1985: 192). Trescher postuliert, dass „die Kenntnis solcher Szenen, das Wissen um deren Wiederholungscharakter" (ebd.), psychoanalytische PädagogInnen „potentiell in die Lage versetzen" (ebd.) werde, auf die „Zumutungen" ihrer KlientInnen „nicht mit 'Erziehung' zu reagieren, d.h. die Szene blind, entsprechend der unbewussten Regieanweisung des Wiederholungszwanges zu komplettieren" (ebd.).

Ich (vgl. May 2005: 204 f.) habe ein solches szenisches Verstehen als Versuch pädagogisch Tätiger gewürdigt, sich und ihr Gegenüber aufzuklären. Dabei habe ich auf Negt/Kluges (1981: 987) Begriff von „einfacher Aufklärung" zurückgegriffen, die nicht schon die Beziehung selbst ergreife, sondern nur „eine Person (und in dieser nicht alle wirkenden Kräfte in gleicher Weise). Es wandern, während die Beziehung aufrechterhalten wird, Kräfte aus ihr aus. Es bilden sich Reservate, Illusionen verschwinden. Aus solcher Aufklärungsarbeit können Haltungen und Erfindungen entstehen, die wiederum als Stärkung der Beziehung einwandern. Die Klarsicht setzt Kräfte frei, die die Defizite des Anderen ausgleichen" (ebd.). Wenngleich eigentlich auf die Aufklärung in privaten Beziehungsverhältnissen bezogen, sehe ich in diesen Ausführungen Negt/Kluges das aufklärende Potenzial des szenischem Verstehen recht treffend charakterisiert.

Ich haben jedoch argumentiert, dass wenn Aufklärungsarbeit nicht auf „einfache Aufklärung" beschränkt bleiben, sondern die pädagogische Beziehung selbst ergreifen soll, eine andere Form des „Ausgangs aus [...] Unmündigkeit" (vgl. Kant Werkausgabe Bd. XI: 53) notwendig ist. Auch hier wieder habe ich auf Negt/Kluge rekurriert, die herausgearbeitet haben, dass diese Form der Aufklärung „nicht aus Reden, sondern aus Haltungen bestehen muß, wenn sie in der besonderen Sprechweise der Beziehung" (ebd.: 988) sich ausdrücken will. Um „das Trägheitsgesetz, das sich in der Beziehung eingespielt hat" (ebd.) mitsamt der Haltungen zu durchbrechen, in denen die Beziehung festsitzt, biete sich als Form der Aufklärung die begrenzte Regelverletzung an. Sie verlasse nicht die Beziehung, sondern arbeite mit deren wirklichen (im Sinne von wirkenden) Kräften. „Als lebendige Arbeit der Selbstregulierung" (May 2005: 204) gelte es diese in einer Weise freizusetzen, dass „in der Gravitation zur toten Arbeit geschichtlich ausgebildeter Beziehungsvermögen lebendige Momente wie Spontaneität und Mimesis wieder den Ausschlag geben" (ebd.).

Deutlich markiert ist somit der Unterschied dieser pädagogischen Form von Aufklärungsarbeit gegenüber dem „szenischen Verstehen". So hat Lorenzer als Kriterium gelungener Rekonstruktion im Kontext tiefenhermeneutisch szenischen Verstehens formuliert, „die Symbole des Einzelnen ungeschmälert mit den allgemeinen Symbolen" (1971: 157) in Übereinstimmung zu bringen. Demgegenüber geht es bei der von Negt/Kluge (1981: 989 f.) als Aufhebung von Widersprüchen bezeichneten Form der Aufklärungsarbeit in Beziehungsverhältnissen darum, „ein reales gesellschaftliches Substrat in seiner spezifischen Formbestimmtheit zum Gegenstand pädagogisch begleiteter Bearbeitung zu machen" (May 2005: 205). Ziel ist es, „dabei zumindest minimale Autonomien herzustellen" (ebd.). Durch „begrenzte Regelverletzungen" soll „die zu toter Arbeit entsprechender Beziehungsmuster und Interaktionsfiguren geronnene Motivstruktur in Verwirrung gebracht werden" (ebd.). Als Alternative können sich dann „neue selbstregulierte Verknüpfungen herstellen sowohl im Binnenverhältnis zur eigenen Person, wie auch in der pädagogischen Beziehung" (ebd.).

Dazu müssen aber – wie ich herauszuarbeiten versucht habe – in der pädagogischen Beziehung Berührungsflächen gesucht werden, an denen diese Arbeit der Veränderung ausgehalten werden kann und nicht abgewehrt werden muss. Zudem setzt dies im Beziehungsverhältnis zum Gegenüber Konstellationen voraus, in denen die im besonderen Gewaltverhältnis der Beziehung wirkenden Kräfte einander aufheben. Und so liegt – wie ich (vgl. ebd.: 208) betont habe – „die Grenze dieser Arbeitsform der Aufklärung in Beziehungsverhältnissen im Kern der Machtverhältnisse, die in einer Beziehung bestehen" (ebd.).

# 7 Kristallisationspunkte von professioneller und disziplinärer Theoriebildung

## 7.1 Wissenschaftscharakter

Füssenhäuser/Thiersch (2001: 1882) haben in ihrem Beitrag „Theorien der Sozialen Arbeit" für das „Handbuch Sozialarbeit/Sozialpädagogik" (Otto/Thiersch 2001) darauf aufmerksam gemacht, dass angesichts der unterschiedlichen Traditionen und wissenschaftlichen Bezüge eine Theorie Sozialer Arbeit zunächst einmal den Wissenschaftscharakter des Faches und die eigene disziplinäre Verortung zu diskutieren habe. Besonders unter den „Ansätzen", die eine Theoretisierung Sozialer Arbeit im Bezugsrahmen einer allgemeineren Theorie, wie z.B. der Systemtheorie oder der psychoanalytischen Metapsychologie versuchen, ist nach wie vor umstritten, ob es sich dabei um ein eigenes disziplinäres Unternehmen im Rahmen dieser Großtheorien handelt. So ordnen sich beispielsweise eine ganze Reihe derjenigen, welche in den letzten Jahren verstärkt damit beschäftigt waren, die „Systemtheorie, die sich bei der Untersuchung und Beschreibung vieler anderer sozialer Phänomene bewährt hat, auch auf Problemstellungen der Sozialarbeit anzuwenden" (Baecker 2001: 1870), der Soziologie zu (vgl. Kap. 4.1).

Zum anderen stellt sich in diesem Zusammenhang auch immer die Frage, ob diese Großtheorien den Gegenstand Sozialer Arbeit ganz erfassen können, oder ob deren doch sehr stark im Rahmen einer bestimmten Disziplin (Systemtheorie – Soziologie / Psychoanalyse – Psychologie) entwickelten Kategorien nur einen bestimmten Teil erfassen. Entsprechend lassen sich beispielsweise bezüglich des Verhältnisses von Psychoanalyse und Sozialarbeit „zwei grundlegend divergierende wissenschaftstheoretische Standortbestimmungen" (Finger-Trescher 2001: 1455) unterscheiden. Diese versuchen „Psychoanalyse entweder als Hilfswissenschaft und Reflexionsinstrument für die Sozialarbeit [...] oder aber umgekehrt Psychoanalytische Sozialarbeit als Teil der Psychoanalyse, als eines ihrer Anwendungsgebiete" (ebd.: 1455) zu fassen (vgl. Kap. 6.6).

Die Frage nach der Unterscheidung verschiedener Disziplinen ist aber nicht eine rein akademische oder bloß standespolitische. Sie hat auch damit etwas zu tun, ob – was im nächsten Kapitel noch einmal eigens aufgegriffen wird – ein eigener Gegenstand der Sozialen Arbeit als Wissenschaft und Praxis bestimmbar ist, der einen spezifischen Problemzugang der Theorie in Abgrenzung gegenüber andern Disziplinen erfordert. Dabei ist wiederum umstritten, ob es solch einen

Gegenstand außerhalb seiner theoretischen Konstruktion überhaupt geben kann (vgl. Kap. 1.3 & 3.4).

Dass theoretische Modellbildung und Gegenstand streng zu unterscheiden sind, verdeutlicht beispielsweise Freud (vgl. GW II-III: 541), wenn er sein Modell des psychischen Apparates mit einem optischen Apparat vergleicht, wobei die psychischen „Systeme" bzw. „Orte" eher den zwischen den beiden Linsen eines Mikroskops gelegenen virtuellen Punkten des Apparates als seinen materiellen Teilen entsprächen (vgl. Kap 6.2). Demgegenüber geht Obrecht (vgl. z.B. 2000) im Rahmen seines „ontologischen, emergentistischen Systemismus" davon aus, dass die verschiedenen wissenschaftlichen Disziplinen unterschiedliche Wirklichkeitsbereiche abbilden, die evolutionär als sich selbstorganisierend herausbildende Systeme gleicher Art hervorgebracht worden seien. Entsprechend wird in einer systemi(sti)sch ausgerichteten Sozialarbeitswissenschaft – wie sie Obrecht, Geiser und Staub-Bernasconi zu entwickeln versuchen – unterstellt, dass die disziplinäre Aufsplitterung der entsprechenden „Bezugswissenschaften" Sozialer Arbeit hinsichtlich eines auf soziale Probleme bezogenen Erklärungswissens objektiv unterschiedlichen Wirklichkeitsbereichen geschuldet sei. Dieses Wissen verschiedener „Objekttheorien" aus den für die entsprechenden Wirklichkeitsbereiche zuständigen wissenschaftlichen Disziplinen beanspruchen sie sodann mit Hilfe ihrer transdisziplinären Metatheorie Sozialer Arbeit nicht nur untereinander, sondern auch mit einer „Handlungstheorie" verknüpfen zu können und schließlich sogar mit entsprechenden „Methoden" bzw. „Arbeitsweisen" Sozialer Arbeit (vgl. Kap. 4.16) .

Demgegenüber vertreten die meisten anderen Theoretisierungsansätze Sozialer Arbeit ein Wissenschaftsverständnis, wonach Theorieproduktion eigenen Gesetzmäßigkeiten folge, die nicht identisch seien mit denen ihres Gegenstandes. Schon Marx (vgl. MEW Bd. 1: 216) hat nachdrücklich darauf hingewiesen, dass die „Logik der Sache" nicht eine „Sache der Logik" sei. Entsprechend hebt er in seinen Erläuterungen zur Methode der politischen Ökonomie auch hervor, dass der Gang der aus der Kernvorstellung einer Gesellschaftstheorie entfalteten Kategorien nicht dem Gang der historisch konkreten Entfaltung der Kernstruktur dieser Gesellschaft entspräche, weil „die Kategorien daher Daseinsformen, Existenzbestimmungen, oft nur einzelne Seiten dieser bestimmten Gesellschaft, dieses Subjektes ausdrücken" (Marx 1974: 26f.).

Vor diesem methodologischen Hintergrund hat Timm Kunstreich (1975) „nach den Beziehungen zwischen der Kerngestalt und bestimmten Erscheinungen (hier: Formen der Sozialarbeit)" (ebd.: 187) gefragt, indem er die in Marx´ Kritik der politischen Ökonomie entfalteten „Kernvorstellungen in Beziehung setzt zu typischen Merkmalen der bestimmten Erscheinung" (ebd.). Mit dem Begriff der Erscheinung wird in diesem Zusammenhang also die Notwendigkeit anerkannt, an entsprechenden Orientierungen und Strategien, wie sie in der Sozialen Arbeit sowohl auf Seiten der Professionellen wie auch auf Seiten ihrer AdressatInnen wirksam werden, verstehend anzuknüpfen. Gleichzeitig wird es jedoch als erforderlich angesehen, diese „Erscheinungen" ins Verhältnis zu setzen, zu wesentlichen, Totalität als gesellschaftlichen Reproduktionszusammenhang kennzeichnenden Momenten, die den Alltagsvorstellungen der Akteure gar nicht oder nur in verkehrter Weise gegenwärtig seien (vgl. Kap. 3.3).

Neben dem von Kunstreich in dieser Weise grundgelegten Projekt einer Kritischen Theorie Sozialer Arbeit, wie es seit dieser Zeit mit durchaus unterschiedlicher Akzentsetzung vor allem von Mitgliedern der Redaktion der Zeitschrift Widersprüche voranzutreiben versucht wird (z.B. Chassé, Cremer-Schäfer, May, Schaarschuch, Sünker), entwickelten sich parallel auch ganz ähnlich: eine Kritische Kriminologie, eine Kritische Psychologie, eine Kritische Erziehungswissenschaft, etc.. Als disziplinäre Varianten beziehen sich diese alle auf eine gemeinsame Zentralreferenz: das als Kernvorstellung der Kerngestalt kapitalistischer Gesellschaften von Marx werttheoretisch gefasste Verhältnis von Lohnarbeit und Kapital. Sie begreifen sich dabei als in praktischer Absicht entworfene Theorien der organisierenden Prinzipien (Kerngestalt) eines wirklichen gesellschaftlichen Gesamtzusammenhangs und seiner durchaus verschiedenen Vergesellschaftungsmechanismen, denen sie jeweils spezifisch in ihren entsprechenden disziplinären Forschungsgebieten Rechnung zu tragen versuchen. Als in praktischer Absicht entworfene trachten sie danach, die Widersprüche in diesen verschiedenen Facetten von Vergesellschaftung nicht nur einschließlich der darin verborgenen emanzipatorischen Potenziale zu bestimmen. Letztere beanspruchen sie durch ihre Analyse zugleich der praktischen Verwirklichung entgegenzubringen.

In diesem Zusammenhang ist von Seiten kritisch-materialistischer Alltagstheorie und Praxisphilosophie auch ein ontologisch ausgerichtetes Wissenschaftsverständnis fundamental kritisiert worden. In einer „approximativen und damit formbaren Welt" – so Lefèbvres (1975: 352) Vorwurf – zwänge die Ontologie dem „Wirklichen" eine nahezu endgültige Form auf. Sie konstituierte es in dieser Form erst zum „Wirklichen", indem sie es im doppelten Sinn des Wortes „sein" ließe (vgl. Kap. 1.4 & 2.11). Und spätestens seit Husserl den Begriff der „Lebenswelt" als kritischen Gegenbegriff im Hinblick auf eine zu bloßer Objektivität degenerierten Wissenschaft eingeführt hat, ist auch über diese dialektisch-materialistische Denktradition hinaus immer wieder in Frage gestellt worden, ob ein solch ontologisch-objektivstisches Verständnis von Wissenschaften nicht an den lebenspraktischen Problemsituationen der Menschen vorbeigehe (vgl. Kap. 2.1) – im Rahmen der Theoriedebatte Sozialer Arbeit vor allem von Hans Thiersch (vgl. Kap. 2.3).

So ist auch grundlegend in Zweifel gezogen worden (vgl. z. B. May 2005: Kap. 5), ob es den auf ein solch ontologisch-objektivstisches Wissenschaftsverständnis gründenden sozialarbeitswissenschaftlichen Regintegrationsversuchen disziplinären Wissens gelingen könne, entsprechende lebenspraktische Problemsituationen, auf die Soziale Arbeit stößt, in Probleme ihrer Theoriearbeit zu überführen und umgekehrt. Möglich sei dies nur, wenn es gelänge, die verallgemeinerten Interessen an menschlicher Verwirklichung mit den wissenschaftlichen Verallgemeinerungen einer Theoriebildung (von Sozialer Arbeit) zusammenzubringen, was explizit Anspruch sowohl der lebenswelt- und alltagsorientierten Theorieansätze, wie auch von dialektisch-materialistischer Praxisphilosophie sowie des Projektes einer kritischen Theorie Sozialer Arbeit ist (vgl. Kap. 4.17). Verstehen sich die verschiedenen Formen einer kritischen Theorie Sozialer Arbeit in der Tradition des Marxschen Denkens, wie auch die verschiedenen Ansätze einer Lebenswelt und Lebenslagen orientierten Theorie Sozialer Arbeit, ebenso wie die Psychoanalytische Sozialarbeitstheorie und sogar die auf einem ontologischen Systemismus gründende Sozialarbeitswissenschaft jeweils höchst unterschiedlich als zugleich praktische Theorien, liegt den Theoretisierungsansätzen Sozialer Arbeit im Kontext des Kritischen Rationalismus (vgl. z.B. Rössner 1975 & 1977), von Foucaults „glücklichen" oder „fröhlichen Positivismus" (1971: 48 & 1973: 182) und der Luhmannschen Systemtheorie ein gänzlich anderes Wissenschaftsverständnis zugrunde. Ob Letztere sich nun als soziologische Systemtheorien Sozialer Arbeit oder disziplinär eigener Bereich verstehen – einig sind sie sich darin, dass auch bezüglich Sozialer Arbeit eine ähnliche Unterscheidung zu treffen ist, wie sie von Luhmann/Schorr eingeführt wurde im Hinblick auf Erziehung. Dieser zufolge sei Pädagogik als Teil des Erziehungssystems, das sich selbst reflektiert und legitimiert, zu unterscheiden von einer dem Wissenschaftssystem zuzurechnenden Erziehungswissenschaft, die das Erziehungssystem und seine Erziehungs- bzw. Selbstreflexion von außen beobachte. Von kritisch-rationalistischen Ansätzen unterscheiden sich die systemtheoretischen Ansätze in der Tradition Luhmanns darin, dass sie sich als „Beobachtung zweiter Ordnung" in das Modell der Beobachtung selbst mit aufnehmen, indem sie sich als Teil des Beobachteten begreifen und „naive" Unterscheidungen reflexiv auf sich selbst zu beziehen versuchen (vgl. Kap. 4.4).

Demnach begreift sich eine Systemtheorie Soziale Arbeit stets selbst als ein System, das „Teil des sozialen Systems Wissenschaft ist. Dieses System reguliert die Art und Weise ihrer eigenen Beobachtungen" (Baecker 2001: 1871) indem sie z.B. dazu zwingt, „zwischen Theorien und Methoden zu unterscheiden und empirische Kontrollmöglichkeiten der eigenen Aussagen anzugeben" (ebd.). Als Beobachtungsverhältnis von sich und ihrem Gegenstand sieht sich eine Systemtheorie Sozialer Arbeit jedoch zudem eingebettet in ein übergreifendes System von Gesellschaft. Dieses habe einen „eigenen Modus der Beobachtung [...], von dem die soziologische Systemtheorie nur einen Ausschnitt wahrnehmen und realisieren" (ebd.) könne (vgl. Kap. 4.9). Insofern wird auch in der Systemtheorie, ähnlich wie in den verschiednen Varianten dialektisch-materialistischer Theoriebildung, die Gesellschaft als der Theorie vorgängig betrachtet. Allerdings erscheint sie hier bloß als „regulatives Sinnschema" (Luhmann: 1969: 392) bzw. Regulierung von Sinngrenzen, um dadurch eine geordnete Umwelt aller übrigen Sozialsysteme zu garantieren (vgl. Kap.4.1).

Demgegenüber beziehen sich die Theoretisierungsversuche Sozialer Arbeit in Marxscher Tradition auf einen materiellen (Re-)Produktionszusammenhang von Gesellschaft. Und so wird (vgl. z.B. May 2004: 266 ff.) die von Sozialer Arbeit zu verarbeitende Krisenhaftigkeit moderner Gesellschaften von ihnen auch durch Herstellung theoretischer und empirischer Verweisungszusammenhänge auf diese Reproduktionsbedingungen bezogen, welche sie über die Doppelcharaktere von Arbeits- und Verwertungsprozess, Gebrauchs- und Tauschwert, abstrakter und konkreter Arbeit von ihrer objektiven Seite her als widersprüchlich gesetzt betrachten. Festgehalten wird in diesem Zusammenhang auch daran, dass selbst „die Art und Weise der Verarbeitung von Reproduktionsbedingungen und -anforderungen" (Schaarschuch 1990: 144.) sich u.a. „in Strukturen, institutionellen Verfahrensweisen, politischen Verhältnissen, kulturellen Gepflogenheiten, ´moralischen Ökonomien` usw." (ebd.) materialisiere und sich damit nicht in kommunikativen Akten erschöpfe (vgl. Kap.2.9). Im Mainstream der Theoriebildung ist es hingegen weitaus populärer, wie dies beispielsweise von Böhnisch, Hamburger, Rauschenbach, Richter und Schröer in jeweils noch einmal eigener Art und Weise versucht wird, vor dem Hintergrund der Habermasschen Unterscheidung von System und Lebenswelt die Funktion von Sozialer Arbeit (systemisch) im Rückbezug auf die Desintegration moderner Arbeitsteilung und (lebensweltlich) in der kommunikativen Bewältigungsperspektive zu rekonstruieren (vgl. Kap. 2.4 ff. & 5.3).

Die auf die Luhmannsche Theorie gestützten Theoretisierungsversuche Sozialer Arbeit fokussieren aus einer Beobachtungsperspektive „zweiter Ordnung" heraus vor allem die Eigenlogiken von verschiedenen funktionalen Teilsystemen der Gesellschaft. Diese werden als Kommunikationssysteme theoretisiert, für die eine je spezifische Perspektive der Beobachtung („erster Ordnung") ihrer Umwelt kennzeichnend sei. Allerdings sieht Luhmann (vgl. 1993: 585) seine Theorie funktionaler Differenzierung moderner Gesellschaften, die auch in den verschiedenen Systemtheorien Sozialer Arbeit aufgegriffen wird, nicht wie Parsons als eine logische Folge der Analyse des Handlungsbegriffs. Vielmehr beansprucht er damit ebenso dem evolutionären Prozess zu folgen wie mit seiner Ebenendifferenzierung nach Interaktions-, Organisations- und Gesellschaftssystemen und seinen Unterscheidungen unterschiedlicher Formen der Autopoiese, mit denen er ab den 80er Jahren beginnt, Systeme nun nach dieser ihrer Selbstreferenz zu charakterisieren und nicht mehr aufgrund der System-Umwelt-Differenz (vgl. Kap. 4.1 ff.).

Nicht nur, dass der binäre Code, mit denen gesellschaftliche Funktionssysteme in Luhmannscher Tradition charakterisiert werden, wohl eher eine Sache der Logik dieser Art von Theoriebildung ist, als dass damit die Logik der Sache entsprechender gesellschaftlicher Verhältnisse erfasst würde. Auch ist Luhmanns Begriff von Evolution theoretisch durchaus voraussetzungsvoll. So versucht dieser doch höhere Komplexität aus Mutation und Wettbewerb – also eher mechanistisch-reduktionistisch – zu erklären (vgl. seinen Bezug auf Maturanas Begriff von Autopoiese als einer rein mechanistischen Erklärung des Phänomens Leben). Demgegenüber liegt der auf einem „ontologischen, emergentistischen Systemismus" gründenden Sozialarbeitswissenschaft eine eher holistische Betrachtungsweise von Evolution zugrunde (vgl. Kap. 4.15).

Die auf Marx gründenden Ansätze haben in diesem Zusammenhang einen dialektischen Begriff der realen Bewegungsverhältnisse der Formgestalt des zusammenhängenden materiellen gesellschaftlichen Prozesses zu entwickeln versucht. Bei Marx ist jedoch nicht eindeutig, ob er in seiner „dialektischen Darstellung" des Verhältnisses der Menschen untereinander sowie zu innerer und äußerer Natur davon ausging, dass das reale Verhältnis eine dialektische Struktur besitzt oder ob die Struktur dieses Verhältnisses von ihm bloß dialektisch dargestellt wird. In der erkenntnistheoretischen Debatte ist dies als Unterscheidung zwischen realer und subjektiver Dialektik bzw. von Dialektik als Ontologie und Dialektik als Methode diskutiert worden (vgl. May 2004:18 f. Anm. 4; 2005: Kap. 2.4.2).

Negt/Kluge haben Dialektik als eine materialistische Methode bezeichnet, die beansprucht, „den realen Bewegungsverhältnissen abgelesen" (1981: 240) zu sein. Da diese realen Bewegungsverhältnisse sich aber nach je eigenen Gesetzen selbstregulieren, habe ich vorgeschlagen (vgl. May 2004: Kap. 1; 2005: Kap. 2 & 3), statt von realer Dialektik oder Dialektik als Ontologie von „Selbstregulierungen" zu sprechen, um zu bezeichnen, wie „der Elementcharakter einer Organisierung sich verändert" (ebd. 239). Die erkenntnistheoretische Problematik ist damit freilich nicht gelöst.

Eine durchaus vergleichbare Problematik scheint mir bei Foucault vorzuliegen, wenn er vom historischen Apriori, dem Archiv, als „rein empirische Figur" (1981: 185) redet, das in seinen Untersuchungen als beschriebenes, in seiner archäologischen Methodenlehre aber als zu beschreibendes erscheint. Ebenso problematisch wie Engels Ontologisierung der Marxschen Dialektik scheint mir zu sein, wenn Deleuze (1987) in seiner Foucault-Interpretation diese Offenheit in der Foucaultschen Methodologie bezüglich des Verhältnisses zwischen Diskursivem und Nichtdiskursivem mit seiner Ontologie des Sagbaren (= Diskursivem) und Sichtbaren (= Nichtdiskursivem) zu schließen versucht.

Wie die systemtheoretischen Theoretisierungen in der Tradition von Luhmann gehen auch die poststrukturalistischen und differenzphilosophischen, denen Foucault zuzurechnen ist, davon aus, dass den von ihnen untersuchten Objekten Bedeutung nicht aufgrund der Tatsache zukäme, dass es gerade dieses Objekt sei. Vielmehr würde deren Bedeutung erst dadurch erkennbar, dass diese selbst einen Unterschied machten. Während jedoch im Strukturalismus im Anschluss an Saussure noch ähnlich wie im Selbstverständnis einer systemtheoretischen Theoriebildung in Luhmannscher Tradition davon ausgegangen wird, dass das Bezeichnete (Signifikat) dem Bezeichnenden (Signifikanten) vorangeht, dreht sich dieses Verhältnis im Poststrukturalismus um. Ausgegangen wird nun davon, dass der Signifikant dem Signifikat vorausgehe und es bestimme. Demnach produziere die Struktur der Signifikanten eine Welt der Begriffe und Bedeutungen, die erst die Welt zu erschließen erlaubten (vgl. Kap. 5.4).

So versteht Foucault im Unterschied zum Strukturalismus Diskurse nicht mehr allein „als Gesamtheit von Zeichen (von bedeutungstragenden Elementen, die auf Inhalte oder Repräsentationen verweisen), sondern als Praktiken [...] die systematisch die Gegenstände bilden, von denen sie sprechen" (1973: 74). Entsprechend bezieht sich sein Verfahren der Analyse von Positivitäten (vgl. 1992: 36f.) auch nicht mehr „auf eine Spezies oder auf eine Wesenheit, sondern auf banale Akzeptanzbedingungen" (ebd.). Foucault interessiert sich für die „Mechanismen und Instanzen, die eine Unterscheidung von wahren und falschen Aussagen ermöglichen und den Modus festlegen, in dem die einen oder anderen sanktioniert werden" (1978: 51). Davon ausgehend, dass es jeweils „bevorzugte Techniken und Verfahren zur Wahrheitsfindung" (ebd.) gebe, richtet sich sein Interesse auf „das Ensemble der Regeln, nach denen das Wahre vom Falschen geschieden und das Wahre mit spezifischen Machtwirkungen ausgestattet wird" (ebd. 53).

Bezüglich Pädagogik als „Geständniswissenschaft" (vgl. 1977: 82f.) radikalisiert sich dies für Foucault dahingehend, dass deren „Wahrheit" als das schillernde Objekt einer stetigen und sublimen Auslegekunst im Grunde genommen von ihrer Unfassbarkeit lebe(vgl. Kap. 5.6). Wenn er schreibt, dass sich in ihrem Rahmen „im Verlauf mehrerer Jahrhunderte langsam ein Wissen vom Subjekt gebildet [habe d.A.]; nicht so sehr ein Wissen von seiner Form, sondern von dem, was es spaltet, was es möglicherweise determiniert, vor allem aber sich selber stets entgehen lässt" (ebd.), dann wird dies an der Psychoanalytischen Pädagogik bzw. Sozialarbeit besonders deutlich (vgl. Kap. 6.2 & 6.7).

Demgegenüber hält Michael Winkler (vgl. Kap. 5.12 f,) daran fest, dass „das Problem der Sozialpädagogik [...] als ein reales Problem angenommen werden" (1988: 97) könne. Allerdings lassen sich dieses Problem und – „implizit freilich auch schon die für es denkbaren Rahmenbedingungen seiner Lösung" – (ebd.) erst durch den „reflexiven Rückbezug auf Kategorien und Begriffe" (ebd.) eines spezifischen diskursiven semantischen Systems als sozialpädagogisches Problem identifizieren und damit zugleich auch zuspitzen. Während „die diskursiv gefasste Wirklichkeit [...] zunächst die Wirklichkeit von Problemen" (ebd.: 59) sei, die in diesem Diskurs aufzuklären versucht würde, gehe es der Theorie „um die Einsicht in die Gesamtheit des Sinnzusammenhangs" (ebd.: 60), der den Diskurs erst ermögliche, jedoch „so weder in der Wirklichkeit noch im Diskurs selbst auffindbar" (ebd.) wäre. Ihre „gegenständliche Identität" (ebd.: 95) gewänne eine Theorie der Sozialpädagogik somit erst dort, „wo sie eine Theorie des sozialpädagogischen Problems und eine Theorie des sozialpädagogischen Handelns" (ebd.) umklammere. Was dabei jedoch „in der Theorie der Sozialpädagogik als das sozialpädagogische Problem erscheint, könnte in Verknüpfung mit der Theorie einer anderen Praxis zu dem Problem dieser Praxis werden" (ebd.: 96).

Eine Theorie der Sozialpädagogik müsse sich Winkler zufolge demnach zu aller erst jenes „Apriori des Diskurses" (ebd.: 62) vergegenwärtigen, „welches stillschweigend von allen Diskursteilnehmern geteilt und in dem semiotischen Prozeß aktualisiert wird, in welchem Handlungen in die mit dem Index ´Sozialpädagogik` markierte Semiose einbezogen werden" (ebd.). Sie müsse in diesem Zusammenhang auch nach den Bedingungen fragen, „die den Diskurs als besonderen ermöglichen und ihm eine ´objektive` Existenz verleihen" (ebd.: 37 f.). Damit sei eine Theorie der Sozialpädagogik notwendigerweise dem sozialpädagogischen Diskurs „genetisch nachgeordnet" (ebd.). Sie gehöre nicht mehr dessen „Verständigungszusammenhang über eine problematische Wirklichkeit" (ebd.) an, sondern suche diesen in seiner Systematik zu rekonstruieren. Deshalb müsse der theoretische Begriff von Sozialpädagogik „nicht nur in seinem Verhältnis zu diesem, sondern vielmehr noch in seinem eigenen Status geklärt werden" (ebd.: 37).

Wenn diese Theorie die Inhalte des sozialpädagogischen Diskurses in einen Zusammenhang stelle, welcher den Diskurs „auf seine eigenen Existenzbedingungen" (ebd.:59) deute, könne dies durchaus als „eine dritte Hermeneutik" (ebd.) betrachtet werden, welche versuche, „die Elemente des diskursiven Begriffs in einem theoretischen Begriff" (ebd.: 38) in Hegels dialektischem Verständnis gleich dreifach „aufzuheben": Dabei gehe es darum, diese zwar gelten zu lassen. Zugleich müssten diese jedoch geprüft und kritisch gegeneinander abgewägt werden, um sie schließlich „in einem systematisch begründeten Verhältnis zueinander" (ebd.) neu zu ordnen.

„Die theoretische Schwierigkeit" (ebd.: 284) liege dabei in den ständigen „Übersetzungen von einer Sprache, die auf Tun und Geschehen abhebt, in eine Diktion […], welches diese Tun in seinem gegenständlichen Resultat" (ebd.) festhalte. Winkler geht in diesem Zusammenhang davon aus, dass sich mit Hilfe der beiden theoretischen Begriffe von Subjekt und Ort „nicht nur ein strukturtheoretischer Begriff der sozialpädagogischen Praxis entfalten, sondern vor allem eine Analyse der Möglichkeiten und Grenzen durchführen [ließe d.V.], die aus den diskursgebundenen Vorstellungen über sozialpädagogisches Handeln" (ebd.: 270) erwüchsen. Somit zielen sowohl der Begriff des Subjektes, wie auch der des Ortes in ihrer dialektischen Verschränkung einerseits auf eine Realität. Andererseits vermitteln sie jedoch zugleich Vorstellungen über reflexiv erzeugte Realität (vgl. 1995a: 115f.). Und in dieser Hinsicht würden über die beiden Begriffe – so Winklers Annahme – zugleich jene „Elemente zugänglich, die in der Grammatik des sozialpädagogischen Diskurses als ′Analytik der Kategorien sozialpädagogischen Handelns` gelten" (1988: 270).

Michael Winklers Selbstverständnis seines Entwurfs einer Theorie der Sozialpädagogik als „dritter Hermeneutik" weist damit sehr viel Parallelen zum Programm einer kritischen Theorie Sozialer Arbeit auf. Nicht nur, dass seine beiden theoretischen Begriffe von Ort und Subjekt zugleich eine Grundlage der Kritik gängiger sozialpädagogischer Praxis eröffnen – Letzterer nicht im Sinne des „als Wirklichkeit des modernen Menschen Gedachten" (ebd.: 98), sondern als „Modus von Subjektivität" verstanden. Er hat damit sicher auch den Gegenstand einer sozialpädagogischen Theorie deutlicher gegenüber anderen Disziplinen abgrenzen können, als dies beispielsweise der von Timm Kunstreich und mir (vgl. 1999) unternommene Versuch erlaubt, Soziale Arbeit als „Bildung des Sozialen und Bildung am Sozialen" zu fassen (vgl. Kap. 2.2 & 3.8).

In dem Maße, wie „sozialpädagogisches Denken in pragmatischer Absicht"(1988: 278) mit der Überlegung beginne, „wie ein Ort beschaffen sein muß, damit ein Subjekt an ihm leben und sich entwickeln kann, damit er auch als Lebensbedingung vom Subjekt kontrolliert wird" (ebd.: 278f.) sieht Michael Winkler im Begriff des Ortes „den ersten pragmatischen Grundbegriff der Sozialpädagogik" (ebd.). Für Winkler „kommt die Theorie der Sozialpädagogik als solche" (ebd.: 323) in dieser „Erörterung von Funktion und Wirkung des sozialpädagogischen ′Ortshandelns`" (ebd.) zugleich jedoch auch schon „zu ihrem Abschluß. Denn was das Handeln der Beteiligten miteinander, die Struktur des pädagogisch geleiteten Aneignungsgeschehens und die Frage angeht, was denn der Erzieher mit seinem Zögling will" (ebd.), so gehöre dies „schon dem Nachdenken über Erziehung und Bildung schlechthin, letztlich somit der Allgemeinen Pädagogik an" (ebd.) (vgl. Kap. 5.13).

Ganz ähnlich wie im Rahmen des Programms einer Kritischen Theorie Sozialer Arbeit danach gefragt wird, wie die entsprechende „Erscheinung" eines Problems als im Kontext professioneller Sozialer Arbeit zu bearbeitendes zusammenhängt mit der in einer theoretischen Kernvorstellung gefassten Kernstruktur von Gesellschaft, versucht allerdings auch Winkler nicht nur den sozialpädagogischen Diskurs (als Erscheinung) „auf seine eigenen Existenzbedingungen" (ebd.:59) hin zu deuten, sondern dabei auch die gesellschaftlich-historische Ausgestaltung eines „sozialpädagogischen Problems" zu untersuchen. Seine differenzierten methodologischen Überlegungen bezüglich des Verhältnisses zwischen Diskurs und Theorie der Sozialpädagogik (vgl. Kap.5.12) können in diesem Zusammenhang sicher das Programm einer Kritischen Theorie Sozialer Arbeit befruchten. Im Vergleich zu Michael Winklers eher systemtheoretisch inspirierten Topologie des sozialen Sektors (vgl. Kap. 5.10) scheint mir allerdings das Instrumentarium einer Kritik der politischen Ökonomie und dessen regulationstheoretische Weiterführung (vgl. Kap. 7.4) nicht nur eine gesellschaftstheoretisch gehaltvollere Analyse der jeweiligen historischen Gestalt dessen, was als „sozialpädagogisches Problem" erscheint, zu ermöglichen. Auch methodologisch sind meiner Ansicht nach durch deren (Selbst-)Reflexion auf das Verhältnis von Kerngestalt und theoretischer Kernvorstellung von Gesellschaft nicht hintergehbare Standards gesetzt worden.

Demgegenüber bleibt der (post-)strukturalistische Diskursbegriff, wie Bönold (vgl. 2003: 289) kritisiert, auf die Thematisierung einer „historisch-zufällige[n], kontingente[n] Verbindung von Signifikanten und Signifikaten" (ebd.) sowie den davon ausgehenden „Zwangsmechanismen" (ebd.) beschränkt. Denn im Gegensatz zum Begriff der „Erscheinung" in dialektisch-materialistischen Analysen und Winklers Programm einer „dritten Hermeneutik" lässt sich mit ihm der soziale „Zusammenhang zwischen 'Geschichte' und 'Diskurs' (Sein und Bewusstsein)" (ebd.) bzw. Erscheinung nicht mehr eigens untersuchen, „da 'Geschichte' hierin selbst nur diskursiv zu thematisieren" (ebd.) ist (vgl. Kap. 5.15).

Ähnliches gilt meiner Ansicht nach auch für die systemtheoretische Analyse von sich gesellschaftsgeschichtlich bezüglich der Erbringung spezifische Leistungen für den gesellschaftlichen Reproduktionsprozess funktional ausdifferenzierenden Teilsystemen, die als zentralen Funktionssysteme mit je eigenen exklusiven Leitunterscheidungen (Codes) und Programmen operierten (vgl. Kap. 4.5). Meiner Ansicht nach bleibt diese Analyse als – wie Marx sagen würde „Verdolmetschung des Alltagsverstandes" – auf eine Ebene von Erscheinung beschränkt und lässt sowohl die Kerngestalt der jeweiligen Gesellschaft als auch die sie hervorbringende historische Dynamik von (Klassen-)Kämpfen und Kompromissen außer Blick. Trotzdem moderne Gesellschaften sich schon allein ökonomisch betrachtet durchaus auf verschiedene Art und Weise reproduzieren, haben diese doch allesamt Funktionssysteme hervorgebracht, die sich systemtheoretisch anhand der gleichen Leitunterscheidungen beschreiben ließen, obwohl sie sich durch ihre Eingebundenheit in den jeweiligen Reproduktionszusammenhang doch inhaltlich gegenstandsbezogen in ihrem Wirken (= ihrer ´Wirk`-lichkeit) erheblich voneinander unterscheiden.

Welche Diskussionen es gibt hinsichtlich der Bestimmung eines Gegenstand von Sozialer Arbeit – ob nun als eigenes gesellschaftliches Funktionssystem betrachtet oder nicht –, darum soll es im nächsten Kapiteln gehen.


## 7.2  Gegenstand

Wie die Ausführungen zur Diskussion des Wissenschaftscharakters Sozialer Arbeit verdeutlicht haben dürften (vgl. Kap. 7.1), ist bei der Frage nach dem Gegenstand der Sozialen Arbeit als Wissenschaft und Praxis äußerst umstritten, ob dies ein Gleicher ist, oder ob Soziale Arbeit als Wissenschaft einen anderen Gegenstand hat als Soziale Arbeit als Praxis. Gegenüber Versuchen einer eher essentialistischen und substantialistischen Gegenstandsbestimmung Sozialer Arbeit hat schon der „genuin erziehungswissenschaftliche Rekonstruktionsansatz zum Verhältnis von Sozialarbeit/Sozialpädagogik als Disziplin und Profession" (Dewe/Otto 2002: 183 f.) zu zeigen versucht (vgl. Kap. 1.3 & 3.4), „dass sich die kognitive Identität der Sozialpädagogik nicht mittels eines vielleicht der Disziplin ´zufallenden Gegenstandsbereiches` (Thiersch 1985) bestimmen lässt" (ebd.), „sondern ausschließlich über eine spezifische Fragestellung, also über die theoretische Konstitution des Gegenstandes. Dabei wäre sie von anderen Sozialwissenschaften nur dem Inhalt nach unterscheidbar, nicht der Form nach" (Lüders 1988: S. 6).

Nicht nur als sozialpädagogische Teildisziplin der Erziehungswissenschaften, sondern auch in ihren Versuchen, sich als eine eigenständige Disziplin Sozialer Arbeit zu etablieren, seien die Wissenschaften von der Sozialen Arbeit – wie Dewe/Otto beklagen – bisher permanenten Wandlungen eines „überwiegend von den Konstellationen der Außenwelt gesteuerten Begriffs ihres Gegenstandes" (2002: 185) unterworfen gewesen, der ihrer Auffassung nach „die Fähigkeit jeder Disziplin, ihre Erkenntnismodelle zu spezifizieren" (ebd.), überfordert hätte. Zudem ist die Sozialarbeitswissenschaft – in ihren verschiedenen Varianten von Engelke bis Staub-Bernasconi – bis heute vor allem damit beschäftigt, externe Wissensbestände zu adaptieren, indem sie „die wissenschaftlichen Erkenntnisse der Referenzwissenschaften auf ihre (vermutete) potenzielle Technologie hin befragt und in der Folge der Praxis" (ebd.) zuzuführen versucht.

Schon im Kapitel 1, spätestens jedoch im vorangegangenen Kapitel über die
verschiedenen Verständnisse des Wissenschaftscharakters Sozialer Arbeit dürfte
deutlich geworden sein, dass sich in der bisherigen Debatte kein gemeinsames
Selbstverständnis herauskristallisieren konnte, ob es denn überhaupt eine Disziplin Sozialer Arbeit gibt und wenn ja, was deren Gegenstandsbereich ist – die
Praxis der Sozialen Arbeit und/oder deren Semantik? Zwar besteht weitgehend
Einigkeit darüber, dass im Unterschied zu dem an der Frage der Wirksamkeit
interessierten Professionswissen disziplinäres Wissen auf das Kriterium der
Wahrheit und Richtigkeit zielt (vgl. Merten 1997; Dewe/Otto 2001; Dewe 2002).
Worauf sich dieses Kriterium gründet – „auf einer empirisch fundierten Beweisführung, auf argumentativer Plausibilität oder auf kategorialer Stringenz" (Rau-
schenbach/Züchner 2002a: 141) –, darüber wird dann schon wieder heftig debat-
tiert (vgl. Kap. 1.4).

Konsens in dieser Debatte dürfte allerdings sein, dass eine Disziplin Sozialer Arbeit ohne eine Auseinandersetzung mit dem Erbe und der Tradition nicht
bestehen kann. Um ihren disziplinären Anspruch zu untermauern, habe Soziale
Arbeit „ihre begrifflichen Instrumente zu bearbeiten und sich an diesen zu schulen" (Winkler 2005: 25) – in welcher Weise, darüber gibt es dann schon wieder
unterschiedliche Auffassungen: entweder indem Soziale Arbeit ihr disziplinäres
Instrumentarium „im Gang der Auseinandersetzung mit Wirklichkeit […] erschließend und prüfend" (ebd.: 22) aufnimmt und weiterentwickelt bzw. revidiert
(vgl. Kap. 1.4 & 5.11); oder aber, indem sie die in normativen Forderungen und
Tatsachenannahmen eingegangenen vermeintlichen anthropologischen Konstanten zu entmystifizieren trachtet (vgl. Kap. 5.5 ff.).

Als Beispiel für ein solches Mythenwissen bezieht sich Lenzen (1996: 125)
in seinem Entwurf einer reflexiven Erziehungswissenschaft auf die Diskursanalysen Michel Foucaults, die ja auch Fabian Kessls „genealogische Rekonstrukti-
onsskizze" einer „Objektivität Sozialer Arbeit" im Rahmen seiner Gouvernementalität Sozialer Arbeit inspiriert haben. Aber auch die systemtheoretischen Analysen der Semantik von Erziehung und Hilfe in Luhmannscher Tradition folgen
einer ähnlichen Zielrichtung (vgl. Kap. 4.4 & 4.9).

Wenn Lenzen für eine reflexive Erziehungswissenschaft gefordert hat, neben diesem Mythenwissen auch ein Risikowissen in Gestalt einer Erziehungsfolgenabschätzung hervorzubringen, das sich auf die systematische Sichtung und
auch Produktion von empirischem Wissen über die Implikationen der Verwissenschaftlichung fast aller erzieherischen Bezüge gründet (vgl. Kap. 5.5), dann
ist dies bspw. von Dewe (vgl. 1990) und Dewe/Otto (2002) auch in ihrer Programmatik für eine „reflexive Sozialpädagogik" aufgegriffen worden (vgl. Kap.
3.4 & 3.6). Diese hätte unter Bedingungen zunehmender Unsicherheit in der
Lebensführung und des unvermeidlichen Umgangs mit gesellschaftlichen Risi-

ken sowohl Zweit- und Drittfolgen als auch unbeabsichtigte Nebenfolgen des Einsatzes entsprechender professioneller Dienstleistungsangebote reflexiv zu antizipieren.

Die antizipierende Dimension ist von Lenzen jedoch nicht allein auf eine Erziehungsfolgenabschätzung begrenzt, sondern auch auf die Hervorbringung eines – wie er es nennt – „poetischen Wissens" bezogen worden. Dieses habe vermittels einer Transzendierung der Grenze zwischen Wissenschaft und Kunst auf die Beschreibung eines zukünftigen Zustands zu zielen, in dem Menschen durch Teilhabe an der Fülle der Wirklichkeiten den Raum ihrer Individualisierungsmöglichkeiten zu erweitern vermöchten. Im Rahmen der system(ist)ischen Ansätze einer Sozialarbeitswissenschaft wird diese Dimension eher unter dem Aspekt von „Wertewissen" thematisiert (vgl. Kap. 4.16).

Demgegenüber versuchen dialektisch materialistisch ausgerichtete Theoretisierungsansätze Sozialer Arbeit die ihnen eigene antizipatorische Perspektive eher gesellschaftlich-historisch rückzubinden. So beanspruchen sie, „latente, noch nicht zur Realität herausgearbeitete Tendenzen ins Licht begrifflicher Arbeit zu bringen" (Negt/Kluge 1981: 481), um in dieser Weise „die vorhandene Realität mit der in ihr enthaltenen objektiven Möglichkeit zu konfrontieren" (ebd.: 482) und die darin verborgenen emanzipatorischen Potenziale durch ihre Analyse zugleich der praktischen Verwirklichung entgegenzubringen (vgl. Kap. 1.4 & 2.11).

Im Rahmen der systemtheoretischen Debatte hat Luhmann (vgl. 1987) ja beklagt, dass sich Pädagogik auch noch reflexiv gegenüber einer Analyse der Folgen ihrer paradoxen Aufgabe versperre, etwas zielbezogen anzustreben, was die Wirklichkeit nicht zielkontrolliert erlaube (vgl. Kap. 4.4). Von daher mag die Perspektive einer Produktion von „Risikowissen" auch im Rahmen systemtheoretischer Analysen Sozialer Arbeit noch evtl. mitgetragen werden. Eine antizipatorische Perspektive – ob nun in Gestalt poetischen Wissens oder objektiver Möglichkeiten und emanzipatorischer Tatsachen – ist ihrem Selbstverständnis von Beobachtung „zweiter Ordnung" jedoch ebenso fremd, wie den kritisch-rationalistischen Ansätzen einer Erziehungs- und Sozialarbeitswissenschaft (vgl. Rössner 1975 & 1977).

Wie auch immer in dieser Weise der disziplinäre Gegenstand Sozialer Arbeit umstritten sein mag, eine Disziplin Sozialer Arbeit kann sich – so Michael Winkler – „nicht jenseits dessen" etablieren, „was in der – wie auch immer durchgeführten – Vergewisserung über das Feld" (2005: 22) Sozialer Arbeit zu beobachten ist und an Wissen entsteht. Sie kann solches in Form von genealogischen, ideologiekritischen oder systemtheoretischen Analysen „kritisch kommentieren, Desiderata anmahnen, andere Forschungs- und sogar Begründungsperspektiven geltend machen" (ebd.). Was sie jedoch nicht kann, ist gegenüber der historischen Wirklichkeit dessen, was als Feld Sozialer Arbeit bezeichnet wird, zu behaupten, dass dies mit Sozialer Arbeit nichts zu tun habe und Soziale Arbeit darin ihren Gegenstand verfehle (vgl. Kap. 1.5).

Worin dieser Gegenstand einer Praxis Sozialen Arbeit besteht, darüber wird jedoch ebenfalls heftig gestritten. Wenn Heinz Sünker Konzepte Sozialer Arbeit als „Antwort auf die Frage nach möglichen Verhältnisbestimmungen von Individuum und Gesellschaft" (2002: 227) zu lesen versucht (vgl. Kap. 2.2), dann hat er meiner Ansicht nach auch theorieübergreifend den in dieser Formulierung allgemeinsten und sicher damit auch nicht exklusiven Gegenstand Sozialer Arbeit skizziert. Denn Oevermann zufolge gilt ja für alle Professionen – wobei umstritten ist, ob Soziale Arbeit überhaupt eine ist –, dass sie existentielle Probleme ihrer NutzerInnen, die diese aus eigener Kraft oder privater Hilfe nicht lösen könnten, zu ihrem Gegenstand machen mit dem doppelten Ziel, sowohl die Autonomie deren Lebenspraxis zu sichern, und zugleich durch die Problembewältigung zur gesellschaftlichen Stabilität beizutragen (vgl. Kap. 3.1 f.).

„Förderung der Autonomie der Lebenspraxis und [...] Herstellung von Normalität" (Heiner 2004: 155 (ebd.) als Vermittlung, „zwischen Individuum und Gesellschaft" bildet so auch den Kern von Maja Heiners und Franz Hamburgers (1997: 250) Versuch einer Gegenstandsbestimmung professioneller Sozialer Arbeit (vgl. Kap. 3.5). Vor dem Hintergrund ihres Bezugs auf die Habermassche Theorie ist dies für sie gleich bedeutend mit einer „Vermittlung zwischen System und Lebenswelt". „Als pädagogische Intervention" sei Soziale Arbeit dabei zwar „auf die symbolische Reproduktion der Lebenswelt" (Hamburger 2003: 151) bezogen. Allerdings vermöge sie sich nicht allein auf eine verständigungsorientierte Handlungsrationalität zu beschränken. Vielmehr müsse sie zwischen kommunikativen und strategischen Mustern oszillieren und ihrer „intermediäre[n] Stellung" (Rauschbach/ Treptow 1999: 100) gemäß zwischen diesen vermitteln (vgl. Kap. 2.4).

Auch Merten (1997) zeigt, wenn er in der systemtheoretischen Debatte von einer „Integrationsfunktion" Sozialer Arbeit ausgeht und zwischen „System-" und „Sozialintegration" unterscheidet, eine deutliche Parallelität zur Dualität der Habermasschen Begriffe von System und Lebenswelt. Dies verwundert insofern, als Luhmann den Begriff der Integration nicht zu letzt durch seinen Begriff der „Exklusionsindividualität" systematisch zu dekonstruieren versucht hat. Merten (1997: 97 ff. & 2000: 186 ff.) ist sich jedoch mit Luhmann (1973: 37), Baecker (1994: 98), Bommes/Scherr (1996: 114), Hillebrandt (2002: 223) und Hohm (2003: 82 f.) weitgehend darin einig, die spezifische Bezugsproblematik Sozialer Arbeit in funktional ausdifferenzierten Gesellschaften „als teilsystemspezifische Exklusionsgefährdung mit direkten sowie möglichen indirekten negativen Folgeeffekten" (Scherr 2000: 74 f.) zu fassen, „als deren Auswirkung eine Hilfsbedürftigkeit beobachtet wird" (ebd.).

In dieser Beobachtung von Hilfsbedürftigkeit sieht nun die Systemtheorie (vgl. Kap. 4.8 ff.) den einzig gemeinsamen Gegenstand Sozialer Arbeit angesichts ihrer ansonsten sehr heterogenen Arbeitsfelder. Weil nicht die Soziale Arbeit selbst, sondern Politik und Recht darüber entschieden, wer hilfsbedürftig sei, stelle Soziale Arbeit in den Augen von Bommes/Scherr (vgl. 2000: 83) kein eigenes Funktionssystem dar, das exklusiv und eigenständig die gesellschaftliche Gewährleistung von Hilfe verwalte. Vielmehr sei Soziale Arbeit – zumal sich die anhaltende quantitative und qualitative Expansion dieses Berufsfeldes im Kern auch noch als Einbindung ihrer Berufsrollenträger in heterogene Organisationen vollziehe – systemtheoretisch auf der Ebene von Organisation und Interaktion auszudifferenzieren.

Demgegenüber sehen andere Systemtheoretiker durch den Hilfecode „eine Engführung an Hilfekommunikation [generiert], indem er diese von der gesellschaftlichen Kommunikation und der funktionssystemspezifischen Kommunikation der primären Teilsysteme durch die Einheit einer Differenz unterscheide, die Hilfe als Beobachtung zweiter Ordnung reflexiv werden" (Hohm 2003: 83) ließe. Allerdings ist unter denjenigen, die in dieser Weise überzeugt sind, dass es sich bei Sozialer Arbeit um ein eigenes operativ geschlossenes Funktionssystem der Gesellschaft handele, noch umstritten, welches die Leitdifferenz des Hilfecodes sei: bedürftig/nicht-bedürftig (Hillebrand 20002: 219); Fall/Nicht-Fall (Fuchs 1997: 427); Helfen/Nicht-Helfen (Baecker 1994: 100 & Merten 1997: 97 ff & 2000: 186 ff.) oder Hilfefähigkeit/Hilfeunfähigkeit (Hohm 2003: 83 f.).

Die Frage, wie autonom Soziale Arbeit in der Praxis ihren Gegenstand bestimmen kann, ist auch außerhalb dieser systemtheoretischen Debatte umstritten. So bezweifelt bspw. Oevermann vor dem Hintergrund seiner Strukturtheorie von Professionalisierung, dass Soziale Arbeit aufgrund ihrer diffusen Allzuständigkeit über einen klar abgegrenzten Gegenstand und entsprechend auch über eine eigenständige wissenschaftliche Kompetenzdomäne verfüge. Da darüber hinaus ihre Autonomie in vielen Arbeitsfeldern durch Weisungen anderer Professionen, wie z.B. der Medizin oder der Juristerei, eingeschränkt sei, könne sie deshalb – an berufsstrukturellen Kriterien gemessen – bestenfalls als eine „Semiprofession" gelten (vgl. Kap. 3.1 f.).

Demgegenüber sieht Franz Hamburger die Eigenständigkeit Sozialer Arbeit vor dem Hintergrund seiner auf Habermas´ Kategorien gründenden Gegenstandsbestimmung dem Umstand verdankt, „dass Recht und Geld als sozialpolitische Leistungen lebensweltliche Zusammenhänge nicht sichern" (2003: 151) könnten (vgl. Kap. 2.4). Dass Soziale Arbeit nur als eine Hilfform zu beschreiben sei, die auf Probleme reagiert, denen durch sozialstaatliche Leistungsverwaltung nicht hinreichend Rechnung getragen werden könne, war für Bommes/Scherr (2000: 83) in der systemtheoretischen Debatte jedoch ein zentrales Argument, deren Autonomie in Frage zu stellen (vgl. Kap. 4.8). Dem entsprechend hat sich für Hillebrandt (vgl. 2002: 219), der in der systemtheoretischen Debatte zu denjenigen zählt, für die Hilfe ein eigenes autonomes Teilsystem der modernen Gesellschaft konstituiert, die Hilfesemantik gerade dadurch „eindeutig spezialisiert und so weit verdichtet, dass sie nur noch dem Bereich sozialer Hilfe zurechenbar" (ebd.) sei, dass professionelle Hilfe inklusive materieller Transferleistungen „als rechtlich verfasstes Leistungsangebot" (ebd.) etabliert wurde, „auf das ein Anspruch besteht, sobald individuelle Bedürftigkeit nachgewiesen werden kann" (ebd.).

Und so hebt auch Böhnisch (vgl. 1999: 262) – vor dem Hintergrund der Habermasschen Unterscheidung – hervor, dass Soziale Arbeit mehr als die lebensweltliche Seite der Sozialpolitik sei und deshalb auch nicht als „Ablegerin der Pädagogik oder Fürsorge" (2002: 200) betrachtet werden könne. Vielmehr müsse ihre moderne Eigenständigkeit – auch gegenüber der Sozialpolitik – „aus der Hintergrundkonstellation gesellschaftlicher Arbeitsteilung" (ebd.) und ihrer psychosozialen Folgewirkungen hergeleitet werden. In diesen Problemen und Lebensrisiken zeigten sich Böhnisch zufolge gerade „keine pädagogischen oder fürsorgerischen Sonderprobleme, sondern lebensalter- und sozialstrukturtypische Bewältigungskonstellationen in der industriellen Risikogesellschaft" (ebd.). Die Eigenständigkeit ihres Gegenstandes verortet er in diesem Zusammenhang darin, dass Soziale Arbeit sowohl Chancen zur Aneignung und Gestaltung von Lebensräumen durch Milieubildung zu eröffnen beanspruche, als auch die eigenständige Lebensgestaltung ihrer AdressatInnen zu unterstützen versuche (vgl. Kap. 2.5 ff.).

Dem entsprechend muss nach Auffassung von Maja Heiner (vgl. 2004) vor dem Hintergrund der Habermasschen Unterscheidung von System und Lebenswelt und dem daraus für die Soziale Arbeit abgeleiteten Vermittlungsauftrag der Gegenstand professioneller Sozialer Arbeit gleich doppelt bestimmt werden als „Unterstützung und Befähigung von Personen (Optimierung der Lebensweise)" (ebd.: 42) und als „fallunabhängig und fallübergreifend" (ebd.: 157) erfolgende „Veränderungen ihrer Existenzbedingungen (Optimierung der Lebensbedingungen)" (ebd.: 42). Und wie in der Habermasschen Gesellschaftsanalyse deren beide Grundbegriffe „System" und „Lebenswelt" sowohl in einem Verhältnis der „Kolonialisierung" (der Lebenswelt durch das System) als auch in einem der „Mediatisierung" stehen können, vermöge die Soziale Arbeit nicht nur repressiv und kolonialisierend, sondern auch vermittelnd und kreativ-intermediär in die Lebenswelt zu intervenieren. In dieser Analyse ist sich Maja Heiner mit Rauschbach/ Treptow (1999), Gängler/Rauschenbach (1999) und Franz Hamburger

(2003) einig (vgl. Kap. 2.4 & 3.5). Selbstreflexivität sei unter diesen Umständen eine „notwendige Bedingung für die Möglichkeit, den kolonialisierenden Zugriff zu vermeiden" (Hamburger 2003: 152).

Franz Hamburger sieht es in diesem Zusammenhang „von der tatsächlichen Gestaltung der Interaktion" (ebd.: 151) abhängen, die „Autonomie im System" (ebd.) habe und „nicht determiniert „(ebd.) werde, ob Soziale Arbeit „durch kommunikative Verständigung aus der Hilfsbedürftigkeit" (ebd.) herausführe. Demgegenüber ist aus der Perspektive von Praxisphilosophie und Alltagskritik (vgl. May 2000: 247 & 2005: 180; vgl. auch Sünker 2002: 229) nachdrücklich darauf aufmerksam gemacht worden, dass Auswege aus einer innerhalb Sozialer Arbeit zu bearbeitenden Problemsituation letztendlich von der Veränderbarkeit des Gegenstandes der Problemsituationen selbst abhängen (vgl. Kap. 2.8). Und auch in der systemtheoretischen Debatte ist von Baecker (vgl. 2001: 1874), Hohm (2003: 93) und Hillebrandt (2002: 223) hervorgehoben worden, dass die Aufgabe des Hilfesystems Sozialer Arbeit, „die stellvertretende Inklusion, die es zur Daseinsnachsorge bewerkstelligt, in eine Inklusion zu überführen, [...] gerade nicht von ihm" (Hillebrandt 2002: 223) selbst, sondern nur „von den anderen Funktionssystemen der Gesellschaft" (ebd.) bewältigt werden könne (vgl. Kap. 4.8).

Helga Cremer-Schäfer hat darauf aufmerksam gemacht (vgl. Kap. 4.19), dass wenn die Funktion des Systems Sozialer Arbeit in dieser Weise darin gesehen werde, „über stellvertretende allgemeine Inklusion" (Hillebrandt 2002: 224) Daseinsnachsorge zu betreiben und darüber zu versuchen, „Inklusionsfähigkeit" (ebd.) zu erzeugen bzw. wieder herzustellen, die „Verweisung (oder sollte es besser Einweisung heißen?)" (2001: 61) in ein solches System häufig gerade nicht als 'Inklusion`, sondern „wie Ausschließung organisiert und erfahren" (ebd.) werde. Ergänzend habe ich darauf hingewiesen (vgl. May 2000a: 109 f. & 2005: 73 f.), dass in diesem systemtheoretischen Bestimmungsversuch nicht mehr der eigentlich problemgenerierende Kontext und die je konkreten Ursachen der den „Exklusionsgefährdungen" zugrunde liegenden sozialen Probleme zum Gegenstand einer Bearbeitung im Rahmen Sozialer Arbeit werden. Vielmehr geht es nur noch um „die Formung des Lebenslaufs der Exklusionsindividuen mit Hilfe sozialarbeiterischer und therapeutischer Methoden" (Hillebrandt 2002: 224). Ausgeblendet wird dabei meiner Ansicht nach (vgl. Kap. 4.18), dass es sich bei Exklusionsgefährdungen – und seien sie auch nur teilsystemspezifischer Art – um eigentlich das gesellschaftliche Zusammenleben betreffende, im Grunde politische Fragen bzw. Probleme handelt, die nun unter der Hand, wie auch Nancy Fraser gezeigt hat (vgl. Kap. 5.8), zu Problemen therapeutisch, sozialarbeiterischer Hilfen umdefiniert werden.

Auf den ersten Blick ganz ähnlich wie Cremer-Schäfer geht auch Michael Winkler (vgl. Kap. 5.10) davon aus, dass „das politische System (und der gesellschaftliche Reproduktionszusammenhang)" (1988: 206) sich bezüglich jenes Berei-
ches, „wo es um die Bearbeitung konkreter individueller Notlagen" (ebd.) gehe,
auf den – und hierauf liegt seine Betonung – *bloßen* [Hervorhebung d. A.]
Ausschluß aus dem sozialen Zusammenhang" (ebd.) beschränke. Dies unterscheide diesen Bereich von den „Institutionen kollektiver Daseinsvorsorge"
(ebd.), aber auch – und hier hebt sich seine Argumentation von den kritischen
Analysen sozialer Ausschließung ab – zu dem gesellschaftlich bis in die Vollzü-
ge hinein weit reglementierteren „Teil des sozialen Sektors, der als Strafsystem
ausgebildet" (ebd.) werde. Stärker an dialektisch-materialistische denn systemtheoretische Analysen anschließend sieht Winkler den „soziale[n] Sektor und das
auf ihm errichtete soziale System"(ebd.: 188) „von seiner Genese her und im
Blick auf seine Funktion prinzipiell auf die kontinuierliche Sicherung der Ware
Arbeitskraft gerichtet" (ebd.). Von daher sei dieses System zwar „hinsichtlich
seiner formalen Rahmenbedingungen gesellschaftlich bedingt, in der inhaltlichen
Durchführung jedoch frei und selbstbestimmt" (ebd.: 190). Denn – so seine sich
ebenfalls von den systemtheoretischen Analysen (vgl. Kap. 4.8) unterscheidende
und eher Parallelen zu Franz Hamburgers (vgl. Kap. 2.4) Position aufweisende
Argumentation – der soziale Sektor könne diese Funktion „nur dann erfüllen,
wenn er außerhalb des gesellschaftlichen Reproduktionsbereiches, somit auch
außerhalb tauschförmiger und marktorientierter Beziehungen angesiedelt" (ebd.:
189) sei.

So dürfte Luhmanns Aussage (vgl. Kap. 4.7), dass der Gegenstand Sozialer
Arbeit hauptsächlich durch „Funktionsmängel des spezialisierten Teilsystems
Wirtschaft" (1973: 37) bestimmt werde, durchaus noch Winklers Zustimmung
finden. Dass deshalb heute – Luhmann zufolge – in Form von Hilfe keine „Probleme von gesamtgesellschaftlichem Rang (mehr) gelöst" (ebd.) würden, müsste
der Perspektive Winklers folgend (vgl. Kap. 5.10) jedoch wohl eher etwas differenzierter betrachtet werden. Denn immerhin werde aus Winklers Sicht im sozialen Sektor – obwohl dessen AdressatInnen Individuen seien – doch „am Gegenstand Gesellschaft" (1988: 190) gearbeitet, weshalb er hier bewusst von „sozialer
Arbeit" spricht. Ob diese Arbeit „für die betroffenen Individuen" (ebd.: 203)
gelinge, hänge jedoch – im Unterschied zu Hamburgers Sicht – Winkler zufolge
„weniger von jener und von diesen, als von den gesellschaftlichen Reproduktionsbedingungen ab" (ebd.).

Ähnlich wie in den dialektisch-materialistischen Analysen zwischen Kernstruktur und Erscheinung unterschieden wird (vgl. Kap. 3.3 & 7.1), sieht Winkler
(vgl. Kap. 5.10) alle Ebenen des sozialen Sektors und der in ihm geleisteten
sozialen Arbeit vom Konflikt „zwischen gesellschaftlicher Erfordernis und den

Ansprüchen (sowie tatsächlichen) Wirkungsmöglichkeiten des politischen Systems" (ebd.: 204) bestimmt (= der Kernvorstellung einer Kernstruktur). Für die Beteiligten erfahrbar (= Erscheinung) würde dies allerdings „in der Gestalt von Entscheidungs- und Handlungsproblemen" (ebd.). Diese zwängen „die im sozialen Sektor Tätigen, einen eigenen Kommunikationszusammenhang auszubilden, mit welchem und in welchem sie sich über ihre Probleme" (ebd.) in der Weise verständigten, dass sie diese Probleme und ihre Handlungsbedingungen und somit auch sich selbst identifizierten sowie entsprechende Handlungsregeln und verbindliche Wertmaßstäbe entwickelten. Sie entfalteten auf diese Weise „einen eigenen Diskurs, der nicht nur eine Sinnbestimmung der sozialen Arbeit im Allgemeinen, sondern auch konkrete Handlungsperspektiven jenseits einer Festlegung durch das politische System" (ebd.) eröffne. Winkers Analyse zufolge liege „für diese Eigendefinition eine Orientierung auf – allgemein – Zeitlichkeit und – besonders – Entwicklungsprozesse nahe" (ebd.), müsse doch, „wenn der Ausschluß des Individuums nicht endgültig sein soll, [...] die Möglichkeit geschaffen werden, dass sich dieses selbst verändert" (ebd.).

Aus Winklers Sicht erfüllt „der neuzeitliche Begriff der Pädagogik" (ebd.: 206) diese Erfordernisse „sowohl in formaler, wie auch in inhaltlicher Hinsicht" (ebd.), weshalb es für ihn nahe liegt, dass sich der Diskurs im sozialen Sektor „mit der Semantik des Pädagogischen" (ebd.) auflade. Soziale Arbeit werde „auf der Ebene kommunikativer und reflexiver Verarbeitung" (ebd.) somit „als Sozialpädagogik begriffen und begreifbar" (ebd.), wie dies die Analysen sowohl auf der Basis der Habermasschen Theorie (vgl. Kap. 2.4 & 5.2 f.) wie auch der Luhmannschen Systemtheorie (vgl. Kap. 4.8 ff.) nicht besser verdeutlichen könnten. Und so markieren auch für Winkler „Pädagogisierung der Problemsicht und des Aufgabenverständnisses, zusammen mit der Professionalisierung der Praxisabläufe und der Institutionalisierung des Handlungsfeldes" (ebd.:210) in dieser Weise „die endgültige Verselbständigung der Sozialarbeit als eigenständiger gesellschaftlicher Praxis mit eigenem Aufgabenbereich und Problemlösungen" (ebd.). Zugleich werde dabei der Diskurs sich „selbst zum Gegenstand und Problem" (ebd.), was sich nicht zuletzt in jenen Versuchen niederschlage, „ihn und seine Inhalte zu sichern und zu dokumentieren, um ihn so in den neu entstehenden Ausbildungseinrichtungen zu tradieren" (ebd.).

Im Unterschied zu den systemtheoretischen Rekonstruktionen, die Gefahr laufen zu einer Apologetik zu mutieren, und denen, die sich der Habermasschen Kategorien bedienen, um dabei zumindest im kommunikativ-lebensweltlichen Bereich Perspektiven zu entdecken, ist Winklers Analyse – auch in ihren historischen Bezügen – zunächst einmal kritisch angelegt. So geht Winkler (vgl. Kap. 5.11) davon aus, dass das sozialpädagogische Problem erst in der neuzeitlichen Gesellschaft durch jene „Wirklichkeit, die mit dem Begriff des Subjekts zugänglich und konstituiert" (1988: 98) werde, eine besondere Form gewonnen hätte. Seiner Analyse zufolge mussten moderne Gesellschaften „den Modus der Subjektivität [...] als eine für sie erforderliche, gleichwohl eigenartige, offene, riskierte und riskante Möglichkeit [...] aus sich heraussetzen, weil nur die im Subjektbegriff gedachte potentielle Realität jenen Mechanismus der historischen Transzendierung verwirklichen" (ebd.:140) habe können, welcher moderne Gesellschaften in ihren „Grundbedingungen" (ebd.) auszeichne.

Wenn er in diesem Zusammenhang konstatiert, dass eine moderne Gesellschaften die Menschen, für die sie „die Lebensform des Individuums" (ebd.: 139) hervorgebracht habe, dazu bewegen wolle, sich frei für sie zu entscheiden, weist dies durchaus Parallelen auf zu Foucaults Untersuchung jener Subjektivierungsweisen, wie sie im Zusammenhang dessen entstehen, was dieser „Normalisierungsmacht" nennt (vgl. Kap. 5.6). Entsprechend hat ja auch Fabian Kessl in seiner „Gouvernementalität Sozialer Arbeit" im Anschluss an Foucaults Genealogie des modernen Staates Soziale Arbeit als „Teil der neu geschaffenen Normalisierungsmacht" (vgl. 2005: 93) und der mit ihr verbundenen Subjektivierungsweisen zu rekonstruieren versucht (vgl. Kap. 5.7).

Ganz ähnlich sieht Winkler im Begriff des Subjekts nicht nur „den in der Moderne gegebenen Zwiespalt zwischen Individualisierung und Disziplinierung, somit die conditio humana in ihrer bürgerlich-kapitalistischen Fassung einer neuen Interpretation zugänglich" (1988: 139) gemacht. Seiner Ansicht nach werde auch die „konkrete Gestalt des sozialpädagogischen Problems in der Moderne" (ebd.) nun „mit Bezug auf die im Subjektbegriff gedachten Inhalte [...] im Diskurs der Sozialpädagogik reflektiert und verarbeitet" (ebd.: 139 f.). So werde „im Begriff des Subjekts [...] menschliche Existenz in einer Dimension denk- und problematisierbar, in der [...] die Zerrissenheit des Sozialen" (ebd.: 140) dadurch aufhebbar erscheint, dass „der moderne Mensch die Widersprüche der Welt aushalten und zugleich initiativ, neu gründend und verändernd wirken" (ebd.) könne. Dass Winkler dies kritisch sieht, wird darin deutlich, dass er daraus für die Sozialpädagogik die prekäre Situation erwachsen sieht, in der Moderne zunehmend aus sich selbst heraus „gesellschaftsfähige und zugleich freie Subjekte" (1995b: 176) erzeugen zu müssen.

Wenn Kessl in seiner genealogischen „Dechiffrierung einer Objektivität Sozialer Arbeit" von „Fremd- und Selbstführung als unüberwindbare Relationalitäten pädagogischer Interventionsprozesse" (2005: 66) spricht, hat Winkler fast 20 Jahr zuvor schon konstatiert, dass der Subjektbegriff „in die Aporien hinein(führe), die das Proprium moderner Pädagogik" (1988: 98) bildeten. So sieht er auch in der Sozialpädagogik den „Subjektstatus und die Subjektivität stets vorausgesetzt [...], zu [d]er doch zugleich aufgefordert wird, wobei dieses Auffordern ständig in Gefahr gerät, das von ihr Vorausgesetzte zu negieren" (ebd.).

Von einem „glücklichen" oder „fröhlichen Positivismus" (Foucault 1971: 48 & 1973: 182) Foucaultscher Prägung unterscheidet sich Winkler jedoch dadurch, dass aus seiner Sicht der als „systematisches Implikat von Erziehung" (1988: 89) beschriebene Begriff des Subjekts „nicht nur die Aufforderung [enthalte], man müsse, wo man erziehen will, die Subjektivität des anderen beachten" (ebd.: 89 f.). Er fordere vielmehr sogar dazu auf, „für die Verwirklichung von Subjektivität zu sorgen, wo diese behindert" (ebd.: 90) werde.

Vor diesem Hintergrund hat Trescher in der Debatte um eine Psychoanalytische Sozialarbeit auch kritisiert (vgl. Kap. 6.1 & 6.6), dass wenn Pädagogik in ihrem Ideal als „geschlossenes System von Regeln und Vorschriften" (A. Freud 1954: 14) verstanden würde – was nicht nur für die ursprüngliche Formen Psychoanalytischer Pädagogik und Sozialarbeit als Neurosenprophylaxe gilt (!) –, „Subjektivität in das Prokrustesbett einer überindividuellen Didaktik" (1985: 147) gezwungen und somit „die Artikulation von Individualität als dysfunktional" (ebd.) ausgegrenzt werde. Demgegenüber habe sich Psychoanalytische Sozialarbeit als ein Arbeitsbündnis zu verstehen, in dem es darum gehe, „gemeinsam in unterschiedlichen Rollen" an etwas „Drittem" zu arbeiten (vgl. Finger-Trescher 2001: 1458 f.; vgl. auch Müller 1995). Dieser Gegenstand Psychoanalytischer Sozialarbeit seien die „psychosozialen Ressourcen" der Klienten, „ihren Alltag, ihr Leben weitgehend selbstbestimmt zu gestalten und Subjekt ihrer Handlungen zu werden" (Finger-Trescher 2001: 1459).

Der Subjektstatus könne in diesem Zusammenhang, wie Winkler betont (vgl. Kap. 5.13), jedoch nicht als ein erreichter Zustand betrachtet werden. Vielmehr sei „Subjektivität ein Modus der Auseinandersetzung mit der Umwelt" (1988: 147) und damit – wie ich hinzufügen will – auch etwas anderes als die von Foucault, Pongratz (1986 &1989) oder Kessl untersuchten Subjektivierungsweisen (vgl. Kap. 5.6 f.). Vor diesem Hintergrund ergibt sich für Winkler „das sozialpädagogische Problem" immer dann, „wenn der Subjektivitätsmodus durch nichtvollzogene Aneignung gekennzeichnet" (ebd.: 152) sei und „dieser Zustand beharrlich" (ebd.) bleibe. Dabei gehe es „nicht um den Inhalt des Aneignungsgeschehens [...] – also auch nicht um gesellschaftlich notwendige Normen die der einzelne zu verinnerlichen habe –, sondern vielmehr um die Sicherung oder Wiederherstellung der Subjektivität in ihrer Dynamik – wobei diese als stets gesellschaftlich bedingte nicht außerhalb der gesellschaftlichen Möglichkeiten und ´Notwendigkeiten` gelingen" (ebd.: 153) könne.

Im Unterschied zu Franz Hamburger, der Soziale Arbeit „als pädagogische Intervention [...] auf die symbolische Reproduktion der Lebenswelt" (2003: 151) – im Habermasschen Sinne – bezogen sieht und für den es deshalb „von der tatsächlichen Gestaltung der Interaktion" (ebd.: 151) abhängt, ob Soziale Arbeit „durch kommunikative Verständigung aus der Hilfsbedürftigkeit" (ebd.) herausführe (vgl. Kap. 2.4), ist Winkler zufolge zunächst einmal danach zu fragen, ob bestimmte Lebenswelten – im Sinne (materialistischer) Alltagstheorie – überhaupt angeeignet werden können, bzw. eine Entwicklung des Subjekts erlauben. Wie die Ansätze einer Theoretisierung Sozialer Arbeit aus der Perspektive von Praxisphilosophie und Alltagskritik (vgl. Kap. 2.11) sieht Winkler damit im Vorhandensein eines Aneignungsmaterials, als einer „objektive[n] Realität [...], welche gleichsam als externes materiales Substrat möglicher Perspektiven dienen" (ebd.: 150) könne, eine ganz zentrale empirische Voraussetzung für diesen Modus von Subjektivität. Im Rahmen dialektisch-materialistischer Theoriebildung und Praxisphilosophie wird dies – wie schon skizziert – als „objektive Möglichkeit" bzw. „emanzipatorische Tatsachen" thematisiert.

Das von Michael Winkler im Begriff der Aneignung gefasste haben Timm Kunstreich und ich bezüglich eines Gegenstandes Sozialer Arbeit als „Bildung am Sozialen" (1999) zu bestimmen versucht (vgl. Kap. 2.2). Und wir haben darauf aufmerksam gemacht, dass diese „Bildung am Sozialen" immer zugleich dialektisch vermittelt ist mit einer „Bildung des Sozialen". Bei Michael Winkler wird dies zumindest implizit angesprochen, wenn er betont, dass im sozialen Sektor – obwohl dessen AdressatInnen Individuen seien – doch „am Gegenstand Gesellschaft" (1988: 190) gearbeitet werde (vgl. Kap. 5.10). Für Winkler ist dies zunächst einmal eine rein analytische Aussage. Wie der von Timm Kunstreich und mir unterbreitete Vorschlag einer Gegenstandsbestimmung Sozialer Arbeit ist dies jedoch nicht einfach bloß ein Begriff der Realität, sondern zugleich auch ein konzeptioneller.

Demgegenüber ist Helmut Richters Versuch, im Anschluss an Habermas diesen Gegenstand als Bildung eines (kommunalen) Gemeinwesens zu konkretisieren (vgl. Kap. 5.3), ein rein emphatischer. Allerdings begründet auch Richter die Programmatik seines konzeptionellen Entwurfes einer „Sozialpädagogik" als „Pädagogik des Sozialen" (1998) bzw. „Kommunalpädagogik" (2001a) damit, dass er diesen anhand von Hegel und Habermas gewonnenen Begriff von Gemeinde bzw. (kommunalem) Gemeinwesen ins Verhältnis zur Realität setzt. Da ein solches Gemeinwesen, „das die Ökonomie des ʹganzen Hausesʹ mit der politischen Ökonomie des Staates vermittelt" (2004: 80 f.), sich „durch Gemeinwesenökonomie auf erwartbare Zeit hin [...] nicht begründen" (ebd.: 82) ließe – obwohl eine solche „Ökonomie des Gemeinwesen" objektiv durchaus möglich sei (vgl.: 1998: 214 ff.) –, müsse dieses „wie einst in Antike und Mittelalter allein durch Handeln – und das heißt durch kommunikatives politisches Handeln (2004: 82 f.)" – auch vermittels einer „Pädagogik des Sozialen" bzw. „Kommunalpädagogik" über die „Herstellung von Öffentlichkeit in den freiwilligen Vereinigungen eines Gemeinwesens" (ebd.:84) als Ganzes hervorgebracht werden.

Wie in Timm Kunstreichs und meinem Gegenstandsbestimmungsversuch von Sozialer Arbeit und dem, was wir in der Widersprüche Redaktion über Richter hinausgehend als „Pädagogik des Sozialen" diskutieren (vgl. Kap. 3.8), wird auch in Richters Kommunalpädagogik Soziale Arbeit nicht auf eine(n) professionelle(n) Handlungsmodus/Arbeitsweise eingeengt. Neben dem gesellschaftsanalytischen Rückbezug liegt darin ein entscheidender Unterschied zu anderen eher konzeptionell angelegten Gegenstandbestimmungsversuchen Sozialer Arbeit, wie z.B. dem von Sozialer Arbeit als „Menschenrechtsprofession". So werden diese doch eher normativ begründet. Zudem versuchen solche Konzepte durch eine institutionalisierte wissenschaftliche Fachkultur und berufsständische Normen und Organisationsformen inhaltliche Standards festzulegen, um auf diese Weise den Status Sozialer Arbeit als Profession zu untermauern – nicht zu letzt auch dadurch, dass sie ein Repertoire an voneinander abgrenzbaren und praktisch folgenreichen Interventionsmaßnahmen vorzuweisen beanspruchen (vgl. Kap. 3.1 f. & 4.16).

Ehe diese Fragen des Verständnisses von Professionalität (vgl. Kap.7.6) und den von Sozialer Arbeit generierten bzw. ihr immanenten Werten (vgl. Kap. 7.7) noch einmal eigens aufgegriffen wird, soll jedoch zunächst die in der Auseinandersetzung über den Wissenschaftscharakter Sozialer Arbeit (vgl. Kap. 7.1) und ihren Gegenstand als Disziplin und Profession (vgl. Kap. 7.2) bereits häufiger abgeklungene Diskussion über das Theorie/Praxis-Verhältnis noch etwas ausführlicher beleuchtet werden.

## 7.3 Theorie/Praxis-Verhältnis

Nach Füssenhäuser/Thiersch (2001: 1882) geht es bei der Klärung des Theorie/Praxis-Verhältnises auch um die wissenssoziologische Frage nach der Differenzierung und dem Verhältnis zwischen den im Feld der Wissenschaft und dem der Praxis der Sozialen Arbeit vorherrschenden Wissensformen. Staub-Bernasconi (vgl. Kap. 4.16) unterscheidet in dieser Hinsicht zum einen ein disziplinäres Erklärungswissen von Physik, Biologie, Psychologie, Soziologie, Anthropologie, Philosophie, Theologie, Ethik und Recht etc. (vgl. 1994), das sie gegenstands- bzw. problembezogen für die Soziale Arbeit fruchtbar zu machen versucht, und ein problemlösungsbezogenes Verfahrenswissen, das sie in späteren Arbeiten (1995) noch einmal ausdifferenziert hat, in Mittel und Handlungsanweisungen, welche über konkretisierte bzw. mit-verwirklichte Werte miteinander verbunden seien. Diese Unterscheidung weist durchaus Parallelen auf zur Differenzierung zwischen „weil-Motiven" und „um-zu-Motiven", wie sie von Alfred Schütz (1974) vorgenommen wurde. Die beiden unterschiedlichen Relevanzstrukturen werden von Staub-Bernasconi allerdings über eine spezifisch methodische Schrittfolge zumindest instrumentalistisch wieder zueinander in Beziehung gesetzt. Ihr Ansatz lässt sich demnach so rekonstruieren, dass professionelle Soziale Arbeit ihren Ausgangspunkt an einer „echten weil-Motiven" folgenden Problemformulierung zu nehmen habe. Im Verfolgen von „um-zu Motiven" gelte es jedoch sogleich dem Gegenstandswissen entsprechende effektive Methoden problemlösend zum Einsatz zu bringen

Noch weitaus differenzierter hat Obrecht (1996) die erkenntnistheoretische Unterscheidung verschiedener Wissensformen als Voraussetzung für systematisches professionelles Handeln zu begründen versucht (vgl. Kap. 4.16). So wird von ihm „Erklärungswissen" noch einmal ausdifferenziert nach Erklärungs- und Beschreibungstheorien – Letztere dann noch einmal weiter in nomologische (akteursunabhängige Gesetze) und nomopragmatische Theorien (Gesetze bezüglich Wirkungen von Handlungen). Auf der Grundlage seiner „systemischen Wirklichkeits- und Erkenntnistheorie (SWET)" als transdisziplinärer Metatheorie Sozialer Arbeit beansprucht er dieses Erklärungswissen aus den für die entsprechenden Wirklichkeitsbereiche zuständigen wissenschaftlichen Disziplinen nicht nur untereinander, sondern darüber hinaus auch mit einer allgemeinen normativen „Handlungstheorie" verknüpfen zu können und schließlich sogar mit entsprechenden „Methoden" bzw. „Arbeitsweisen" Sozialer Arbeit. Eine solche „Handlungstheorie" hat er selbst mit seinem „Psychobiologischem Erkenntnis- und Handlungsmodell des Individuums (PSYBIEHM)" aus der logischen Verlaufsstruktur kognitiver Prozesse zu rekonstruieren versucht, wie sie problembearbeitenden Handlungen zugrunde lägen. In diesem für ihn zugleich als Grundlage systematischen professionellen Handelns fungierenden Modell unterstellt er eine logische Verlaufsstruktur, in der verschiedene Wissensformen vom „Erklärungswissen" über „Wert- und Problemwissen", „Ziel- und Interventionswissen" bis hin zu einem „Wissen über die Wirksamkeit von konkreten Interventionen" miteinander zu vermitteln wären.

Auch in der Diskussion um die Frage, was das besondere Kennzeichen eines Professionswissens Sozialer Arbeit ist, werden verschiedene Wissensformen unterschieden (vgl. Kap.3.6). Dabei wird davon ausgegangen, dass „wissenschaftliches Wissen in Gestalt von Erklärungs-, Deutungs- und Problemlösungswissen, berufliches Erfahrungs-, Methoden- und Regelwissen und auf Kommunikation bezogenes Alltagswissen" (Dewe/Otto 2002: 193) relativ unabhängig nebeneinander existiere. Durchaus vergleichbar mit Obrechts systematischem Erkenntnis- und Handlungsmodell professionellen Handelns sehen in unterschiedlicher Nuancierung auch Ulrich Oevermann (2000), Rainer Stichweh (1991) sowie Maja Heiner (z.B. 2004: 44) aus der additiven Zusammenfügung oder „Vermittlung" solcher Wissenskomponenten den Kern dessen entstehen, was man als Professionswissen bezeichnen könnte. Aus der Sicht von Bernd Dewe und Hans-Uwe Otto könne es jedoch weder darum gehen, mit Oevermann den Strukturort einer Vermittlung von Theorie und Praxis zu bestimmen. Noch befände sich der Professionelle „in einer intermediären Position, die eine ´Dreistelligkeit der Beziehung zwischen Sache, Klient und Professionellen`" (2002: 193) impliziere, wie dies Stichweh nahe legt, was aber bspw. in den Modellen von Staub-Bernasconi und Obrecht überhaupt nicht mitreflektiert wird.

Gegenüber solchen eher schematischen Konzepten haben Dewe und Otto vor allem eingewandt, dass sich sowohl die „Wissenserzeugung" wie die „Wissensverwendung" in der Praxis Sozialen Arbeit situativ und unter Ungewissheitsbedingungen, auf den jeweiligen Fall bezogen, gleichsam uno actu vollziehe (vgl. Dewe 1991). Diese Praxis sei zumeist in einen institutionellen Kontext eingebunden, wodurch die Praktiker Sozialer Arbeit an der professionellen Organisation einer bereits organisierten Praxis teilnähmen, die sie reflexiv im Überdenken problematisch gewordener Lösungsstrategien in Routinen überführten (vgl. Dewe 1990). Nicht das wissenschaftliche Wissen stehe so im Zentrum professionellen Handelns, sondern „die Fähigkeit der diskursiven Auslegung und Deutung von lebensweltlichen Schwierigkeiten und Einzelfällen mit dem Ziel der Perspektiveneröffnung bzw. einer Entscheidungsbegründung unter Ungewissheitsbedingungen" (vgl. Dewe/Otto 1984: 795 & 2001: 1402 & 2002: 179).

Dewe/Otto (vgl. 1996: 17 & 106; 2002: 182) gehen somit davon aus, dass „dem von Praxisbezug, von Handlungs- und Entscheidungszwang entlasteten Theoretisieren und Forschen einerseits und dem stets situationsbezogenen, fallorientierten und unter hohem Handlungs- und Entscheidungsdruck stehenden professionellen Tun andererseits" je eigene Relevanzstrukturen zu Grunde liegen, die nicht so ohne weiteres zu „vermitteln" sind. Im Unterschied zum disziplinären wissenschaftlichen Wissen müsse das Professionswissen dabei „kategorial als Bestandteil des praktischen Handlungswissens im Sinne einer spezifischen Kompetenz bzw. als Können" (Dewe/Otto 2002: 193) bestimmt werden. Und da es „nicht der Wahrheitsdifferenz, sondern dem Angemessenheitskriterium" (ebd.) unterliege, könne Professionswissen im wissenschaftlichen Sinne auch nicht falsch sein. Vielmehr habe es sich in einer Praxis zu bewähren, die einerseits sachgerechte Entscheidungen verlange, diese aber andererseits nur durch Reflexion ermöglichen könne. Mit dem praktischen Handlungswissen teile das professionelle Wissen also den permanenten Entscheidungsdruck. Wie das systematische Wissenschaftswissen unterliege es jedoch auch einem gesteigerten Begründungszwang (vgl. ebd.).

Diesbezüglich zeigt sich eine deutliche Parallele zwischen Dewe/Ottos Analyse der Besonderheiten eines Professionswissens Sozialer Arbeit und dem, was Michael Winkler (vgl. Kap. 5.9) als die beiden zentralen Funktionen dessen sieht, was er „sozialpädagogischen Diskurs" nennt. So eröffne die „Denkform" dieses Diskurses den in der Sozialen Arbeit „mit stets unterschiedlichen Individuen, andererseits aber in kaum typisierbaren Zusammenhängen" (1988: 81) Arbeitenden Rationalisierungsmöglichkeiten gleich in einem doppelten Sinne: Zum einen liefere der Diskurs als „Verständigungszusammenhang über eine problematische Wirklichkeit" (ebd.: 39) inhaltliche Begründungen; zum anderen stelle seine Denkform „Selektionsmechanismen" (ebd.: 31) zur Verfügung, „die das Setzen von Präferenzen" (ebd.) erlaubten. „Weder die besonderen, möglicherweise wissenschaftlichen Inhalte allein, aber auch nicht die bloße Erfahrung eigener Praxis" (ebd.: 29) vermöchten dies zu leisten. Erst jener „Sozialisationsvorgang" (ebd.), in welchem ein durch die Teilnahme am sozialpädagogischen Diskurs gleichermaßen gestützter wie geschützter Habitus erworben werde, konstituiere „wenigstens die Grundlage des 'Taktes', der im Berufsalltag rasche Entscheidungen" (ebd.) zulasse.

Wenn Winkler nach den Bedingungen fragt, „die den Diskurs als besonderen ermöglichen und ihm eine 'objektive' Existenz verleihen" (ebd.: 37 f.), und damit zugleich dessen Selbstverständlichkeit in Frage stellt – einschließlich „Geltung und Begründung" (ebd.: 38) der „in ihm vorfindlichen inhaltlichen Bestimmungen" (ebd.) – entfaltet er darüber hinaus einen theoretischen Begriff und ein wissenschaftliches Wissen von Sozialpädagogik (vgl. Kap. 5.12). Auf den ersten Blick scheint diese Unterscheidung ganz ähnlich gelagert zu sein, wie die im systemtheoretischen Kontext aus der Perspektive funktionaler Differenzierung von Luhmann/Schorr (1982; 1986; 1988) getroffene zwischen „Pädagogik" als einem Teil des Erziehungssystems, das sich selbst reflektiere und legitimiere, und einer Erziehungswissenschaft, die das Erziehungssystem und seine Erziehungs- bzw. Selbstreflexion von außen beobachte (vgl. Kap. 4.4). Vergleichbar wird in der systemtheoretischen Diskussion ja auch unterschieden zwischen Sozialer Arbeit als einem Teil des Hilfesystems, das sich selbst reflektiere und legitimiere, und einem entsprechenden disziplinär oder soziologisch ausgerichteten Wissenschaftssystem, dass dieses von außen beobachte (vgl. Kap. 4.9).

Bezüglich solchen nicht nur systemtheoretisch ausgerichteten Versuchen, eine Theorie von Sozialpädagogik bzw. Sozialer Arbeit als „Metatheorie" zu formulieren, sieht Winkler (vgl. Kap. 5.12 f.) zum einen „die Gefahr eines Reduktionismus, in welchem eine Komplexität ausgeklammert" (1988: 56) werde, „die wenigstens für die Handelnden im Feld sozialer Arbeit" (ebd.) bestehe und „allein deshalb" (ebd.) zu thematisieren sei. Winkler kritisiert darüber hinaus jedoch vor allem die in gewisser Weise „sachliche Beliebigkeit einer auf Metatheorie gerichteten Theoriebildung" (ebd.: 57), vermöge diese als Metatheorie doch die Frage einer gegenständlich angemessenen Erkenntnis gerade nicht zu beantworten.

Winkler kritisiert in diesem Zusammenhang auch, dass das Verhältnis wissenschaftlichen Wissens über Sozialer Arbeit zu dem, was er „sozialpädagogischen Diskurs" nennt und was andere als Professionswissen thematisieren, als „Theorie/Praxis-Problem" seiner Ansicht nach „in höchstem Maße ungenau" (ebd.: 55) gefasst sei. Wenn nicht „zwischen der Praxis von Sozialpädagogik als einem Erkenntnisgegenstand (der dann auch Institutionen, Probleme, Handlungen, aber auch das diskursive Wissen enthalten muss) und der Praxis […] im Sinne des konkreten (allerdings stets schon über Motive, Einsichten und Wissen gesteuerten) Handeln" (ebd.) unterschieden werde, führe dies „stets zu dem Kurzschluß zwischen Einsicht in die Praxis und Anleitung dieser Praxis" (ebd.).

Selbst im systemtheoretischen Kontext lassen sich solche Ansätze entdecken (vgl. Kap. 4.14), bspw. wenn Baecker (vgl. 2001: 1875) hervorhebt, dass der systemtheoretisch gewonnene „Code des Funktionssystems" den in den Organisationen Tätigen eine Distanz zu deren Programmen eröffnen und ihnen damit zugleich auch bei der Entscheidung über den Einzelfall in der Ausführung dieses Programms helfen könne. Besonders deutlich wird dies jedoch an dem, wie sich sozialarbeitswissenschaftlich system(ist)ische Konzepte (vgl. Kap. 4.16) darauf konzentrierten, die lebenspraktischen Problemsituationen, auf die Soziale Arbeit stößt, durch Heranziehung eines möglichst vielfältigen disziplinären Erklärungswissens zu analysieren, um dann auf der Basis eines entsprechenden problemlösungsbezogenen Verfahrenswissen darauf methodisch zu antworten. Nicht nur im Rahmen der von Thiersch entfalteten Lebenswelt- bzw. Alltagsorientierung (vgl. Kap. 2.3) und dem Projekt einer Kritischen Sozialen Arbeit (vgl. Kap. 4.17), sondern auch in systemtheoretischen Analysen (vgl. Kap. 4.18), wie sie von Baecker (1994: 100 ff.), Hillebrandt (2002: 225) und Hohm (2003: 85 f.) vorgelegt wurden, ist darauf hingewiesen worden, dass in dieser Weise nur allzu oft die dabei professionell verfolgten „um-zu-Motive" sich von denen der Problembetroffenen unterschieden. Im Extremfall können die problembezogenen Arbeitsweisen bzw. Strategien Sozialer Arbeit von den Betroffenen dann nicht mehr als Unterstützung in der Problembewältigung, sondern im Gegenteil nur als ein für sie neues Problem erfahren werden.

Zwar ist Winkler (vgl. Kap. 5.11 ff.) der Ansicht, dass trotz oder gerade aufgrund des Paradoxons eines gemeinsamen Gegenstandes, Theorie und Praxis Sozialer Arbeit nur höchst vermittelt aufeinander zu beziehen seien (vgl. 1995a: 106). Allerdings könne Theorie auch „im aristotelischen Sinne, d.h. als Wissen über eine Praxis, welche ihre sittliche Dignität in sich trägt, reklamiert" (ebd.: 51) werden. Intendiert werde in diesem Falle „eine bewusste Praxis, insofern der aufgeklärte Begriff von Sozialpädagogik ihre Bestimmungen und Momente"

(ebd.) entfalte und „so den reinen Sinn von Sozialpädagogik zur Darstellung"
(ebd.) bringe. Der theoretische Begriff der Sozialpädagogik könne so auch „eine
vom Sozialpädagogen in verantwortlichem Handeln zu verwirklichende Orientierung" (ebd.) enthalten. Winkler verweist hier auf die in den 80er Jahre in Gang
gekommene Diskussion um eine sozialpädagogische Handlungskompetenz
(Müller, S. u.a. 1982 & 1984). Er selbst hat mit seinen beiden Begriffen Subjekt
und Ort, die ja nicht allein Kategorien einer sozialpädagogischen Realität sind,
sondern zugleich auch „in ihrer sittlichen Dignität [...] den reinen Sinn von Sozialpädagogik zur Darstellung" (Winkler 1988: 51) bringen, ein weit aus besse-
res Beispiel gegeben.

Verdeutlichen lässt sich ein solch „aufgeklärter Begriff" auch an Argumentationen im Rahmen der Debatte um eine psychoanalytische Pädagogik bzw.
Sozialarbeit (vgl. Kap. 6.6), wenn etwa Trescher mahnt, dass „die praktisch-
methodische Umsetzung von Ergebnissen und Einsichten der Psychoanalyse in
Struktur, Genese und Dynamik von Beziehungsverläufen nicht unabhängig von
ihrer spezifischen Methode einlösbar" (1985: 179) sei. Nur ein durch „szenisches
Verstehen" angeleitetes tieferes Verständnis der Beziehung auf Seiten der Professionellen biete „die Grundlage und manchmal die Gewähr dafür, den konkreten Klienten [...] angemessene Unterstützung in ihrer Lebensbewältigung zu
bieten und zur Förderung der Aneignung von sozialer Kompetenz und sozialer
Teilhabe beizutragen" (Trescher 1985: 186) (ebd.). „Im Bewusstsein des prozeßhaften Beziehungsgeschehens pädagogischer Praxis" (ebd.) sei in diesem Sinne
dann – wie Trescher betont – „Verstehen zugleich Handeln, weil der Grad des
Verständnisses eine bedeutende Prozeßvariable" (1985: 186) darstelle.

Eine andere Form der Vermittlung von Theorie und Praxis eröffnet im
Rahmen materialistischer Ansätze von Alltagskritik Lefèbvres Konzept der „strategischen Hypothese" (vgl. Kap. 2.2). Denn „Strategische Hypothesen" beanspruchen nicht nur (vergleichbar der klassischen Forschungshypothese) zwischen
theoretischen Begriffen und wirklichen Lebensverhältnissen zu vermitteln, sondern zugleich auch zwischen den mit Widersprüchen in der Wirklichkeit hervortretenden Problemen und deren Lösung. Indem Problemsituationen auf dieser
Weise als solche zur Sprache kommen, die eine Lösung auf der Ebene des Handelns verlangen, es aber nicht nur eine Strategie gebe, geht es darüber hinaus
auch um die Dimension objektiver Möglichkeiten. Zu thematisieren ist dabei,
welche dieser Möglichkeiten von den Problembetroffenen bisher wie erprobt
wurden, aber auch welche bisher aufgrund beschränkter Perspektiven überhaupt
nicht gesehen, geschweige denn zu verwirklichen versucht wurden. Problembe-
troffene können in diesem Zusammenhang sowohl AdressatInnen Sozialer Arbeit als auch Professionelle sein.

## 7.4 Gesellschaftliche und soziale Voraussetzungen

Füssenhäuser/Thiersch (2001: 1882) haben dargelegt, dass eine Theorie der sozialen Arbeit ihre eigenen gesellschaftlichen und sozialen Voraussetzungen nicht stillschweigend voraussetzen dürfe, sondern diese zu thematisieren habe. Nicht nur dass sich „die Funktion Sozialer Arbeit, ihrer Institutionen und Interventionsformen" (ebd.) nicht ohne explizit gesellschaftstheoretischen Bezug analysieren lasse. Auch das Verhältnis disziplinär- und professionspolitischer Diskurse zu gesellschaftlich-politischen Fragen bedürfe einer gesellschaftstheoretischen Begründung und Reflexion.

Schon in den Kapiteln zum Wissenschaftscharakter einer Theorie Sozialer Arbeit (vgl. Kap. 7.1) und zu deren Gegenstand als Theorie und Praxis (vgl. Kap. 7.2) dürfte deutlich geworden sein, dass sich die verschiedenen Ansätze auf zumindest vier unterschiedliche gesellschaftstheoretische Entwürfe gründen: die Marxsche Kritik der politischen Ökonomie, Habermas' Theorie von System und Lebenswelt, Luhmanns Theorie der Ausdifferenzierung autonomer gesellschaftlicher Funktionssysteme und Foucaults Machttheorie. Vor diesem Hintergrund werden dann auch die Ausdifferenzierung eines eigenen sozialen Sektors bzw. Hilfesystems sowie die Funktion der Institutionen und Interventionsformen Sozialer Arbeit unterschiedlich thematisiert.

So ist bei denjenigen Theoretisierungsversuchen Sozialer Arbeit, die an die Marxsche Kritik der politischen Ökonomie anknüpfen, historisch formbestimmte Arbeit – also gesellschaftliche Produktion als Naturaneignung (Entwicklung der Produktivkräfte) – unter Bedingungen der Aneignung der Produkte im Rahmen von Herrschafts- und Klassenverhältnissen (Produktionsverhältnissen) der entscheidende gesellschaftstheoretische Bezugspunkt. In Marx werttheoretisch gefasstem Verhältnis von Lohnarbeit und Kapital sehen sie die Kerngestalt kapitalistischer Gesellschaften bis heute gesellschaftstheoretisch treffen charakterisiert und versuchen von daher „nach den Beziehungen zwischen der Kerngestalt und bestimmten Erscheinungen (hier: Formen der Sozialarbeit)" (Kunstreich 1975: 187) zu fragen (vgl. Kap. 3.3).

Um im Hinblick auf die Erfahrungen, Orientierungsweisen und Organisationsformen sowohl von Professionellen als auch Zielgruppen Sozialer Arbeit zu untersuchen, wie diese in einem spezifischen historischen Kontext das Material ihrer sozialen und materiellen Existenzbedingungen handhaben und umsetzen, ist in diesem Zusammenhang auch angeknüpft worden, an eine materialistische Definition des Alltagslebens (vgl. Kap. 2.1) als nicht nur „Gesamtheit der Tätigkeiten der Individuen zu ihrer Reproduktion"( Heller 1978: 24), sondern auch „Art und Weise ihres Zusammenhangs" (Rauschenbach 1983: 37). Um die Ausdifferenzierung eines eigenen sozialen Sektors sowie die Funktion der Institutio-

nen und Interventionsformen Sozialer Arbeit in ihm besser analysieren zu können, wird hingegen eher auf Regulationstheoretische Analysen Bezug genommen
(vgl. z.B. Schaarschuch 1990). In deren Mittelpunkt stehen „die in bestimmten
historischen Entwicklungsphasen vorherrschenden strukturellen Formen bzw.
institutionellen Mechanismen, die erst eine kontinuierliche Reproduktion der
ökonomischen Basisstrukturen des Kapitalismus gewährleisten" (Hüb-
ner/Mahnkopf 1988: 9).

Letztere (also: Produktions- und Konsumtionsorganisation; Kapitalbildung
und -verwertung; Klassenverhältnisse) werden in der regulationstheoretischen
Debatte als Akkumulationsmodus, Akkumulationsweise oder auch Akkumulati-
onsregime thematisiert. Demgegenüber wird „die Gesamtheit institutioneller
Formen, Netze und expliziter oder implizierter Normen, die die Vereinbarkeit
von Verhaltensweisen im Rahmen eines Akkumulationsregimes sichern, und
zwar sowohl entsprechend dem Zustand der gesellschaftlichen Verhältnisse als
auch über deren konfliktuelle Eigenschaften hinaus" (Liepietz 1985: 121), mit
dem Begriff der Regulationsweise bzw. -form zu fassen versucht.

Die regulationstheoretisch inspirierten Analysen Sozialer Arbeit gehen vor
diesem Hintergrund davon aus, dass in einer aufgrund der „für sie konstitutiven
Koppelung von Massenproduktion und Massenkonsumtion" (Schaarschuch
1995: 79) auch als „fordistisch" bezeichneten Phase „die Integration in die
Lohnarbeit bzw. zumindest der Bezug auf sie – also die ´aktive und passive Pro-
letarisierung` – eindeutig im Zentrum der Sozialpolitik" (ebd.) stand. Soziale
Arbeit ließ sich dementsprechend als „spezifische Strategie der staatlichen Sicherstellung der Lohnarbeiterexistenz" (Müller/Otto 1980: 8) bzw. „Reproduktion der Ware Arbeitskraft" (Hollstein 1973: 205) bestimmen. Im Unterschied zu
der damit in Verbindung stehenden Standardisierung der Lebensverhältnisse und
der Normalisierung des Verhaltens durch das System Sozialer Arbeit wird – den
regulationstheoretischen Analysen zufolge – heute „aufgrund der Flexibilitätsan-
forderungen der Akkumulations- und Produktionsweise" (Schaarschuch 1995:
79) und der damit einhergehenden „Spaltung und Heterogenisierung der Gesellschaft" (ebd.) zunehmend die „Schaffung flexibler Zonen und Abstufungen zwischen Kern und Rand […] zur Aufgabe regulativer Sozialpolitik" (ebd.).

So konstatiert die von Heinz Sünker als „die gegenwärtig weitreichendste
Analyse zur Einschätzung der Restrukturierung des Kapitalismus" (2002: 228)
bezeichnete Untersuchung Manuel Castels (2000: 364 & 376) eine Spaltung der
Sozialpolitik der postfordistischen Arbeitsgesellschaften in eine sich z.B. in
Form von Schul- oder Gesundheitspolitik an die Gesamtbevölkerung wendende
Integrationspolitik auf der einen Seite und eine sich an spezielle Problemgruppen
wendende Eingliederungspolitik auf der anderen Seite (vgl. Kap. 3.5). Vor einem
solchen Hintergrund haben Heinz Steinert und Helga Cremer-Schäfer (vgl. Kap.

5.19) versucht, wohlfahrtsstaatliche Maßnahmen und Institutionen als eine Hierarchie von Integration und Ausschließung zu systematisieren. Der „immer ʹexklusiverʹ werdenden Hierarchie von Maßnahmen und Kategorisierungen" (Cremer-Schäfer 2001: 64) entspräche „eine Hierarchie von Anerkennung bzw. Degradierung. Es beginnt bei ʹwohlverdientenʹ (weil selbst verdienten) Ansprüchen und Rechten und endet mit der Kopplung von Stigmatisierung und kontrollierter Hilfe" (ebd.).

Regulationstheoretische Ansätze sehen durch dieser Situation, „in der offensichtlich wird, daß nicht mehr alle qua Lohnarbeit integriert werden können" (Schaarschuch 1995: 80) und von daher „Normalität" zunehmend nur noch „negativ konstruiert werden kann" (ebd.: 81), durchaus auch eine Chance für Soziale Arbeit erwachsen. „Ihre inhaltlich unbestimmtere Funktion" (ebd.) könne sie auch nutzen, „die Perspektive der ʹBetroffenenʹ, der alltagsweltlichen Akteure, ihre Reproduktionsweise zum Ausgangspunkt zu machen und so auf der Basis der Herstellung allgemeiner Rahmenbedingungen dem erreichten Grad an individueller Ausprägung von Reproduktionsweisen gerecht zu werden" (ebd.; vgl. auch Schaarschuch 1990: 157ff.) – zumindest in soweit als diese die Akkumulationserfordernisse der neuen postfordistischen Formation nicht zu behindern drohen. Von dieser regulationstheoretischen Analyse her lässt sich dann auch der Bezug Sozialer Arbeit auf Ansätze materialistischer Alltagstheorie und Praxisphilosophie begründen (vgl. Kap. 2.2).

Maja Heiner (vgl. Kap. 3.5) bezieht sich ebenfalls auf Castels wenn sie vor der Gefahr einer „Bagatellisierung" (2004: 33) der mit den kapitalistischen Produktionsbedingungen verbundenen Widersprüche und Spannungen warnt. Heiner moniert in diesem Zusammenhang, dass bei manchen, die den „Begriff des ʹParadoxesʹ […] als kennzeichnend für die beruflichen Anforderungen der Sozialen Arbeit […] verwenden, […] nicht ganz klar" (ebd.: 30) wäre, „ob damit noch (der lexikalischen Vorgabe entsprechend) unüberwindbare Gegensätze oder nur unaufhebbare ʹSchwierigkeitenʹ (so Schütze schon 1992: 136) gemeint" (ebd.) seien. Heiner verweist darauf, dass einige TheoretikerInnen im Vergleich zu ihren früheren Veröffentlichungen (z.B. Dewe u.a. 1986: 237f, 241, 262f) heute (vgl. Dewe u.a. 1995: 134) eher „von einer aufwändigen, aber möglichen ʹVermittlungʹ zwischen gesellschaftlichen Anforderungen und pädagogischen Vorstellungen bei der Förderung der Autonomie der Klientel" (Heiner 2004: 30) ausgingen. Der Sozialen Arbeit werde „nun eine positive intermediäre Funktion zugeschrieben, die der Vermittlung zwischen den Ansprüchen der Gesellschaft und den Bedürfnissen und Fähigkeiten der Individuen" (ebd.) diene. An die Stelle einer dichotomisierenden Sichtweise träten „mit Begriffen wie ʹAmbivalenzʹ (Böhnisch 1996, Rauschenbach 1996, Hamburger 1997, Kleve 1999),

'Spannungsgefüge' (Merchel 1999) oder 'Crux' (Thole/Cloos 2000b: 289) nun
Konzepte, die auf die Ausgleichspotentiale" (ebd.: 31) abzielten.

Heiner verweist in diesem Zusammenhang auf einen entsprechenden Einfluss der sozialpädagogischen Rezeption der Habermasschen Theorie des kommunikativen Handelns (vgl. Kap. 2.4 ff. & 5.2 f.). Hatte Habermas ursprünglich
in seiner Untersuchung zum „Strukturwandel der Öffentlichkeit" noch den Einbezug der ökonomisch unselbständigen Massen gefordert, weil autonome Teilnahme an gesellschaftlicher Öffentlichkeit eine Teilhabe am gesellschaftlichen
Reichtum voraussetze, schreibt er im Vorwort zur achtzehnten Neuauflage, dass
ohne Gefährdung seiner Leistungsfähigkeit „ein modernes, marktgesteuertes
Wirtschaftssystem nicht beliebig von Geld auf administrative Macht und demokratische Willensbildung umgepolt" (1990: 27) werden könne. Deshalb sei auch
von der Forderung nach einem Eigentumstransfer durch Verstaatlichung der
Großindustrie abzukehren. Ziel ist von daher für ihn „nicht mehr schlechthin die
'Aufhebung' eines kapitalistisch verselbständigten Wirtschafts- und eines bürokratisch verselbständigten Herrschaftssystems" (ebd.: 36). Beide werden von
ihm auf der Basis seiner „Theorie des kommunikativen Handelns" (1981) nun
gemeinsam als systemisch integrierte Handlungsbereiche aufgefasst und der
Lebenswelt als einem kommunikativ integrierten Handlungsbereich gegenüber-
stellt. Und von daher geht es ihm jetzt sehr viel bescheidener 'nur' noch um „die
demokratische Eindämmung der kolonialisierenden Übergriffe der Systemimperative auf lebensweltliche Bereiche" (1990: 36).

Auch Böhnisch (vgl. Kap. 2.5 ff.) bezieht sich auf Habermas, wenn er in der
tendenziellen Entkoppelung von System- und Sozialintegration – als „moderner
Form der Anomie" (2001: 35) – die Krisenhaftigkeit moderner Gesellschaften
auf den Punkt gebracht sieht. Diese erwachse „aus der Struktur der modernen
Arbeitsteilung" (ebd.: 31), welche einer ökonomisch-technischen Rationalität
folge, „die sozial nicht einholbar sei bzw. die sozial desintegrativ wirken" (ebd.)
könne. Mit Wofgang Schröer zusammen sieht er Becks Figur der „Risikogesellschaft" schon in der Argumentation von Carl Mennicke (1926) vorweggenommen, wonach „die modernen Gesellschaften den Einzelnen einerseits freisetzen
und andererseits nicht vermitteln, wozu sie frei sind" (Schröer 1999: 400). Und
mit Mennicke sehen Schröer und Böhnisch „die moderne professionelle Sozialarbeit auch erst mit der Entwicklung der Sozialpolitik" (Böhnisch 2002: 200)
entstehen als „historisch unterschiedlich gewordene aber gleichermaßen gesellschaftlich institutionalisierte Reaktionen auf typische psychosoziale Bewältigungsprobleme in der Folge gesellschaftlich bedingter Desintegration" (ebd. &
1999: 262).

Zu dieser institutionellen Reaktion sei die moderne Industriegesellschaft gezwungen worden nicht nur aufgrund ihrer strukturellen Notwendigkeit, die öko-

nomisch-technische Arbeitsteilung sozial reproduzieren zu müssen. Hauptgrund sei die dem Wesen moderner Arbeitsteilung immanente Spannung von Integration und Desintegration, welche zu einer „latenten sozialstrukturellen Dauerkrise" (2002: 199) führe. Da diese Dauerkrise „aufgrund ihrer strukturellen Bedingtheit gesellschaftlich nicht aufhebbar" (ebd.) sei und sich in Form psychosozialer Folgeprobleme am Einzelnen auswirke, müsse sie – hier ist sich Böhnisch mit der Systemtheorie und Winkler einig – „in ihren Folgen für den und am Einzelnen behandelt, also pädagogisch transformiert werden" (ebd.).

Allerdings sei die Krise, in welche der Sozialstaat „in der jetzigen Phase des technologisch sich verselbständigenden digitalen Kapitalismus" (ebd.: 211) geraten sei, „von ihrer Struktur und Logik her nicht mehr mit den vorangegangenen vergleichbar" (ebd.). Denn diese grassiere nicht nur trotz, sondern wegen des gegenwärtigen „ökonomisch-technologischen Modernisierungsschubes" (ebd.). Bezüglich der Lebenslagen der Individuen wirke diese Krise sich dahingehend aus, dass „die eigengestaltbaren Spielräume [...] enger" (ebd.) würden, „der Druck zur utilitaristischen Lebens- und konkurrenten Sozialorientierung" (ebd.) steige, während „die sozialstaatliche Akzeptanz gegenüber der Notwendigkeit von Sozialinvestitionen für ökonomisch nicht verwertbare, potenziell ´unproduktive` Risiko- und Bewältigungskonstellationen" (ebd.) sinke.

Böhnisch versucht nun vor dem Hintergrund der Habermasschen Unterscheidung von System und Lebenswelt Mennickes Bestimmung des Wesens und der Funktion von „Sozialpädagogik (systemisch) im Rückbezug auf die Desintegration moderner Arbeitsteilung und (lebensweltlich) in der Bewältigungsperspektive (´Bewältigungslast`)" zu rekonstruieren. Dabei geht er davon aus, dass das „Paradigma Freisetzung und Bewältigung [...] die komplexe Vermittlung zwischen lebensweltlichen Prozessen und gesellschaftlichen Strukturen im Wirkungs- und Folgekreis sozialer Probleme und individueller Lebensschwierigkeiten nicht nur aufschließen" (2002: 199) könne. Es versetze „die Sozialpädagogik auch in die Lage, die Prozesshaftigkeit sozialer Übergänge – hier vom sozialintegrativ begrenzten zum digitalen, sozial entbetteten Kapitalismus (vgl. dazu Böhnisch/Schröer 2001) – bezogen auf das Verhältnis von Subjekt und Gesellschaft zu begreifen" (ebd.).

Mit der von Habermas konstatierten Tendenz zur Entkoppelung von System- und Sozialintegration sieht Böhnisch in diesem Zusammenhang nicht nur die Voraussetzungen für eine Vermittlung lebensweltlicher und systemischer Prozesse brüchig werden, sondern darüber hinaus auch das „in der Dialektik von personaler Integrität (als biographische Handlungsfähigkeit) und sozialer Integration" (2002: 206) sich gleichermaßen als „Vergesellschaftungsform und lebensweltliche Beziehung" (ebd.) entwickelnde „pädagogische Prinzip der industriekapitalistischen Moderne" (ebd.). Von daher müsse die moderne Eigenständigkeit der Sozialpädagogik – auch gegenüber der Sozialpolitik – „aus der Hintergrundkonstellation gesellschaftlicher Arbeitsteilung" (ebd.: 200) und ihrer psychosozialen Folgewirkungen hergeleitet werden. In diesen Problemen und Lebensrisiken zeigten sich Böhnisch zufolge gerade „keine pädagogischen oder fürsorgerischen Sonderprobleme, sondern lebensalter- und sozialstrukturtypische Bewältigungskonstellationen in der industriellen Risikogesellschaft" (ebd.). Deshalb schlägt er in Analogie zu Siegfried Bernfelds Definition von Erziehung als „die Summe der Reaktionen auf die Entwicklungstatsache" (1925: 49) vor, Sozialpädagogik/Sozialarbeit „als gesellschaftliche Reaktion auf die Bewältigungstatsache" (1999 a: 41 & 2002: 199) zu fassen.

Becks (vgl. 1996) modernisierungstheoretische These einer Generalisierung der Risikostruktur, derzufolge Problemlagen als biographische Wechselfälle in einer sich individualisierenden Gesellschaft prinzipiell jeden treffen könnten, ist auch herangezogen worden, um eine „Normalisierung" bzw. „Generalisierung" Sozialer Arbeit zu begründen (vgl. Kap. 3.7). Ich habe diesbezüglich kritisiert (vgl. Kap. 3.10), dass die sich selbst „an der gesellschaftlichen Oberfläche in Form der so genannten ´Zweidrittel-Gesellschaft`[...] zeigenden Herrschaftsstrukturen" (May 1994: 75) durch diese These verschleiert werden. Demgegenüber hat Böhnisch (vgl. Kap. 2.6) darauf hingewiesen, dass obwohl „Bewältigungsdruck" die Lebenslagen aller Menschen durchziehe, diese jedoch „– je nach segmentierter Lebenslage – auf die Dimension des Gestaltungsspielraums hin" (Böhnisch 2002: 209) auszudifferenzieren seien. In dieser Weise interessiert sich sein sozialpädagogisches Lebenslagenkonzept „für die handlungstheoretisch gesehenen aktiven Gestaltungsleistungen der Subjekte" (Chassé 1999: 153) im Rahmen sozial abgestufter „Zugänge bzw. Zugangsmöglichkeiten zu materiellen, immateriellen und sozialen Ressourcen" (ebd. 150).

Böhnischs bewältigungstheoretische Ausdifferenzierung des Lebenslagenkonzeptes hat einen Vorläufer in Michael Winklers „Typologie möglicher Aneignungsprobleme" (1988: 157 ff.). Und so hat auch schon Winkler (vgl. Kap. 5.13) die These vertreten, dass es Sozialer Arbeit heute nicht mehr um den „Gesichtspunkt einer an bestimmten Problemen orientierten Notstandspädagogik" (ebd.: 28) gehe, sondern um „eine nichtspezifizierbare Allgemeinheit [...], die jedes Gesellschaftsmitglied betrifft und nicht mehr individuell oder privat bearbeitet werden" (ebd.) könne. Selbst wenn dabei konstatiert werden müsse, dass jemand aufgrund seiner Lebenswelt und seines Lebensstils „gesellschaftlich ohnmächtig, bloßer Adressat der Verfügung anderer" (ebd.) geworden sei, ergebe sich daraus für Winkler „keine Berechtigung, die ursprünglichen Aneignungsprozesse zu negieren" (ebd.). Sehr wohl aber legitimiere dies „zu einem pädagogischen Handeln" (ebd.).

Allerdings definiert aus Winklers Sicht (vgl. Kap. 5.10) im Unterschied zu dem von Böhnisch und ihm rein fachlich ausgearbeiteten Typologien – die „in ihrer sittliche[n] Dignität" (Winkler 1988: 51) eher „den reinen Sinn von Sozialpädagogik zur Darstellung" (ebd.) bringen – real das politische System die dem Sozialen Sektor „überantworteten Probleme" (ebd.: 194) und lege seine konkreten „Handlungsmöglichkeiten sowie die Richtung ihrer Lösung fest" (ebd.). Es entscheide darüber, „was und wer als Reproduktionsrisiko eingestuft und in welche Normalitätsvorstellungen und Identitätsstandards eingeholt werden soll" (ebd.: 201). Dabei werde der „Zusammenhang zwischen Gesellschaft, politischem System und sozialem Sektor" (ebd.: 213) durch das Recht gestiftet, spreche doch „die bürgerliche Gesellschaft […] ihren Willen durch im politischen System als Recht geformte, als Gesetze konkretisierte und in der Verwaltung ausgeführte Normen aus" (ebd.: 214). Dem sei auch die Praxis sozialer Arbeit in ihren „Auslösebedingungen" (ebd.: 215) und „Handlungsformen" (ebd.: 219) vielfältig unterworfen.

Winklers „Topologie des Sozialen Sektors" weist von ihrer Systematik her durchaus Parallelen auf zur systemtheoretischen Analyse sich funktional ausdifferenzierender gesellschaftlicher Teilsysteme in der Tradition von Luhmann (vgl. Kap. 4.5 ff.), wie auch zu den Gouvernementalitätsstudien in Foucaultscher Tradition (vgl. Kap. 5.7). Im Unterschied zu Winkler sind deren Analysen jedoch historisch (Foucault) bzw. evolutionär (Luhmann) angelegt. So sieht Luhmann die wichtigste evolutionäre Errungenschaft der Moderne in der Ausdifferenzierung eines Teil-Systems Wirtschaft (Primat der Ökonomie) im Rahmen der industriellen Produktionsweise. Dieses sei durch politische Zentralisation vorbereitet und ermöglicht worden, um dann seinerseits zum „zentrale[n] Antriebsfaktor gesellschaftlichen Wandels" (1973: 35) zu avancieren. Und so stellt aus Luhmanns Sicht die evolutionäre Überwindung einer segmentären Differenzierung „auf der Basis von Verwandtschaft oder Wohngemeinschaft" (1973: 24) hin zu einem „hohen Maß funktionaler Differenzierung vor allem von Politik, Wirtschaft, wissenschaftlicher Forschung und familiärem Intimbereich" (ebd.), die wichtigste Voraussetzung des gesellschaftlichen Systemaufbaus in der Moderne dar.

Ob dabei analog zu anderen Funktionssystemen der modernen Gesellschaft – wie Wirtschaft, Politik, Recht, Wissenschaft, Religion oder eben auch Erziehung – auch Helfen als ein vermittels binärer Codierung operational geschlossenes eigenes Funktionssystem der sozialen Hilfe beschrieben werden kann, ist jedoch – wie skizziert – in der systemtheoretischen Debatte umstritten (vgl. Kap. 4.8). Wie im Unterkapitel zum Gegenstand Sozialer Arbeit als Theorie und Praxis (vgl. Kap. 7.2) schon erwähnt, unterscheidet sich die entsprechende auf „eine Engführung an Hilfekommunikation" (Hohm 2003: 83) abstellende systemtheoretische Begründung allerdings deutlich von Winklers Argumentation, der soziale Sektor könne seine ihm eigene Funktion „nur dann erfüllen, wenn er außerhalb des gesellschaftlichen Reproduktionsbereiches, somit auch außerhalb tauschförmiger und marktorientierter Beziehungen angesiedelt" (1988: 189) sei. Ganz ähnlich wie Luhmann zeichnet auch Foucault (vgl. z.B. 2000: 59 ff.) nach, wie aufgrund der demographische Expansion des 18. Jahrhunderts, verbunden mit dem monetären Überfluss im Zusammenhang mit der Ausweitung der landwirtschaftlichen Produktion, ein fundamentaler Wandel im Verhältnis zwischen Familie, Staat und Ökonomie erfolgt sei. Und wenn Hannah Arendt das, was sie den „Aufstieg des Sozialen" nennt, als durch ein „unnatürliches Wachstum des Natürlichen" (Arendt 1981: 47) charakterisiert sieht, dann deckt sich dies in erstaunlicher Weise mit jenem Ausgangspunkt von Foucaults Untersuchungen.

Hannah Arendts Warnung (vgl. 1981: 70ff.), dass das Dunkel der häuslichen Despotie in den hellen Raum des Politischen einbrechen könnte, wenn die Sorge für die Erhaltung des Lebens zur öffentlichen „sozialen" Angelegenheit wird, liest sich nicht nur beinahe wie eine Vorwegnahme von Sennetts (2001) zeitgeschichtliche Diagnose vom „Verfall und Ende des öffentlichen Lebens: Die Tyrannei der Intimität" (vgl. May 2004c: 146). Explizit aufgegriffen wird Arendt auch von Nancy Fraser (vgl. Kap. 5.8) mit ihrem Begriff „des Sozialen"[1] als einem „Ort des Diskurses über problematische Bedürfnisse, über Bedürfnisse, die die anscheinend (aber nicht wirklich) selbstregulativen, häuslichen und offiziell ökonomischen Institutionen der männlich beherrschten, kapitalistischen Gesellschaften überschritten haben" (1994: 241).

Wenn Arendt sich vor allem darauf konzentriert hat, den – wie sie es nennt – „Aufstieg des Sozialen" als hybride Mischform zwischen dem Öffentlich/Politischen und dem Häuslich/Privaten zu kritisieren, in der sich das Verhältnis von oikos und polis problematisch verschiebt, dann sieht Negt (2002: 313) dies vor allem darin begründet, dass „nicht nur das Dritte Reich, sondern auch die sozialstaatlichen Transformationen der Nachkriegszeit den öffentlichen Raum unverwechselbarer politischer Tugenden immer weiter einzuschränken schienen" (ebd.). Fraser kritisiert Arendt jedoch grundlegender. Nur deshalb weil aus Arendts Sicht Bedürfnisse „für immer dazu verurteilt sind, Tatsachen schieren Zwangs zu sein" (ebd.: 247 Anm. 32), könne für sie „ihr Hervortreten aus der Privatsphäre und ihr Eintritt ins Gesellschaftliche [bzw. Soziale d.V.] den Tod authentischer Politik" (ebd.: 248 Anm. 32) bedeuten.

Demgegenüber streifen für Fraser die Bedürfnisse gerade umgekehrt in dem Maße „den auratischen Schein der Natürlichkeit [...] ab, in dem ihre Interpretationen zum Gegenstand der Kritik und Auseinandersetzung werden" (ebd.). Selbst

---

[1] auf Deutsch wurde dies jedoch als „das Gesellschaftliche" übersetzt

wenn ExpertInnen Sozialer Arbeit sich um eine Reprivatisierung der aus der Privatsphäre „davongelaufenen Bedürfnisse" bemühten und damit „die etablierte soziale Einteilung der Diskurse" (ebd.: 267) verteidigten, trügen sie paradoxer Weise mit dazu bei, „diese Bedürfnisse in dem Sinne weiter zu politisieren, dass sie deren kanonischen Status als Fixpunkte der Auseinandersetzung" (ebd.) festigten. Deshalb sieht sie in dem von Arendt als „Aufstieg des Sozialen" Beschriebenen eher eine „(mögliche) Blüte als den (notwendigen) Tod der Politik" (ebd.). Und entsprechend bedeutet für Fraser „die instrumentelle Vernunft nur eine mögliche Form [...], um soziale Bedürfnisse zu artikulieren, und [...] die Verwaltung nur einen möglichen Weg [...], um das Gesellschaftliche [bzw. Soziale d.V.] zu institutionalisieren" (ebd.).

Während von Fraser „die Grenze zwischen dem, was politisch ist, und dem, was nicht politisch ist" (ebd.: 257), in dieser Weise als „Gegenstand eines Konfliktes" (ebd.) betrachtet wird, hat Foucault (vgl.: 2000: 66) versucht, historisch konkrete Äußerungen dessen, „was in die Zuständigkeit des Staates gehört und was nicht in die Zuständigkeit des Staates gehört, was öffentlich ist und was privat ist, was staatlich ist und was nicht staatlich ist" (ebd.), als sich wandelnde „Taktiken des Regierens" zu analysieren. Und auch Nikolas Rose (vgl. Kap. 5.7), der im Anschluss an die Arbeiten Foucaults die These formuliert hat, dass der Wandel von der Wirtschaft zur Volkswirtschaft auch im Zusammenhang mit der „Herausbildung des Begriffs der Nationalökonomie die entscheidende Voraussetzung für die Abgrenzung einer besonderen sozialen Sphäre" (vgl. 2000: 89) gewesen sei, sieht diese eingebunden in solche „Taktiken des Regierens" (ebd.: 57). Ich habe vor dem Hintergrund von Marx Kritik der politischen Ökonomie diesbezüglich moniert (vgl.: 2002 & 2004 b), dass sich in der Begriffsbildung von Volkswirtschaft und Nationalökonomie zunächst einmal signifikante Veränderungen im Verhältnis zwischen Produktivkräften und den Produktionsverhältnissen der Gesellschaft reflektieren und die Herausbildung eines eigenen sozialen Sektors vor allem diesen geschuldet war, was auch in der Systemtheorie übersehen wird.

Fraser gesteht Foucault nun zu, dass er „eine nützliche Beschreibung einiger Elemente der Wissen produzierenden Apparate [liefert], die zu einer administrativen Neudefinition politisierter Bedürfnisse beitragen" (1994: 288 Anm. 26). Ihrer Ansicht nach übersieht Foucault jedoch „die Rolle der sozialen Bewegungen in der Politisierung von Bedürfnissen und die Konflikte um die Interpretation, die zwischen solchen Bewegungen und dem Sozialstaat auftreten" (ebd.: 288f. Anm. 26). Und diese Konflikthaftigkeit findet sich auch – wie Fraser an zahlreichen Beispielen zeigt – auf der Mikroebene dessen, wie professionelle Soziale Arbeit in ihrer Art Bedürfnisse zu interpretieren und zu befrieden auf

´abweichende` Formen der Bedürfnisartikulation und -befriedigung ihrer AdressatInnen reagiert.

Frasers Kritik – obwohl zeitlich früher artikuliert – trifft sicher auch Fabian
Kessls an die Arbeiten von Foucault und Rose anschließende Gouvernementalität Sozialer Arbeit (vgl. Kap. 5.7). In dieser weist er nachdrücklich darauf hin,
dass „solange eine Überbrückung von wirtschaftlichen Bereichen und politischer
Organisation (Castel) durch den Aufbau und Erhalt eines sozialen Sektors in
sozialstaatlicher Form bestehen" (2005: 214) bleibe, Soziale Arbeit als Hinweis
darauf gelesen werden müsse, „wie ungenügend die Umsetzung des Integrationsversprechens" (ebd.) geschehe – unabhängig davon, in welche Form sie „als
Gesellschaftskritikerin gekleidet" (ebd.) werde. Dies auch deshalb, weil nun
„´Selbstführung` […] von neo-sozialen Programmen […] zur staatlich favorisierten Subjektivierungsweise erklärt" (ebd.: 81) werde und somit „semantisch [...]
erreicht [scheint], was pädagogische Programme schon immer forderten" (ebd.).
In diesem Zusammenhang werfe auch Winklers Modell „pädagogischer Orte"
aus Sicht Kessls die Frage auf (vgl. Kap. 5.16), „welche Interessens-, und damit
verbunden: welche Herrschaftsstrukturen […] die formulierten Bewertungen der
Nutzer in den von Pädagogen bereitgestellten Aneignungssituationen" (ebd.: 66)
durchdrängen. Kessl sieht hier zumindest die seiner Ansicht nach in Winklers
Argumentationslinie selbst angelegte „Gefahr, zur Legitimation aktueller aktivierender Responsibilisierungsstrategien vernutzt zu werden" (ebd.: 65).

Demgegenüber habe ich im Rahmen meiner Theorie der Selbstregulierung (vgl.
May 2004: 113 ff. & 292) zu begründen versucht, dass mimetische Vermögen,
die „die Zirkulation" aller Beziehungsverhältnisse des Sozialen und damit auch
die Basis von Erziehung ausmachen, aus der Unmittelbarkeit von Beziehungsverhältnissen entstehen und deshalb sich jeglicher Fremd- und Selbstregierung
entziehen. Das was in diesem Zusammenhang „in der Literatur vielfach mit Begriffen wie Synchronie, Eingestimmtheit, Reziprozität, Mutualität, Responsivität
und ähnlich" (ebd.: 115) beschrieben worden ist – die unmerkliche Übertragung
von Gesten oder Augenbewegungen, bis hin zu einer Parallelisierung bestimmter
Parameter des autonomen Nervensystems – habe ich im Rahmen dieser Theorie
als eine Form der Selbstregulierung zu deuten versucht, „die weniger von den
Beteiligten" (ebd.) ausgeht, als dass sie sich „vielmehr zwischen ihnen" (ebd.)
verwirklicht (vgl. Kap. 5.15).

Untermauern lässt sich mit diesen vor allen im Rahmen der modernen Säuglingsforschung gewonnenen Befunden meiner Ansicht nach auch Negt/Kluges
(vgl. 1981: 79) These, dass „die wirklichen Beziehungen […] durch Ich und
gesellschaftliches Ganzes (das als Produktionsprozeß nur eine Vorstellung ist)
hindurch [tauchen]" (ebd.), um aus den einzelnen im Menschen praktisch arbeitenden Eigenschaften ein „inneres Gemeinwesen" zu bilden, „also eine Gesell-

schaft unterhalb der Person, die mit der Gesellschaft außerhalb der Person ver-kehrt" (ebd.: 78). Dieses „innere Gemeinwesen" integriert, wie ich zu zeigen versucht habe, „nicht nur die 5 Sinne, sondern auch die sogenannten geistigen Sinne, die praktischen Sinne (Wille, Liebe etc.)", wie Marx (MEW Bd. 40: 542) sie bezeichnet hat. Dabei haben individuelles inneres Gemeinwesen und die Beziehungsgesellschaft konkreter Sozialitäten permanent zu tun mit der Außen-gesellschaft und Menschheitsgeschichte, die diese ´wirk`-lichen Eigenschaften, und Vermögen erst hervorgebracht hat.

Wenn ich in diesem Zusammenhang davon ausgehe, dass solche gesell-schaftlichen Eigenschaften und (Arbeits-)Vermögen als dergestalt „soziale" bzw. „sozial erzeugte" in gewisser Weise jede für sich und deshalb sich auch nur äu-ßerlich in getrennten Menschen gegenüber stünden, dann weist dies auf den ersten Blick durchaus Parallelen sowohl zu einem poststrukturalistischem Dis-kursverständnis (vgl. Kap. 5.4) wie zu Luhmanns Betrachtungsweise „sozialer Systeme" auf (vgl. Kap. 4.5). So gehen diejenigen Theorien, die mit dem Etikett Poststrukturalismus versehen werden, davon aus, dass das einzelne Subjekt sich nur als einheitlicher/identischer Ausgangspunkt seines/ihres Sprechens glaube, Subjekt jedoch erst im Akt des Sprechens selbst werde, das sich mit dem Begeh-ren (Lacan 1973 & 1975 & 1980), der Macht (Foucault 1978 & 1982 & 1987) und den kulturellen Formen (Barthes 1970) verschränke. Das einzelne wie kol-lektive Subjekt erschaffe sich mittels der Sprache im Sprechen als Subjekt bzw. werde durch das Sprachsystem erst erschaffen.

Wie das Sprechen in dieser Weise aus poststrukturalistischer Perspektive nicht mehr als Ausdruck und Folge eines subjektiv gemeinten Sinns begriffen wird, geht auch Luhmann (vgl. Kap. 4.3), wenn er Kommunikation – und nicht kognitive bzw. psychische Systeme – als Komponenten Sozialer Systeme be-greift, davon aus, dass Sinn erst in der Kommunikation entsteht. Und wenn im Poststrukturalismus jener Ort, an dem diese Sinn- und Subjektwerdung seiner Auffassung zufolge entstehe, als Diskurs bezeichnet wird, weist dies durchaus Parallelen auf zu Luhmanns Verständnis von sozialen Systemen. Zwar gehen die poststrukturalistischen Theorien ähnlich wie Luhmann davon aus, dass Subjekt und Gesellschaft in dieser Weise permanent durch Kommunikation (d.h. auch durch non-verbales Verhalten, Symbolproduktion, etc.) konstituiert werde. Im Unterschied zu Luhmanns evolutionär-funktionalisitischer Betrachtungsweise sehen sie diese dauernde Konstruktion der Wirklichkeit jedoch ohne einheitli-chen Ausgangspunkt und Grund (im Bewusstsein der Menschen) bleiben.

Wenn Luhmann Kommunikation und nicht wie andere Systemtheoretiker kognitive bzw. psychische Systeme als Komponenten sozialer Systeme betrach-tet (vgl. Kap. 4.3), dann unterscheidet er sich damit sowohl von Maturana, für den Soziale Phänomene durch eine Ko-Ontogenese entstehen, indem „die Mitglieder jedweder menschlichen Gesellschaft [...]durch ihr Verhalten [...] sowohl bei ihren alten als auch bei ihren neuen Mitgliedern beständig die gleichen Verhaltensweisen" (1987: 295) selektierten. Ebenso unterscheidet er sich auch von Hejl, der Soziale Systeme als „partielle 'Parallelisierung' der selbstreferentiellen Subsysteme (der kognitiven Subsysteme) der interagierenden Systeme" (ebd.: 317) begreift, die deshalb für ihn weder selbstorganisierend, noch selbst-, sondern synreferentiell seien.

Im Hintergrund dieser Kontroverse steht, dass Maturana seinen Begriff der Autopoiese auf Zellen als Lebewesen 1. Ordnung und biologische Organismen als Lebewesen 2. Ordnung begrenzt sieht, während Luhmann neben dieser Autopoiesis des Lebens, eine die Gesamtheit aller intrapsychischen kognitiven Vorgänge umfassende Autopoiesis des Bewusstseins unterscheidet, ebenso wie eine Autopoiesis der Kommunikation, die sich auf die Gesamtheit aller Kommunikationen in der Gesellschaft bezieht. Einig sind sich Luhmann und Maturana allerdings darin, dass Systeme Ereignisse der Umwelt auf der Grundlage eines systemeigenen Codes beobachteten, weshalb ihre Reaktion auch primär ihrer Eigengesetzlichkeit folge.

Demgegenüber überschreitet ein dialektischer Begriff von Selbstregulierung (vgl. Kap. 3.8) notwendig solch monadischen Bezug, da von Selbstregulierung in einem dialektischen Sinne erst dann gesprochen werden kann, wenn mindestens zwei Eigentätigkeiten mit verschiedenen Bewegungsgesetzen sich berühren (vgl. May 2005: Kap. 2.3 & 3.). Als lebendige 'Arbeit'[2] entsteht Selbstregulierung dadurch, dass über diese einzelnen Eigenbewegungen hinaus sich ein dynamisches Moment entfaltet, dergestalt dass ein in sich immer vielfältiger gegliedertes Gebilde sich zu entwickeln beginnt. Die so bei „gelingender Selbstregulierung" aus der Aufhebung der Bewegungsgesetze der verschiedenen Eigentätigkeiten entstehenden, in sich immer vielfältiger gegliederten Gebilde stellen sich dann als eigenständige Instanzen mit wieder eigenen Gesetzen dar, die auch zunächst lediglich nur auf das passen, was sie zusammenfassen.

In Anlehnung an Marx habe ich solche in komplexen Prozessen von Selbstregulierungen sowohl im Binnenverhältnis des sich entwickelnden Organismus, wie darüber hinaus auch im Kooperationsverhältnis zur Außenwelt entstehenden sozialen Eigenschaften und (Arbeits-)Vermögen als „tote Arbeit" bezeichnet. Wie Marx in Bezug auf Maschinen geht es mir mit diesem Begriff darum zu zeigen, dass selbst menschliche Organe, erst Recht aber die in spezifischen kulturellen Techniken sich niederschlagende gesellschaftliche Erfahrung immer schon Produkte von „Arbeit" sind und von sich aus nichts bewirken, es sei denn es wird erneut lebendige Arbeit der Selbstregulierung hinzugesetzt.

---

[2] 'Arbeit' wird hier zunächst einmal in einem rein physikalischem Sinne als Prozess verschiedenster Wechselwirkungen verstanden.

Vor diesem Hintergrund habe ich vorgeschlagen, „'das Soziale` als Produkt eines Arbeitsprozesses zu betrachten, in dem entsprechende Beziehungsarbeitsvermögen dadurch zur Realisierung kommen, dass sie sich entsprechender 'Produktionsmittel` des Sozialen bedienen, wie z.b. Rituale, Normen, Gesprächs- und Moderationstechniken, Methoden Institutionen etc., die historisch aus ihrer lebendigen Arbeit bereits hervorgegangen sind. Im Produktionsprozess des Sozialen wirken also lebendiges Beziehungsarbeitsvermögen und die aus ihm bereits hervorgegangene tote Arbeit entsprechender 'Produktionsmittel` in einem je eigenen Verhältnis als soziale Produktivkräfte zusammen. [...] Relevant werden können die historisch bereits konstituierten Aspekte der Sozialstruktur allerdings nicht nur als (Produktions-)Mittel, sondern auch als Bedingungen im Sinne spezifischer Produktionsverhältnisse des Sozialen" (May 2006: 40 f. vgl. auch 2005:40).

Damit beanspruche ich nicht nur erklären zu können, was Maturana und Hejl, wenn sie soziale Systeme als Produkt einer Ko-Ontogenese und damit synreferenziell beschreiben (vgl. Kap. 4.3), mehr andeuten als explizieren. Auch ist mein dialektisch-materialistisches Verständnis „sozialer" Eigenschaft und (Arbeits-)Vermögen, die sich nur äußerlich in getrennten Menschen gegenüber stehen, ein empirisch durchaus gesättigtes. Demgegenüber ist Luhmanns Begriff von Kommunikation, über den er soziale Systeme konstituiert sieht, – übrigens auch im Unterschied zu den poststrukturalistischen Diskursanalysen – ein rein analytisch abstrakter. So bezieht sich Luhmanns Kommunikationsbegriff ja ganz zentral auf die mit je eigenen Leitunterscheidungen (Codes) und Programmen operierenden und auf die Erbringung bestimmter Leistungen spezialisierten Teilfunktionssysteme, in denen die konkreten Einzelnen bloß als „Adressen teilsystemischer Kommunikation" relevant würden (vgl. Kap. 4.5 f.).

Wenn in diesem Zusammenhang Individualität für Luhmann nur mehr als außerhalb dieser kommunikativen Inanspruchnahme und damit zugleich auch nur außerhalb der Gesellschaft möglich erscheint, dann konstruiert er mit dieser seiner These von „Exklusionsindividualität" als struktureller Voraussetzung eines „Inklusionsuniversalismus" meiner Ansicht nach (vgl. Kap. 4.18) einen ohnmächtigen Gegensatz, während in den postrukturalistischen Theorien das Individuum gleich ganz in den Subjektivierungsweisen der Diskurse aufgelöst wird. In der konstruktivistischen Systemtheorie kann darüber hinaus die Frage, was Menschen trennt und voneinander entfremdet, überhaupt nicht mehr aufkommen, wenn theoretisch unterstellt wird, dass psychische Systeme einander nur irritieren könnten, um diese Irritationen dann nach ihren eigenen Gesetzen der Selbsterhaltung zu verarbeiten. Auch lässt sich die zunächst in der Interaktion von Müttern mit ihren Kleinkindern beobachteten Momente erstaunlicher Synchronie von Gesten und Gefühlsäußerungen, die für mich die Basis der „Zir-

kulation" aller Beziehungsverhältnisse des Sozialen darstellt, im Rahmen Luhmanns Theorie autopoietischer Systeme wohl kaum erklären.

In der Art und Weise, wie Luhmann die beiden Tendenzen von Autonomie
und Gegenseitigkeit polarisiert, löst er darüber hinaus das Paradoxon der Anerkennung auf eine Weise, die eine Subjekt-Subjekt-Dialektik als konkrete Möglichkeit meiner Ansicht nach gar nicht mehr denken lässt. Gleiches gilt auch für
die poststrukturalistischen Theorien, was an Kessls These einer „unablässiger
Gleichzeitigkeit von Individualisierungs- und Homogenisierungsstrategien der
Regierung des Sozialen" (2005: 116) sich exemplarisch verdeutlichen lässt (vgl.
Kap. 5.15). Zwar kann im Unterschied zu den poststrukturalistischen Analysen,
für die es in dieser Weise kein Subjekt außerhalb sozialer Diskurse geben kann,
Luhmanns Systemtheorie durchaus sehen, dass die Einzelnen in keinem der
gesellschaftlichen Teilsysteme umfassend ihre Anliegen, Bedürfnisse und Interessen zur Sprache bringen können. Da es allerdings für die Systemtheorie eine
Voraussetzung der Ausdifferenzierung von Funktionssystemen ist, dass Einzelne
in diesen nur noch unter teilsystemspezifischen Gesichtspunkten bedeutsam
werden, vermag sie diesen Sachverhalt jedoch bloß zu konstatieren.

Auch an der darauf fußenden systemtheoretischen Beschreibungen der Referenz Sozialer Arbeit als Beobachtung von Hilfsbedürftigkeit in Bezug auf direkte und indirekte negative Folgeeffekte von Exklusionsgefährdungen habe ich
(vgl. May 2000a: 109 f. & 2005: 73 f.) Kritik geübt. In dieser Funktionsbestimmung sehe ich den in Diskursanalysen verabsolutierten Herrschaftscharakter
schlicht dethematisiert, welcher sich meiner Ansicht nach darin äußert, dass –
systemtheoretisch gesprochen – die gesellschaftlich sich ausdifferenzierenden
Funktionssysteme Ausmaß und Form der Teilnahme von Einzelnen an ihrer
Kommunikation nach teilsystemeigenen Erfordernissen festlegen (vgl. Kap.
4.18).

Demgegenüber geht Lefèbvres Kritik der Alltäglichkeit (vgl. Kap. 2.1) zwar
auch davon aus, dass im Rahmen der Durchsetzung kapitalistischer Herrschaft in
der systematischen Unterwerfung von äußerer und innerer Natur das wirkliche
Leben der modernen Welt in getrennte, funktional organisierte und als solche
strukturierte Sektoren aufgespalten wird. In kritischem Bezug darauf, dass diese
Aufspaltungen des Lebens nur mehr über das ihnen gemeinsame Merkmal einer
Systematisierung (vor allem durch die Zirkulations- und Kommunikationsnetze
und deren technische Erfordernisse) als Alltäglichkeit zusammengefügt werde,
versucht Lefèbvre jedoch jene zur Wirklichkeit drängenden Tendenzen herauszuarbeiten, die die Fragmentierung des Ganzen der modernen Welt zu einer
anderen und neuen Gesamtheit zu rekonstruieren erlauben (vgl. 1972: 59 &
1975: 339). Seiner Analyse folgend hat sich dann auch Soziale Arbeit – wie
Heinz Sünker (vgl. z.B. 2002) immer wieder unterstrichen hat – auszurichten am

praktischen Entwurf einer durch Bemühungen um das Alltägliche, durch seine Kritik und seine Transformation erneuerten Kultur, die keine Institution sondern Lebensstil sein soll (vgl. Kap. 2.2). Denn wie Fraser (vgl. Kap. 5.8) dargelegt hat, ist „die instrumentelle Vernunft nur eine mögliche Form [...], um soziale Bedürfnisse zu artikulieren, und [...] die Verwaltung nur einen möglichen Weg [...], um das Gesellschaftliche (bzw. Soziale d.V.) zu institutionalisieren" (1994: 267). Zumindest in den systemtheoretischen Analysen wird diese historische Form jedoch generalisiert.

## 7.5 AdressatInnen

Wenn im letzten Kapitel zu den gesellschaftlichen und sozialen Voraussetzungen von mir noch einmal rekapituliert wurde, dass diejenigen Theorien, die mit dem Etikett Poststrukturalismus versehen werden, davon ausgehen, dass das einzelne Subjekt sich nur als einheitlicher/identischer Ausgangspunkt seines/ihres Sprechens glaube, jedoch Subjekt erst im Akt des Sprechens selbst werde, dann wird darin zunächst einmal überdeutlich, dass von den AdressatInnen Sozialer Arbeit nicht außerhalb von Theorie geredet werden kann. Das einzelne Individuum, der (nicht nur Einzel-)Fall, das soziale Handeln, an das sich Soziale Arbeit adressiert, kann nicht aus sich selbst heraus begriffen werden.

Wenn vielfach die Aufgabe von Erziehung und Sozialpädagogik darin gesehen wird, normativ positiv besetzte Wesenszüge ihrer AdressatInnen zu fördern und sozial schädliche zu verhindern, so hinterfragen poststrukturalistische Analysen (vgl. Kap. 5.4) den Ursprung dieser Wesenszüge ebenso, wie die damit gemachten Wertungen und Absichten. Ähnliches beanspruchen – allerdings in funktionalistischer Ausrichtung – auch systemtheoretische Analysen in der Tradition von Luhmann (vgl. Kap. 4.4 & 4.9). Selbst wenn dabei in anderen theoretischen Bezügen als „Klientifizierung" (vgl. Kap. 5.3 z.B. Richter 2001: 1306) und „Disziplinierung" (vgl. Kap. 4.19 z.B. Cremer Schäfer 2001) von AdressatInnen oder als „Kolonialisierung von deren Lebenswelt" (vgl. Kap. 2.4 z.B. Gängler/Rauschenbach 1999) thematisierte Verwerfungen Sozialer Arbeit auch Gegenstand systemtheoretischer Analysen (vgl. Kap. 4.14 & 4.18) geworden sind, erscheinen sie dort allerdings häufig bloß als unvermeidliche „System-" und „Folgeprobleme der Ausdifferenzierung eines Funktionssystems sozialer Hilfe" (Hillebrandt 2002: 225).

Aus poststrukturalistischer Perspektive (vgl. Kap. 5.4) hat darüber hinaus jedoch auch das normative Subjekt der Potenzialität, auf dem nahezu jegliche Sozialpädagogik gründet, seinen Konstruktionscharakter offen zu legen und sei weder als vorgängiges noch als natürliches Subjekt zu behaupten. Denn die

„Selbsttätigkeit des Subjekts" oder die zu weckenden „Kräfte", „Anlagen" und „Begabungen" seien immer schon diskursiv konstituiert (vgl. Bönold 2003: 292). Wie schon im Kapitel über die Gegenstandsbestimmung Sozialer Arbeit (vgl. Kap. 7.2) rekapituliert, sieht auch Michael Winkler in der Sozialpädagogik den „Subjektstatus und die Subjektivität stets vorausgesetzt […], zu [d]er doch zugleich aufgefordert wird, wobei dieses Auffordern ständig in Gefahr gerät, das von ihr Vorausgesetzte zu negieren" (1988: 98). Wenn er jedoch konstatiert, dass sozialpädagogisches Handeln von seinem Ergebnis her letztlich an jene Bildungsprozesse gebunden bliebe, die es durch die Zur-Verfügung-Stellung von Aneignungsmaterial anzuregen trachte, dann ist für ihn dieser „Bildungsprozess des Subjekts" (ebd.: 281) mehr als bloß diskursiv konstituiert.

Ganz ähnlich geht Andres Schaarschuch in seiner „relationale[n] Definition von Dienstleistung" (1996: 90) davon aus (vgl. Kap. 3.7), dass auch in der Sozialen Arbeit „das Erbringungsverhältnis […] aus dem Subjekt als Produzent auf der einen Seite, und dem Professionellen als Ko-Produzent auf der anderen Seite" (ebd.) bestehe. Und er sieht in dieser seiner Definition „avancierte theoretische Ansätze [aufgehoben], die sich zum Ziel gesetzt haben, Subjekt- und Professionstheorie zu vermitteln" (ebd.: 94). Zwar hebt er hervor, dass diese Ansätze – „die professionelles Handeln […] entsprechend der Handlungsstruktur der ˈMäeutikˋ konzipieren – sich […] nicht am Subjekt ˊorientierenˋ, sondern der ˈLogikˋ der Subjektwerdung zu- und nachordnen" (ebd.), wie dies beispielsweise nicht nur für Michael Winkler (vgl. Kap. 5.13), sondern auch Heinz Sünker (1989) und Timm Kunstreich und mich (1999) gilt (vgl. Kap. 2.2). Während jedoch im letzten Kapitel deutlich geworden sein dürfte, dass ein auf einem dialektischen Begriff von Selbstregulierung fußendes Verständnis von Subjektivität mit der Trivialvorstellung eines sich selbst regulierenden Ichs oder intentionaler Bildungsprozesse unvereinbar ist, scheint Schaarschuchs relationaler Begriff sozialer Dienstleistung sich nur schwerlich von der Gefahr einer Verdinglichung des Subjektbegriffs befreien zu können.

Allerdings sieht Schaarschuch das Erbringungsverhältnis von Sozialer Arbeit als sozialer Dienstleistung und die damit implizierte Bestimmung ihrer AdressatInnen als produzierende „Konsumenten" auf diese Weise auch noch nicht hinreichend theoretisiert. Da soziale Dienstleistungen immer in einem spezifischen Kontext für bestimmte AdressatInnen angeboten würden, müssten Letztere nicht nur als „stets im Rahmen konkreter Erbringungskontexte situiert" (ebd.: 89) betrachtet werden. Auch „die gesellschaftlichen Bedingungen der Möglichkeit Sozialer Arbeit als Dienstleistung" (ebd.) wären in diesem Zusammenhang zu berücksichtigen. Entsprechend trachtet er in einer „heuristischen, dichotomisierenden Gegenüberstellung" (ebd.: 91) unter Bezug auf von ihm ebenso idealtypisch herausgearbeitete „kontextuelle Bedingungskonstellationen" den Begriff des Konsumenten Sozialer Dienstleistungen auszudifferenzieren „in den des 'Kunden` für den Erbringungskontext des Marktes, und in den des 'Nutzers` für den sozialstaatlichen Erbringungskontext" (ebd.).

In diesem Theoretisierungsversuch, mit dem Schaarschuch von der Praxis selbst vorgenommenen Bestimmungen der AdressatInnen Sozialer Dienstleistungen auf den Begriff zu bringen versucht, zeigen sich durchaus Parallelen sowohl zur Luhmannschen Systemtheorie (vgl. Kap. 4.6), wonach sich die Inklusion des Einzelnen in solche Teilsysteme, wie die der Wirtschaft oder die des Hilfesystems, immer unter funktionssystemspezifischen Gesichtspunkten vollziehe. Ähnlichkeiten lassen sich auch zum eher diskursanalytischen Begriff der Subjektivierungsweise entdecken (vgl. Kap. 5.6. ff.), der ganz ähnlich – allerdings zum Teil weniger funktionalistisch als Luhmanns Adressierungsperspektive – in den Blick nimmt, wie Menschen in verschiedenen Diskursen „als bestimmte Subjektsorten, die mit spezifischen Arten von Handlungsfähigkeiten ausgestattet sind, angesprochen werden" (Fraser 1994: 254f.). Während jedoch – wie im letzten Teilkapitel bereits ausgeführt – in den poststrukturalistischen Analysen ein Individuum neben den Diskursen nicht denkbar ist, geht die Systemtheorie umgekehrt davon aus, dass gesellschaftstheoretisch betrachtet „das Individuum nicht mehr durch Inklusion, sondern nur noch durch Exklusion definiert werden" (Luhmann 1989: 158) könne. So vermöge die unter funktionssystemspezifischen Gesichtspunkten erfolgende Inklusion des Einzelnen in die gesellschaftlichen Teilsysteme die Einzelperson niemals als Ganze zu erreichen. Und dies gilt – unabhängig von entsprechenden Selbstansprüchen Sozialer Arbeit – für das soziale Hilfesystem gleichermaßen.

Auch aus dialektisch-materialistischer Perspektive sind die von der Praxis selbst vorgenommenen Bestimmungen der AdressatInnen Sozialer Arbeit zu theoretisieren versucht worden. Entsprechend bestimmt Kunstreich (vgl. Kap. 3.3) „das gesellschaftliche Verhältnis" (1975: 37) zwischen Professionellen in der Sozialen Arbeit und ihren AdressatInnen als „strukturellen Konflikt" (ebd.). Dieser rühre daher, dass die nach Kunstreichs Theoretisierung der AdressatInnen Sozialer Arbeit eigentlichen „Ursachen" für deren „Schwierigkeiten […] in deren sozialer Lage als nicht oder wenig qualifizierte Lohnarbeiter" (ebd.: 135) zu suchen seien. Bezüglich der von der Praxis selbst vorgenommenen Bestimmungen ihrer AdressatInnen geht Kunstreich davon aus, dass die den „als vermittelnde Lohnarbeiter" in der Sozialen Arbeit Tätigen „zur Verfügung stehenden Maßnahmen […] diese Ursachen aber als Schwierigkeiten individueller Reproduktion" (ebd.) definierten.

Vor einem eher diskursanalytischen Hintergrund hat Nancy Fraser (vgl. Kap. 5. 8) darauf aufmerksam gemacht, dass das Wohlfahrtssystem und damit auch die Soziale Arbeit in der Bestimmung ihrer AdressatInnen darauf verwiesen seien, „politische Fragen, welche die Interpretation von Bedürfnissen der Menschen betreffen, in gesetzliche, administrative und/oder therapeutische Angelegenheiten zu übersetzen" (1994: 237). Es tendiere dabei nicht nur dazu, „die Politik der Bedürfnisinterpretation durch das juristische, administrative und therapeutische Management der Bedürfnisbefriedigung zu ersetzen" (ebd.: 240). Zugleich träten dabei in Bezug auf die AdressatInnenbestimmung „monologische, administrative Prozesse der Bedürfnisdefinition" (ebd.) an die Stelle „dialogisch, partizipative[r] Prozesse der Bedürfnisinterpretation"(ebd.). Letztere könnten umgekehrt eben auch als „ein Moment in der Selbstkonstitution neuer kollektiver Akteure oder sozialer Bewegungen" (ebd.: 265) fungieren. Demgegenüber erschienen die Prozesse der Bedürfnisdefinition im Zuge der Adressat-Innenbestimmung Sozialer Arbeit nicht nur selbst unpolitisch und wirkten tendenziell entpolitisierend. Entsprechende Bedürfnisse würden dabei zugleich auch so umdefiniert, dass sie den „systemkonformen Befriedigungen" (ebd.: 240) entsprächen.

Im Unterschied zu diskursanalytischen Studien, die sich – wie z.B. Kessl (vgl. Kap. 5.7) – an Foucaults Konzept der Gouvernementalität orientieren, sieht Fraser auch „Klienten der Wohlfahrt" (ebd.: 242), wenn „sie sich in Prozessen des Dialogs und des kollektiven Kampfes engagieren" (ebd. 243), dahin kommen, „alternative, politisierte Interpretationen ihrer Bedürfnisse zu artikulieren" (ebd.). Die „Responsivität postfordistischer, bürokratischer Rationalisierung" des „Neuen Steuerungs-Modells" sieht Timm Kunstreich (vgl. Kap. 3.3) u.a. auch als Reaktion auf ein Anwachsen solcher, wie er es nennt, „transversaler, also quer zu den herrschenden Institutionen liegender Kommunikations- und Kooperationsgeflechte" (1998: 409). Fraser spricht in diesem Zusammenhang von „kleinen gegenhegemonialen Öffentlichkeiten".

Ich habe darauf aufmerksam gemacht (vgl. 2000a & 2007), dass solche Öffentlichkeiten zwar nicht zwangsläufig dem Konzept „lebensweltlicher Oasen herrschaftsfreier Kommunikation" entsprächen, wie es von Jürgen Habermas (vgl. Kap. 5.2) entworfen und von Helmut Richter (vgl. Kap. 5.3) im Rahmen seines Ansatzes einer Sozialpädagogik als „Pädagogik des Sozialen" (1998) bzw. „Kommunalpädagogik" (2001a) programmatisch auch unter Rückgriff auf Marx als „´Verein freier Menschen, die sich wechselseitig erziehen` (MEW 1, S. 95; vgl. MEW 23, S. 92)" (Richter 2000:114), ausformuliert wurde. Wie auch immer von Formen der Herrschaft durchwoben, sei in solchen Teilöffentlichkeiten Politik als ein auf Bedürfnisse und Lebensinteressen bezogener Produktionsprozess gefasst. Und wie Fraser an zahlreichen Beispielen auch aus dem Bereich Sozialer Arbeit dargelegt hat, gelingt es den in solchen Teilöffentlichkeiten Engagierten zumindest tendenziell „scheinbar natürliche und vorpolitische Interpretationen abzuschütteln, die ihre Bedürfnisse in der offiziellen Ökonomie und/oder Familie umschließen" (Fraser 1994: 243).

Wenn Timm Kunstreich die „Responsivität postfordistischer, bürokratischer Rationalisierung" des „Neuen Steuerungs-Modells" auch als Chance für ein „Arbeitsprinzip Partizipation" (1998: 298 ff.) sieht, das er auf die Formel zugespitzt hat, „prospektive Dialoge führen statt retrospektiver Monologe" (ebd.: 301), dann lässt sich dies durchaus als praktische Wende von Frasers Analyse lesen. Dieses „eingreifende Begreifen (Holzkamp 1993) der aktuellen Situation von und in Sozialitäten, um herauszufinden, was für wen ein Problem ist" (ebd.: 301), und darauf hin mit ihnen zusammen demokratischere Lösungen zu erarbeiten, sieht Kunstreich ebenso als eine professionelle „Konstruktion von und für Wirklichkeit" wie die klassische Bestimmung der AdressatInnen Sozialer Arbeit als solche, die mit (sozialisatorischen) „Defiziten" und „Störungen" behaftet seien, die es sozialpädagogisch mit geeigneten Methoden zu beheben oder zumindest zu mildern gelte.

Entsprechend handelt es sich aus dieser Perspektive auch um eine „Konstruktion von und für Wirklichkeit", wenn Andreas Schaarschuch (vgl. Kap. 3.7) Soziale Arbeit in der „Herstellung und Sicherung des Bürgerstatus" (1996: 93) „ihren zentralen Bezugspunkt und ihre legitimierende Begründung" (ebd.) als Soziale Dienstleistung gewinnen sieht, oder wenn – was viel weitergehender ist – für Michael Winkler (vgl. Kap. 5.13) der als „systematisches Implikat von Erziehung" (1988: 89) beschriebene Begriff des Subjekts „nicht nur die Aufforderung [enthält], man müsse, wo man erziehen will, die Subjektivität des anderen beachten" (ebd.: 89 f.), sondern sogar für deren „Verwirklichung [....] sorgen, wo diese behindert" (ebd.: 90) wird.

Für Michael Winkler ist jedoch klar, dass die von ihm aus der Geschichte der Sozialpädagogik herausgearbeiteten Begriffe von Ort und Subjekt „in ihrer sittliche[n] Dignität" (Winkler 1988: 51) eher „den reinen Sinn von Sozialpädagogik zur Darstellung" (ebd.) bringen. Dass in dieser Weise Begriffe, wie der des Subjektes bzw. konkreter eines Modus von Subjektivität, als theoretische nicht nur eine Realität behaupten, sondern zugleich auch einen kritischen Maßstab zur Beurteilung der Praxis liefern, ja programmatischen Charakter für die Soziale Arbeit tragen, gilt jedoch über Winkler hinausgehend auch für andere Theoretisierungsansätze Sozialer Arbeit.

So beansprucht allen voran die lebensweltorientierte Soziale Arbeit (vgl. Kap. 2.3) „ihre Unterstützung – in Bezug auf Zeit, Raum, soziale Bezüge und pragmatische Erledigung – an den hilfsbedürftigen Menschen so aus[zurichten], dass diese sich dennoch als Subjekte ihrer Verhältnisse erfahren können" (Thiersch/Grunwald/Köngeter 2002: 172). Ähnliches gilt für Lothar Böhnischs (vgl. Kap. 2. 7) Bewältigungsparadigma. Und wenn Thiersch/Grunwald/Köngeter eine historische und soziale Rekonstruktion der konkreten lebensweltlichen Verhältnisse als „Schnittstelle von Objektivem und Subjektivem, von Strukturen und Handlungsmustern" (2002: 170) als Voraussetzung für eine Praxis lebensweltorientierter Sozialer Arbeit sehen, dann weist dies nicht nur Prallelen auf zu Böhnischs (vgl.: 2002: 209 ff.) bewältigungstheoretischer Ausdifferenzierung des Lebenslagenkonzeptes (vgl. Kap. 2.6) und Michael Winklers „Typologie möglicher Aneignungsprobleme" (vgl. Kap. 5.13) auf.

Wenn sich für sie eine solche Analyse immer auch auf sich in den entsprechenden „nach Funktionen und Inhalten unterschiedenen Lebensfelder" (Thiersch/Grunwald/Köngeter 2002: 170) jeweils stellenden Problemen „der Anpassung und Vermittlung" (ebd.) zu beziehen hat, dann zeigen sich durchaus auch Überschneidungen zu meinem Versuch (vgl. Kap. 2.2), Lefèbvres Konzept der „strategischen Hypothese" für die Soziale Arbeit fruchtbar zu machen. So beziehe ich mich dabei ja zugleich auch auf jene von Lefèbvre (1977 Bd. II: 67 ff.) unterschiedenen drei Schichten, mit denen dieser die Bewusstwerdung der eigenen Stellung in der Gesellschaft zu systematisieren versuchte, entsprechend der Prozesse von Eingemeindung in die hegemoniale Arbeits- und Lebensweise bzw. der Intensität antihegemonialer Zugehörigkeitsentscheidungen. Entsprechend beansprucht auch die lebensweltorientierte Soziale Arbeit einen „normativ-kritischen" Zugang, dessen „Pointe im Widerspiel von Respekt und Destruktion, in der Abwehr von Genügsamkeit von Verhältnissen … und in der Sensibilität für die Erfahrungen von protestativer Energie, von unterdrückten Hoffnungen, von Trauer und Schmerz" (Thiersch/Grunwald/Köngeter 2002: 172) liege.

Diesbezüglich beansprucht die Psychoanalytische Pädagogik und Sozialarbeit (vgl. Kap. 6.5) nicht nur – wie Dörr/Müller hervorheben – „mit ihren empirisch gehaltvollen Theoriekonstruktionen" (2005: 235) im Hinblick auf ihre AdressatInnen begreifbar zu machen, „wie Subjekte mit Hilfe psychosozialer Abwehrmechanismen" (ebd.) ständig versuchen, „sich vor dem bewussten Gewahrwerden von beunruhigenden Erlebnisinhalten zu schützen oder diese zumindest zu lindern" (ebd.). Sie bezieht dies gleichermaßen auch auf die professionell oder wissenschaftlich mit Sozialer Arbeit Beschäftigten. Im Hinblick auf die AdressatInnen Sozialer Arbeit reduziere sie diese dabei nicht auf spezifische katalogisierbare Merkmale, sondern respektiere deren Subjektivität und Geschichtlichkeit (vgl. Trescher 1992: 207). Psychoanalytische Sozialarbeit behandele somit „ebenso wenig einen ´Defekt` der Klientin, wie sie den von ihr erlittenen Mangel wiedergutmachen" (Finger-Trescher 2001: 1459) könne.

Explizit angesprochen sind damit über die Frage nach der Bestimmung der AdressatInnen Sozialer Arbeit hinaus auch schon Aspekte von deren Professionalität (vgl. Kap. 7.7) und Ethik (vgl. Kap. 7.8). Eh ich diese noch einmal in jeweils eigenen Teilkapiteln aufnehme, will ich jedoch – der Systematik von

Füssenhäuser und Thiersch (2001: 1882 ff.) folgend – zunächst zu bilanzieren versuchen, wie in den verschiednen Theoretisierungsansätzen Sozialer Arbeit Angebote, Programme und wohlfahrtsstaatliche Institutionen Sozialer Arbeit reflektiert werden.

## 7.6 Institutionen

Im Rahmen von Theoretisierungsversuchen Sozialer Arbeit werden deren Institutionen in zwei grundlegend verschiedenen Weisen thematisiert: Zum einen wird – dem jeweiligen Paradigma folgend – ihre gesellschaftliche Genese und Funktion zu analysieren versucht. Zum anderen trachten Ansätze, die in ihren Begriffen eher die „sittliche Dignität" (Winkler 1988: 51) und „den reinen Sinn von Sozialpädagogik zur Darstellung" (ebd.) zu bringen suchen, daraus auch Anforderungen an deren Institutionalisierungsformen abzuleiten.

Hinsichtlich einer Analyse der Genese und Funktion Sozialer Arbeit kommen der Systemtheorie sicher besondere Verdienste zu. So sieht Luhmann (vgl. Kap. 4.7) die Institutionalisierung Sozialer Arbeit in modernen Gesellschaften sich notwendig daraus ergeben, dass „die organisierte Arbeit an der Beseitigung von Problemfällen" (1973: 36) sich vor allem wegen ihrer größeren „Effektivität" als evolutionär überlegen gegenüber „andersartigen Hilfsmotivationen" (ebd.) erwiesen habe. Nicht nur die Programme von Organisationen, sondern auch ihr Personal, welches jeweils klar ausgeschriebene Stellen auszufüllen habe, betrachtet Luhmann als „Strukturen eines Entscheidungsprozesses, durch die dieser im Sinne spezifischer Funktionen gesteuert und angepasst" (ebd.) werde. Dabei könne „die Steuerung je nach Umständen mehr über Personal oder mehr über Programme laufen und sich auch von der einen auf die andere Struktur verlagern" (ebd.: 32 f.). Auf jeden Fall aber müsse im Rahmen organisierter Hilfe moderner Gesellschaften „über Hilfe […] zweimal entschieden werden […]: einmal über das Programm und dann über den Einzelfall in der Ausführung des Programms"(ebd.: 33).

Diese beiden schon von Luhmann herausgearbeiteten Aspekte von Programm und Stelle sind in der systemtheoretischen Analyse von Institutionalisierungsformen Sozialer Arbeit (vgl. Kap. 4.11) weiter ausdifferenziert worden. So weist Hohm (vgl. 2003: 85 ff.) bspw. bezüglich der Stellen darauf hin, dass funktionsspezifische Erwerbskarrieren eine stratifizierte Differenzierung aufweisen. Und bezüglich der Programme beleuchtet er deren sowohl segmentäre (= regionalisierte) als auch funktionale (= Spezialisierung auf bestimmte Zielgruppen und Probleme) Ausdifferenzierung.

Diejenigen Systemtheoretiker, die von einem eigenen Funktionssystem sozialer Hilfe ausgehen, argumentieren darüber hinaus, dass erst diese, über die Unterscheidung zwischen helfenden Interaktionssystemen und Hilfsorganisationen hinausgehende, übergreifende Ebenendifferenzierung gesellschaftlicher Funktionssysteme, „die Möglichkeit der Beobachtung ihrer Kontingenz" (Hohm 2003: 92) erlaube. Denn die „Varietät und Austauschbarkeit der organisations- und interaktionsspezifischen Hilfeleistungen" (ebd.) werde nur dadurch kommunizierbar, dass „durch den Reflexionswert des Hilfecodes funktional äquivalente strukturelle Lösungen für das Problem der Daseinsnachsorge" (ebd.) in den Blick gerieten (vgl. Kap. 4.14).

Dass Luhmann zufolge die Steuerung von Organisationen „je nach Umständen mehr über Personal oder mehr über Programme laufen und sich auch von der einen auf die andere Struktur verlagern" (1973: 32 f.) könne, ist nicht nur unter Fragen von Funktionalität und Effektivität, sondern auch professionalitätstheoretisch und -politisch diskutiert worden (vgl. Kap. 3.2 & 7.7). Während in der Strukturtheorie der Professionalisierung (vgl. z.B. Oevermann 1983 & 2002) ähnlich wie in der Systemtheorie (vgl. z.B. Stichweh 1996) Profession und Organisation in einem Spannungsverhältnis gesehen werden, betrachten handlungs- und wirkungsorientierten Ansätze (vgl. z.B. Gildemeister 1983; Schütze 1984; Olk 1986; Müller 2002) Profession und Organisation nicht als prinzipiell im Widerspruch stehend.

Timm Kunstreich (vgl. Kap. 3.3) hat vor dem Hintergrund seiner Analyse Sozialer Arbeit in der Tradition der Kritik der politischen Ökonomie solche Fragen schon zuvor als Ausdruck eines die „bürokratische Form der Produktivkraft Organisation" (1975: 170) kennzeichnenden Widerspruchs zu analysieren versucht. Diesen verortet er zwischen der gesellschaftlich immer notwendigeren „Steigerung der Arbeitseffektivität" (ebd.: 175) und „der Form traditioneller Kontrolle" (ebd.). Das, was damals als Professionalisierungsdiskussion begonnen wurde, hat er in diesem Zusammenhang als ´Lösungs`-Versuch jenes Widerspruchs „durch Auslagerung von Kontrollfunktionen (mehr horizontale Kooperation / Verwissenschaftlichung / Berufsverbände) und durch Verinnerlichung von spezifischem Handlungswissen" (ebd.) zu analysieren versucht. Wenn er darin auch „neue Formen der Kontrolle" (ebd.) entstehen sieht, hat er damit zugleich auch schon die Pointe neuerer Ansätze zu einer Gouvernementalität Sozialer Arbeit (vgl. Kap. 5.7) vorweggenommen.

Demgegenüber beschränken sich die systemtheoretischen Analysen (vgl. Kap. 4. 14) auf den Hinweis, dass die Entscheidungsoffenheit des Hilfecodes es den „Entscheidungen bzw. Entscheidern der sich an ihm orientierenden Organisationen und Interaktionen" (Hohm 2003: 84 f.) überließe, welche Programme Hilfefähigkeit ermöglichten und welche nicht. Sie bestimmten also auch die konkreten „Formen der Hilfe und Nichthilfe" (Baecker 1994: 94) bzw. die Möglichkeit des Wechsels „von der stellvertretenden Inklusion entweder zur Exklusion oder zur tatsächlichen Inklusion" (2001: 1875). Zugleich würden durch solche Hilfeprogramme auch „Kriterien für richtiges/falsches Helfen bzw. für erfolgreiches / erfolgloses Helfen" (Hohm 2003: 86) grob festgelegt. Diese seien dann in einem zweiten Schritt „mittels weiterer Entscheidungen im Kontext organisierter Interaktionssysteme" (ebd.) noch einmal sequentiell klein zu arbeiten.

Wie Baecker betont, könne jede Organisation sich in diesem Zusammenhang „anders entscheiden und [...] dabei von anderen Organisationen sowohl lernen als auch nicht lernen" (2001: 1875). Zugleich ließe dies die Organisationen in Konkurrenz zueinander treten, was nicht nur das Helfen selbst beträfe, „sondern auch die Möglichkeit des Wechsels von der Hilfe zur Nichthilfe und damit von der stellvertretenden Inklusion entweder zur Exklusion oder zur tatsächlichen Inklusion" (ebd.). Gerade im Hinblick auf den zuletzt benannten Aspekt sei Soziale Arbeit auf strukturelle Kopplungen mit den anderen („primären") Funktionssystemen der Gesellschaft angewiesen, wie z.B. dem der Wirtschaft, der Erziehung oder des Rechts. Diese Kopplungen könne sie jedoch „im Zuge der Evolution der modernen Gesellschaft [...] wechseln" (Hohm 2003: 88). Zudem vermöge das soziale Hilfesystem auch zu bestimmen, „in welchem Ausmaß und von welchen der gesellschaftsinternen Umweltsysteme es sich jeweils abhängig" (ebd.) mache. Baecker verweist in diesem Zusammenhang darauf, dass solche strukturellen Kopplungen zwar einerseits „gesellschaftlich konditioniert" (2001: 1875) seien. Als „Entscheidungen der jeweiligen Funktionssysteme" wiesen diese jedoch zugleich „Freiheitsgrade" (ebd.) auf, die der Sozialen Arbeit „einen größeren Spielraum" (ebd.) einräume „als die Organisationsprogramme zuweilen glauben" (ebd.) ließen.

Was die von der Systemtheorie den Organisationen Sozialer Arbeit zugemessene „Möglichkeit des Wechsels von der Hilfe zur Nichthilfe und damit von der stellvertretenden Inklusion entweder zur Exklusion oder zur tatsächlichen Inklusion" (Baecker 2001: 1875) angeht, haben Helga Cremer-Schäfer und Heinz Steinert (vgl. Kap. 4.19) versucht, wohlfahrtsstaatliche Maßnahmen und Institutionen als eine Hierarchie von Integration und Ausschließung zu systematisieren. Sie unterscheiden in diesem Zusammenhang Institutionen nach ihrer Herrschaftstechnik bzw. ihrem Interventionstypus, aber auch mit Hilfe der Kategorien, die diese Institutionen verwalteten. Gemeint sind damit jene Etiketten, die Institutionen zuschrieben, die jedoch ihren herrschaftlichen Charakter als ´Beschreibung` erlangten.

So lassen sich Nancy Fraser (vgl. Kap. 5.8) zufolge die Leistungen des – wie sie es nennt – „juristisch-administrativ-therapeutischen Staatsapparats (JAT)" auch als Kombination aus drei unterschiedlichen Elementen analysieren.

„Das erste ist ein juristisches, das die Betroffenen dem Rechtssystem gegenüber einstuft, indem es ihnen unterschiedliche Rechte gewährt oder verweigert" (1994: 237). Da bürokratische Institutionen dazu ermächtigt seien, über solche „Ansprüche auf der Grundlage administrativ festgelegter Kriterien zu entscheiden" (ebd.: 237 f.), sieht Fraser dieses juristische Element mit einem zweiten, dem administrativen Element verknüpft. Hatte schon Habermas (1981: 531) zuvor herausgearbeitet, dass durch den bürokratischen Vollzug von Ansprüchen und den Zwang zur administrativen Umdefinition von Alltagssituationen sozialstaatliche Verbürgungen häufig zugleich den Charakter von Eingriffen trügen, so hat Fraser darüber hinaus dargelegt, wie dabei die Anspruchsberechtigten zugleich als abweichende Personen konstruiert werden. Hier sieht Fraser den „Einsatzpunkt für das dritte, das therapeutische Moment der Funktionsweise des JAT" (ebd.), welches zentral dazu beitrage, „geschlechterpolitische und politisch-ökonomische Probleme als individuelle psychologische Probleme auszugeben" (ebd.: 239).

Ganz ähnlich sehen auch Cremer-Schäfer und Steinert Kategorisierungen wie Interventionen Sozialer Arbeit – Kunstreich (1998: 298 ff.) spricht von „Konstruktionen von und für Wirklichkeit" – dazu dienen, die Regeln eines „impliziten Gesellschaftsvertrages" zu legitimieren. Dieser beziehe sich zum einen darauf, wer was wie viel unter welchen Bedingungen für wen arbeiten solle und welche Auszahlungen und Partizipationsrechte ihm dafür zustünden. Zum anderen verweise dieser „implizite Gesellschaftsvertrag" jedoch auch auf die zur Verfügung stehenden Herrschaftsmechanismen, eine bestimmt Arbeits- und Lebensweise bzw. eine politische Form durchzusetzen, was ja Frasers zentraler analytischer Bezugspunkt ist.

In diesem Zusammenhang differenzieren Steinert und Cremer-Schäfer jedoch zwischen der Institution „Schwäche & Fürsorge" und der Institution „Verbrechen & Strafe". „Schwäche" bzw. Defizite zuzuschreiben mache Sinn, wenn eine Person normalisiert werden solle. Durch die Institution „Schwäche & Fürsorge" könne „soziale Ausschließung [...] gesellschaftlich zivilisiert und individuell hinausgeschoben werden" (ebd.: 66). Wenn sie davon die Institution „Verbrechen & Strafe" unterscheiden, weist dies auf den ersten Blick hin starke Parallelen zur These Lothar Böhnischs (vgl. Kap. 2.5) auf, der „sozialpädagogisch-sozialarbeiterische Interventionsmodus" (2002: 199) sei zur Regelung der dem Wesen moderner Arbeitsteilung immanenten Spannung von Integration und Desintegration keineswegs das einzige „strukturlogische Mittel. [...] Das andere Mittel der Wahl wäre die ordnungsstaatliche Repression" (ebd.). Bis heute sei diese „historisch rückbindbare Spannung zwischen dem Repressiven und dem Pädagogischen" (ebd.) in der für Soziale Arbeit typischen „Ambivalenz von Hilfe und Kontrolle enthalten" (ebd.).

Auch Fabian Kessl (vgl. Kap. 5.7) versucht dies in seiner Gouvernementalität Sozialer Arbeit als Rechtfertigung „pädagogische[r] Fremdführung" in Form „vorauseilende[m] Gehorsam[s] in eine spätere Welt reiner Selbstführung" (2005: 44) nachzuzeichnen. Während jedoch aus Böhnischs Sicht die historische Erfahrung lehre, dass der Sozialstaat bei einer fiskalischen Krise „fast nur noch ordnungspolitisch" (ebd.: 210) agiere und Kessl (2005) von einer gegenwärtigen „Neo-Sozialen Programmierung" spricht, gehen Cremer-Schäfer und Steinert davon aus, dass auch die Institution „Verbrechen und Strafe" nicht mehr unter der Perspektive „soziale Kontrolle" zu analysieren sei, sondern als Repräsentation des Prinzips der moralisch legitimierten Ausschließung. So genüge „im Kontext des herrschenden punitiven Klimas [...] eine geringe Veränderung der sozialen Distanz zu 'Problemgruppen`, um institutionalisierte und legitimierte Ausschließungspraktiken vorzunehmen und hinzunehmen" (ebd.: 67).

Eine noch einmal ganz eigene Perspektive auf Institutionen hat die Psychoanalyse entwickelt (vgl. Kap. 6.5). Wie alle anderen Theoretisierungsversuche Sozialer Arbeit auch, gesteht sie zunächst einmal zu, dass Institutionen „vital wichtige Funktionen" (Mentzos 1990: 79) erfüllten und „fürs Überleben und eine differenzierte Entwicklung unerlässlich" (ebd.) seien, da „sie 'Entlastung` [garantierten] und [...] eine konstante Regelung komplizierter interaktioneller Vorgänge" (ebd.) sicherten. Gerade dadurch seien sie aber aus psychoanalytischer Sicht auch „besonders dazu geeignet, in den Dienst der neurotischen Abwehr gestellt zu werden" (ebd.: 111). Nicht nur, dass Institutionen die „intrapsychische Abwehr durch ihre Verankerung in der Realität" festigten, sie 'bedienten` sich zugleich dieser individuell neurotischen Bedürfnisse. So wirke „die von der Institution garantierte Sicherung der neurotischen Abwehr [...] beim einzelnen als eine Art Prämie, die seine Motivation zur Unterstützung der Institution erhöht und somit zu ihrer Stabilisierung beiträgt" (ebd.). Dörr/Müller (vgl. 2005: insbes. 243 ff.) haben solche Formen institutionalisierter psychosozialer Abwehr auch für den Bereich Sozialer Arbeit nachgewiesen.

Dennoch argumentiert Burkhard Müller (vgl. Kap. 3.2), dass bei allem „Mut zu professioneller Autonomie [...] die Professionalität Sozialer Arbeit [...] in konsequenter Weise nur als Qualität eines 'organisationskulturellen Systems` (vgl. Klatetzki 1993) gedacht" (2002: 738 f.) werden könne. Entsprechende Qualitätsmerkmale für ein solches „organisationskulturelles System" sind vor allem von Seiten der lebenswelt- bzw. alltagsorientierten Ansätze Sozialer Arbeit formuliert worden. So sieht Thiersch und die AutorInnen des 8. Jugendberichtes der Bundesregierung (vgl. Kap. 2.3) die Gestaltungsaufgaben Sozialer Arbeit über Struktur- und Handlungsmaximen geprägt, welche den Prinzipien der Prävention, der Alltagsnähe, der Integration, der Partizipation und der Dezentralisierung/Regionalisierung bzw. Vernetzung folgen. Diese müssten für die unterschiedlichen Handlungsfelder Sozialer Arbeit spezifisch weiter ausdifferenziert werden (vgl. Thiersch 1993: 17). Für die „Ausgestaltung der Institutionen bzw. Settings (z.b. Beratung, Jugendhilfe)" (Füssenhäuser/Thiersch 2001: 1893) habe dies zur Konsequenz, dass sie „ebenso als pädagogische Lebenswelten" (ebd.) zu inszenieren seien, „wie sie sich in die Lebenswelt der AdressatInnen, ihren sozialen Lebensraum hinein öffnen sollen" (ebd.).

Ein noch mal anderes Modell von Institutionalisierung Sozialer Arbeit hat dann der 9. Jugendbericht der Bundesregierung (vgl. Kap. 3.7) vorgelegt. Dieses fordert einerseits, dass im Rahmen von Organisationsentwicklung durch Flexibilisierung und Entbürokratisierung neue Rationalitätsformen zum Tragen kommen müssten. Zugleich solle jedoch im Bereich der Kompetenzentwicklung eine wachsende Reflexivität des Verhältnisses von Problem und Handlung angestrebt werden. Beide Aspekte – Qualifikation und Organisation (systemtheoretisch könnte auch von Stelle und Programm gesprochen werden) – seien in der Angebotsentwicklung dann unter dem Aspekt der Bedürfnisgerechtigkeit als Produktion sozialer Dienstleistungen zusammenzuschließen.

Auch aus meiner Perspektive (vgl. Kap. 3.10) stellt die prinzipiell gleichgewichtige Bedeutung sowohl organisatorischer, professioneller als auch adressatenbezogener Komponenten, die das Orientierungsmodell des Jugendberichtes als Grundlage institutionalisierter Formen der Dienstleistungsorientierung unterstellt, eine notwendige Bedingung zur Veränderung der Machtverhältnisse dar, die als Grenze der Aufklärung in pädagogischen Verhältnissen wirksam werden. Solange die Sache, um die es in der Produktion personenbezogener sozialer Dienstleistung geht, wie eine im Besitz der Dienstleister befindliche Ware angeboten wird, und dementsprechend „KundInnen" versuchen, sich diese konsumierend anzueignen, kann diese Grenze meiner Ansicht nach jedoch nicht überwunden werden. Deshalb gilt es aus meiner Perspektive, „an der Stelle den gesellschaftlichen Konflikt aufzunehmen, wo ein subjektiv produktiver Umgang von ´Dienstleistenden` und sog. ´KundInnen` auf die Möglichkeit einer weiteren Zurückdrängung statt auf eine noch forciertere Durchökonomisierung der staatlichen Dienstleistungsproduktion nach Warenkategorien verweist" (2005: 221).

Institutionen sind in dieser Weise nicht nur als (Produktions-)Mittel Sozialer Arbeit zu betrachten, sondern stellen zugleich immer auch Bedingungen im Sinne spezifischer Produktionsverhältnisse des Sozialen dar. Von daher kann sich professionelle Soziale Arbeit meiner Ansicht nach (vgl. May 2005a: 43 & 2006: 44f.) auch nicht allein auf die Entwicklung der Produktivkräfte des Sozialen konzentrieren, sondern muss zugleich auch auf eine entsprechende Veränderung der Produktionsverhältnisse hinzuwirken versuchen – zumindest im Bereich des Sozialen. Und so hat sie auch dem weiteren Einbruch einer tauschwertförmigen Produktionsstruktur in den Bereich Sozialer Arbeit eine politische Alternativstrategie entgegenzusetzen, deren aktuelle Ausgestaltung in der Zeitschrift WIDERSPRÜCHE unter dem Titel „Politik des Sozialen" immer wieder neu diskutiert wird.

In diesem Zusammenhang sind von der Redaktion (vgl. Kap. 3.10), wie auch von ihren einzelnen Mitgliedern, eine ganze Reihe von Vorschlägen unterbreitet worden, die nicht allein auf eine Veränderung der Institutionalisierungsformen Sozialer Arbeit, sondern auch der Produktionsverhältnisse des Sozialen auf einer allgemeineren Ebene zielen. Diese reichen

- von Konzepten des „user-involvements" (vgl. Oelerich/Schaarschuch 2005)
- sowie Strategien „antihegemonialer Responsivität" und „transversaler Aktivierung" (vgl. Kunstreich 1998: 404 ff. & May 2005: 223 ff.);
- über die Einrichtung kommunaler Ressourcenfonds (vgl. Heft 66/1997: Kap. III);
- bis hin zum umfassenden Entwurf einer „Sozialpolitik als Infrastruktur", wie er innerhalb von www.links-netz.de entwickelt und im Heft 97/2005 der WIDERSPRÜCHE ausführlich diskutiert wurde.

Michael Winkler hat in diesem Zusammenhang sogar eine „Transformation von Recht und Gesetz in sozialpädagogische Kategorienzusammenhänge" (1988: 225) gefordert. „Nicht nur, dass eine [solche d.V.] faktische Autonomisierung jene Dysfunktionalität und Ineffektivität beseitigen könnte, welche aus den staatlich vorgegebenen Regelstrukturen entstanden" (ebd.: 238 f.) seien, die auch von Seiten der Dienstleistungsorientierung nicht nur kritisiert, sondern sogar zu verändern beansprucht wird. Wie die Dienstleistungs-, die Lebenswelt-/Alltags- und Bewältigungsorientierung stützt sich auch Winklers Forderung darauf, dass sich soziale Arbeit nicht mehr „an traditionellen Normalitätsvorstellungen […] orientieren" (ebd.) könne, ja, ihr „nicht einmal mehr eine Selbstbestimmung über den Gedanken der Reintegration möglich" (ebd.) sei. Sein Vorschlag zielt aber darüber hinaus auf eine „prinzipielle Lösung des Dilemmas" (ebd.: 224) einer Vermittlung „zwischen den in den Gestalten des Rechts und der Verwaltung auftretenden Ansprüchen des politischen Systems" (ebd.) auf der einen Seite „und der sachlich notwendigen, auf Personen in ihrer Individualität gerichteten ´pädagogischen` Intention" (ebd.) auf der anderen Seite.

Statt dieses Dilemma zu lösen, wird es in der Theoriedebatte Sozialer Arbeit, wie Winkler kritisiert, häufig entweder als „unvermeidlich" (ebd.) festgeschrieben, wie „etwa in der Formel vom ´doppelten Mandat`"(ebd.: 224). Oder aber es wird bspw. systemtheoretisch als im Ausmaß variabel bestimmbare „strukturelle Kopplungen" relativiert (vgl. Kap. 4.14). Gleiches gilt für die an

Habermas anschließende Variante, diesen Konflikt zwischen System und Lebenswelt als einen im Rahmen der intermediären Funktion Sozialer Arbeit auszubalancierenden zu fassen (vgl. Kap. 2.4). Und wie in den nächsten beiden Kapiteln noch deutlich werden wird, gibt es darüber hinaus noch zahlreiche weitere Versuche, dieses Dilemma „durch den Verweis auf eine intensive fachliche 'Ethik' gleichsam ideologisch" (ebd.) zu glätten.

## 7.7 Professionalität

Ich hatte schon im letzten Kapitel rekapituliert, dass in der Strukturtheorie der Professionalisierung (vgl. z.B. Oevermann 1983 & 2002) ähnlich wie in der Systemtheorie Profession und Organisation in einem Spannungsverhältnis gesehen werden. Bezüglich der Systemtheorie ist diese Aussage jedoch durchaus differenzierungsbedürftig. Zunächst einmal ist sich Luhmann sowohl mit der funktionalen Theorie (Parsons) als auch der Strukturtheorie der Professionalisierung (Oevermann) darin einig, dass sich die klassischen Professionen „zur Hilfe bei ungewöhnlichen Lagen, vor allem Lebensrisiken, angesichts von Angst, Tod, nichteindämmbaren Streit" (Luhmann 1973: 29) herausgebildet haben. Sie beschafften „Sicherheit und Problemlösungen durch spezialisierte Techniken des Umgangs mit solchen Problemen" (ebd.) und seien „ferner durch eine auf Helfen ausgerichtete besondere Berufsmoral und durch hohes Sozialprestige, das aus den Notlagen des Lebens heraushebt und situationsmäßige Überlegenheit, Dispositionsfreiheit und Unangreifbarkeit sichert" (ebd.), gekennzeichnet. Im Unterschied zur Strukturtheorie sieht Luhmann jedoch diese Merkmale „heute nur noch als Attrappe fortgeführt" (ebd.), was für die sog. „neuen Professionen" (vgl. ebd.: 41) erst recht gelte.

Entsprechend erscheint eine „Professionalisierung" Sozialer Arbeit für Luhmann auch „nicht, wie im Falle der klassischen Professionen, auf Probleme des Gesellschaftssystems" (ebd.: 33) bezogen, sondern auf „Prestige- und Gehaltsansprüche einerseits" (ebd.) sowie „Entscheidungsprämissen der organisierten Arbeit andererseits" (ebd.). Letzteres ziele auf eine Substitution „angeblich nicht ausreichend durch Entscheidungsprogramme" (ebd.) steuerbarer Entscheidungsprämissen durch personale. Demgegenüber ist Baecker (vgl. 2001: 1873) – ebenfalls aus systemtheoretischer Perspektive argumentierend – der Auffassung, dass eine „situative Anpassung der Organisationen an die gesellschaftlichen Lagen von Abweichungen und Abweichungsregulierungen" (ebd.) nicht über die Struktur ihrer Programme, sondern nur „auf der Ebene der 'Persönlichkeit'" (ebd.) entsprechender Stelleninhaber erfolgen könne: „Diese Persönlichkeit kommt der Persönlichkeit der Problemfälle einerseits entgegen und findet damit

Anknüpfungspunkte für helfendes Handeln, andererseits bleibt die Persönlichkeit abstrakt, verweigert die Reziprozität und sucht nach den Ansatzpunkten, mit deren Hilfe die Hilfsbedürftigkeit eines Klienten mit den Hilfsbereitschaften der Organisation [...] in Übereinstimmung gebracht werden kann" (ebd.).

Professionalitätsansprüche wurden in der Geschichte Sozialer Arbeit jedoch schon immer auf verschiedene Art und Weise zu begründen versucht. So hat Alice Salomon (1926) – wie Marry Richmond (1917) vor ihr und viele nach ihr – die Notwendigkeit, diesen sich neu entwickelnden Beruf neben den des Arztes, Richters und Pfarrers zu stellen, klassisch (und damit zugleich auch den Kriterien von Oevermanns Strukturtheorie der Professionalisierung folgend) mit der Entwicklung einer eigenen, den „ganzen Menschen" (Salomon 1926: 6) betreffenden Methodik der Diagnostik und Intervention zu begründen versucht. Dass sie aufgrund dieser diffusen Allzuständigkeit über kein klar abgegrenztes Tätigkeitsfeld und entsprechend auch über keine abgegrenzte, eigenständige, wissenschaftliche Kompetenzdomäne verfügt, ist für Oevermann jedoch ein zentraler Grund, weshalb Soziale Arbeit – an berufsstrukturellen Kriterien gemessen – bestenfalls als eine „Semiprofession" gelten könne. Ein weiterer Grund, der auch aus systemtheoretischer Perspektive (vgl. z.B. Stichweh 1996: 63) thematisiert wurde, ist, dass ihre Autonomie in vielen Arbeitsfeldern (bzw. gesellschaftlichen Funktionssystemen) durch Weisungen der jeweiligen Leitprofessionen dieser Arbeitsfelder bzw. Teilsysteme eingeschränkt sei.

Demgegenüber ging schon Gertrud Bäumer (vgl. 1962) davon aus, dass sich Soziale Arbeit immer nur im Kontext und mit ihrer organisatorischen Struktur professionalisieren könne. Von Regine Gildemeister (1983) und Thomas Olk (1986) ist dies dahingehen aufgenommen worden, dass sich Soziale Arbeit nur begrenzt am Modell der klassischen Professionen orientieren könne, weil sie ihre gesellschaftliche Anerkennung und Entwicklung dem Ausbau entsprechender sozialstaatlicher Institutionen verdanke und nicht umgekehrt die Institutionen Produkt der Ausdifferenzierung von Professionen unter einer Leitdisziplin seien. Und Burkhard Müllers Konzept einer „offenen Professionalität" (vgl. 2002) lässt sich in diesem Zusammenhang auch als dialektische Synthese der zwei Begründungslinien lesen, wie sie klassisch von Salomon und stärker institutionell von Bäumer (1962) vorformuliert wurden. Mit der Absicht, das noch bei Salomon vorherrschende „klinische Deutungsmuster zu überwinden und außer Kraft zu setzen" (Kunstreich/Müller/Heiner/Meinhold: 2003: 9), hat er deren grundlegende „Begriffe von Anamnese (Nicht-nicht-wissen), Diagnose (Durchblick), Intervention (Dazwischentreten) und Evaluation (gemeinsame Bewertung) stringent sozialpädagogisch und damit neu" (ebd.) reinterpretiert.

„Dass eine ´generative Methodik` sozialpädagogischen Handelns sich nicht so sehr in einer Reihenfolge von Handlungsschritten, sondern in auch zeitlich miteinander verschränkten Handlungskomponenten artikulieren sollte" (ebd.: 21), darin ist sich Burkhard Müller mit Timm Kunstreich einig. Allerdings glaubt Kunstreich, mit den „Handlungskomponenten (nicht: -schritten) – Problemsetzung, Verständigung, Assistenz und Handlungs- bzw. Zentralorientierung – Grundoperationen einer generativen Methodik" (ebd.: 18) entwickeln zu können, „deren Inhalt eben prospektive Dialoge und nicht retrospektive Monologe" (ebd.) seien, als die ihm „die in der Praxis dominierenden Konzepte von Diagnose erscheinen" (ebd.).

Schon allein dieser Debatte verdeutlicht, dass in handlungs- und wirkungsorientierten Ansätzen Professionalität nicht an äußeren eher standesbezogenen Merkmalen festzumachen versucht wird, wie dies in funktionalistischen, strukturtheoretischen und (in kritischer Perspektive) machttheoretischen Professionalisierungsmodellen (vgl. z.B. Rüschmeyer 1980) geschieht. Vielmehr problematisieren Erstere (vgl. z.B. Schütze 1984: 330 ff.), wie auch der machttheoretische Ansatz, explizit die in funktionalistischen und strukturtheoretischen Ansätzen vertretene Vorstellung von einer „funktionalen Autorität" (vgl. Dewe/Otto 1996: 87). Entsprechend geht es in dieser eher „reflexiv angelegten Professionalisierungsdiskussion" (Dewe/Otto 2002: 186) zugleich auch darum, „die im Kern technokratische, vornehmlich effizienz- und leistungsorientierte Debatte um ´Qualität` bzw. ´Qualitätssicherung`" (ebd.: 187) – wie sie vor allem von Alisch/ Rössner (1980 & 1992) im Kontext einer ´empirisch orientierten Sozialarbeitswissenschaft` vorangetrieben wurde – kritisch zu überwinden (vgl. Dewe/Galiläer 2000).

Auch Dewe/Otto bestehen allerdings gegenüber struktur- und systemtheoretisch ausgerichteten Professionalisierungstheorien, die wie system(ist)ische Konzepte (vgl. Kap. 7.3) verschiedene „Wissensbestandteile lediglich erkenntnislogisch zusammenzubringen" (Dewe/Otto 2002:192) versuchen, auf einer empirischen Analyse praktischer Wissensverwendung. Denn ähnlich wie dies Michael Winkler (1988: 55ff.) mit seinem Begriff des „Sozialpädagogischen Diskurses" zu fassen versucht, plädieren auch Dewe/Otto dafür, Professionswissen im Unterschied zum disziplinären wissenschaftlichen Wissen „kategorial als Bestandteil des praktischen Handlungswissens im Sinne einer spezifischen Kompetenz bzw. als Können" (Dewe/Otto 2002: 193) zu bestimmten, das „nicht der Wahrheitsdifferenz, sondern dem Angemessenheitskriterium" (ebd.) unterliege.

Dewe/Otto grenzen sich jedoch zugleich auch von Ansätzen ab, die danach trachten, „auf dem Wege der Klassifizierung typischer Handlungsverrichtungen" (ebd.) und „durch akribische Systematisierung des Berufsfeldes Elemente des Professionswissens als Handlungsanforderungen" (ebd.) zusammenzutragen. Solche Ansätze lieferten „das Problem der inhaltlichen Bestimmung von Professionswissen einem uferlosen Empirismus aus, dem bei der Produktion von Taxo-

nomien und Merkmalskatalogen schon einmal Beurteilungs- und Relevanzmaßstäbe abhanden kommen" (ebd.) könnten.

Dieser Vorwurf trifft aber weder Timm Kunstreichs (1975) frühen Versuch, verschiedene Professionalisierungsstrategien als Bewältigungsversuche
interner Widersprüche der „bürokratische[n] Form der Produktivkraft Organisation" (ebd.: 170) empirisch auszudifferenzieren. Und ebenso vorbei geht diese
Kritik an Maja Heiners (2004) Ansatz, Anforderungskomplexe empirisch herauszudestillieren, die „jede Fachkraft der Sozialen Arbeit […] zu bewältigen"
(ebd.: 162) habe, „wenn auch bei unterschiedlichen KlientInnen und zu unterschiedlichen Zeiten mit unterschiedlichen Schwerpunktsetzungen" (ebd.). Diese
betrachtet sie nicht nur als eine Konsequenz der von ihr vor dem Hintergrund der
auf Habermas (1981) gestützten Bestimmung einer intermediären Funktion sozialer Arbeit zwischen System und Lebenswelt skizzierten „Aufgabenkomplexität
dieses Berufes" (Heiner 2004: 158). Zugleich sieht sie darin auch eine „bewusst
gewählte Form der Problembearbeitung komplexer Problemlagen" (ebd.), die in
der Profession „teilweise ergänzend, teilweise abgrenzend oder alternativ" (ebd.)
auch als „'ganzheitlich`, 'sozialökologisch`, 'lebensweltorientiert`, 'systemisch`
oder 'mehrperspektivisch'" (ebd.) bezeichnet wird. Was im Einzelfall mit solchen Selbstbezeichnungen professionellen Handelns in der Sozialen Arbeit „gemeint sein kann, welche Aktivitäten der Fachkräfte dazu beitragen und welches
Verhalten dabei als 'professionell` anzusehen ist" (ebd.: 43), das versucht Maja
Heiner ebenso aus ihrem Interviewmaterial heraus zu konkretisieren, wie die
Frage, „in welcher Weise die Soziale Arbeit dabei zwischen Individuum und
Gesellschaft vermittelt" (ebd.). Sie selbst charakterisiert das von ihr empirisch
ermittelte „breite *Spektrum der Interventionsformen*" (ebd.: 158) wiederum vor
dem Hintergrund von Habermas „Theorie kommunikativen Handelns" als eine
*„Verschränkung von strategischem und verständigungsorientiertem* Handeln"
(ebd.:156.).

Wie Maja Heiner messen auch andere handlungsorientierten und kompe-
tenzbezogenen Modelle Professionalisierung an der Reflexivität und Qualität der
Bearbeitung entsprechender „Ambivalenzen „ (vgl. z.B. Böhnisch 1996, Rauschenbach 1996, Hamburger 1997, Kleve 1999) bzw. nicht aufzulösender „Paradoxien" (z.B. Dewe u.a. 1986: 237f, 241, 262f & Riemann 2000) in sozialen
Dienstleistungsberufen. Wenn bspw. Fritz Schütze (vgl. 1992: 146 ff.) fordert,
dass Soziale Arbeit diese allgemeinen Anforderungen an die Bearbeitung von
Paradoxien in einer spezifischen Form zu erfüllen habe, leitet er diese jedoch
weder wie Timm Kunstreich (1975) aus den Widersprüchlichkeiten der Kerngestalt kapitalistischer Gesellschaftsformationen und ihrer ideologischen Staatsapparate, noch aus der von Habermas theoretisch grundgelegten Vermittlungsnot-

wendigkeit zwischen System und Lebenswelt her, sondern mehr aus der Immanenz der für sie typischen Handlungsvollzügen.

Woran auch immer handlungstheoretisch/wirkungsorientierte Professionali-
sierungsmodelle solche zu verarbeitenden Spannungen, Widersprüche und Paradoxien theoretisch festzumachen versuchen, für Lothar Böhnisch wird darin
deutlich, „dass die Pädagogik, auch wenn sie es ungern zugeben will, auf den
bewältigungstheoretischen Fundus der Sozialen Arbeit angewiesen" (Böhnisch
2002: 207) sei. In diesem wichen „pädagogische Interventionsvorstellungen [...]
pädagogischen Kommunikationen [...], in der das Selbst sich aufschließen"
(ebd.: 208) könne. Durch die „entsprechende Resonanz pädagogischer Arrangements" (ebd.) gelinge es diesem Selbst zu „soziale[r] Handlungsfähigkeit" (ebd.)
zu finden, aus der heraus es schließlich „seine biographischen Entwicklungs- und
Bildungsperspektiven auch an sich selbst zu gestalten in der Lage" (ebd.) sei.

Was Böhnisch noch recht vieldeutig als „entsprechende Resonanz pädagogischer Arrangements" (ebd.) beschrieben hat, ist in dieser Hinsicht von der
psychoanalytischen Pädagogik bzw. Sozialarbeit methodisch weiter ausdifferenziert worden. Dabei hat die Psychoanalyse aus der Sicht Treschers sogar „ein
neues Paradigma des professionellen Umgangs mit Menschen" (1985: 179) konstituiert, weil sie „der Aufspaltung von Erzieher (der erzieht) und Zögling (der
nach ihm äußerlichen Kriterien erzogen wird) ein dialogisches, der Selbstreflexion verpflichtetes Beziehungsmodell" (ebd.: 180) entgegensetze. Sicher werden
auch heute noch in dieser Debatte Positionen vertreten, wie die von Ohlmeier,
dass selbst „wenn der therapeutisch tätige Sozialarbeiter psychoanalytische
Techniken nicht ´kopieren` (1984: 819) könne und solle, er „seine Kenntnis der
gesetzmäßig auftretenden Übertragungsäußerungen des Klienten methodisch"
(ebd.) einzusetzen habe in Form eines „Ansprechens, Problematisierens, Bearbeitens derartiger – ja zunächst unbewusst und wie unter einem Wiederholungszwang auftretender – Übertragungsphänomene" (ebd.: 820). Demgegenüber
fordert Trescher mit besonderem Blick auf die entsprechenden Gegenübertra-
gungsbereitschaften, dass (sozial)pädagogisch Tätige „zunächst sich selbst re-
flektierend zu beobachten" (1985: 192) hätten, wäre doch „die Objekt-Erkenntnis
[...] von der Selbst-Erkenntnis nicht zu trennen" (ebd.).

Ganz ähnlich betonen Dörr/Müller, dass „aus Sicht einer psychoanalytisch
orientierten Sozialen Arbeit zur professionellen Kompetenz auch die Fähigkeit
[gehöre], die affektiven Handlungselemente und deren Bedeutung nicht bloß bei
anderen, sondern auch bei sich selbst wahrzunehmen" (2005: 235). Ja,
Dörr/Müller sehen in einer solchen psychoanalytischen Orientierung „keine
beliebige (oder gar besonders verdächtige) Variante, sondern eine konstitutive
Bedingung für eine entfaltete sozialpädagogische Professionalität" (ebd.). Finger-Trescher betont, dass sich „sozialarbeiterische Professionalität" (2001: 1458)

deshalb nicht allein in der Auseinandersetzung mit entsprechenden Theoriekonzepten der Psychoanalyse erschöpfen könne, sondern sich erst vermittels der Fähigkeit erweise, „die Beziehungsdimension in der Klientin-Helferin-Interaktion angemessen zu erfassen und entsprechend für Klienten [so d.V.] zu gestalten" (ebd.), dass für beide ein mehr an Autonomie möglich werde.

Wenn in diesem Zusammenhang im Rahmen psychoanalytischer Pädagogik und Sozialarbeit immer wieder methodisch auf das „szenische Verstehen" zurückgegriffen wird, habe ich (vgl. May 2005: 204 f.) dies als Versuch von Professionellen gewürdigt, sich und ihr Gegenüber aufzuklären. Dabei habe ich auf Negt/Kluges (1981: 987) Begriff von „einfacher Aufklärung" zurückgegriffen, die nicht schon die Beziehung selbst ergreife, sondern zunächst nur „eine Person (und in dieser nicht alle wirkenden Kräfte in gleicher Weise)" (ebd.). Wenn Aufklärungsarbeit nicht auf diese „einfache Aufklärung" beschränkt bleiben, sondern das Erbringungsverhältnis Sozialer Arbeit selbst ergreifen solle, ist – Negt/Kluge zufolge – darüber hinaus jedoch eine andere Form der Aufklärung notwendig, die „nicht aus Reden, sondern aus Haltungen bestehen muß, wenn sie in der besonderen Sprechweise der Beziehung sich ausdrückt" (ebd.: 988). So muss es vor dem Hintergrund meiner selbstregulationstheoretischen Überlegungen vor allem darum gehen, „die zu toter Arbeit entsprechender Beziehungsmuster und Interaktionsfiguren geronnene" (May 2005: 205) und zum groß Teil sicher unbewusste Motivstruktur des pädagogischen Gegenübers in Verwirrung zu bringen, damit sich dann als Alternative bei diesen „neue selbstregulierte Verknüpfungen herstellen [können] sowohl im Binnenverhältnis zur eigenen Person, wie auch in der pädagogischen Beziehung" (ebd.).

Dazu müssen aber – wie ich herauszuarbeiten versucht habe – in der pädagogischen Beziehung Berührungsflächen gesucht werden, an denen diese Arbeit der Veränderung ausgehalten werden kann und nicht abgewehrt werden muss. Zudem setzt dies im Beziehungsverhältnis zum Gegenüber Konstellationen voraus, in denen die im besonderen Gewaltverhältnis der Beziehung wirkenden Kräfte einander aufheben. Und so liegt – wie ich betont habe – „die Grenze dieser Arbeitsform der Aufklärung in Beziehungsverhältnissen im Kern der Machtverhältnisse, die in einer Beziehung bestehen" (ebd.: 208).

Entsprechend hat auch Andreas Schaarschuch (1996 & 1999) in seiner Rekonstruktion von Sozialer Arbeit als sozialer Dienstleistungsproduktion darauf hingewiesen, dass „das *Erbringungsverhältnis* von Klient und Professionellem [...] stets im Rahmen konkreter *Erbringungskontexte* situiert" (1996: 89) sei. Den „grundlegenden Bezugsrahmen" (ebd.) sieht Schaarschuch allerdings gebildet durch „die *gesellschaftlichen Bedingungen* der Möglichkeit Sozialer Arbeit als Dienstleistung" (ebd.). Ich habe solche Kontexte eher unter dem Begriff „der Produktionsverhältnisse des Sozialen" zu fassen versucht. Und so muss – damit der Zusammenhang lebendiger Arbeit zu sich selbst finden kann – professionelle Soziale Arbeit meiner Ansicht nach (vgl. May 2005a: 43 & 2006: 44f.) auch auf eine entsprechende Veränderung dieser Produktionsverhältnisse hinzuwirken versuchen.

Das „Grundargument" von Schaarschuchs (1996: 89) Rekonstruktion ist allerdings die schon im Rahmen funktionalistischer Ansätze (vgl. Offe 1987: 174 ff.) entwickelte und auch von den handlungstheoretisch/wirkungsorientierten Professionalisierungsmodellen, ja zum Teil sogar von der Systemtheorie (s.o.) aufgegriffene These, wonach soziale Dienstleistung bzw. Hilfe im Wesentlichen „Vermittlungsarbeit" sei, die die „Besonderheit des Falles" mit der „Generalität der Bezugsnorm" zu balancieren habe. Demgegenüber sehe ich professionelle Soziale Arbeit eher durch einen ständig in ihr arbeitenden Widerspruch gekennzeichnet: zwischen einerseits nicht nur lebendig sein zu wollen, sondern es im Grunde auch zu müssen, und der Unmöglichkeit andererseits, auf tote Arbeit verzichten zu können. Zu Letzterer gehören als Produktionsmittel professioneller Sozialer Arbeit ja spezifische Methoden ebenso, wie der kompetente Umgang mit gesetzlichen und administrativen Grundlagen.

Im Unterschied zu den technizistischen Visionen einer „evidence based practice" oder der „im Kern technokratische[n], vornehmlich effizienz- und leistungsorientierte[n] Debatte um ´Qualität` bzw. ´Qualitätssicherung´" (Dewe/Otto 2002: 187) – wie sie vor allem von Alisch/Rössner (1980 & 1992) im Kontext einer ´empirisch orientierten Sozialarbeitswissenschaft` vorangetrieben wurde –, kann und muss Soziale Arbeit sich aus meiner Sicht jedoch darauf beschränken, jene „eigentätigen Kräfte" zu stärken, „die die Gravitation zwischen toter Arbeit und lebendigen Arbeiten immer dann ausmachen, wenn der Zusammenhang lebendiger Arbeit zu sich selbst findet, den Ausschlag gibt" (Negt/Kluge 1981: 69). Über einen Erfolg Sozialer Arbeit entscheidet aus meiner Sicht von daher allein, „in wie weit in den unterschiedlichen Produktionsweisen des Sozialen, die dessen verschiedenen Produktionsverhältnissen Rechnung tragen, Selbstregulierungen gelingen" (2006:44).

Durchaus Parallelen sehe ich hier zu Michael Winklers Ansatz, mit seinen beiden für Sozialpädagogik als konstitutiv erachteten Begriffen von Subjekt und Ort – „bzw. ihre[n] begrifflichen Äquivalente[n]"(1988: 267) –, „nicht nur ein[en] strukturtheoretische[n] Begriff der sozialpädagogischen Praxis [zu] entfalten, sondern vor allem eine Analyse der Möglichkeiten und Grenzen durch[zu]führen, die aus den diskursgebundenen Vorstellungen über sozialpädagogisches Handeln" (ebd.: 270) erwüchsen. Denn indem sozialpädagogisches Handeln „noch in der Gestalt des Ortes, aber auch in der Tätigkeitsform der Versorgung Aneignungsmaterial zur Verfügung" (ebd.: 281) stelle, „über welches sich der Bildungsprozess des Subjekts entfalten" (ebd.) könne bzw. solle, bliebe es letztlich in seinem Ausgang an diese gebunden und somit „stets offen und riskant" (ebd.: 282).

Einen großen Unterschied sehe ich hier zu dem Anspruch der Dienstleistungsorientierung, „Elemente der Bildung mit Hilfen zur Lebensbewältigung" (BMFSJ 1994: 582) auf eine neue Weise verbinden zu können. Denn meiner Ansicht nach wird hier nicht etwa versucht, „das Problembewußtsein der AdressatInnen im Hinblick auf die gesellschaftlichen Konstitutionsbedingungen ihrer Probleme zu weiten [...], um in dem damit verbunden Verweis auf gesellschaftliche Interessenlagen und ihr Verhältnis zu einander den Blick auch auf die Notwendigkeit einer Demokratisierung sozialer Verkehrsformen zu lenken" (May 1994: 76). Zumindest mitzuschwingen scheint mir dies demgegenüber, wenn Dewe/Otto professionelles Handeln in der Sozialen Arbeit als „jeweils situativ aufzubringende reflexive Fähigkeit" (2002: 188) zu charakterisieren versuchen, „die Notempfindungen und Hilfestellungen der KlientInnen" (ebd.) für diese „plausibel als ein Blockierungszusammenhang menschlicher Möglichkeiten zu interpretieren" (ebd.), um dann auf dieser Basis einer Rekonstruktion „soziale[r] Verursachungen" (ebd.) in Kommunikation mit ihnen „situativ und emotional ertragbare Begründungen für praktische Bewältigungsstrategien zu entwickeln [...] und subjektive Handlungsmöglichkeiten zu steigern" (ebd.).

In dieser Hinsicht habe ich (vgl. May 2005:234 f.) auch Bezüge zwischen Lefèbvres (vgl. 1977 Bd. II: 128 ff.) Konzept der „strategischen Hypothese" und der von Makarenko (1965: 644) entfalteten „Methodik" von Pädagogik herzustellen versucht. Deren Voranschreiten von nahen, über mittlere, hin zu weiten Perspektiven ist in diesem Zusammenhang von mir auch gelesen worden als praktische Wendung sowohl der Negt/Klugeschen (1992) Unterscheidung von Ebenen der Herausbildung politischen Ausdrucksvermögens, als auch der drei von Lefèbvre herausgearbeiteten Schichten, mit denen dieser die Bewusstwerdung der eigenen Stellung in der Gesellschaft zu systematisieren versuchte, entsprechend der Prozesse von Eingemeindung in die hegemoniale Arbeits- und Lebensweise bzw. der Intensität antihegemonialer Zugehörigkeitsentscheidungen.

Demgegenüber stellt in meinen Augen die Dienstleistungsorientierung „keine prinzipiell neue Antwort auf die Frage dar, wie die AdressatInnen professioneller sozialer Arbeit ihre Selbstbestimmung darüber zurückgewinnen können, was dort als Problem gelten und wie dies in einem Zusammenwirken mit Professionellen zu bearbeiten sein soll" (May 2005: 219). Denn die bspw. von Schaarschuch im Hinblick auf die AdressatInnenbestimmung idealtypisch ausgearbeiteten Möglichkeiten als „Nutzer" oder „Kunde" lösen keinesfalls schon die Abhängigkeit der Problembetroffenen von entsprechend professionell angebotenen sozialen Dienstleistungen. Im Gegenteil befürchte ich, dass die Angebotsorientierung professioneller Sozialer Dienstleistungsproduktion einer Aneignung gesellschaftlicher Produkte in Form von Erwartungshaltungen Vorschub leistet. Ja, ich sehe in diesem Zusammenhang die Gefahr, dass damit den AdressatInnen Sozialer Arbeit, denen bereits zuvor gesellschaftliche Lebens- und Arbeitsbedingungen privatkapitalistisch in hohem Maße enteignet worden sind, auch noch die Möglichkeit genommen wird, „sich selbst als die Subjekte zu erfahren, welche […] eigenständig Problembewusstsein und entsprechende Ansätze einer Problembearbeitung entwickeln und dabei von pädagogischer Seite Unterstützung erfahren" (ebd.).

Genau um dieses Ziel geht es auch Helmut Richter, wenn er im Anschluss an die „Theorie kommunikativen Handelns" von Jürgen Habermas (1981) und dessen Analyse eines „Strukturwandels der Öffentlichkeit" (1990) den (sozial-)pädagogischen Diskurs konzipiert als „Form einer *freiwilligen, angeleiteten Selbstreflexion* auf der Basis *wechselseitig unterstellter Mündigkeit*" (Richter 1998: 69). Ihre Gestalt gewinne eine solche Sozialpädagogik als eine „*Pädagogik des Sozialen*" (1998) bzw. „*Kommunalpädagogik*" (2001a) in einem „vom Handlungszwang entlastete[n] Diskurs eines kommunalen Publikums unter Anleitung von Experten (oder Kritikern), die aber selber von dem immer auch schon mündigen Publikum durch bessere Argumente gebildet werden" (2000:112) könnten.

Damit ist Richter neben der Redaktion der Zeitschrift WIDERSPRÜCHE, die an einem eigenständigen Begriff einer „Pädagogik des Sozialen" arbeiten (vgl. Kunstreich 1994: 90 ff & 1997: 17; sowie Heft 96/2005 besonders Editorial & Beitrag von May), einer der Wenigen, die dafür plädieren, Sozialpädagogik bzw. Soziale Arbeit nicht auf einen professionellen Handlungsmodus einzuengen. So haben Timm Kunstreich (vgl. 1994: 87) und die Redaktion der Zeitschrift WIDERSPRÜCHE (vgl.: 2005: 4) im Anschluss an Gramscis Überlegungen zur Funktion der Intellektuellen in der Gesellschaft jene Ansätze problematisiert, welche den Unterschied zwischen professioneller und nicht-professioneller Sozialer Arbeit an „der Spezifik der Tätigkeiten" (Gramsci 1967: 408) Sozialer Arbeit festzumachen versuchen. Zu bestimmen sei professionelle Sozialer Arbeit nur „im ganzen System der Beziehungen, in dem sie, und damit die Gruppen, die sie repräsentieren, als Teil des Gesamtkomplexes der gesellschaftlichen Beziehungen ihren Platz finden" (ebd.). Gramsci paraphrasierend kommen Kunstreich (ebd.) und die WIDERSPRÜCHE-Redaktion zu dem Ergebnis, dass innerhalb einer Pädagogik des Sozialen „alle Menschen SozialarbeiterInnen und SozialpädagogInnen" (ebd.) seien. Aber nicht alle hätten „die Funktion von Professionellen" (ebd.).

Genau diesen von Gramsci angesprochenen „Gesamtkomplex der gesellschaftlichen Beziehungen" habe ich mit Hilfe des Begriffs der Produktionsverhältnisse des Sozialen zu fassen versucht (vgl. May 2004a: 89 & 2005a: 40 & 2006: 41). Mein Grundgedanke dabei ist, dass historisch bereits konstituierte Aspekte des Sozialen, wie z.b. bestimmte Organisationsformen Sozialer Arbeit, nicht nur als (Produktions-)Mittel relevant werden können, sondern eben auch als Bedingung im Sinne spezifischer Produktionsverhältnisse des Sozialen. Und gerade hierin sieht die WIDERSPRÜCHE-Redaktion den zentralen Unterschied zwischen einer professionellen und einer nicht-professionellen Sozialen Arbeit. Verblüffend ähnlich geht auch Hohm in der systemtheoretischen Debatte davon aus, dass nur indem „die Organisationen und Interaktionssysteme des Funktionssystems sozialer Hilfe [...] durch ihre programmierten Entscheidungen die Hilfe in eine zugleich formal organisierte und professionell erbrachte, erwartbare Form" (Hohm 2003: 86) transformierten, diese unterscheidbar würde sowohl von nichtprofessionellen, mehr informellen Formen der Hilfe, wie auch von formal organisierten und professionell erbrachten Formen rechtlicher, ärztlicher und seelsorgerischer Hilfe.

Demgegenüber stützt sich Helmut Richter in seinen Überlegungen zu einer Sozialpädagogik als eine „*Pädagogik des Sozialen*" (1998) bzw. „*Kommunalpädagogik*" (2001a) auf eine Anmerkung von Habermas´ in „*Strukturwandel der Öffentlichkeit*", wonach das kommunale „Publikum [...], wenn schon keine Privilegierten, so doch Experten" (1990: 104, Anm. 32) kenne, die es erziehen „dürfen und [...] sollen, aber nur soweit sie durch Argumente überzeugen, und nicht durch bessere Argumente selbst belehrt werden können" (ebd.). Zwar konstatiert er, dass „Erziehungspersonen – wie übrigens auch zu Erziehende – nur zu oft" (Richter 1998: 70) durch „Alltagszwänge" zur „Machtausübung veranlasst" würden. Dennoch unterstellt er in seinem Konzept, wie z.B. Fabian Kessl (2005: 66) kritisiert, „strukturbefreite Handlungssettings" (ebd.) bzw. fordert, dass „diese handlungsoptimistisch in den pädagogischen Handlungsvollzug eingeflochten werden sollen" (ebd.).

Kessl betont, dass er „die Notwendigkeit von Aushandlungsprozessen und die damit aufgeworfene Frage nach den dazu notwendigen ´Freiräumen´" (ebd.: 83 Anm. 14) keineswegs verwerfe. Dennoch plädiert er für „macht- und herrschaftsanalytische statt kommunikationstheoretische Perspektiven" (ebd.: 83). Denn nur so könnten „die *Konfliktlinien*, die derartige Arrangements durchziehen, [...] sichtbar gemacht" (ebd.) und „als solche erfasst werden: als konfliktäre, weil interessensheterogene und durch die historisch-spezifischen Macht- und Herrschaftsverhältnisse stratifizierte Interaktionssituationen" (ebd.).

Kessl bezieht sich in diesem Zusammenhang jedoch nicht auf den von Gramsci angesprochenen „Gesamtkomplex der gesellschaftlichen Beziehungen" , den ich mit Hilfe des Begriffs der „Produktionsverhältnisse des Sozialen" zu fassen versucht habe, sondern auf Foucaults Begriff von „Regierung" als „Gesamtheit der Institutionen und Praktiken, mittels deren man die Menschen lenkt, von der Verwaltung bis zur Erziehung" (1996: 118). Entsprechend sieht er es auch als „Aufgabe einer Gestaltung [professioneller d.V.] sozialpädagogischer Arrangements" (Kessl 2005: 83) an, „die Inblicknahme jener Strukturierungslogiken" (ebd.) zu ermöglichen, „denen fachliches (Regierungs-)Handeln unterliegt und die es permanent (re-)produziert"(ebd.). Soziale Arbeit könne zwar nicht „dem Gefüge der Macht" (ebd.: 84) entkommen, sehr wohl sich aber in ihm „flügge machen" (ebd.). Es gehe – frei nach Foucaults (vgl. 1992: 12) Begriff von Kritik – „um die Kunst, nicht dermaßen sozialpädagogisch zu regieren und regiert zu werden" (Kessl 2005: 84).

Sicherlich ist Letzteres weitgehend Konsens in der WIDERSPRÜCHE-Redaktion und wird auch von mir mitgetragen. Allerdings habe ich – abweichend zu Fabian Kessls Sicht – im Rahmen meiner Theorie der Selbstregulierung (vgl. May 2004: 113 ff. & 292) zu begründen versucht, dass mimetische Vermögen, die aus der Unmittelbarkeit von Beziehungsverhältnissen entstehen und deshalb sich jeglicher Fremd- und Selbstregierung entziehen, „die Zirkulation" aller Beziehungsverhältnisse und damit auch die Basis von Sozialer Arbeit als Bildung des Sozialen und zugleich Bildung am Sozialen im Sinne einer Pädagogik des Sozialen ausmachen.

Burkhard Müller (vgl. 1991: 29 ff.) hat darauf aufmerksam gemacht, dass weder in den klassischen Professionen noch in den neuen Expertenkulturen solche Fragen nach Gerechtigkeit und Herrschaft, nach Arten der Lebensführung und sozialen Teilhabemöglichkeiten in der Regel zu professionellen Fachfragen würden. Sie tauchten dort lediglich als ethische Fragen der individuellen Moral einzelner Akteure auf. Wolle Soziale Arbeit nicht ihr ureigenstes Feld preisgeben, sei ihr diese ´Lösung` ebenso verwehrt, wie sie sich in solchen Fragen umgekehrt auch nicht auf verlässliche Sozialtechniken der ´Menschenbehandlung` stützen könne und dürfe. Um nicht „ihre spezifischen Möglichkeiten und […] die Grundlagen ihrer eigenen professionellen Ethik" (2002: 736) zu riskieren, müsse sie drei Bedingungen erfüllen, die aus Burkhard Müllers Sicht „mit einer Expertenrolle nicht leicht zu vereinbaren" (ebd.) seien:
So müsse sich Soziale Arbeit

1. „auf die Alltagsprobleme von Klienten einlassen" (ebd.), wie die lebensweltorientierten Ansätze und besonders Thiersch dies immer wieder betont haben. An anderer Stelle (vgl.: 1993) hat dies Müller auch als „Fall von" zu beschreiben versucht.
2. habe sie sich zu ihrer Abhängigkeit „vom Wollen der Klientinnen und Klienten" (2002: 736) zu bekennen, die sie „nicht einfach behandeln" könne, sondern mit denen sie „verhandeln" (ebd.) müsse. Diese Ver-

handlung mit oft in sich widersprüchlichen Klientensystemen hat er auch als „Fall mit" bezeichnet. Und schließlich sei

3. von ihr die Abhängigkeit ihres Erfolges „von andern Instanzen (z.B. Schule, Arbeitsmarkt, ökonomische Lage, etc.)" (ebd.) zu akzeptieren, was auch von der Systemtheorie hervorgehoben wurde. Deshalb müsse sich „Sozialpädagogisches Können" auch am „Fall für" (andere Institutionen) ausrichten.

Aus Burkhard Müllers Sicht kann „Sozialpädagogisches Können" so als eines beschrieben werden, dass sich an jenen drei ineinander verschränkten Dimensionen der Arbeit – Fall von / Fall mit / Fall für – zu bewähren hat. Zugleich sieht er darin auch schon eine professionelle **Ethik** Sozialer Arbeit grundgelegt. Dies ist Thema des letzten Kapitels.

## 7.8  Ethik

In Übereinstimmung mit strukturtheoretischen und funktionalen Professionstheorien hat Burkhard Müller (vgl. Kap. 3.1 f.) dargelegt, dass zumindest in den klassischen Professionen die Kontrolle der „inhaltlichen Standards der Profession [...] nicht durch den Staat oder andere Instanzen, sondern durch eine institutionalisierte wissenschaftliche Fachkultur und berufsständische Normen" (2002: 728) erfolge. Er erwähnt in dieser Hinsicht klassische professionelle ethische Codes, wie beispielsweise den hippokratischen Eid von ÄrztInnen.

Von daher verwundert es nicht, dass auch unter denjenigen im Berufsfeld Sozialer Arbeit, die an einer Professionalisierung im klassischen Sinne interessiert sind, Bestrebungen zu verzeichnen sind, die „Handlungsbreite professioneller Leistungen [...] in einer Art 'Hippokratische[m] Eid für Professionelle der Sozialen Arbeit` zu markieren" (Kreft 2001: 156). Andere beziehen sich auf jenen ethischen Code, wie er vom Centre of Human Rights der UNO in Zusammenarbeit mit der International Federation of Social Workers (IFSW) und der International Association of Schools of Social Work (IASSW) unter dem Titel „Human Rights and Social Work: Manual for Schools of Social Work and Social Work Profession" veröffentlicht wurde. Vor diesem Hintergrund spricht Silvia Staub-Bernasconi (vgl. z.B. 1998) auch von Sozialer Arbeit als einer „Menschenrechtsprofession". Und auch der Deutsche Berufsverband für Soziale Arbeit DBSH hat auf dieser Grundlage seine eigenen berufsethischen Standards entwickelt.

Da für die Soziale Arbeit auf absehbare Zeit immer noch der sozialstaatliche Erbringungskontext entscheidend sei, bezieht sich Andreas Schaarschuch (vgl. z.B. 1996: 92 f.), aber auch aus systemtheoretischer Perspektive Roland

Merten (vgl. z.B. 2001: 98 & 168 f.), in jeweils spezifischer Weise auf den von T.H. Marshall (1992) als Zusammenspiel von „civil-", „political-" und „social-citizenship" analysierten Status des Staatsbürgers in modernen westlichen Gesellschaften. Roland Merten argumentiert vor diesem Hintergrund, dass Soziale Arbeit „kein politisches Mandat, aber [...] einen professionellen Auftrag" (2001: 98) habe. Dieser bestehe darin, „mit einem Höchstmaß an Kompetenz" (ebd.) durch Erbringung personenbezogener sozialer Dienstleistungen mit dazu beizutragen, „dass die sozialrechtlichen Ansprüche ihrer Klientel realisiert werden können, die sie aus Situationen (einseitiger) Abhängigkeit befreit" (ebd.: 176).

Während Merten darin das für Soziale Arbeit „stärkste, weil professionelle Leistungspotenzial" (2001: 98) sieht, weist Schaarschuch (vgl. Kap. 3.7) nachdrücklich darauf hin, dass für ihn eine Legitimation Sozialer Arbeit als Dienstleistung durch „(soziale) Bürgerrechte nur dann möglich" (1996: 92) sei, „wenn die dem zivilen und politischen Bürgerstatus systematisch widersprechenden, real vorfindlichen Formen der Institutionalisierung Sozialer Arbeit transformiert werden" (ebd.). Und so stellt für ihn „die Anerkennung ziviler Schutzrechte gegenüber hoheitlichem Zwang wie professioneller Intervention sowie die grundlegende Demokratisierung der Institutionen zur Realisierung der politischen Rechte der Nutzer [...] eine notwendige Bedingung der Möglichkeit Sozialer Arbeit als Dienstleistung und ihrer Legitimation im Rahmen universalistischer Prinzipien" (ebd.: 92 f.) dar. Ganz ähnlich betonen auch Flösser/Otto (1996: 187) sowie Dewe/Otto (vgl. Kap. 3.4 & 3.6) die Notwendigkeit einer stetigen Rückbindung Sozialer Arbeit „an die Rechte und Interessen der KlientInnen der Dienstleistungsangebote und an die gesellschaftlichen Prozesse, auf die sich ihre Interventionen beziehen" (2002: 191). Entsprechend bestimmen Dewe/Otto den Kern einer Professionalität in der Sozialen Arbeit auch als „demokratische Rationalität, im Gegensatz zur bloß [...] rein fachlich-wissenschaftlichen" (ebd.: 190), wie dies nicht nur bei Merten anklingt.

Neben dem Rückbezug auf einen eigenen professionellen ethischen Code oder Bürger- bzw. Menschen-Rechte wird Soziale Arbeit immer wieder auch ethisch durch universalistische Prinzipien zu legitimieren versucht, wie sie von Habermas (vgl. Kap. 2.4 & 5.2) aus der Struktur der idealen Sprechsituation abzuleiten versucht wurden. Habermas Ansicht nach orientierten sich Menschen immer, wenn sie sich verständigen wollen, an den aus dieser Struktur sich herleitenden Prinzipien einer vollständigen Reversibilität der Standpunkte sowie der damit verbundenen Reziprozität und Universalität der Anerkennung von Ansprüchen. Als unhintergehbaren Geltungsansprüche auf Verständlichkeit, Wahrheit, Wahrhaftigkeit und Richtigkeit gehörten diese zu den „anthropologisch tiefsitzenden Strukturen" (1981, Bd. 2: 561) jeder menschlichen Rede.

Um einen demokratischen Elitismus zur Durchsetzung von gruppenspezifischen Sonderinteressen zu verhindern und damit einem gesellschaftlich verallgemeinerten Partikularismus ebenso entgegenzuwirken wie einer Klientelisierung der Staatsbürger, bedürfe es – Habermas zufolge – einer nicht auf Beschlussfassung, sondern auf Entdeckung und Problemlösung angelegten und insofern nicht-organisierten Öffentlichkeit. Die „kommunikative Macht" (1990: 44) dieser diskursiven Öffentlichkeit könne zwar nicht die administrative ersetzen, aber durch die Beschaffung und den Entzug von Legitimation beeinflussen. Auch könne sie die in Körperschaften organisierte Meinungsbildung in dem Maße erreichen, wie sie sich für eine sie umgebende politische Kommunikation öffne. So müssten institutionelle Arrangements des Gesellschaftssystems immer auch durch die nicht-organisierte Öffentlichkeit entsprechender Assoziationsverhältnisse auf freiwilliger Basis in der Lebenswelt gestützt werden.

Vor diesem Hintergrund haben Rainer Treptows (1996) und Siegfried Müller (2001) Soziale Arbeit und Politik als zwei unterschiedliche Systeme mit je eigenen Logiken und Referenzen idealtypisch voneinander zu unterscheiden versucht (vgl. Kap. 5.3). Demzufolge ist für sie Soziale Arbeit im Gegensatz besonders zur machiavellischen Spielart von Politik nicht durch Manipulation gekennzeichnet, sondern durch Transparenz und Urteilsfähigkeit und orientiert sich nicht an einem Ausschluss der Unterlegenen, sondern an Teilhabe und Selbstbestimmung. Noch konsequenter hat Helmut Richter (vgl. Kap. 5.3) die Habermasschen Überlegungen in seiner Konzeption von Sozialpädagogik als eine „Pädagogik des Sozialen" (1998) bzw. „Kommunalpädagogik" (2001a) umgesetzt, wenn er diese zusammenfassend als einen „vom Handlungszwang entlastete[n] Diskurs eines kommunalen Publikums unter Anleitung von Experten (oder Kritikern)" (2000:112) charakterisiert, „die aber selber von dem immer auch schon mündigen Publikum durch bessere Argumente gebildet werden" (ebd.) könnten.

Schon im letzten Kapitel habe ich Fabian Kessls Kritik an Richters Vernachlässigung der „Konfliktlinien, die derartige Arrangements durchziehen" (2005: 83), referiert, handele es sich bei Sozialer Arbeit doch nach Kessls Auffassung immer um „interessensheterogene und durch die historisch-spezifischen Macht- und Herrschaftsverhältnisse stratifizierte Interaktionssituationen" (ebd.). Auf einer noch grundlegenderen Ebene hat Lempert (vgl. Kap. 2.14) kritisiert, dass die Universalität der von Habermas aus der Struktur einer idealen Sprechsituation hergeleiteten Normen zwar insofern einleuchtend sei, als sich nach den Grundsätzen der Diskursethik jede Norm auf ihre Gültigkeit prüfen ließe. Die Anwendung in konkreten sozialen Konflikten folgte jedoch individuellen Bewertungen und damit subjektiven Wertpräferenzen, wobei das moralische Bewusstsein empirisch erwiesenermaßen sogar nach Themen, Bereichen und Situationen variiere.

Nicht nur an Richters Entwurf einer Sozialpädagogik als „Pädagogik des Sozialen" bzw. „Kommunalpädagogik", sondern auch an Michael Winklers (1988) Modell „pädagogischer Orte" (vgl. Kap. 5.13) hat Fabian Kessl (vgl. Kap. 5.16) die „auch hier wieder suggerierte Synthetisierungsmöglichkeit von Fremd- und Selbstführung" (2005: 65) kritisiert. So hat Winkler ja die Anerkennung der Subjektivität der AdressatInnen Sozialer Arbeit als unumstößliches ethisches Prinzip von Sozialpädagogik zu begründen versucht, weshalb Soziale Arbeit auch deren Probleme als solche zu thematisieren habe, welche diese „als Subjekt" (1988: 151) d.h. in ihrem Aneignungshandlungen haben. (ebd.). Wenn Winkler in dieser Hinsicht eine „Typologie möglicher Aneignungsprobleme" (vgl. ebd.: 157 ff.) entwickelt, wirft dies für Kessl bezüglich der daraus abzuleitenden Konsequenzen für entsprechende „pädagogische Orte" wiederum die Frage auf, „welche Interessens-, und damit verbunden: welche Herrschaftsstrukturen [...] die formulierten Bewertungen der Nutzer in den von Pädagogen bereitgestellten Aneignungssituationen" (2005: 66) durchdrängen. Kessl sieht hier zumindest die für ihn in Winklers Argumentationslinie selbst angelegte „Gefahr, zur Legitimation aktueller aktivierender Responsibilisierungsstrategien vernutzt zu werden" (ebd.: 65).

Lothar Böhnisch (vgl. Kap. 2.7) differenziert aus seiner bewältigungstheoretischen Sicht Sozialer Arbeit in dieser Hinsicht zwischen dem, dass zwar „aus der Sicht und dem Erleben der Subjekte die Frage nach der Handlungsfähigkeit des Menschen [...] in den Vordergrund" (2002: 179) trete. Aus einer „gesellschaftlichen Perspektive der Bewältigung" (ebd.) müsse hingegen „das sozialstrukturelle Problem der Freisetzung – im Sinne der sozialen Entbettung und des sozialen Ausgesetzseins" (ebd.) – als gesellschaftlicher Hintergrund immer mit beachtet werden, was Michael Winkler vielleicht nicht so deutlich akzentuiert, aber immer auch mitgedacht hat (vgl. z.B. 1988: 150 ff.). Vor diesem Hintergrund diagnostiziert Böhnisch auch eine „schwelende Spannung zwischen technologisch-ökonomisch getriebener sozialer Entbettung" (ebd.: 202) und einer „sich in Formen der Suche nach Handlungsfähigkeit" (ebd.) äußernden „Biographisierung der Verwundbarkeit" (ebd.) als gesellschaftlichen Hintergrund, „dass sich das in der Bewältigungsperspektive enthaltene Streben nach Handlungsfähigkeit oft auch ohne Rücksicht auf die Einhaltung der Norm realisiert" (ebd.: 179).

Böhnischs Versuch, „den Anteil der Person und den der Verhältnisse durchaus auseinander zu halten" (2001: 105) führt ihn in dieser Weise auch zu einem reflexiven multifaktoriellen Ansatz in seiner Reformulierung des Anomie-Paradigmas. Wie Kunstreich kritisiert (vgl. Kap. 2.10), leiste dieser letztlich jedoch nur das Gleiche wie sein „nichtreflexiver" Vorgänger: Bei jeder Vorstellung von Abweichung sei die Norm schon gerettet. Und zwar die herrschende Norm. Darüber könnten auch nicht die verschiedenen von Böhnisch herausgearbeiteten „Balanceakte" hinwegtäuschen, die nicht zuletzt in Durkheims Gesellschaftskonzept selbst begründet seien: „A-nomie" sei immer nur vorstellbar vor dem Hintergrund einer angenommen „Nomie", also einer prä-stabilen gesellschaftlichen Harmonie.

Ganz ähnlich wie Böhnisch akzentuiert auch der alltags- bzw. lebensweltorientierte Ansatz (vgl. Kap. 2.3) die „pragmatische Großzügigkeit und Geschicklichkeit des Sich-Arrangierens im Überleben – jenseits von Stringenz, Prinzipien oder in sich konsistenten Begründungen" (Thiersch/Grunwald/Köngeter 2002: 169) – selbst für „Formen des defizitären, unzulänglichen und abweichenden Verhaltens" (ebd.). Diese müssten von Sozialer Arbeit „zunächst respektiert werden, auch wenn die Ergebnisse für den Einzelnen und seine Umgebung" (ebd.) sich als „unglücklich" (ebd.) darstellten. Besonders kritisch hinterfragt wurde in diesem Zusammenhang (vgl. Kap. 2.11), woran sich dieses „Unglückliche" bemesse und was denn die Kriterien für einen „gelingenderen Alltag" seien. Dabei haben sich besonders jene neueren Theorien und Analysen Sozialer Arbeit hervorgetan, die ihre ´Wissenschaftlichkeit` vor allem dadurch zu untermauern trachten, dass sie sich als empirische bzw. analytische Beobachtungen 2. Ordnung zu profilieren suchen und von daher Sinnfragen auch nur funktional erklären.

So weist bspw. Hohm darauf hin (vgl. Kap. 4.14), dass der Hilfecode als „zugleich universalistischer und spezifisch invarianter formaler Code inhaltsleer und entscheidungsoffen" (2003: 84) sei. Hohm hebt hervor, dass er sich damit auch von Achtungsbedingungen der Gesamtgesellschaft entkoppele, die dem Moralcode gut/schlecht bzw. gut/böse folgten. Und gleiches gelte auch für „die mit der Beobachtung der Gesellschaft als normativer Einheit verknüpfte Differenz von Konformität/Abweichung" (ebd.), was auch Baecker (vgl.: 1994: 94 ff.) betont.

Umgekehrt wurde an diesen systemtheoretischen Analysen in der Tradition Luhmanns gerade ihre Enthaltsamkeit in wertthematischen Fragen kritisiert (vgl. Kap. 4.18). Schließlich seien die Diskussion und Klärung von moralischen und ethischen Prinzipien, von Wahrheits- und Adäquatheitsfragen, unaufgebbare Maximen pädagogischer Reflexion (vgl. z.B. Benner 1979). Ebenso seien auch zur Beurteilung der Leistungen von Pädagogik und Sozialer Arbeit Wertgesichtspunkte erforderlich, die aus der bloßen Präferenz für Funktion nicht ableitbar wären. Die Systemtheorie Sozialer Arbeit könne deshalb, wie Brumlik (1987) argumentiert, nur eine halbe Rationalität anbieten.

Denjenigen Theorien über Erziehung und Soziale Arbeit, die sich an Foucaults Machtanalytik mit ebenfalls einem nicht normativem Anspruch orientieren, gesteht Brumlik (vgl. Kap. 5.15) zwar zu, dass sie durchaus nachzeichnen könnten, wie sich „'Regierung` [...] nie nur als Regierung des Staates, sondern auch als 'Regierung über die Kinder` bzw. als 'Selbstregierung des Individuums` geäußert" (vgl. 2005: 36) habe. Kritisch vermerkt Brumlik jedoch, dass wenn 'die Macht` als „der Stoff" (ebd.) betrachtet würde, „der die intersubjektive, soziale Welt der Menschen konstituiert, der Stoff, der sich – nach dem Entstehen staatlich verfasster Gesellschaften – als 'Regierung` äußert, dann [...] jede Sozialisation, jede Erziehung und jede Bildung eben 'Regierung`" (ebd.) sei. Die gerade auch für eine Theorie Sozialer Arbeit „interessanten Unterscheidungen zwischen legitimer und illegitimer Macht, von gedeihlicher und verderblicher Machtausübung" (ebd.) käme so erst gar nicht mehr in den Blick jener Analysen, denen sich das '(Neo-)Soziale` „nur noch als allenfalls genealogisch nachvollziehbares Spiel von Macht-Wissendiskursen offenbart" (ebd.: 39) und die damit „jeden explanativen und normativen Anspruch preisgegeben" (ebd.) hätten.

Schon vor Brumlik hat Nancy Fraser (vgl. 1994: 50) in der Diffusität von Foucaults Machtbegriff den Grund gesehen, dass sein „Werk normativ verworren" (ebd.) bleibe. Habermas (vgl. 1998: 284) spricht in diesem Zusammenhang sogar davon, dass der Anti-Aufklärer Foucault gegenüber den Humanwissenschaften eine Antiwissenschaft propagiere. Bönolds Ansicht nach könne jedoch „die Frage des Anti-Normativismus bei Foucault nicht werkimmanent begriffen werden. Solange nicht die Frage nach dem Warum der Macht" (2003: 365) zu beantworten versucht werde, bleibe „der Positivismus von Foucault neutral – trotz seiner offensichtlich kritischen Absichten. [...] Sofort manifest" (ebd.) würden diese – Bönolds Meinung zufolge – allerdings, „wenn das Werk Foucaults zu den Betroffenen selbst in Beziehung gesetzt" (ebd.) werde, beispielsweise der Antipsychiatriebewegung. „Das (eventuell) ablehnende Urteil über die dargestellte Sache, die Kritik also" (ebd.), entstehe somit „erst wenn sich die Lesenden selbst ins Verhältnis zur beschriebenen Geschichte" (ebd.) stellten. So gesehen zähle Foucault „Gründe für das Dagegen-Sein und die Veränderung der (Selbst-)Verhältnisse auf, sofern jemand engagiert ist bzw. liest" (ebd.). In ähnlicher Weise hatten zuvor schon Pongratz (vgl. 1990: 297) und auch Lemke (vgl. 1997: 369) Parallelen zwischen Foucaults Begriff der Kritik und der Marx'schen Devise gesehen, „man muss diese versteinerten Verhältnisse dadurch zum Tanzen bringen, dass man ihnen ihre eigene Melodie vorsingt! Man muss das Volk vor sich selbst erschrecken lehren, um ihm Courage zu machen" (MEW Bd.1: 381).

Vor dem Hintergrund meiner selbstregulationstheoretischen Überlegungen habe ich diesen Marxschen Satz (vgl. May 2005: 238) sozialpädagogisch auch dahingehend konzeptionell gewendet, dass durch parodistische Techniken die tote Arbeit habitueller Deutungs-, Bewertungs- und Handlungs- bzw. Beziehungsmuster auf Seiten der AdressatInnen dergestalt in Verwirrung zu bringen ist, dass sich als Alternative bei diesen „neue selbstregulierte Verknüpfungen herstellen [können] sowohl im Binnenverhältnis zur eigenen Person, wie auch in der pädagogischen Beziehung" (ebd.: 205). Mit dem, dass im Verhältnis von toter und lebendiger Arbeit letztere den Ausschlag geben sollte, habe ich (vgl. 2007) selbstregulationstheoretisch jedoch zugleich einen normativ kritischen Maßstab formuliert, der in einem „Bruch mit allen ´präkonstruierten` Repräsentationen, wie vorgängig erstellten Klassifikationen und offiziellen Definitionen" (Bourdieu 1979: 143), nicht aus den „verdinglicht konfektionierten Formen" (Marcuses 1978: 236) des „herrschenden System selbst" (ebd.) gewonnen wurde, sondern sich an einer Kategorie „objektiver Möglichkeit" bzw. „emanzipativer Tatsachen" (Ritsert 1977: 166) orientiert.

So gehe ich (vgl. z.B. May 2004: 144 ff.) davon aus, dass die historisch häufig nur zerstreut hergestellten, bzw. mehr oder weniger gewaltsam aufgetrennten und nur als entfremdete wieder zusammengefügten Lebenseigenschaften und Arbeitsvermögen der AdressatInnen Sozialer Arbeit niemals in ihrer Vollständigkeit realisiert worden sind. Diese „Diagnose" bedarf noch keines normativen Maßstabes. Mit der Kategorie der „objektiven Möglichkeiten" versuche ich diesbezüglich jedoch nicht nur etwas zu fokussieren, das ausgelassen wird, wenn entsprechende Eigenschaften und Vermögen nur als tote Arbeit unter dem Aspekt ihrer tatsächlichen Funktion in der Geschichte gesehen werden. Sobald diese von mir unter der Perspektive ihrer selbstregulierenden Verwirklichung betrachtet werden, kommt zugleich ein Maßstab und eine Normvorstellung für praktisches (sozialpädagogisches) Handeln mit ins Spiel. Dessen „allgemeinste Merkmale" hat Ritsert (1975: 159ff. & 1977: 112 ff.) mit seinem in kritischer Auseinandersetzung mit Hegels „Phänomenologie des Geistes" gewonnen Begriff „reiner Anerkennung" auszuarbeiten versucht.

Ritsert zufolge negiert „´reine Anerkennung` [...] alle Versuche, andere Menschen [bzw. deren Arbeitsvermögen d.V.] zum Mittel für besondere Interessen machen zu wollen" (1977: 114). Dies schürt zunächst einmal, wie er zugesteht, „den Verdacht, es ginge ausschließlich um Fragen moralischer Gesinnung, die nur im ethischen Sinn ´praktisch` sind" (ebd.). Ähnlich wie Habermas´ Versuch, ausgehend von den in allen menschlichen Verständigungsversuchen implizit vorausgesetzten, unhintergehbaren Geltungsansprüche universalistische ethische Prinzipien herauszudestillieren, bleibt „reine Anerkennung" als „kritische Norm [...] nicht einfach Forderung gegenüber Gesinnungen" (ebd.: 115). Im Unterschied zur Habermasschen aus der Struktur einer idealen Sprechsituation abgeleiteten Diskursethik und seiner idealtypischen Unterscheidung zwischen einem solchen rein verständigungsorientiertem Handeln und Arbeit, als demgegenüber rein instrumentellem Handeln, ist jedoch „die 'Bewegung der Anerkennung` am Entwicklungsstand von Produktions- und Machtbeziehungen [...] festgemacht" (ebd.) – und dies schon bei Hegel in dessen Analyse des Herr und Knecht-Verhältnisses (vgl. Kap. 2.8 & 2.11).

Ebenfalls vor dem Hintergrund der Hegelschen Dialektik der Anerkennung hat Jessica Benjamin (vgl. Kap. 4.18) die These vertreten, dass die Generalisierung der instrumentellen Rationalität nicht allein im Gegensatz zur substanziellen Rationalität zu sehen sei, wie Horkheimer/Adorno (1979) dies in ihrer „Dialektik der Aufklärung" analysiert haben. Vielmehr entwickle sie sich als Gegensatz zu den Prinzipien der intersubjektiven Wahrnehmung und Bewusstseinsbildung vor allem aus der männlichen „Ablehnung der persönlichen, prozeßorientierten Formen der Sorge, Pflege, und Aufrechterhaltung des Wachstums Anderer" (1982: 441). Deren neue, formale, abstrakte, von menschlichen Inhalten und Zielen entleerte Form der Rationalität haben für sie die patriarchalische Religion und die sichtbare Rolle des pater familias ersetzt. Dazu dürfte vermutlich auch die Ersetzung von Anerkennungs-Prinzipien durch solche eher technischen, angeblich jedoch rein analytischen und damit 'normfreien` Konzepte wie „strukturelle Kopplung", „Pertubation", „Penetration" und „Interpenetration" zu rechnen sein. Wie entpersonifiziert und nicht-normativ sich diese Rationalität nicht nur in entsprechenden systemtheoretischen Analysen, sondern auch in deren Praktisch-Werden darstellen möge: Benjamin zu Folge müsse sie als historische Weiterführung der männlichen Herrschaft verstanden werden. Das gilt auch für alle sozialtechnologischen Konzepte Sozialer Arbeit und die in letzter Zeit in Mode gekommene Methodologie einer „evidence based practise", die nachzuweisen versucht, dass die „tote Arbeit" bestimmter Methoden und Programme an sich sozialpädagogisch wirksam wäre.

Nur ein dialektischer Begriff von Selbstregulierung als eines „Zusammenhangs von lebendiger Arbeit" (Negt/Kluge 1981: 69) ermöglich meiner Ansicht nach (vgl. May 2004: 12 ff. & 2005: Kap. 3.) die realen Bewegungsverhältnisse Sozialer Arbeit in ihrer Eigengesetzlichkeit als zugleich Bildung des Sozialen wie Bildung am Sozialen zu fassen. Diese lassen sich weder subjektivistisch auf soziale Willensakte (auch nicht von Professionellen), noch objektivistisch auf bestimmte Produktionsmittel oder Produktionsverhältnisse des Sozialen reduzieren. Diese 'wirklichen`, im Sinne von wirkenden Beziehungen, werden auch nicht von irgendeiner höheren Instanz von Macht, Regierung oder gesellschaftlich funktionaler Ausdifferenzierung reguliert, sondern regulieren sich schlicht selbst. Von daher muss – so wenig professionelle Soziale Arbeit auch auf die tote Arbeit entsprechender Methoden, Programme und Institutionen verzichten kann – ihr vornehmstes (normatives) Ziel doch in der Stärkung jener eigensinnigen Kräfte des Sozialen liegen, „die die Gravitation zwischen toter Arbeit und lebendigen Arbeiten immer dann ausmachen, wenn der Zusammenhang lebendiger Arbeit zu sich selbst findet" (Negt/Kluge 1981: 69).

# Literatur

Adorno, Th.W. (1970): Negative Dialektik. Frankfurt/M.

Aichhorn, A. (1925): Verwahrloste Jugend. Bern/Stuttgart 1965

Alisch, L.-M./Rössner, L. (1980) Hg.: Zentrale Aspekte der Soziotherapie. Braunschweig

Alisch, L.-M./Rössner, L. (1992) Hg.: Grundlagen der Sozialarbeitswissenschaft und Sozialarbeitswissenschaftlicher Forschung. Braunschweiger Studien zur Erziehungs- und Sozialarbeitswissenschaft. Braunschweig

Amann, A. (1983): Lebenslage und Sozialarbeit. Elemente zu einer Soziologie von Hilfe und Kontrolle. Berlin

Arbeitsgruppe Soziologie (1978): Denkweisen und Grundbegriffe der Soziologie. Eine Einführung. Frankfurt/M./New York

Baecker, D. (1994): Soziale Hilfe als Funktionssystem der Gesellschaft, in: Zeitschrift für Soziologie 23, S. 93-110

Baecker, D. (2001): Systemtheorie. In: Otto, H.-U./Thiersch, H. (Hg.): Handbuch Sozialarbeit Sozialpädagogik. Neuwied/Kriftel, S. 1870-1875

Ballmer, Th.T./Weizäcker, E.v. (1974): Biogenese und Selbstorganisation. In: Weizäcker, E.v. (Hg.): Offene Systeme 1: Beiträge zur Zeitstruktur von Information, Entropie und Evolution. Stuttgart

Barthes, R. (1970): Mythen des Alltags. Frankfurt/M.

Bäumer, G. (1962): Das Reichsgesetz für Jugendwohlfahrt und der Entwicklungsstand der Jugendhilfe. In: Flitner, W./Kudritzki, G. (Hg.): Die deutsche Reformpädagogik, Bd. 2. Düsseldorf/München, S. 130-134

Beck, Ch. (1993): Ästhetisierung des Denkens. Zur Postmoderne – Rezeption in der Pädagogik. Bad Heilbrunn

Beck, U. (1996): Risikogesellschaft: Auf dem Weg in eine andere Moderne. Frankfurt/M.

Benjamin, J. (1982): Die Antinomien des patriarchalischen Denkens. Kritische Theorie und Psychoanalyse. In: Bonß, W./Honneth, A. (Hg.): Sozialforschung als Kritik. Frankfurt/M.

Benner, D. (1979): Läßt sich das Technologieproblem durch eine Technologieersatztechnolgie lösen? In: Zeitschrift für Pädagogik 25, S. 367-375

Berger, P./Luckmann, T. (1997): Die gesellschaftliche Konstruktion der Wirklichkeit. Frankfurt/M.

Bernfeld, S.(1921): Das Kinderheim Baumgarten. In: (ders.) (1969): Antiautoritäre Erziehung und Psychoanalyse. Ausgewählte Schriften Bd. 1-3. Darmstadt, S. 84-191

Bittner, G. (1979): Sigmund Freud. In: Scheuerl, H. (Hg.): Klassiker der Pädagogik. Bd. II. München, S. 46-71

Bittner, G. (1985): Der psychoanalytische Begründungszusammenhang in der Erziehungswissenschaft. In: Bittner, G./Ertle, C. (Hg.): Pädagogik und Psychoanalyse. Würzburg, S. 31-46

Bittner, G. (1989): Pädagogik und Psychoanalyse. In: Röhrs, H./Scheuerl, H. (Hg.): Richtungsstreit in der Erziehungswissenschaft und pädagogische Verständigung. Frankfurt/M., S. 215-228

Bittner, G./Rehm, W. (Hg.) (1964): Psychoanalyse und Erziehung. Bern/Stuttgart

Böhnisch, L. (1982): Der Sozialstaat und seine Pädagogik. Neuwied

Böhnisch, L. (1994): Gespaltene Normalität. Lebensbewältigung und Sozialpädagogik an den Grenzen der Wohlfahrtsgesellschaft. Weinheim/München

Böhnisch, L. (1996): Sozialpädagogik und Sozialpolitik. Gemeinsame Traditionslinien und ihre aktuellen Bezüge. In: Zeitschrift für Pädagogik, 39. Jg. Beiheft Erziehung und sozialer Wandel, S. 261-276

Böhnisch, L. (1999a): Die sozialintegrative Dimension der Sozialpädagogik und Sozialarbeit. In: Wissenschaftliche Zeitschrift der TU Dresden, Heft 3, 48 Jg., S. 40-42

Böhnisch, L. (2001): Abweichendes Verhalten. München

Böhnisch, L. (2001a): Sozialpädagogik der Lebensalter. Weinheim/München

Böhnisch, L. (2002): Lebensbewältigung. Ein sozialpädagogisch inspiriertes Paradigma für die Soziale Arbeit. In: Thole, W. (Hg.): Grundriss Soziale Arbeit. Opladen, S. 199-213

Böhnisch, L./Schefold, W. (1985): Lebensbewältigung. Soziale und pädagogische Verständigungen an den Grenzen der Wohlfahrtsgesellschaft. Weinheim/München

Böhnisch, L./Schröer, W. (2001): Pädagogik und Arbeitsgesellschaft. Weinheim/München

Bönold, F. (2003): Geschlecht Subjekt Erziehung: Zur Kritik und pädagogischen Bedeutung von Geschlechtlichkeit in der Moderne. Herbolzheim

Bommes, M./Scherr, A. (1996): Exklusionsvermeidung, Inklusionsvermittlung und/oder Exklusionsverwaltung. Zur gesellschaftstheoretischen Bestimmung Sozialer Arbeit. In: Neue Praxis, Heft 2, S. 107-123

Bommes, M./Scherr, A. (2000): Soziologie der Sozialen Arbeit. Eine Einführung in Formen und Funktionen organisierter Hilfe, Weinheim/München

Bourdieu, P. (1979): Entwurf einer Theorie der Praxis. Frankfurt/M.

Bourdieu, P. (1982): Die feinen Unterschiede. Kritik der gesellschaftlichen Urteilskraft. Frankfurt/M.

Bourdieu, P. (1993): Sozialer Sinn. Frankfurt/M.

Bowlby, J. (1975): Bindung: Eine Analyse der Mutter-Kind-Beziehung. München

Brauner, K. (1989): Psychoanalytische Pädagogik. In: Lenzen, D. (Hg.): Pädagogische Grundbegriffe, Bd. 2. Reinbek, S. 1219-1231

Bröckling, U. (2003): Das demokratische Panopticon: Subjektivierung und Kontrolle im 360°-Feedback. In: Honneth, A./Saar, M. (Hg.): Michel Foucault: Zwischenbilanz einer Rezeption. Frankfurter Foucault-Konferenz 2001. Frankfurt/M.

Bröckling, U./Krasmann, S./Lemke, T. (Hg.) (2000): Gouvernementalität der Gegenwart. Studien zur Ökonomisierung des Sozialen. Frankfurt/M.

Brumlik, M. (2005): Gouvernementalität und Soziale Arbeit: Fabian Kessls Endlagerung einer rebellischen Theorie. In: Sozialwissenschaftliche Literatur Rundschau (SLR) Heft 51, S. 34-40

Brumlik, M. (1987): Reflexionsgewinn durch Theoriesubstitution? Was kann die Systemtheorie der Sozialpädagogik anbieten? In: Oelkers, J./Tenorth, H.-E. (Hg.): Pädagogik, Erziehungswissenschaft und Systemtheorie. Weinheim/Basel, S. 232-258

Brunkhorst, H. (1990): Die hermeneutische Regression des emanzipatorischen Erkenntnisinteresses der Erziehungswissenschaften. In: Krüger, H.-H. (Hg.): Abschied von der Aufklärung? Perspektiven der Erziehungswissenschaft. Opladen, S. 141-156

Brunkhorst, H. (1983): Systemtheorie, in: Lenzen, D./Mollenhauer, K. (Hg.): Theorien und Grundbegriffe der Erziehung und Bildung. Bd.1 der Enzyklopädie Erziehungswissenschaft. Stuttgart, S. 193-213

Bundesministerium für Familie, Senioren, Frauen und Jugend (BMFSJ) (Hg.) (1994): Neunter Jugendbericht. Bericht über die Situation der Kinder und Jugendlichen und die Entwicklung der Jugendhilfe in den neuen Bundesländern. Bonn

Bundesministerium für Jugend, Familie, Frauen und Gesundheit (BMJFFG) (Hg.) (1990): Achter Jugendbericht. Bonn

Castel, R. (2000): Die Metamorphosen der Sozialen Frage: Eine Chronik der Lohnarbeit. Konstanz

Chassé, K.A. (1999): Soziale Arbeit und Lebenslage. Zur Einführung in das Lebenslage-Konzept. In: Treptow, R./Hörster, R. (Hg.): Sozialpädagogische Integration. Entwicklungsperspektiven und Konfliktlinien. Weinheim/München, S. 147-154

Cohen, Ph. (1985): Die Jugendfrage überdenken. In: Lindner, R./Wiebe, H.H. (Hg.): Verborgen im Licht. Neues zur Jugendfrage. Frankfurt, S. 22-97

Cohen, Ph. (1989): Jane und Jamie – Zwei Portraits beim Übergang von Schule und Beruf. In: Breyvogel, W. (Hg.): Pädagogische Jugendforschung. Erkenntnisse und Perspektiven. Opladen, S. 123-130

Cremer-Schäfer, H. (2001): Ein politisches Mandat schreibt man sich zu. Zur Politik (mit) der Sozialen Arbeit. In: Merten, R. (Hg.): Hat Soziale Arbeit ein politisches Mandat? Positionen zu einem strittigen Thema. Opladen, S. 55-70

Cremer-Schäfer, H./Steinert, H. (1998): Straflust und Repression. Zur Kritik der populistischen Kriminologie. Münster

Datler, W. (1992): Psychoanalytische Praxis, Pädagogik und psychoanalytische Kur. In: Trescher, H.-J./Büttner, C./Datler, W. (Hg.): Jahrbuch der Psychoanalytischen Pädagogik, Bd. 4. Mainz, S. 11-51

Deleuze, G./Guattari, F. (1974): Anti-Ödipus. Kapitalismus und Schizophrenie. Frankfurt/M.

Detel, W. (1998): Macht, Moral, Wissen: Foucault und die klassische Antike. Frankfurt/M.

Devereux, G. 1967: Angst und Methode in den Verhaltenswissenschaften. München

Dewe, B. (1991): Beratende Wissenschaft. Göttingen

Dewe, B. u.a. (1986): Professionalisierung – Kritik – Deutung. Soziale Dienste zwischen Verwissenschaftlichung und Wohlfahrtsstaatskrise. Frankfurt/M.

Dewe, B. u.a. (1995): Professionelles soziales Handeln. Soziale Arbeit im Spannungsfeld zwischen Theorie und Praxis. Weinheim/München

Dewe, B./Ferchhoff, W./Radtke, F.O. (Hg.) (1992): Erziehen als Profession: Zur Logik professionellen Handelns in pädagogischen Feldern. Opladen

Dewe, B./Galiläer, L. (2000): Qualitätsentwicklung in den pädagogischen Feldern. In: Otto, H.-U./Rauschenbach, Th./Vogel, P. (Hg.): Erziehungswissenschaft – Profession – Praxis Bd. 3. Opladen

Dewe, B./Otto, H.-U. (1984): Professionalisierung. In: Eyferth, H./Otto, H.-U./Thiersch, H. (Hg.): Handbuch zur Sozialarbeit. Neuwied/Darmstadt, S. 775-811

Dewe, B./Otto, H.-U. (1996): Zugänge zur Sozialpädagogik. Reflexive Wissenschaftstheorie und kognitive Identität. Weinheim/München

Dewe, B./Otto, H.-U. (2001): Wissenschaftstheorie, in: Otto, H.-U./Thiersch, H. (Hg.): Handbuch Sozialarbeit Sozialpädagogik, Neuwied/Kriftel, S. 1966-1979

Dewe, B./Otto, H.-U. (2001): Profession. In: Otto, H.-U./Thiersch, H. (Hg.): Handbuch Sozialarbeit/Sozialpädagogik. Neuwied, S. 1399-1423

Dewe, B./Otto, H.-U. (2002): Reflexive Sozialpädagogik. Grundstrukturen eines neuen Typs dienstleistungsorientierten Professionshandelns. In: Thole, W. (Hg.): Grundriss Soziale Arbeit. Ein einführendes Handbuch. Opladen, S.179-198

Dilthey, W. (1954): Gesammelte Schriften, Band 5 & 7. Stuttgart

Dörr, M./Müller, B. (2005): „Emotionale Wahrnehmung" und „begriffene Angst". Anmerkungen zu vergessenen Aspekten sozialpädagogischer Professionalität und Forschung. In: Schweppe, C./Thole, W. (Hg.): Sozialpädagogik als forschende Disziplin. Theorie, Methode, Empirie, Weinheim/München, S. 233-254

Dosse, F. (1999): Geschichte des Strukturalismus. 2 Bde. Frankfurt/M.

Eggemann, M./Hering, S. (1999): Wegbereiterinnen der modernen Sozialarbeit. Weinheim/München

Elsen, S. (1998): Gemeinwesenökonomie – eine Antwort auf Arbeitslosigkeit, Armut und soziale Ausgrenzung? Neuwied

Elsen, S. (2000): Genossenschaften als lokale Arbeitsorganisation. In: Ihmig, H. (Hg.): Wochenmarkt und Weltmarkt: Kommunale Alternativen zum globalen Kapital. Bielefeld, S. 89-106

Eyferth, H./Otto, H.-U./Thiersch, H. (Hg.) 1984: Handbuch zur Sozialarbeit/Sozialpädagogik. Neuwied

Fatke, R. (1985): „Krümel vom Tisch der Reichen?" Über das Verhältnis von Pädagogik und Psychoanalyse aus pädagogischer Sicht. In: Bittner, G./Ertle, C. (Hg.): Pädagogik und Psychoanalyse. Würzburg, S. 47-60

Fatke, R./Hornstein, W. (1987): Sozialpädagogik – Entwicklungen, Tendenzen und Probleme, in: Zeitschrift für Pädagogik 33. Jg., S. 589-593

Finger-Trescher, U. (2001): Psychoanalytische Sozialarbeit. In: Otto, H.-U./Thiersch, H. (Hg.): Handbuch Sozialarbeit Sozialpädagogik. Neuwied/Krifte, S 1454-1461

Flössen, G./Otto, H.-U. (Hg.) (1992): Sozialmanagement oder Management des Sozialen. Bielefeld

Flößer, G./Otto, H.-U. (1992): Sozialmanagement oder Management des Sozialen. In: dies. (Hg.): Sozialmanagement oder Management des Sozialen. Bielefeld, S. 7-18

Flößer, G./Otto, H.-U. (1996): Professionelle Perspektiven der Sozialen Arbeit. In: Grundwald, K. u.a. (Hg.): Alltag, Nichtalltägliches und die Lebenswelt. Weinheim/München, 179-188

Foucault, M. (1968): Wahnsinn und Gesellschaft. Eine Geschichte des Wahns im Zeitalter der Vernunft. Frankfurt/M.

Foucault, M. (1971): Die Ordnung der Dinge. Eine Archäologie der Humanwissenschaften. Frankfurt/M.

Foucault, M. (1973): Die Geburt der Klinik. Eine Archäologie des ärztlichen Blicks. München

Foucault, M. (1974): Die Ordnung des Diskurses. München

Foucault, M. (1975): Die Archäologie des Wissens. Frankfurt/M.

Foucault, M. (1976): Überwachen und Strafen. Die Geburt des Gefängnisses. Frankfurt/M.

Foucault, M. (1977): Der Wille zum Wissen. Sexualität und Wahrheit Bd.1. Frankfurt/M.

Foucault, M. (1978): Dispositive der Macht. Über Sexualität, Wissen und Wahrheit. Westberlin

Foucault, M. (1982): Vorlesungen zur Analyse der Machtmechanismen. In: ders.: Der Staub und die Wolken. Bielefeld, S. 1-44

Foucault, M. (1986): Der Gebrauch der Lüste. Sexualität und Wahrheit Bd.2. Frankfurt/M.

Foucault, M. (1987): Das Subjekt und die Macht. In: Dreyfus, H.L./Rabinow, P:: Jenseits von Strukturalismus und Hermeneutik. Frankfurt/M., S. 241-291

Foucault, M. (1988): Für eine Kritik der politischen Vernunft. In: Lettre International 58, S. 58-66

Foucault, M. (1992): Was ist Kritik. Berlin

Foucault, M. (1996): Der Mensch ist ein Erfahrungstier. Frankfurt/M.

Foucault, M. (1999): In Verteidigung der Gesellschaft. Frankfurt/M.

Foucault, M. (2000a): Die Gouvernementalität. In : Bröckling, U. u. a. (Hg.): Gouvernementalität der Gegenwart. Studien zur Ökonomisierung des Sozialen. Frankfurt/M., S. 7 ff.

Foucault, M. (2000b): Staatsphobie. In : Bröckling, U./Krasmann, S./Lemke, T, (Hg.): Gouvernementalität der Gegenwart. Studien zur Ökonomisierung des Sozialen. Frankfurt/M., S. 68 ff.

Fraser, N. (1994): Widerspenstige Praktiken. Macht, Diskurs, Geschlecht. Frankfurt/M.

Freud, S. (1940ff.): Gesammelte Werke, Frankfurt/M.

Fuchs, P. (1997): Weder Herd noch Heimstatt – Weder Fall noch Nichtfall: Doppelte Differenzierung im Mittelalter und in der Moderne, in: Soziale Systeme, 3. Jg., H2, S. 413-437

Füchtner, H. (1978): Psychoanalytische Pädagogik. In: Psyche, 32. Jg., S. 193-210

Füssenhäuser, C. (2005): Werkgeschichte(n) der Sozialpädagogik: Klaus Mollenhauer – Hans Thiersch – Hans-Uwe Otto. Der Beitrag der ersten Generation nach 1945 zur universitären Sozialpädagogik, Baltmannsweiler

Füssenhäuser, C./Thiersch, H. (2001): Theorien der Sozialen Arbeit. In: Otto, H.-U./Thiersch, H. (Hg.): Handbuch Sozialarbeit Sozialpädagogik, Neuwied/Kriftel, S. 1876-1900

Galluske, M. 2001: Methoden der Sozialen Arbeit. Eine Einführung. Weinheim/München

Gängler, H. 1995: „Die Beobachtung der Beobachter beim Beobachten...". Strukturmuster sozialpädagogischer Theorieproduktion, in: Thiersch, H./Grunwald, K. (Hg.): Zeitdiagnose Soziale Arbeit. Weinheim, S. 27-42

Gängler, H. 1995: Sozialpädagogik als Wissenschaft. Studien zur Wissenschaftsgeschichte der Sozialpädagogik. Dortmund

Gängler, H./Rauschenbach, Th.: Hilfe als Kolonialisierung? Analysen zur Sozialen Arbeit in der Moderne. In: Rauschenbach, Th.: Das sozialpädagogische Jahrhundert. Analysen zur Entwicklung sozialer Arbeit in der Moderne. Weinheim/München, S. 123-156

Garland, D. (1996): The Limits of the Sovereign State: Strategies of Crime Control in Contemporary Society. In: British Journal of Criminology Vol.36, No. 4, S. 445 ff.

Garland, D. (1997): „Gouvernementality" and the problem of crime. Foucault, criminology, sociology. In: Theoretical Criminology Vol. 1, No. 2, S. 173 ff.

Gartner, A./Riesman, F.: Der aktive Konsument der Dienstleistungsgesellschaft. Zur politischen Ökonomie des tertiären Sektors. Frankfurt/M.

Geiser, K. (2004): Problem- und Ressourcenanalyse in der sozialen Arbeit. Freiburg

Gildemeister, R. (1983): Als Helfer überleben. Neuwied

Goldmann, L. (1966): Dialektische Untersuchungen. Neuwied/Darmstadt

Gorz, A. (2004): Wissen, Wert und Kapital. Zur Kritik der Wissensökonomie. Zürich

Gottschalk, G.M. (2004): Entstehung und Verwendung des Begriffs Sozialpädagogik. Extrapolation systematischer Kategorien als Beitrag für das Selbstverständnis heutiger Sozialpädagogik. Eichstätt

Habermas, J. (1967): Arbeit und Interaktion. Bemerkungen zu Hegels Jenenser „Philosophie des Geistes". In: ders. (Hg.): Technik und Wissenschaft als „Ideologie". Frankfurt/M., S. 9-47

Habermas, J. (1981): Theorie des kommunikativen Handelns. 2 Bde. Frankfurt/M.

Habermas, J. (1990): Strukturwandel der Öffentlichkeit. Frankfurt/M.

Habermas, J. (1998): Der philosophische Diskurs der Moderne. Frankfurt/M.

Habermas, J./Luhmann, N. (1971): Theorie der Gesellschaft oder Sozialtechnologie – Was leistet die Systemforschung? Frankfurt/M.

Hamburger, F. (1997): Sozialpädagogik. In: Bernhard, A. (Hg.): Handbuch kritische Pädagogik. Weinheim, S. 245-256

Hamburger, F. (2003): Einführung in die Sozialpädagogik. Stuttgart

Hamburger, F. (1995): Zeitdiagnose zur Theoriediskussion. In: Thiersch, H./Grunwald, K. (Hg.): Zeitdiagnose Soziale Arbeit, Weinheim, S. 11-25

Hamburger, F. (1997): Sozialpädagogik, in: Bernhard, A. /Rothermel, L. (Hg.): Handbuch Kritische Pädagogik, Weinheim, S. 245-256

Hamburger, F. (2003): Einführung in die Sozialpädagogik. Stuttgart

Harney, K. (1975): Sozialarbeit als System, in: Zeitschrift für Soziologie 4, S. 103-123

Hegel, G. W. F. (1970): Die Phänomenologie des Geistes. In: ders.: Gesammelte Werke Bd. 3. Frankfurt/M.

Hegel, G. W. F. (1974): Frühe politische Systeme. hg. von Göhler, G. Frankfurt

Heiner, M. (2004): Professionalität in der Sozialen Arbeit. Theoretische Konzepte, Modelle und empirische Perspektiven. Stuttgart

Hejl, P.M. (1987): Konstruktion der sozialen Konstruktion: Grundlinien einer konstruktivistischen Sozialtheorie. In: Schmidt, S.J. (Hg.): Der Diskurs des Radikalen Konstruktivismus. Frankfurt, S. 303-339

Heller, A. (1978): Das Alltagsleben. Versuch einer Erklärung der individuellen Reproduktion. Frankfurt

Herder-Dorneich, Ph./Kötz, W. (1972): Zur Dienstleistungsökonomik. Berlin

Hering, S./Münchmeier, R. (2000): Geschichte der Sozialen Arbeit. Weinheim/München

Heydorn, H.-J. (1972): Zu einer Neufassung des Bildungsbegriffs. Frankfurt/M.

Hillebrandt, F. (2002): Hilfe als Funktionssystem für Soziale Arbeit, in: Thole, W. (Hg.): Grundriss Soziale Arbeit, Opladen, S. 215-227

Hinte, W. (1994): Intermediäre Instanzen in der Gemeinwesenarbeit. In: Bitzan, M./Klöck, T. (Hg.): Jahrbuch Gemeinwesenarbeit 5. München, S. 77-89

Hitzler, R. (1998): Reflexive Kompetenz – Zur Genese und Bedeutung von Expertenwissen jenseits des Professionalismus. In: Schulz, W.K. (Hg.): Expertenwissen. Soziologische, psychologische und pädagogische Perspektiven. Opladen, S. 33-47

Hitzler, R./Honer, A./Maeder, Ch. (Hg.) (1994): Expertenwissen: Die institutionalisierte Kompetenz zur Konstruktion der Wirklichkeit. Leverkusen/Opladen

Hohm, H.-J. 2003: Urbane soziale Brennpunkte, Exklusion und soziale Hilfe. Opladen

Hollstein, W./Meinhold, M. (Hg.) 1973: Sozialarbeit unter kapitalistischen Produktionsbedingungen, Frankfurt/M.

Horkheimer, M./Adorno, T.W.(1979): Dialektik der Aufklärung. Frankfurt/M.

Hund, W.-D. (1973): Der schamlose Idealismus. Polemik gegen eine reaktionäre Philosophie. In: ders. (Hg.): Strukturalismus. Ideologie und Dogmengeschichte. Darmstadt/Neuwied, S. 11-61

Huschke-Rhein, R. 1989: Systemische Pädagogik: Ein Lehr- und Studienbuch für Erziehungs- und Sozialwissenschaften Bd. III: Systemtheorien für die Pädagogik: Umrisse einer neuen Pädagogik, Köln

Husserl, E. (1962): Die Krisis der europäischen Wissenschaften und die transzendentale Phänomenologie. Den Haag

Jantsch, E. 1982: Die Selbstorganisation des Universums. München

Kant, I.: Werkausgabe, Band X. Frankfurt/M.

Kellner, D. (1990): Postmodernismus als kritische Gesellschaftstheorie? In: Krüger, H.-H. (Hg.): Abschied von der Aufklärung? Perspektiven der Erziehungswissenschaft. Opladen, S. 37-60

Kessl, F. (2005): Der Gebrauch der eigenen Kräfte. Eine Gouvernementalität Sozialer Arbeit. Weinheim/München

Kiss, G. 1977: Einführung in die soziologischen Theorien II, Opladen

Klatetzki, Th. (1993): „Wissen was man tut". Professionalität als organisationskulturelles System. Bielefeld

Kleve, H. (1999): Postmoderne Sozialarbeit. Ein systemtheoretisch-konstruktivistischer Beitrag zur Sozialarbeitswissenschaft. Aachen

Kohut, H. (1973): Narzissmus. Eine Theorie der psychoanalytischen Behandlung narzisstischer Persönlichkeitsstörungen. Frankfurt/M.

Kommunale Gemeinschaftsstelle für Verwaltungsvereinfachung (KGSt) (1993): Das neue Steuerungsmodell. Begründung, Konturen, Umsetzung. Bericht 5. Köln

Körner, J. (1992): Auf dem Weg zu einer psychoanalytischen Pädagogik. In: Trescher, H.-J./Büttner, C./Datler, W. (Hg.): Jahrbuch der Psychoanalytischen Pädagogik, Bd. 4. Mainz, S. 66-84

Kosik, K. (1967): Die Dialektik des Konkreten. Frankfurt/M.

Kronen, H. (1980): Sozialpädagogik. Geschichte und Bedeutung des Begriffs. Frankfurt

Krüger, H.-H. (1995): Erziehungswissenschaft und ihre Teildisziplinen, in: ders./Helsper, W. (Hg.): Einführung in Grundbegriffe und Grundfragen der Erziehungswissenschaft, Opladen, S. 303-318

Krüger, H.-H. (1997): Einführung in Theorien und Methoden der Erziehungswissenschaft. Opladen

Kunstreich, T. (1975): Der institutionalisierte Konflikt: Eine exemplarische Untersuchung zur Rolle des Sozialarbeiters in der Klassengesellschaft am Beispiel der Jugend- und Familienfürsorge. Offenbach

Kunstreich, T. (1994): Ist kritische Soziale Arbeit möglich? Für eine Pädagogik des Sozialen. In: WIDERSPRÜCHE Heft 50, S. 85-100

Kunstreich, T. (1997 & 1998): Grundkurs Soziale Arbeit. Sieben Blicke auf Geschichte und Gegenwart Sozialer Arbeit. Bd. I & II. Hamburg

Kunstreich, T. (2003): Neo-Diagnostik – Modernisierung klinischer Professionalität? – Ein Exposé für ein Methodenheft der Widersprüche. In: WIDERSPRÜCHE Heft 88, S. 7-10

Kunstreich, T./May, M. (1999) Soziale Arbeit als Bildung des Sozialen und Bildung am Sozialen. In: Widersprüche, Heft 19, S. 35-52

Kunstreich, T./Müller, B./Heiner, M./Meinhold, M. (2003): Diagnose und/oder Dialog? Ein Briefwechsel. In: WIDERSPRÜCHE Heft 88, S. 11-32

Lacan, J. (1973): Schriften I. Freiburg

Lacan, J. (1975): Schriften II. Olten

Lacan, J. (1980): Schriften III. Olten

Laplanche, J./Pontalis, J.-B. (1994): Das Vokabular der Psychoanalyse. Frankfurt

Lefèbvre, H. (1972): Das Alltagsleben in der modernen Welt. Frankfurt/M.

Lefèbvre, H. (1975): Metaphilosophie Prolegomena. Frankfurt/M.

Lefèbvre, H. (1977): Kritik des Alltagslebens. Kronberg/Ts.

Lemke, T,/Krasmann, S./Bröckling, U. (2000): Gouvernementalität, Neoliberalismus und Selbsttechnologien. Eine Einführung. In: dies. (Hg.): Gouvernementalität der Gegenwart. Studien zur Ökonomisierung des Sozialen. Frankfurt/M., S. 7 ff.

Lemke, T. (1997): Eine Kritik der politischen Vernunft. Foucaults Analyse der modernen Gouvernementalität. Berlin, Hamburg

Lenzen, D. (1973): Didaktik und Kommunikation. Frankfurt

Lenzen, D. (1987): Mythos, Metapher und Simulation. Zu den Aussichten Systematischer Pädagogik in der Postmoderne. In: Zeitschrift für Pädagogik 33, S. 41-60

Lenzen, D. (1994): Erziehungswissenschaft – Pädagogik: In: ders. (Hg.): Erziehungswissenschaft. Ein Grundkurs. Reinbek, S. 11-41

Lenzen, D. (1996): Handlung und Reflexion. Vom pädagogischen Theoriedefizit zur Reflexiven Erziehungswissenschaft. Weinheim/Basel

Levi-Strauss, L. (1981): Die elementaren Strukturen der Verwandtschaft. Frankfurt/M.

Lorenzer, A. (1971): Sprachzerstörung und Rekonstruktion. Vorarbeiten zu einer Metatheorie der Psychoanalyse. Frankfurt/M.

Luckmann, Th. (1970); The Small Life-Worlds of Modern Man. In: Social Research, Heft 37, s. 580-596

Lüders, Ch. (1988): Verwendungsforschung ernst genommen – Konsequenzen für die Sozialforschung im Handlungsbereich. Typoskript. Saarbrücken

Lüders, Ch. (1989): Der wissenschaftlich ausgebildete Praktiker. Weinheim

Luhmann, N. (1969): Gesellschaftliche Organisation, in: Ellwein, Th./Groothoff, H. u.a. (Hg.): Erziehungswissenschaftliches Handbuch, Berlin, Bd. I, S. 387-405

Luhmann, N. (1970 & 1975): Soziologische Aufklärung – Aufsätze zur Theorie sozialer Systeme, Bd. 1 & 2. Opladen

Luhmann, N. (1972): Funktionen und Folgen formaler Organisation. Berlin

Luhmann, N. (1973): Formen des Helfens im Wandel gesellschaftlicher Bedingungen, in Otto, H.-U./Schneider, S. (Hg.): Gesellschaftliche Perspektiven der Sozialarbeit. Neuwied/Darmstadt, Bd. 1., S. 21-44

Luhmann, N. (1984): Soziale Systeme. Grundriß einer allgemeinen Theorie. Frankfurt/M.

Luhmann, N. (1984a): Die Wirtschaft der Gesellschaft als autopoietisches Teilsystem, in: Zeitschrift für Soziologie 4, S. 308-327

Luhmann, N. (1987): Strukturelle Defizite. Bemerkungen zur systemtheoretischen Analyse des Erziehungswesens, in: Oelkers, J./Tenorth, H.-E. (Hg.): Pädagogik, Erziehungswissenschaft und Systemtheorie, Weinheim/Basel, S. 57-75

Luhmann, N. (1988): Sozialsystem Familie. Frankfurt/M.

Luhmann, N. (1993): Das Recht der Gesellschaft. Frankfurt/M.

Luhmann, N./Schorr, K.E. (1986) Hg.: Zwischen Intransparenz und Verstehen. Frankfurt/M.

Luhmann, N./Schorr, K.E. (1982): Das Technologiedefizit der Erziehung und Pädagogik, in: Luhmann, N./Schorr, K.E. (Hg.): Zwischen Technologie und Selbstreferenz, Frankfurt, S. 11-40

Luhmann, N./Schorr, K.E. (1988): Reflexionsprobleme im Erziehungssystem. Frankfurt/M.

Lyotard, J.-F. (1989): Das Undarstellbare - Wider das Vergessen.In: Pries, Ch. (Hg.): Das Erhabene. Zwischen Grenzerfahrung und Größenwahn. Weinheim. S. 319-348

Mahler, M. (1972): Symbiose und Individuation. Stuttgart

Mahler, M./Pine, F./Berman, A. (1980): Die psychische Geburt des Menschen. Separation und Individuation. Frankfurt

Marburger, H. 1979: Entwicklung und Konzepte der Sozialpädagogik. München
Marshall, T.H. (1992): Staatsbürgerrechte und soziale Klassen. In: ders. (Hg.): Staatsbürgerrechte und soziale Klassen. Zur Soziologie des Wohlfahrtstaates. Frankfurt/New York, S. 33-94
Marx, K. (1974): Grundrisse der Kritik der politischen Ökonomie. Berlin
Marx, K.: (1974). Ökonomisch-philosophische Manuskripte, MEW Bd. 40. Berlin
Maturana H. R./Varela, F. J. 1987: Der Baum der Erkenntnis. Die Biologischen Wurzeln des menschlichen Erkennens. Bern/München
Maturana, H.R. 1987: Biologie der Sozialität. In: Schmidt, S.J. (Hg.): Der Diskurs des Radikalen Konstruktivismus. Frankfurt, S. 287-302
May, M. (1994): „The times, they are a-changing". Von der Kommunalen Sozialarbeitspolitik zur sozialen Dienstleistungsproduktion: Ein Kommentar zum 9. Jugendbericht der Bundesregierung. In: Widersprüche Heft 53, S. 73 - 78
May, M. (1998): Jugendarbeit und Soziale Milieus. Plädoyer für eine neue Emanzipationspädagogik. In: Kiesel, D./Scherr, A./Thole, W. (Hg.): Standortbestimmung Jugendarbeit. Theoretische Orientierungen und empirische Befunde. Schwalbach/Ts., S. 79-103
May, M. (2000): Zur politischen Produktivität Sozialer Arbeit, in: Pfaffenberger, H./Scherr, A./Sorg, R (Hg.): Von der Wissenschaft des Sozialwesens. Rostock, S. 243-262
May, M. (2000a): Wider den Zynismus einer Luhmannisierung der Theorie Sozialer Arbeit – Eine Antwort auf Albert Scherr, in: Widersprüche 78/00: Fragmente städtischen Alltags. S. 95-112
May, M. (2003): Lebenslagen bezogene Bildung von Jugendlichen. In: Lindner, W./Thole, W./Weber, J. (Hg.): Kinder- und Jugendarbeit als Bildungsprojekt. Opladen. S.119-138
May, M. (2004a): Aneignung und menschliche Verwirklichung. In: Deinet, U./Reutlinger, Ch. (Hg.): „Aneignung" als Bildungskonzept der Sozialpädagogik. Wiesbaden, S. 49-70
May, M. (2004): Selbstregulierung. Eine neue Sicht auf die Sozialisation. Gießen
May, M. (2004a): Versuch einer Entmystifizierung sozialen Kapitals. Zur unterschiedlichen begrifflichen Fassung sozialen Kapitals. In: Kessl, F./Otto, H.-U. (Hg.): Soziale Arbeit und soziales Kapital. Zur Kritik lokaler Gemeinschaftlichkeit. Wiesbaden, S. 79-96
May, M. (2005): Wie in der Sozialen Arbeit etwas zum Problem wird. Versuch einer pädagogisch gehaltvollen Theorie sozialer Probleme. Münster
May, M. (2005a): Was ist Soziale Arbeit? Ansatz einer alternativen Begriffsbestimmung. In: Jenseits von Status und Expertise: Soziale Arbeit als professionelle Kultur. Widersprüche Heft 96, S. 35-48
May, M. (2006): Woher kommt die Produktivität des Sozialen? Ansätze zu einer Analyse ihrer Produktivkräfte. In: Böllert, K./Hansbauer, P./Hasenjürgen, B./Langenohl, S. (Hg.): Die Produktivität des Sozialen – den sozialen Staat aktivieren. Wiesbaden, S. 31-55
Mentzos, S. (1990): Interpersonale und institutionalisierte Abwehr. Frankfurt/M.
Merchel, J. (1999): Parteilichkeit als Handlungsprinzip: Eine Bedrohung für professionelle Methodik in der Sozialen Arbeit. In: neue praxis, Heft 6, S. 605-609
Merten, R. (1998) Hg.: Sozialarbeit – Sozialpädagogik – Soziale Arbeit. Begriffsbestimmungen in einem unübersichtlichen Feld. Freiburg
Merten, R. (1997): Autonomie der Sozialen Arbeit: Zur Funktionsbestimmung als Disziplin und Profession, Weinheim/München
Merten, R. (2000): Systemtheorie Sozialer Arbeit. Neue Ansätze und veränderte Perspektiven. Neuwied
Merton, R. K. (1975): Soziologische Diagnose sozialer Probleme. In: Hondrich, K.O. (Hg.): Menschliche Bedürfnisse und soziale Steuerung. Reinbek
Mittelstraß, J. (1996) Hg: Enzyklopädie Philosophie und Wissenschaftstheorie, Bd. 4. Stuttgart
Mollenhauer, K. (1964): Einführung in die Sozialpädagogik. Weinheim
Mollenhauer, K. (1972): Theorien zum Erziehungsprozess. München
Mollenhauer, K. (1990): Die vergessene Dimension des Ästhetischen in Erziehungs- und Bildungstheorie. In: Lenzen, D. (Hg.): Kunst und Pädagogik. Darmstadt, S. 3-17

Mollenhauer, K. 1996: Kinder- und Jugendhilfe. Theorie der Sozialpädagogik – ein thematisch-kritischer Grundriss, in: Zeitschrift für Pädagogik 42, S. 869-886

Moore, B. Jr. (1982): Ungerechtigkeit. Die sozialen Ursachen von Unterordnung und Widerstand. Frankfurt

Mühlum, A. (1994): Zur Notwendigkeit und Programmatik einer Sozialarbeitswissenschaft, in: Wendt, W.R. (Hg.): Sozial und wissenschaftlich arbeiten. Status und Positionen der Sozialarbeitswissenschaft, Freiburg, S. 41 - 75

Mühlum, A. (1996): Sozialpädagogik und Sozialarbeit. Ein Vergleich, Frankfurt/M.

Müller S. u.a. (1982 & 1984) Hg.: Handlungskompetenz in der Sozialarbeit/Sozialpädagogik, Band 1 & 2. Bielefeld

Müller, B. (1991): Die Last der großen Hoffnungen. Weinheim/München

Müller, B. (1993): Sozialpädagogisches Können. Freiburg i.B.

Müller, B. (1995): Außensicht – Innensicht. Freiburg

Müller, B. (2002): Professionalisierung. In: Thole, W. (Hg.): Grundriss Soziale Arbeit. Ein einführendes Handbuch, Opladen, S. 725-744

Müller, C. W. (1988): Wie Helfen zum Beruf wurde. Eine Methodengeschichte der Sozialarbeit, 2. Bde.. Weinheim

Müller, S./Olk, Th./Otto, H.-U. (1983): Kommunale Sozialarbeitspolitik. In: Peters, F. (Hg.): Gemeinwesenarbeit im Kontext lokaler Sozialpolitik. Bielefeld, S.133-152

Münchmeier, R. (1997): Geschichte der Sozialen Arbeit, in: Harney, K./Krüger, H.-H. (Hg.): Einführung in die Geschichte von Erziehungswissenschaft und Erziehungswirklichkeit. Opladen, S. 271-309

Natorp, P. (1974): Sozialpädagogik. Eine Theorie der Willensbildung auf Grundlage der Gemeinschaft. Paderborn

Negt, O./Kluge, A. (1978): Öffentlichkeit und Erfahrung. Zur Organisationsanalyse von bürgerlicher und proletarischer Öffentlichkeit. Frankfurt/M.

Negt, O./Kluge, A. (1981): Geschichte und Eigensinn, Frankfurt/M.

Neurath, O. (1931): Empirische Soziologie. Der wissenschaftliche Gehalt der Geschichte und Nationalökonomie. Wien

Niemeyer, Ch. 1998: Klassiker der Sozialpädagogik. Einführung in die Theoriegeschichte einer Wissenschaft, Weinheim/München

Niemeyer, Ch. 1999: Theorie und Praxis der Sozialpädagogik, Münster

Niemeyer, Ch. 2002: Sozialpädagogik, Sozialarbeit, Soziale Arbeit – „klassische" Aspekte der Theoriegeschichte, in: Thole, W. (Hg.): Grundriss Soziale Arbeit, Opladen, S. 123-138

Niemeyer, Ch./Schröer, W./Böhnisch, L. (Hg.) 1997: Grundlinien Historischer Sozialpädagogik. Weinheim/München

Nohl, H. (1949): Pädagogik aus dreißig Jahren. Frankfurt/M.

Nohl, H. (1988): Die pädagogische Bewegung in Deutschland und ihre Theorie. Frankfurt/M.

Obrecht, W. (1996): Ein normatives Modell rationalen Handelns. Umrisse einer wert- und wissenschaftstheoretischen allgemeinen Handlungstheorie für die Soziale Arbeit, in: Verein zur Förderung der akademischen Sozialen Arbeit (Hg.): Symposium Soziale Arbeit: Beiträge zur Theoriebildung und Forschung in der Sozialen Arbeit. Köniz, S. 109-201

Obrecht, W. (2000): Soziale Systeme, Individuen, soziale Probleme und Soziale Arbeit. Zu den metatheoretischen, sozialwissenschaftlichen und handlungstheoretischen Grundlagen des „systemischen" Paradigmas der Sozialen Arbeit, in: Merten, R. (Hg.): Systemtheorie Sozialer Arbeit. Neue Ansätze und veränderte Perspektiven. Opladen, 207-223

Obrecht, W./Staub-Bernasconi, S. 1996: Vom additiven zum integrativen Studienplan. Studienreform als Verknüpfung der Profession der Sozialen Arbeit mit der Disziplin der Sozialarbeitswissenschaft an der Schule für Soziale Arbeit in Zürich/Schweiz, in: Engelke, E.: (Hg.): Soziale Arbeit als Ausbildung. Studienreform und –modelle. Freiburg, S. 264-293

Oelerich, G./Schaarschuch, A. (Hg.) (2005): Soziale Dienstleistungen aus Nutzersicht – Zum Gebrauchswert Sozialer Arbeit. München

Oelkers, J./Tenorth, H.-E. (1987): Pädagogik, Erziehungswissenschaft und Systemtheorie. Eine nützliche Provokation, in: dies. (Hg.): Pädagogik, Erziehungswissenschaft und Systemtheorie. Weinheim/Basel, S. 13-56

Oevermann, U. (1983): Hermeneutische Sinnrekonstruktion: Als Therapie und Pädagogik mißverstanden, oder: das notorische strukturtheoretische Defizit pädagogischer Wissenschaft. In: Garz, D./Kraimer, K. (Hg.): Brauchen wir andere Forschungsmethoden? Beiträge zur Diskussion interpretativer Verfahren. Frankfurt/M., S. 113-155

Oevermann, U. (1996): Theoretische Skizze einer revidierten Theorie professionalisierten Handelns. In: Combe, A./Helsper, W. (Hg.): Pädagogische Professionalität. Zum Typus pädagogischen Handelns. Frankfurt, S. 70-182

Oevermann, U. (2000): Dienstleistungen der Sozialbürokratie aus professionalitätstheoretischer Sicht. In: Harrach, E.-M./Loer, T./Schmidtke, O. (Hg.): Verwaltung des Sozialen. Formen der subjektiven Bewältigung eines Strukturkonflikts. Konstanz

Oevermann, U. (2002): Professionalisierungsbedürftigkeit und Professionalisiertheit pädagogischen Handelns. In: Kraul, M./Marotzki, W./ Schweppe, C. (Hg.): Biographie und Profession. Bad Heilbrunn, S. 19-63

Offe, C. (1987): Das Wachstum der Dienstleitungsarbeit: Vier soziologische Erklärungsansätze. In: Olk, T/Otto, H.-U. (Hg.): Soziale Dienste im Wandel 1. Helfen im Sozialstaat. Neuwied/Frankfurt, S. 171-198

Ohlmeier, D. (1984): Psychoanalyse und Sozialarbeit. In: Eyferth, H./Otto, H.-U./Thiersch, H. (Hg.): Handbuch zur Sozialarbeit/Sozialpädagogik. Neuwied, S. 812-822

Olk, Th. (1986): Abschied vom Experten. Weinheim/München

Otto, H.-U. (1991): Sozialarbeit zwischen Routine und Innovation. Professionelles Handeln in Sozialadministrationen. Berlin

Otto, H.-U./Thiersch, H. (2001) Hg.: Handbuch Sozialarbeit Sozialpädagogik, Neuwied/Kriftel

Otto, H.-U./Utermann, K. (1971) Hg.: Sozialarbeit als Beruf? Auf dem Weg zur Professionalisierung? München

Parsons, T. (1976): Zur Theorie sozialer Systeme. Opladen

Piaget, J. (1973): Strukturalismus. Olten

Pongratz, L.A. (1986): Bildung und Subjektivität. Weinheim/Basel

Pongratz, L.A. (1989): Pädagogik im Prozeß der Moderne. Weinheim

Prondczynsky, A. v. (1989): Das Konzept der „gesamten Lebensweise" als Einheit von kultureller und materieller Reproduktion. Reflexionen zur sozialwissenschaftlichen Grundlegung der Jugendforschung. In: Breyvogel, W. (Hg.): Pädagogische Jugendforschung. Opladen, S. 49-64

Rauschenbach, B. (1983): Erkenntnis und Erfahrung. Versuch einer Annäherung. Gießen

Rauschenbach, T. (1996): Grenzen der Lebensweltorientierung – Sozialpädagogik auf dem Weg zu „systemischer Effizienz". Überlegungen zu den Folgen der Ökonomisierung Sozialer Arbeit. In: Zeitschrift für Pädagogik, 39. Jg. Beiheft Erziehung und sozialer Wandel, S. 223-244

Rauschenbach, Th. (1999): Das sozialpädagogische Jahrhundert: Analysen zur Entwicklung sozialer Arbeit in der Moderne. Weinheim/München

Rauschenbach, Th./Thiersch, H. (1984): Sozialpädagogik/Sozialarbeit: Theorie und Entwicklung, in: Eyferth, H./Otto, H.-U./Thiersch, H. (Hg.): Handbuch zur Sozialarbeit/Sozialpädagogik. Neuwied, S. 984-1016

Rauschenbach, Th./Züchner. I. (2002a): Theorie der Sozialen Arbeit, in: Thole, W. (Hg.): Grundriss Soziale Arbeit, Opladen, S. 139-160

Rauschenbach, Th./Züchner. I. (2002b): Sozialarbeit/Sozialpädagogik, in: DV: Fachlexikon der sozialen Arbeit. Frankfurt/M., S. 842-846

Redl, F. (1932): Erziehungsberatung, Erziehungshilfe, Erziehungsbehandlung. In: Zeitschrift für Psychoanalytische Pädagogik, H. 6, S. 523-543

Richmond, M. (1917): Social Diagnosis. New York

Richter, H. (1998): Sozialpädagogik – Pädagogik des Sozialen. Frankfurt/M.

Richter, H. (2000): Ökonomie, Öffentlichkeit und kommunale Identität. In: Ihmig, H. (Hg.): Wochenmarkt und Weltmarkt: Kommunale Alternativen zum globalen Kapital. Bielefeld, S. 107-115

Richter, H. (2001): Öffentlichkeit. In: Otto, H.-U./Thiersch, H. (Hg.): Handbuch Sozialarbeit/Sozialpädagogik. Neuwied/Kriftel, S. 1301 - 1307

Richter, H. (2001a): Kommunalpädagogik. Frankfurt/M.

Richter, H.-E. (1963): Eltern, Kind und Neurose, Stuttgart

Richter, H.-E. (1970): Patient Familie. Entstehung, Struktur und Therapie von Konflikten in Ehe und Familie, Reinbek

Ritsert, J. (1975): Wissenschaftsanalyse als Ideologiekritik, Frankfurt/M.

Ritsert, J. (1997): Denken und gesellschaftliche Wirklichkeit 1. Arbeitsbuch zum klassischen Ideologiebegriff, Frankfurt/M.

Röhrs, H. (1968) Hg.: Die Sozialpädagogik und ihre Theorie, Frankfurt/M.

Rose, N. (2000): Tod des Sozialen? Eine Neubestimmung der Grenzen des Regierens. In : Bröckling, U./Krasmann, S./Lemke, T, (Hg.): Gouvernementalität der Gegenwart. Studien zur Ökonomisierung des Sozialen. Frankfurt, S. 72 ff.

Rössner, L. (1975): Theorie der Sozialarbeit. Ein Entwurf, München

Rössner, L. (1977): Erziehungs- und Sozialarbeitswissenschaft, München

Roth, G. (1987): Autopoiese und Kognition: Die Theorie H.R. Maturanas und die Notwendigkeit ihrer Weiterentwicklung, in: Schiepek, G. (Hg.): Systeme erkennen Systeme. München

Roth, H. (1967): Erziehungswissenschaft, Erziehungsfeld und Lehrerbildung. Hannover

Roth, H. (1964): Die realistische Wendung in der Pädagogischen Forschung, in: Röhrs, H. (Hg.): Erziehungswissenschaft und Erziehungswirklichkeit, Frankfurt, S. 179-191

Rüschmeyer, D. (1980): Professionalisierung. Theoretische Probleme für die vergleichende Geschichtsforschung. In : Zeitschrift für Historische Sozialwissenschaft. 6. Jg., S. 311-325

Sachße, Ch. (2001): Geschichte der Sozialarbeit, in: Otto, H.-U./Thiersch, H. (Hg.): Handbuch Sozialarbeit Sozialpädagogik. Neuwied/Kriftel, S. 670-681

Sachße, Chr./Tennstedt, F. 1980/1988/1992: Geschichte der Armenfürsorge in Deutschland, 3 Bände. Weinheim

Salomon, A. (1926). Soziale Diagnose. Berlin

Saussure, F. de (1967): Grundlagen der allgemeinen Sprachwissenschaft. Berlin

Schaarschuch, A. (1990): Zwischen Regulation und Reproduktion. Gesellschaftliche Modernisierung und die Perspektiven sozialer Arbeit. Bielefeld

Schaarschuch, A. (1996): Dienst-Leistung und Soziale Arbeit. Theoretische Überlegungen zur Rekonstruktion Sozialer Arbeit als Dienstleistung. In: Widersprüche. Heft 59, S. 87-100

Schaarschuch, A. (1996): Soziale Arbeit in guter Gesellschaft? In: Zeitschrift für Pädagogik, 42. Jg., S. 853-868

Schaarschuch, A. (1999): Theoretische Grundelemente Sozialer Arbeit als Dienstleistung. Ein analytischer Zugang zur Neuorientierung Sozialer Dienste. In: neue praxis 29 Jg., S. 543-560

Scherr, A. (1998): Soziale Arbeit – ein ganz normales gesellschaftliches Teilsystem? in: Widersprüche Heft 69, S. 104-106

Scherr, A. (2000): Was nützt die soziologische Systemtheorie für eine Theorie der Sozialen Arbeit, in: Widersprüche Heft 77, S. 63-80

Scherr, A. (2001): Nüchterne Analysen und engagierte Praxis: Eine Replik auf Michael Mays Kritik der „Luhmannisierung" Sozialer Arbeit. In: Widersprüche Heft 79, S. 63-76

Scherr, A. (2002): Sozialarbeitswissenschaft. Anmerkungen zu den Grundzügen eines theoretischen Programms, in: Thole, W. (Hg.): Grundriss Soziale Arbeit. Ein einführendes Handbuch, Opladen, S. 259-272

Schmidt, W. (1924): Psychoanalytische Erziehung in Sowjetrussland. Leipzig/Wien/Zürich

Schmidt-Semisch, H. (2000): Selber schuld. Skizzen versicherungsmathematischer Gerechtigkeit. In : Bröckling, U./Krasmann, S./Lemke, T, (Hg.): Gouvernementalität der Gegenwart. Studien zur Ökonomisierung des Sozialen. Frankfurt, S. 168 ff.

Schröer, W. (1999): Sozialpädagogik und die soziale Frage. Weinheim

Schütz, A. (1974): Der sinnhafte Aufbau der sozialen Welt. Frankfurt

Schütz, A./Luckmann Th. (1975): Strukturen der Lebenswelt. Neuwied/Darmstadt

Schütze, F. (1984): Professionelles Handeln, wissenschaftliche Forschung und Supervision. Versuch einer systematischen Überlegung. In: Lippenmeier, N. (Hg.): Beiträge zur Supervision, Bd. 3. Kassel, S. 275-454

Schütze, F. (1992): Sozialarbeit als „bescheidene" Profession. In: Dewe, B./Ferchhoff, W./Radtke, F.O. (Hg.) (1992): Erziehen als Profession: Zur Logik professionellen Handelns in pädagogischen Feldern. Opladen, S. 132-170

Siep, L. (1979): Anerkennung als Prinzip der praktischen Philosophie – Untersuchungen zu Hegels Jenaer Realphilosophie des Geistes. München

Soiland, T. (2005): Kritische Anmerkungen zum Machtbegriff in der Gender-Theorie auf dem Hintergrund von Michel Foucaults Gouvernementalitätsanalyse. In: Widersprüche Heft 95, S. 7-26

Staub-Bernasconi, S. (1983) Hg.: Theorie und Praxis der sozialen Arbeit: Entwicklung und Zukunftsperspektiven, Zürich

Staub-Bernasconi, S. (1983): Soziale Probleme – Dimensionen ihrer Artikulation. Umrisse einer Theorie Sozialer Probleme als Bezugsrahmen einer Theorie Sozialer Arbeit, Diessenhofen

Staub-Bernasconi, S. (1995): Systemtheorie, soziale Probleme und Soziale Arbeit: lokal, national, international oder: vom Ende der Bescheidenheit. Bern/Stuttgart/Wien

Staub-Bernasconi, S. (2002): Soziale Arbeit und soziale Probleme. Eine disziplin- und professionsbezogene Bestimmung, in: Thole, W. (Hg.): Grundriss Soziale Arbeit. Ein einführendes Handbuch, Opladen, S. 245-258

Stichweh, R. (1994): Wissenschaft, Universität und Professionen. Soziologische Analysen. Frankfurt/M.

Stichweh, R. (1996): Professionen in einer funktional differenzierten Gesellschaft. In: Combe, A./Helsper, W. (Hg.): Pädagogische Professionalität. Frankfurt a.M., S. 49-69

Sünker, H. (1989): Bildung, Alltag und Subjektivität. Elemente zu einer Theorie der Sozialpädagogik, Studien zur Philosophie und Theorie der Bildung. Weinheim

Sünker, H. (2002): Soziale Arbeit und Bildung. In: Thole, W. (Hg.): Grundriss Soziale Arbeit. Ein einführendes Handbuch, Opladen, S. 227-243

Tenorth, H.-E. (1994): Profession und Disziplin, in: Krüger, H.-H./Rauschenbach, T. (Hg.) Erziehungswissenschaft am Beginn einer neuen Epoche, Weinheim, S. 17-28

Tenorth, H.-E. (1997): Erziehungswissenschaft in Deutschland – Skizze ihrer Geschichte von 1900 bis zur Vereinigung 1990, in: Harney, K./Krüger, H.-H. (Hg.): Einführung in die Geschichte der Erziehungswissenschaft und der Erziehungswirklichkeit. Opladen, S. 111-154

Theweleit, K. (1980): Männerphantasien. 2 Bände. Reinbek

Thiersch, H. (1985): Akademisierung der Sozialpädagogik/Sozialarbeit – Eine uneingelöste Hoffnung? In: neue praxis, Heft 6, 15. Jg., S. 478-488

Thiersch, H. (1992): Lebensweltorientierte Soziale Arbeit. Weinheim/München

Thiersch, H. (1993): Strukturierte Offenheit. In: Rauschenbach, Th./Ortmann, F./Karsten, M.-E. (Hg.): Der sozialpädagogische Blick. Weinheim, S. 11-28

Thiersch, H. 1994: Sozialpädagogik und Erziehungswissenschaft. Reminiszenzen zu einer hoffentlich bald überflüssigen Diskussion, in: Krüger, H.-H./Rauschenbach, Th. (Hg.): Erziehungswissenschaft. Die Disziplin am Beginn einer neuen Epoche, Weinheim/München, S. 131-146

Thiersch, H. (2004): Vorwort zu Heiner, M. (2004): Professionalität in der Sozialen Arbeit. Theoretische Konzepte, Modelle und empirische Perspektiven. Stuttgart, S. 7 - 11

Thiersch, H./Grunwald, K./Köngeter, S. (2002): Lebensweltorientierte Soziale Arbeit. In: Thole, W. (Hg.): Grundriss Soziale Arbeit. Ein einführendes Handbuch. Opladen, S. 161-178

Thole, W. (2002): Soziale Arbeit als Profession und Disziplin. Das sozialpädagogische Projekt in Praxis, Theorie, Forschung und Ausbildung – Versuch einer Standortbestimmung, in: ders. (Hg.): Grundriss Soziale Arbeit, Opladen, S. 13-62

Thole, W./Cloos, P. (2002a): Soziale Arbeit als professionelle Dienstleistung. Zur „Transformation des beruflichen Handelns" zwischen Ökonomie und eigenständiger Fachkultur. In: Müller, S. (Hg.): Soziale Arbeit. Gesellschaftliche Bedingungen und professionelle Perspektiven. Neuwied, S. 547-567

Thole, W./Cloos, P. (2002b): Nimbus und Habitus. Überlegungen zum sozialpädagogischen Professionalisierungsprojekt. In: Homfeldt, H.-G./Schulze-Krüdener, J. (Hg.): Wissen und Nichtwissen. Herausforderungen für Soziale Arbeit in der Wissensgesellschaft. Weinheim/München, S. 277-295

Thole, W./Galuske, M./Gängler, H. (1998): KlassikerInnen der Sozialen Arbeit, Neuwied/Kriftel

Trescher, H.-J. (1985): Theorie und Praxis der Psychoanalytischen Pädagogik. Mainz

Weber, M. (1976): Wirtschaft und Gesellschaft. Tübingen

Weisser, G. (1978): Beiträge zur Gesellschaftspolitik. Göttingen

Welsch, W. (1990): Ästhetisches Denken. Stuttgart

Weniger, E. (1952): Die Eigenständigkeit der Erziehung in Theorie und Praxis. Weinheim/München

WIDERSPRÜCHE Heft 66 (1997): Gesellschaft ohne Klassen? Politik des Sozialen wider Ausgrenzung und Repression. Bielefeld

WIDERSPRÜCHE Heft 97 (2005): Politik des Sozialen – Alternativen zur Sozialpolitik. Umrisse einer Sozialen Infrastruktur. Bielefeld

Winkler, M. (1988): Eine Theorie der Sozialpädagogik. Stuttgart

Winkler, M. (1992 a): Modernisierungsrisiken. In: Rauchschbach, T./Gängler, H. (Hg.): Soziale Arbeit und Erziehung in der Risikogesellschaft. Neuwied, S. 25- 80

Winkler, M. (1992 b): Pädagogik. In: Bauer, R. (Hg.): Lexikon des Sozial- und Gesundheitswesens. München, S. 1474-1480

Winkler, M. (1993): Hat die Sozialpädagogik Klassiker. In: Neue Praxis 23, S. 171-184

Winkler, M. (1994): Theorie der Sozialpädagogik. In: Stimmer, F. (Hg.): Lexikon der Sozialarbeit und Sozialpädagogik. Wien, S. 525-531

Winkler, M. (1995a): Bemerkungen zur Theorie der Sozialpädagogik. In: Sünker, H. (Hg.): Theorie, Politik und Praxis Sozialer Arbeit, Bielefeld, S. 102-119

Winkler, M. (1995b): Die Gesellschaft der Moderne und ihre Sozialpädagogik. In: Thiersch, H./Grunwald, K. (Hg.): Zeitdiagnose Soziale Arbeit. Weinheim, S. 155-183

Winkler, M. (1996): Theorie der Sozialpädagogik, in: Kreft, D./ Milenz, I. (Hg.): Wörterbuch Soziale Arbeit. Weinheim, S. 525-531

Winkler, M. (1997): Die Lust am Untergang: Polemische Skizzen zum Umgang mit der Sozialpädagogik mit ihrer eigenenTheorie. In: Neue Praxis 27, S. 54-67

Winkler, M. (2005): Sozialpädagogische Forschung und Theorie – Ein Kommentar, in: Schweppe, C./Thole, W. (Hg.): Sozialpädagogik als forschende Disziplin. Theorie, Methode, Empirie, Weinheim/München, S. 15-34

Winterhager-Schmid, L. (1992): „Wählerische Liebe" – Plädoyer für ein kooperatives Verhältnis von Pädagogik, Psychoanalyse und Erziehungswissenschaft. In: Trescher, Th. H.-J./Büttner, C./Datler, W. (Hg.): Jahrbuch der Psychoanalytischen Pädagogik, Bd. 4. Mainz, S. 56

# Lehrbücher Soziale Arbeit

Abraham-Lincoln-Straße 46
65189 Wiesbaden
Tel. 0611.7878-722
Fax 0611.7878-400

**VS VERLAG** FÜR SOZIALWISSENSCHAFTEN

If you have any concerns about our products,
you can contact us on
**ProductSafety@springernature.com**

In case Publisher is established outside the EU,
the EU authorized representative is:
**Springer Nature Customer Service Center GmbH
Europaplatz 3, 69115 Heidelberg, Germany**

Printed by Libri Plureos GmbH
in Hamburg, Germany